中等职业教育学前教育专业规划教材

U0587462

# 幼儿教师口语

主　编○ 谢增伦　彭春艳　陈大鉴

副主编○ 王达会　白　钰　朱先容　吴　玥

　　　　张　源　吴成媛　杨　英　陈秋甫

　　　　赵雄彬　熊孝伦

编　者○ 王达会　白　钰　朱先容　吴　玥

　　　　张　源　吴成媛　杨　英　陈大鉴

　　　　陈秋甫　周　灵　革梦圆　赵雄彬

　　　　黄倩倩　彭春艳　谢增伦　熊孝伦

重庆大学出版社

图书在版编目(CIP)数据

幼儿教师口语/谢增伦,彭春艳,陈大鉴主编.--
重庆:重庆大学出版社,2019.9(2022.8 重印)
ISBN 978-7-5689-1604-2

Ⅰ.①幼… Ⅱ.①谢… ②彭…③陈… Ⅲ.①汉语—
口语—高等职业教育—教材 Ⅳ.①H193.2

中国版本图书馆 CIP 数据核字(2019)第 150686 号

幼儿教师口语
YOU'ER JIAOSHI KOUYU

主 编 谢增伦 彭春艳 陈大鉴
策划编辑:陈一柳

责任编辑:李桂英 王 倩 版式设计:李 溢
责任校对:张红梅 责任印制:赵 晟

*
重庆大学出版社出版发行
出版人:饶帮华
社址:重庆市沙坪坝区大学城西路 21 号
邮编:401331
电话:(023)88617190 88617185(中小学)
传真:(023)88617186 88617166
网址:http://www.cqup.com.cn
邮箱:fxk@ cqup.com.cn (营销中心)
全国新华书店经销
重庆俊蒲印务有限公司印刷
*

开本:787mm×1092mm 1/16 印张:22.75 字数:513 千
2019 年 9 月第 1 版 2022 年 8 月第 3 次印刷
ISBN 978-7-5689-1604-2 定价:55.00 元

# 编委会

主　任：杨宗武

**副主任：**

付　琳　　朱云富　　张　金　　张　容　　李远祥

**编　委：**

王华强　　白　钰　　朱先容　　任宗富　　张　一　　杨　山

李　波　　李祖平　　李开强　　杨洪江　　杜焕银　　罗光华

周文凭　　徐方均　　唐德才　　辜小兵　　程跃华　　舒德凯

赖晓丽

# 前　言

　　本书是根据教育部颁发的《幼儿园教师专业标准(试行)》《中等职业学校学前教育专业教学标准(试行)》《中小学和幼儿园教师资格考试标准(试行)》以及原国家教委师范司颁发的《师范院校"教师口语"课程标准(试行)》等文件精神,遵循科学性与实用性结合、理论与实践结合等编写原则,通过幼儿园与学校合作组织,由具有丰富实践经验和较高学术水平的教师编写,并经学术造诣深、熟悉学前教育专业教学的专业教学指导委员会专家审定通过。本书用于训练学生口语基本能力,着重培养学生普通话能力、口语交际能力和幼儿教师职业口语能力。

　　本书主要内容有普通话语音训练、一般口语交际训练(发声技能、朗读技能、态势语、听话技能等)、幼儿教师职业口语训练(儿童化口语、幼儿文学作品朗读、幼儿故事讲述、绘本讲述、教育口语、教学口语、幼儿园教师交际口语等)以及幼儿教师资格考试面试环节口语训练等,内容按"模块—章节"编排,每节由"技能准备""理论与方法""技能训练""技能巩固"等四部分组成。

　　本书训练方法多采用示意图呈现,直观易学;案例的训练提示详细,操作性强;练习材料丰富,针对性强。与其他教材相比,本书的主要特色有:

　　1.发音讲解直观。语音基础部分包含发音示意图60余幅、发音动画81个,发音部位和发音方法变得直观形象,学生容易掌握,能大幅提高学习效率。

　　2.朗读训练生动。朗读技能训练的材料和朗读训练的方法讲解全部选用幼儿文学作品案例,生动有趣,符合幼儿教师职业特点。各项朗读技巧分项独立成节,朗读理论与方法的阐释有深度,训练提示有较强的启发性和可操作性。

　　3.故事讲述全面。近20种角色声音模拟、10余种角色表情模拟、20余种角色形态模拟,30余幅直观示意图,故事讲述的理论与方法,深入、详细的讲解和技能训练,形成序列化,全面完整。这可以算是国内同类教材的首创。这种创新能够让学生快速提高幼儿故事讲述能力。

　　4.绘本讲述单列。绘本讲述单列成章,从绘本介绍、绘本解读到绘本讲述训练,理论和方法的讲解自成体系,技能训练科学、完整,实践性强。大量绘本案例的训练指导能让学生轻松学会绘本讲述。

　　5.面试指导实用。针对幼儿教师资格考试面试环节,教材加强了口语技能指导,方法实用。结构化面试、试讲和答辩的案例训练实践性强。

　　教材适合学前教育专业的中职、五年制中职段、"3+4"中职段、高职高专学前教育专业以及幼儿师范学校的学生使用,还可作为幼儿教师培训教材。教材共3个模块14章,供5个学期使用。为方便教师教学和学生通过网络学习,建成了网络课程,配套60堂录像课、40堂微课、全套教案和电子课件、案例库、题库、自我测评题等相关音频、视频、文本资源。

　　教材编写分工,第一章、第四章、第九章:谢增伦;第二章、第八章:王达会、谢增伦;第三章、第五章:彭春艳;第六章:彭春艳、谢增伦;第七章:彭春艳、张源、谢增伦;第十章:陈秋甫、谢增伦;第十一章:谢增伦、吴玥、熊孝伦;第十二章:白钰;十三章:杨英;第十四章:彭春艳、赵雄彬。书中第五章第三节和第九章第四节的30余幅示意图系吴成嫒完成。其他参与编写的人员有覃梦圆、黄倩倩、周灵等。编写大纲及样章:谢增伦。统稿:谢增伦。审稿:陈大鉴、朱先容、熊孝伦、谢增伦。

　　教材在编写过程中参考了有关学者的研究成果,在此表示诚挚的谢意!由于编者水平所限,教材难免有瑕疵之处,恳请广大读者提出宝贵意见。(邮箱:441576101@qq.com)

编　者<br>2019 年 2 月

# 目 录

## 模块二　一般口语交际训练

## 模块三　幼儿教师职业口语训练

# 模块一

## 普通话语音基础训练

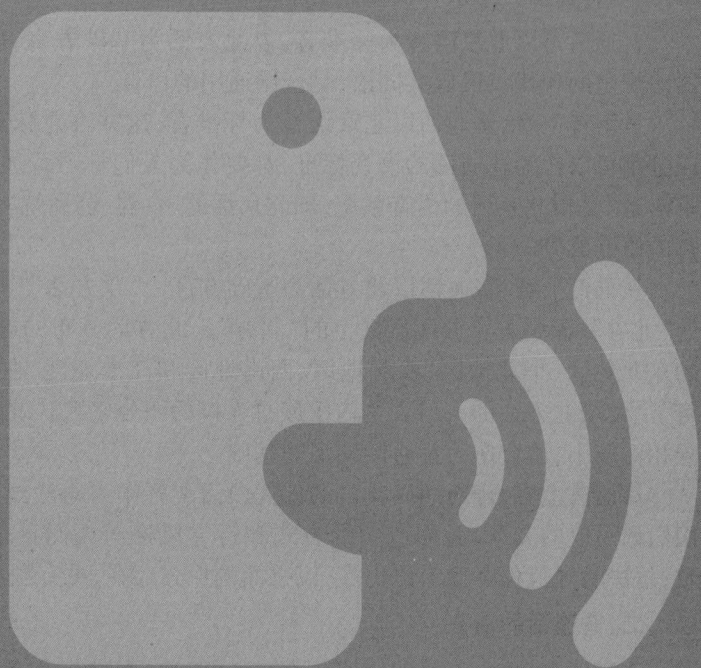

# 第一章

# 普通话语音训练

## 第一节　认识普通话

【技能准备】

1.列举几个本地的方言词,说说方言和普通话在语音和词汇上的不同。

2."他吃不来辣椒"在语法上属于普通话吗？说说理由。

3.你认为怎样才能说好普通话？

【理论与方法】

### 一、什么是普通话

普通话是以北京语音为标准音,以北方话为基础方言,以典范的现代白话文著作为语法规范的现代汉民族共同语,是全国通用的语言。

从语音上看,普通话以北京语音为标准音,这并不意味着北京人口语中所有的语音成分都可以作为普通话的语音标准,都要作为人们学习普通话的语音参照。这里的"北京语音"是指北京话的语音系统,即北京话的声、韵、调系统,不包括北京话中带有地方色彩的语音成分。

从词汇上看,普通话以北方话为基础方言。"北方话"中的"北方",不是地理意义上的"北方",而是方言分区意义上的"北方"。北方话分布的区域很广,大致可以包括我国的东北地区、华北地区、西北地区、西南地区和江淮地区,在不同的地区又形成了"次方言"。使用北方话的人口大约占汉族总人口的四分之三。北方话的词汇系统在各地的差异相对较小,适合作为普通话词汇的基础。

从语法上看,普通话以典范的现代白话文著作为语法规范。"白话"与"文言"相对,用白话写成的文章,遣词造句的方式和行文风格与人们日常交际所用的口语基本上一致,语法的规范程度比口语更高,以书面的形式存在,更有利于人们学习和掌握。

### 二、普通话的由来

金元以来,几个历史朝代(辽、金、元、明、清)都建都北京,北京是我国政治、经济和文化的中心。由于政治功能、经济功能的集中,北京话的影响逐渐显著,其地位日益重要。北京话作为官府的通用语言传播到了全国各地,发展成为"官话","官话"便逐渐成了各方言区之间共同使用的交际工具。可见,远在数百年以前,以北京话为代表的北方方言在整个社会中就已经处于非常重要的地位,这使北方方言成了汉民族共同语的基础方言。

宋元以来,用白话写作的文学作品很多,有话本、戏曲,还有影响较大的小说,如《水浒传》《西游记》《儒林外史》《红楼梦》等,这些白话文学作品都是用北方方言写成的,特别是元明戏曲,更多地接受了北京话的影响。这些作品的流传,加速了北方方言的推广。

到了 20 世纪,特别是"五四"运动时期,随着我国资本主义的发展,民主革命运动的高涨,一方面,掀起了"白话文运动",动摇了文言文的统治地位,为白话文在书面上取代文言文创造了条件;另一方面,开展了"国语运动",又在口语方面增强了北京话的代表性,促使北京语音成为全民族共同语的标准音。因而这一时期,北京话又称"国语"。这两个运动互相推动、互相影响,使书面语和口语日益接近。

"普通话"的定义,在中华人民共和国成立以前的几十年一直是不明确的,学者们对此有着不同看法。中华人民共和国成立后,国家的统一、人民的团结、经济和文化的发展,对民族共同语的进一步统一和规范化提出了更高的要求。因此,在党和政府的领导下,中国科学院于 1955 年在北京召开了现代汉语规范问题学术会议。会上确定把现代汉民族共同语称为"普通话"。"普通话"即普遍通行之话,是"以北京语音为标准音、以北方话为基础方言、以典范的现代白话文著作为语法规范的现代汉民族共同语"。这个定义从语音、词汇、语法三个方面明确规定了普通话的标准,使普通话的定义更为科学、周密。1956 年 2 月 6 日,国务院发出《关于推广普通话的指示》,继续推进推广普通话的工作。

### 三、推广普通话的意义

历史上,人们非常重视民族共同语的作用。早在春秋时期出现的"雅言",就带有民族共同语的性质。《论语》里记载:"子所雅言,《诗》、《书》、执礼,皆雅言也。"可见孔子在诵读诗书和执行礼仪活动时,使用的是通行的"雅言",而不是自己家乡的山东话。汉代扬雄的《方言》中提到的"通语",明清时期使用的"官话",都可以看作当时的共同语。20世纪初的"国语运动",实际上也是一场推广民族共同语的运动。中华人民共和国成立以后,党和政府非常重视推广普通话工作。在"大力提倡、重点推行、逐步普及"的工作方针指导下,我国推广普通话工作蓬勃开展。1986 年,为了适应改革开放、经济建设和社会发展的需要,国家把推广普通话列为新时期语言文字工作的首要任务。1992 年,国家把推广普通话工作方针调整为"大力推行、积极普及、逐步提高",在强化政府行为,扩大普及范围,提高全民普通话应用水平方面提出了更高的要求。1994 年,国家语言文字工作委员会、国家教育委员会、广播电影电视部联合发出文件,要求在一定范围内对某些特定岗位人员进行普通话水平测试,并逐步实行持普通话等级证书上岗制度,使推广普通话工作进一步走上了科学化、规范化和制度化的轨道。2000 年 10 月 31 日,第九届全国人民代表大会常务委员会第十八次会议通过了《中华人民共和国国家通用语言文字法》,推广普通话工作从此有了法律依据。

今天,在建设中国特色社会主义现代化的历史进程中,大力推广、积极普及全国通用的普通话,对社会主义经济、政治、文化建设都具有重要意义。

第一,推广普及普通话,有利于促进人员交流和商品流通,有利于建立统一的市场,对经济建设的意义不容忽视。随着社会主义市场经济的发展,全国各地的人员和商品流动的范围、规模以及频度远远超过历史上任何时候,社会对普通话的需求日益迫切。

第二,我国幅员辽阔、人口众多,而且多民族、多语言、多方言;对外开放政策使我国的国际往来越来越多。推广普及普通话,有利于克服语言隔阂,增进各民族各地区的交流,维护国家统一,增强中华民族凝聚力;有利于促进国际交往,对政治建设意义重大。

第三,语言文字是文化的重要载体。在社会主义现代化建设的新时期,文化教育的普及和提高,信息传播技术的进步和发展,计算机语言输入和语言识别问题的研究,都对推广普通话提出了新的要求。推广普及普通话,有利于贯彻教育面向现代化、面向世界、面向未来的战略方针,提高民族文化素质和加强社会主义精神文明建设;有利于推动中文信息处理技术的发展和应用,促进科学技术的现代化,对文化和科技事业的发展意义重大。

### 四、方言

现代汉语方言根据其特点可分北方方言、吴方言、赣方言、湘方言、闽方言、客家方言、粤方言。

#### (一)北方方言

北方方言是现代汉语普通话的基础方言,以北京话作为代表,通行地域最广,占汉语通行区域的四分之三,使用人口也最多,占汉语使用人口的四分之三。北方方言内部一致性比较强。北方方言在语音方面的主要特点是没有浊塞音、浊塞擦音声母,古代汉语中的这些浊音声母都变成了清音;辅音韵尾很少,只有舌尖前鼻音韵尾和舌尖后鼻音韵尾两个辅音韵尾;声调有阴平、阳平、上声、去声四个,入声消失。根据特点,一般把北方方言分为华北—东北方言、西北方言、西南方言、江淮方言四个次方言。

#### (二)吴方言

吴方言主要通行在上海市、浙江省、江苏南部地区、江西东北部、福建西北角和安徽南部地区,代表点是上海话和苏州话。吴方言语音方面的突出特点:有一整套浊音声母浊塞音和浊塞擦音;没有舌尖后音声母;韵尾较少,普通话前鼻音韵尾一律读作后鼻音韵尾,普通话复韵母的韵尾脱落变成单元音韵母;有七八个声调。

#### (三)赣方言

赣方言主要通行在江西省大部分地区和湖北省的东南角,以南昌话为代表。赣方言最大的特点是没有其他方言那样突出的特征。赣方言语音最突出的一个特点是古代的浊塞音和浊塞擦音声母全部变成了同一发音部位的送气清音声母,而不是像普通话那样平声送气,仄声不送气。

### （四）湘方言

湘方言主要分布在湖南省的大部分地区,以长沙话为代表。其语音主要特点:部分地区有比较完整的浊塞音、浊塞擦音和浊擦音声母;声母 h、f 不分;声母 n 和 l 混用;入声调没有塞音尾。

### （五）闽方言

闽方言以福州话为代表,主要通行于福建省、海南省大部分地区、台湾地区的大多数汉族人居住区,以及广东潮汕地区和雷州半岛等。闽方言是汉语方言中内部分歧最大的一种方言。现在一般把闽方言再划分为五个方言片区:闽南方言,以厦门话为代表;闽北方言,以建瓯话为代表;闽东方言,以福州话为代表;闽中方言,以永安话为代表;莆仙方言,以莆田话为代表。其中闽南方言的影响最大,福建省范围以外地区使用的闽方言主要就是闽南方言。

### （六）客家方言

客家方言以广东梅县话为代表。客家方言主要通行于广东东部和北部地区、广西东南部和江西南部、福建西部,以及湖南、四川、台湾的部分地区。很多海外华侨也使用客家方言。客家方言的主要语音特点:古代浊塞音和浊塞擦音声母大部分变成同部位的送气清音声母,这一点与赣方言一致;舌尖后音声母读作舌尖前音;g、k、h 和 z、c、s 可以同齐齿呼韵母相拼;没有撮口呼韵母;声调有六个。

### （七）粤方言

粤方言主要通行于广东省珠三角、广西东南部地区和香港、澳门特别行政区,以广州话为代表。海外很多华侨和华裔也使用粤方言。粤方言的语音系统比较复杂,韵母多达五十三个,辅音韵尾非常丰富,除鼻音韵尾 m、n、ng 外,还有与之对应的入声塞韵尾 b、d、g,声调一般有八九个,是汉语诸方言中调类最多的方言。

## 五、怎样学好普通话

要想学好普通话,必须得有决心和勇气,还得有学习方法。

首先得过"面子关",不能因为碍于面子怕别人笑话而不敢开口。要敢于开口说第一句普通话。刚开始可能说得磕磕巴巴的,但只要下定决心坚持练习,就可以从不熟练到流利再到轻松,最后说一口纯正普通话。

其次要讲究学习方法。总的来说,学习普通话包括学习普通话的语音、词汇、语法三方面。学习普通话的重点和难点都在语音上。

第一,掌握普通话语音的基本知识。掌握了语音理论知识,经过训练,就可以把不自觉的方言发音动作变成自觉的普通话发音动作。学习语音的基本知识,可以扬长避短、事半功倍地掌握普通话的语音系统。第二,学好《汉语拼音方案》。《汉语拼音方案》是推广普通话的有效工具。第三,积极掌握和自觉利用语音对应规律。方言和普通话之间往往有比较整齐的语音对应规律。掌握对应规律后,可以成批地记忆常用字的读音,比逐字记音的效率高得多。第四,苦练发音、听音、辨音的基本功,有意识地多听多练。普通话是口耳之学,一般来说,凡是自己的方言中有的音,就容易听得清、发得准,而自己的方言中没有的音,就不容易听得清、发得准。因此,必须反复听辨那些自己方言中没有的音,经过多次练习,才能纠正发音,同时还要掌握普通话的音变、轻声、儿化及语调,因为我们说话时是一句句地连续发音,许多字音会受上下字的影响发生读音变化,语调也会因思想感情和语言环境的不同而有所不同,否则即使声韵调都正确,听起来还是不像地道的普通话。这就要求我们在日常生活中有意识地多听多模仿,学会"活"的普通话。收听电台广播、电视播音,练习朗读和演讲,和周围普通话说得好的人交谈,都是学好普通话的有效手段。

　　总之,学习普通话,既要注意学习语音基本知识,又要注意在理论指导下进行语言实践活动,这样才能准确掌握、熟练运用普通话生动地表达自己的思想感情。

## 【技能训练】

### 一、普通话词汇训练:尝试将下列重庆方言词汇改为普通话词汇

| 重庆方言 | 普通话 | 重庆方言 | 普通话 |
|---|---|---|---|
| 摆龙门阵 | | 不存在 | |
| 板眼 | | 帕子 | |
| 包包 | | 恼火 | |
| 背时 | | 脑壳 | |
| 不得 | | 闹热 | |
| 才将 | | 理嘛 | |
| 扯筋 | | 利边 | |
| 凼凼 | | 落教 | |
| 倒拐 | | 挨拢 | |
| 冈砘儿 | | 撇脱 | |
| 将就 | | 相因 | |
| 短倒,逮倒 | | 扫把 | |
| 站到 | | 说不得 | |
| 对头 | | 松活 | |
| 二天 | | 耍朋友 | |
| 发气 | | 随在 | |
| 高上、高头 | | 睡瞌睡 | |

续表

| 重庆方言 | 普通话 | 重庆方言 | 普通话 |
|---|---|---|---|
| 搞惯了 | | 汤到 | |
| 跟到 | | 围腰 | |
| 合不来 | | 稳起 | |
| 搭巴壁 | | 架麦 | |
| 戳锅漏 | | 正南其北 | |
| 告花儿 | | 你爪子了 | |
| 耿直 | | 丁丁猫 | |
| 渣渣 | | 矿西西的 | |
| 啥子事 | | 烦躁躁的 | |
| 短处处的 | | 惊抓抓的 | |
| 神戳戳 | | 打王逛 | |
| 巴到 | | 假巴意思 | |
| 洗白 | | 莫棱个 | |
| 扫皮 | | 扯把子 | |

**二、练习口部操**

（1）开：打开口腔，提颧肌、开牙关、挺软腭、松下巴。

（2）张：把嘴唇张到最大，闭拢，再张大，再闭拢，由慢而快，反复数次。

（3）喷：也称作双唇后打响，双唇紧闭、后收，将唇的力量集中于后中纵线三分之一的部位，唇齿相依，不裹唇，阻住气流，然后突然连续喷气出声，发出"b"或"p"的音。

（4）咧：双唇紧闭，尽力向前噘，然后将嘴角用力向两边伸展（咧嘴），反复交替进行。

（5）撇：双唇闭紧向前噘，然后向左歪、向右歪、向上抬、向下压，反复交替进行。

（6）绕：双唇闭紧向前噘，然后按顺时针方向转360度，再按逆时针方向转360度，反复交替进行。

（7）刮：舌尖抵下齿背，舌面贴住上齿背，随着张嘴，用上门齿齿沿刮舌叶、舌面。

（8）顶：闭唇，用舌尖顶住左内颊，再顶右内颊，左右交替、反复练习。

（9）伸：将舌伸出唇外，舌体集中、舌尖向前、向左右、向上下尽力伸展。这一步骤的主要练习目的是使舌体集中、舌尖能集中用力。

（10）弹：舌头稍微抬高，舌尖卷起，放松，用气吹动舌头前半部分，使其颤抖，嘴唇为自然状态，没有变动。

(11)卷:口张大,舌头尽量往前伸,再做快速卷舌运动,多次反复练习。

口部操需要长期坚持训练,能有效加强唇、舌部肌肉的力量,增强这些发音器官的灵活性、弹性和力度,提高音色质量。

**【技能巩固】**

1.什么是现代汉民族的共同语言?

2.普通话是怎样形成的?

3.你的家乡话属于哪一种方言?举例说说它同普通话的区别。

4.对着镜子练习口部操。

5.朗读下列短文,尽量使用标准普通话。

那是力争上游的一种树,笔直的干,笔直的枝。它的干呢,通常是丈把高,像是加以人工似的,一丈以内,绝无旁枝;它所有的丫枝呢,一律向上,而且紧紧靠拢,也像是加以人工似的,成为一束,绝无横斜逸出;它的宽大的叶子也是片片向上,几乎没有斜生的,更不用说倒垂了;它的皮,光滑而有银色的晕圈,微微泛出淡青色。这是虽在北方的风雪的压迫下却保持着倔强挺立的一种树!哪怕只有碗来粗细罢,它却努力向上发展,高到丈许,两丈,参天耸立,不折不挠,对抗着西北风。

这就是白杨树,西北极普通的一种树,然而决不是平凡的树!

——节选自普通话考级作品1号《白杨礼赞》

# 第二节　语音基本知识

**【技能准备】**

1.汉语拼音书写的四线格有几格?

2.试说几句话,看看发声牵涉哪些器官。

3.字典音序检索中的字母是怎样读的,同桌之间比较一下,读法相同吗?

**【理论与方法】**

### 一、语音的性质

语音是人类发音器官发出的用以交际的声音,是具有一定意义的声音。语音是语言的物质外壳,语言要通过语音来传递信息、进行交流。

(一)语音的物理性质

语音首先是一种声音,它同自然界的其他声音一样,产生于物体的振动,具有物理性质。语音的物理性质具有四个基本要素:音高、音强、音长、音色。

1.音高。指声音的高低,是由发音体振动的快慢来决定的(图1-1)。语音的高低,跟声带的长短、厚薄、松紧有关。人的声带是不完全相同的。一般成年男子声带长而厚,成年女子声带短而薄,因而男性声音听起来比女性声音略低。此外,同一个人发音时声带的松紧不同,声音也有高低之别。汉语的声调,如普通话里的 dū(督)、dú(独)、dǔ(堵)、dù(度),主要是由不同的音高构成的。

2.音强。指声音的强弱,是由声波振幅的大小决定的(图1-2)。普通话里的"父子"和"儿子"里的"子"音强不同。词语中的轻重音主要是由不同的音强形成的,并且声音的强弱在普通话中还有区别词义的作用,比如"地道"中的"道",分别读为轻声和非轻声时,所表示的意思是不一样的。

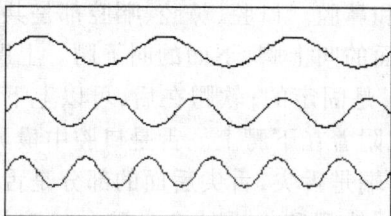

图1-1  音高对应振动频率高低          图1-2  音强对应振幅大小

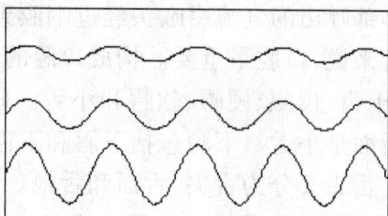

3.音长。指声音的长短,是由发音体振动时间的长短决定的(图1-3)。在普通话和多数汉语方言中,音长对于区别字词的意义作用不大,但在语句情感的表达上有一定作用。

轻声音节中的音长较短。例如:读单字"亮"与读轻声词"月亮"的"亮"是有差别的,"月亮"里的"亮"音长较短。

4.音色。指声音的特色,是由声波的不同形状决定的(图1-4)。它是每个声音的本质,所以也叫音质。发声体不同、发音方法不同、共鸣器的形状不同,都会造成音色的不同。在任何语言中,音色都是区别意义的最重要的要素。

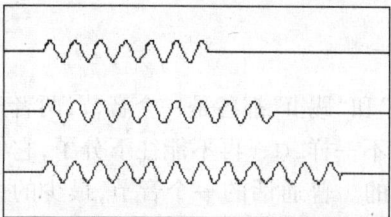

图1-3  音长对应声波持续时间          图1-4  音色对应声波形状

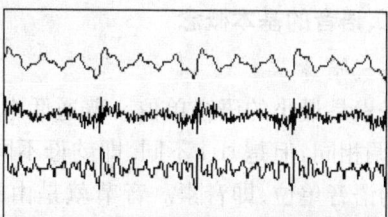

(二)语音的生理性质

语音是由人的发音器官发出来的,具有生理性质。发音器官及其活动决定语音的区别。发音器官可以分为三个部分。(图1-5)

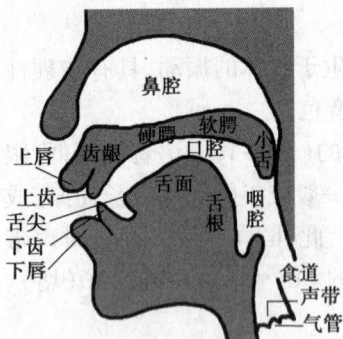

图 1-5　发音器官图

1.呼吸器官。呼吸器官包括肺、气管、胸腔、横膈膜等。肺部呼出的气流，通过支气管、气管到达喉头，作用于声带、咽腔、口腔、鼻腔等发音器官，经过这些器官的调节而发出不同的语音。

2.喉头和声带。气管的上部接着喉头。喉头是由四块软骨构成的圆筒，圆筒的中部附着声带。声带是两片富有弹性的肌肉薄膜，两片薄膜中间的空隙是声门，声门是气流的通道。声带可以放松或拉紧，可使声门打开或关闭。声门打开时，气流可以自由通过；关闭时，气流可以从声门的窄缝里挤出，使声带颤动发出响亮的声音。

3.口腔和鼻腔。喉头上面是咽腔。咽腔是个三岔口，下连喉头，前通口腔，上连鼻腔。肺部呼出的气流由喉头经过咽腔到达口腔和鼻腔。口腔、鼻腔、咽腔都是共鸣器，对发音来说，口腔最重要。构成口腔的组织，上面的叫上腭，下面的叫下腭。上腭包括上唇、上齿、齿龈、硬腭、软腭和小舌。硬腭在前，是固定的；软腭在后，可以上下升降；软腭后面是小舌。下腭包括下唇和下齿，舌头也附着在下腭上。舌是口腔中最灵活的器官。舌头又分为舌尖、舌面和舌根。舌头的前端是舌尖，舌尖后面的部分是舌面，舌面后面的部分是舌根。上腭上面的空腔是鼻腔，软腭和小舌处在鼻腔和口腔的通道上。软腭、小舌上升时，鼻腔关闭，气流从口腔通过，这时发出的声音叫口音。软腭、小舌下垂时，口腔中的某一部位关闭，气流从鼻腔通过，这时发出的声音叫鼻音或纯鼻音。如果口腔内无阻碍，气流从鼻腔和口腔同时呼出，这时发出的音同时在口腔和鼻腔中共鸣，叫鼻化音。

（三）语音的社会性质

语音是一种社会现象，具备社会性质。语音的社会性是它的本质属性，突出地表现在语音和语义的联系上。何种语音表达何种意义、何种意义用何种语音表达，其间并没有必然的、本质的联系，也都不是个人的决定，而是一定范围内的社会成员在长期的社会生活中"约定俗成"的。

**二、语音的基本概念**

（一）音素

音素是最小的语音单位。普通话中的"他 tā"和"踢 tī"都各是一个音节，两者声母相同，声调相同，但是 a、i 不同，即韵母不同，发音就不一样，a、i 再不能往下分了，它们就是最小的语音单位，即音素。音节就是由音素构成的。普通话的一个音节，最少的由一个音素构成，如"啊 a"；最多的由四个音素构成，如"状 zhuang"就包括 zh、u、a、ng 四个音素。在《汉语拼音方案》中，大多数情况是一个字母表示一个音素，如 a、o、e、p、d；有五个音素是用两个字母表示：zh、ch、sh、ng、er。

每个音素都具有不同的音色。普通话共有 32 个音素（见下表）。

普通话音素表

| 书写办法 | 音素符号 |
|---|---|
| 一个字母代表一个音素 | a、o、e、u、b、p、m、f、d、t、n、l、g、k、h、j、q、x、r、z、c、s |
| 一个字母代表几个音素 | i(ti 的 i;zi 的 i;zhi 的 i) |
| 两个字母代表一个音素 | zh、ch、sh、er、ng |
| 一个字母加一个符号代表一个音素 | ê、ü |

(二)元音和辅音

音素分元音、辅音两类。

1.元音。也叫母音,指的是气流振动声带,在口腔、咽头不受阻碍而形成的音素。普通话中有 10 个元音:a、o、e、ê、i、u、ü、er、- i(前)、-i(后)。

2.辅音。也叫子音,指的是气流在口腔或咽头受到一定程度的阻碍而形成的音。普通话中有 22 个辅音:b、p、m、f、d、t、n、l、g、k、h、j、q、x、zh、ch、sh、r、z、c、s、ng。

(三)音节

音节是语音最小的自然单位。通常,一个汉字的读音就是一个音节。例如"江(jiāng)"和"激昂(jī'áng)"的音素相同,但"江"是一个音节,"激昂"是两个音节。普通话的音节多数是由声母、韵母和声调三部分组成。韵母又由韵头(又叫介音)、韵腹(也叫主要元音)和韵尾三部分构成,如下表。

普通话音节结构类型表

| 例字 | 音节 | 声母 | 韵头（介音） | 韵腹（主要元音） | 韵尾（元音） | 韵尾（辅音） | 声调 |
|---|---|---|---|---|---|---|---|
| 无 | wú | | | u | | | 阳平 |
| 挖 | wā | | u | a | | | 阴平 |
| 爱 | ài | | | a | i | | 去声 |
| 由 | yóu | | i | o | u | | 阳平 |
| 允 | yǔn | | | ü | | n | 上声 |
| 用 | yòng | | i | o | | ng | 去声 |
| 度 | dù | d | | u | | | 去声 |
| 学 | xué | x | ü | e | | | 阳平 |
| 昆 | kūn | k | u | (e) | | n | 阴平 |
| 拜 | bài | b | | a | i | | 去声 |
| 归 | guī | g | u | (e) | i | | 阴平 |
| 装 | zhuāng | zh | u | a | | ng | 阴平 |

## 三、《汉语拼音方案》

(一)《汉语拼音方案》的内容

《汉语拼音方案》

1.字母表：

| 字母： | Aa | Bb | Cc | Dd | Ee | Ff | Gg |
|---|---|---|---|---|---|---|---|
| 名称： | ㄚ | ㄅㄝ | ㄘㄝ | ㄉㄝ | ㄜ | ㄝㄈ | ㄍㄝ |
| | Hh | Ii | Jj | Kk | Ll | Mm | Nn |
| | ㄏㄚ | ㄧ | ㄐㄧㄝ | ㄎㄝ | ㄝㄌ | ㄝㄇ | ㄋㄝ |
| | Oo | Pp | Qq | Rr | Ss | Tt | |
| | ㄛ | ㄆㄝ | ㄑㄧㄡ | ㄚㄦ | ㄝㄙ | ㄊㄝ | |
| | Uu | Vv | Ww | Xx | Yy | Zz | |
| | ㄨ | ㄞㄝ | ㄨㄚ | ㄒㄧ | ㄧㄚ | ㄗㄝ | |

V 只用来拼写外来语、少数民族语言和方言。

字母的手写体依照拉丁字母的一般书写习惯。

2.声母表：

| b | p | m | f | d | t | n | l |
|---|---|---|---|---|---|---|---|
| ㄅ玻 | ㄆ坡 | ㄇ摸 | ㄈ佛 | ㄉ得 | ㄊ特 | ㄋ讷 | ㄌ勒 |
| g | k | h | | j | q | x | |
| ㄍ哥 | ㄎ科 | ㄏ喝 | | ㄐ基 | ㄑ欺 | ㄒ希 | |
| zh | ch | sh | r | z | c | s | |
| ㄓ知 | ㄔ蚩 | ㄕ诗 | ㄖ日 | ㄗ资 | ㄘ雌 | ㄙ思 | |

3.韵母表：

| | | i<br>ㄧ衣 | u<br>ㄨ乌 | ü<br>ㄩ迂 |
|---|---|---|---|---|
| a<br>ㄚ啊 | | ia<br>ㄧㄚ呀 | ua<br>ㄨㄚ蛙 | |
| o<br>ㄛ喔 | | | uo<br>ㄨㄛ窝 | |

续表

| e<br>さ鹅 | ie<br>丨せ耶 | | Üe<br>凵せ约 |
|---|---|---|---|
| ai<br>牙哀 | | uai<br>乂牙歪 | |
| ei<br>乀欸 | | uei<br>乂乀威 | |
| ao<br>幺熬 | iao<br>丨幺腰 | | |
| ou<br>又欧 | iou<br>丨又忧 | | |
| an<br>马安 | ian<br>丨马烟 | uan<br>乂马弯 | Üan<br>凵马冤 |
| en<br>ㄣ恩 | in<br>丨ㄣ因 | uen<br>乂ㄣ温 | Ün<br>凵ㄣ晕 |
| ang<br>尢昂 | iang<br>丨尢央 | uang<br>乂尢汪 | |
| eng<br>ㄥ亨的韵母 | ing<br>丨ㄥ英 | ueng<br>乂ㄥ翁 | |
| ong<br>乂ㄥ轰的韵母 | iong<br>凵ㄥ雍 | | |

(1)"知、蚩、诗、日、资、雌、思"等七个音节的韵母用 i,即:知、蚩、诗、日、资、雌、思等字拼作 zhi,chi,shi,ri,zi,ci,si。

(2)韵母儿写成 er,用作韵尾的时候写成 r。例如:"儿童"拼作 értóng,"花儿"拼作 huār。

(3)韵母せ单用的时候写成 ê。

(4)i 行的韵母,前面没有声母的时候,写成 yi(衣),ya(呀),ye(耶),yao(腰),you(忧),yan(烟),yin(因),yang(央),ying(英),yong(雍)。

u 行的韵母,前面没有声母的时候,写成 wu(乌),wa(蛙),wo(窝),wai(歪),wei(威),wan(弯),wen(温),wang(汪),weng(翁)。

ü 行的韵母,前面没有声母的时候,写成 yu(迂),yue(约),yuan(冤),yun(晕);ü 上两点省略。

ü 行的韵母跟声母 j,q,x 拼的时候,写成 ju(居),qu(区),xu(虚),ü 上两点也省略;但是跟声母 n,l 拼的时候,仍然写成 nü(女),lü(吕)。

（5）iou,uei,uen,前面加声母的时候,写成 iu,ui,un,例如 niu（牛）,gui（归）,lun（论）。

（6）在给汉字注音的时候,为了使拼式简短,ng 可以省作 ŋ。

4.声调符号。

| 阴平 | 阳平 | 上声 | 去声 |
|------|------|------|------|
| ˉ | ´ | ˇ | ` |

声调符号标在音节的主要母音上。轻声不标。例如:

| 妈 mā | 麻 má | 马 mǎ | 骂 mà | 吗 ma |
|-------|-------|-------|-------|-------|
| （阴平） | （阳平） | （上声） | （去声） | （轻声） |

5.隔音符号。

a,o,e 开头的音节连接在其他音节后面的时候,如果音节的界限发生混淆,用隔音符号（'）隔开。例如:pi'ao（皮袄）。

（二）汉语拼音字母

1.字母的读法。《汉语拼音方案》字母表按序朗读是用名称音来读的,分四组读,读名称音时都要用普通话的阴平调,行末的字母押韵。26 个汉语拼音字母的名称音依次为:

| a | bê | cê | dê | e | êf | gê; |
|------|------|------|------|------|------|------|
| ha | i | jie | kê | êl | êm | nê; |
| o | pê | qiu, | | ar | ês | tê; |
| u | vê | wa, | | xi | ya | zê. |

2.字母的写法。《汉语拼音方案》字母表中的字母采用拉丁字母。字母大写和小写的楷体笔顺如下:

大写楷体字母的笔顺

小写楷体字母的笔顺

书写哥特体楷体小写字母,还要注意字母在四线格中的位置。

a c e m n o r s u v w x z

b d f h i k l t g p q y j

**（三）汉语拼音声母**

汉语拼音声母的读法,有本音和呼读音两种。本音是对汉语拼音音节中具体的音素音值而言的,声母的本音就是声母作为辅音的发音。汉语拼音声母通常用呼读音来呼读。声母的本音多为清辅音,发音不响亮,为了教学方便,就在每个声母后面分别配上不同的元音,辅音元音连发,这样发出的音就是声母的呼读音。21个声母的呼读音依次为bo、po、mo、fo、de、te、ne、le、ge、ke、he、ji、qi、xi、zhi、chi、shi、ri、zi、ci、si。发声母的呼读音时,元音应尽量发短一些,以区别于音节的发音。

**四、音节的拼写**

**（一）y、w 的用法**

1.ia、ie、iao、iou、ian、iang、iong 七个韵母成音节时,前头的 i 改为 y:

ya      ye      yao      you      yan      yang      yong

2.i、in、ing 三个韵母单成音节时,i 前加个 y:

yi      yin      ying

3.ua、uo、uai、uei、uan、uen、uang、ueng 八个韵母成音节时,前头的 u 改为 w:

wa      wo      wai      wei      wan      wen      wang      weng

4.u 这个韵母单成音节时,前头加个 w:

wu

5.ü、üe、üan、ün 四个韵母单成音节时,前头加个 y,同时 ü 上头两点省去不写:

yu      yue      yuan      yun

**（二）ü 上两点的省略**

ü 开头的韵母与 j、q、x 相拼的时候,ü 上两点省略:

jū      qū      xū

juē      quē      xuē

juān      quān      xuān

jūn      qūn      xūn

但是,ü 开头的韵母跟 n、l 相拼的时候,ü 上两点不能省略:

nǚ（女）      lǚ（吕）      nüè（虐）      lüè（略）

**（三）iou、uei、uen 的省写形式**

iou、uei、uen 这三个韵母前面加声母的时候,分别省写成 iu、ui、un。

**（四）按词连写**

给汉字注音或拼写普通话时，一种方法是按字注音，就是每个音节分开拼写，目前小学和幼儿读物基本是采用这种写法；一种方法是按词连写，因为语言的表达以词为基本单位。因此，用汉语拼音拼写普通话，应分词连写。

1.拼写普通话应以词为单位连写：

Dàyuē zài liǎngbǎiwàn nián yǐqián, dìqiú shang chūxiàn le rénlèi.

大约　在　两　百　万　年　以前，地球　上　　出现　了　人类。

2.表示一个整体概念的双音节、三音节结构和成语，要连写：

海风 hǎifēng　　葡萄糖 pútáotáng　　一衣带水 yīyīdàishuǐ

3.超过三音节的表示一个整体概念的名称，按词分开写；不能按词的，全部连写：

无缝钢管 wúfèng gāngguǎn　　环境保护规划 huánjìng bǎohù guīhuà

红十字会 hóngshízìhuì　　　古生物学家 gǔshēngwùxuéjiā

4.单音节词重叠，连写；双音节词重叠，分写：

人人 rénrén　　看看 kànkàn　　研究研究 yánjiu yánjiu

5.十一到九十九之间的整数，连写：

十五 shíwǔ　　三十三 sānshísān

**（五）大写字母的用法**

1.句子开头的第一个字母，诗歌每行第一个字母，地名、国名等专有名词中每个词的第一个字母大写：

Nóngyè shì guómín jīngjì de jīchǔ.

农　业是　国民　经济　的基础。

Zhōnghuá Rénmín Gònghéguó

中　华人民　共　和国

2.姓和名每部分第一个字母用大写，笔名、别名等照姓名写法处理：

Léi Fēng　　Sīmǎ Xiàngrú　　Zhāng Sān

雷　锋　　司马　相　如　　张　三

3.专用名词和普通名词连写在一起的，第一个字母大写：

中国人 Zhōngguórén　　明史 Míngshǐ

4.汉语地名中的专用名词和普通名词分写时，每一分写部分的第一个字母大写：

北京市 Běijīng Shì　　井冈山 Jǐnggāng Shān　　鸭绿江 Yālù Jiāng

**（六）短横的用法**

1.表示词语之间的连接关系：

huán-bǎo（环保—环境保护）

2.表示序数的"第"与后面的数词中间加短横：

第二 dì-èr　　第十五 dì-shíwǔ

3.四字成语可以分为两个双音节来念的，中间加短横：

风平浪静 fēngpíng-làngjìng　　光明磊落 guāngmíng-lěiluò

4.重叠并列即 AABB 式结构词语,中间加短横:

来来往往 láilái-wǎngwǎng　　清清楚楚 qīngqīng-chǔchǔ

5.有的短横是用于书写或排印上的移行,放在行的末尾,表示音节和音节的衔接:

·······························guāng-

míng

不能移作"gu-āngmíng"。

## 【技能训练】

**一、根据本节的发音器官图,说出主要发音器官名称**

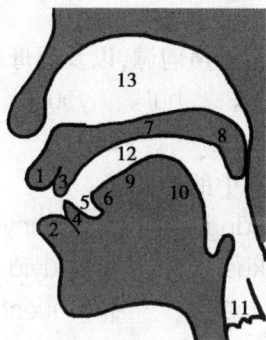

**二、根据音素表,试读 32 个音素**

a、o、e、u、b、p、m、f、d、t、n、l、g、k、h、j、q、x、r、z、c、s、i、-i(前)、-i(后)、zh、ch、sh、er、ng、ê、ü

**三、说说音节包括的三部分以及韵母结构的三部分**

**四、练习用名称音的读法朗读字母表**

**五、练习在四线格中正确书写字母**

**六、熟读声母表的呼读音并试学声母表的本音**

**七、熟悉普通话拼写规则,试着拼写下面一段话**

中国的第一大岛、台湾省的主岛台湾,位于中国大陆架的东南方,地处东海和南海之间,隔着台湾海峡和大陆相望。天气晴朗的时候,站在福建沿海较高的地方,就可以隐隐约约地望见岛上的高山和云朵。

台湾岛形状狭长,从东到西,最宽处只有一百四十多公里;由南至北,最长的地方约有三百九十多公里。地形像一个纺织用的梭子。

——节选自普通话考级作品 56 号《中国的宝岛——台湾》

训练提示:Zhōngguó de dì-yī dàdǎo、Táiwān Shěng de zhǔdǎo Táiwān, wèiyú Zhōngguó dàlùjià de dōngnánfāng, dìchǔ Dōng Hǎi hé Nán Hǎi zhījiān, gézhe Táiwān Hǎixiá hé Dàlù xiāngwàng.Tiānqì qínglǎng de shíhou, zhàn zài Fújiàn yánhǎi jiào gāo de dìfang, jiù kěyǐ yǐnyǐn-yuēyuē de wàng · * jiàn dǎo · shàng de gāoshān hé yúnduǒ.

Táiwān Dǎo xíngzhuàng xiácháng, cóng dōng dào xī, zuì kuān chù zhǐyǒu yībǎi sìshí duō gōnglǐ; yóu nán zhì běi, zuì cháng de dìfang yuē yǒu sānbǎi jiǔshí duō gōnglǐ. Dìxíng xiàng yī gè fǎngzhī yòng de suōzi.

【技能巩固】

1.什么是音节、音素、元音、辅音？

2.用名称音的读法背诵字母表。

3.默写声母表。

4.分析下列音节的结构成分,包括声韵调,以及韵母各部分。

guǎng　　xún　　yé　　niǎo　　huī　　yōu

liè　　é　　huó　　miào　　dān　　yǒng

5.检查下列音节的拼写,改正其中的错误。

因为 īnuèi　　　　远洋 yüǎniáng　　　　引言 yěnyián　　　　优秀 yóuxiòu

坚硬 jīanyèng　　　贫困 piénkuè　　　　乌鸦 uyiā　　　　影院 yǔgyüàn

业余 yièú　　　　原委 ǘanwuěi　　　　轮换 luénhuàn　　　预约 yǔyüē

6.在四线格中拼写下面短文,注意正确书写字母,正确运用连写、分写以及大小写。

台湾岛上的山脉纵贯南北,中间的中央山脉犹如全岛的脊梁。西部为海拔近四千米的玉山山脉,是中国东部的最高峰。全岛约有三分之一的地方是平地,其余为山地。岛内有缎带般的瀑布,蓝宝石似的湖泊,四季常青的森林和果园,自然景色十分优美。西南部的阿里山和日月潭,台北市郊的大屯山风景区,都是闻名世界的游览胜地。

——节选自普通话考级作品 56 号《祖国的宝岛——台湾》

7.朗读下文,注意读准音节。

Wǒguó de jiànzhù, cóng gǔdài de gōngdiàn dào jìndài de yībān zhùfáng, jué
我国　的　建筑,　从　古代　的　宫殿　到　近代　的　一般　住房,绝
dà bùfen shì duìchèn de, zuǒ · biān zěnmeyàng, yòu · biān zěnmeyàng. Sūzhōu
大　部分　是　对称　的,　左边　　怎么样,　右边　　怎么样。苏州
yuánlín kě juébù jiǎng · jiū duìchèn, hǎoxiàng gùyì bìmiǎn shìde. Dōng · biān yǒule
园林　可　绝不　讲究　对称,　好像　故意　避免　似的。东边　有了
yī gè tíngzi huòzhě yīdào huíláng, xī · biān juébù huì lái yī gè tóngyàng de tíngzi
一个　亭子　或者　一道　回廊,　西边　绝不　会　来　一个　同样　的　亭子
huòzhě yī dào tóngyàng de huíláng. Zhè shì wèishénme? Wǒ xiǎng, yòng túhuà lái
或者　一　道　同样　的　回廊。这是　为什么?我　想,用　图画　来

_____

* · :表示轻次音。

bǐfāng，duìchèn de jiànzhù shì tú'ànhuà，bú shì měishùhuà，ér yuánlín shì
比方，　对称　的　建筑　是　图案画，　不　是　美术画，　而　园林　是
měishùhuà，měishùhuà yāoqiú zìrán zhī qù，shì bù jiǎng·jiū duìchèn de.
美术画，　美术画　要求　自然　之趣，是　不　讲究　对称　的。

——节选自普通话考级作品 36 号《苏州园林》

【技能拓展】

《汉语拼音正词法基本规则》规定了用《汉语拼音方案》拼写现代汉语的规则，内容包括分词连写规则、人名地名拼写规则、大写规则、标调规则、移行规则、标点符号使用规则等，同时规定了一些变通规则以适应特殊需要。该标准适用于文化教育、编辑出版、中文信息处理等领域的汉语拼音拼写。

# 第三节　声调训练

【技能准备】

1.音节音调的高低升降变化有哪些？
2.语音的物理属性与声调有联系吗？

【理论与方法】

**一、声调的性质和作用**

声调是音节的音高变化，也就是音节音调的高低升降变化。一般一个音节对应一个汉字的读音。声调是音节结构中不可缺少的组成部分，它同声母、韵母一样有区别意义的作用。例如 liànxí(练习)和 liánxì(联系)，它们表示的意义不同，主要靠不同的声调来区别。

**二、调类、调形和调值**

(一)调类

调类就是声调的种类。普通话有四个调类，分别是阴平、阳平、上(shǎng)声、去声，也叫第一声、第二声、第三声、第四声。

(二)调形

调形是音节的音高变化的形式，也就是声调的高低、升降、曲直、长短的形状。

普通话四个声调的调形分别为平调、升调、曲折调和降调。具体地说，阴平就是高平调,声音高而平;阳平就是中升调,由中音升到高音;上声就是降升调,由半低音先降到低

音,再升到半高音;去声就是全降调,由高音降到低音。普通话的这些调形可以简单地用"ˉ ˊ ˇ ˋ"四种调号来标记。"ˉ"表示高平调,"ˊ"表示高升调,"ˇ"表示降升调,"ˋ"表示全降调。

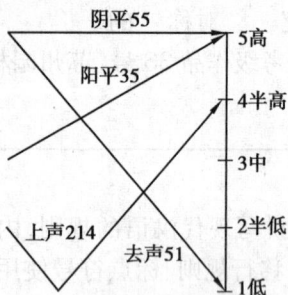

图 1-6 声调调值示意图

（三）调值

调值是声调的实际发音。

描写声调的调值,通常用"五度标记法":用一条竖线表示音高的高低,分为"低、半低、中、半高、高"五度,分别用1、2、3、4、5表示。竖线的左边用横线、斜线、折线表示高低、升降、曲直的变化。平调和降调用两个数字,曲折调用三个数字。根据这种标记法,普通话声调的四种调值可以用图 1-6 表示出来。

如果把四种声调分开来说明,可以列成下表:

| 调 类 | 调 号 | 调 值 | 调 形 | 例 字 |
|-------|-------|-------|-------|-------|
| 阴平 | ˉ | 55 | 平调 | 妈 mā |
| 阳平 | ˊ | 35 | 升调 | 麻 má |
| 上声 | ˇ | 214 | 曲折调 | 马 mǎ |
| 去声 | ˋ | 51 | 降调 | 骂 mà |

［55］、［35］、［214］、［51］表示声调实际的高低升降,叫作"调值"。为了便于书写和印刷,一般就用标数码的办法来表示,不必把每一个声调都画出图来。《汉语拼音方案》进一步进行简化,只在韵母的韵腹上标出"ˉ、ˊ、ˇ、ˋ"四个符号来表示声调的大致调形。

汉语六个主要元音中,发音最响亮的是 α,依次下去是 o、e、i、u、ü。标调则以"α、o、e、i、u、ü,标调时,按顺序;i 上标调去掉点,i、u 并排标后边"为原则。一个音节有 α,调号就标在 α 上;没有 α,就标在 o 或 e 上;碰到 iu、ui 组成的音节,就标在最后一个元音上。

轻声属于变调,不是一个调类。轻声音节都不标调号。

【技能训练】

**一、双音节词声调训练**

阴-阴　参加 cānjiā　　　西安 xī'ān　　　播音 bōyīn　　　工兵 gōngbīng

阴-阳　资源 zīyuán　　　坚决 jiānjué　　鲜明 xiānmíng　　飘扬 piāoyáng

阴-上　批准 pīzhǔn　　　发展 fāzhǎn　　　班长 bānzhǎng　　听讲 tīngjiǎng

阴-去　庄重 zhuāngzhòng　播送 bōsòng　　音乐 yīnyuè　　　规范 guīfàn

| 阳-阴 | 国歌 guógē | 联欢 liánhuān | 革新 géxīn | 南方 nánfāng |
|---|---|---|---|---|
| 阳-阳 | 直达 zhídá | 滑翔 huáxiáng | 儿童 értóng | 团结 tuánjié |
| 阳-上 | 华北 huáběi | 黄海 huánghǎi | 遥远 yáoyuǎn | 泉水 quánshuǐ |
| 阳-去 | 豪迈 háomài | 辽阔 liáokuò | 模范 mófàn | 林业 línyè |
| 上-阴 | 指标 zhǐbiāo | 整装 zhěngzhuāng | 转播 zhuǎnbō | 北京 běijīng |
| 上-阳 | 指南 zhǐnán | 普及 pǔjí | 反常 fǎncháng | 谴责 qiǎnzé |
| 上-上 | 古典 gǔdiǎn | 北海 běihǎi | 领导 lǐngdǎo | 鼓掌 gǔzhǎng |

## 二、四音节词声调训练

阴-阳-上-去

| 中国伟大 zhōngguówěidà | 山河美丽 shānhéměilì |
|---|---|
| 天然宝藏 tiānránbǎozàng | 资源满地 zīyuánmǎndì |
| 阶级友爱 jiējíyǒu'ài | 中流砥柱 zhōngliúdǐzhù |
| 工农子弟 gōngnóngzǐdì | 千锤百炼 qiānchuíbǎiliàn |
| 身强体健 shēnqiángtǐjiàn | 精神百倍 jīngshénbǎibèi |
| 心明眼亮 xīnmíngyǎnliàng | 光明磊落 guāngmínglěiluò |
| 山明水秀 shānmíngshuǐxiù | 花红柳绿 huāhóngliǔlǜ |
| 开渠引灌 kāiqúyǐnguàn | 风调雨顺 fēngtiáoyǔshùn |
| 阴阳上去 yīnyángshǎngqù | 非常好记 fēichánghǎojì |
| 高扬转降 gāoyángzhuǎnjiàng | 区别起落 qūbiéqǐluò |

去-上-阳-阴

| 弄巧成拙 nòngqiǎochéngzhuō | 碧海蓝天 bìhǎilántiān |
|---|---|
| 大显神通 dàxiǎnshéntōng | 万感丛生 wàngǎncóngshēng |
| 妙手回春 miàoshǒuhuíchūn | 万古流芳 wàngǔliúfāng |
| 背井离乡 bèijǐnglíxiāng | 万里长征 wànlǐchángzhēng |
| 刻骨铭心 kègǔmíngxīn | 万马齐喑 wànmǎqíyīn |
| 顺理成章 shùnlǐchéngzhāng | 奋起直追 fènqǐzhízhuī |
| 墨守成规 mòshǒuchéngguī | 驷马难追 sìmǎnánzhuī |
| 幼老难分 yòulǎonánfēn | 大好河山 dàhǎohéshān |
| 痛改前非 tònggǎiqiánfēi | 厚古薄今 hòugǔbójīn |
| 破釜沉舟 pòfǔchénzhōu | 热火朝天 rèhuǒcháotiān |

## 三、阳平与上声对比训练

| 好麻 má—好马 mǎ | 土肥 féi—土匪 fěi | 战国 guó—战果 guǒ |
|---|---|---|
| 小乔 qiáo—小巧 qiǎo | 返回 huí—反悔 huǐ | 老胡 hú—老虎 hǔ |
| 牧童 tóng—木桶 tǒng | 大学 xué—大雪 xuě | 菊 jú 花—举 jǔ 花 |
| 直 zhí 绳—纸 zhǐ 绳 | 白 bái 色—百 bǎi 色 | 洋 yáng 油—仰 yǎng 游 |
| 琴 qín 室—寝 qǐn 室 | 情 qíng 调—请 qǐng 调 | 骑 qí 马—起 qǐ 码 |

**【技能巩固】**

1.读下列诗和民歌,读准声调。

飒飒西风满院栽,　　　　Sàsà xīfēng mǎn yuàn zāi,

蕊寒香冷蝶难来。　　　　Ruǐ hán xiāng lěng dié nán lái.

他年我若为青帝,　　　　Tā nián wǒ ruò wéi qīng dì,

报与桃花一处开。　　　　Bào yǔ táohuā yī chù kāi.

(黄巢《题菊花》)

故人西辞黄鹤楼,　　　　gù rén xī cí Huánghè Lóu,

烟花三月下扬州。　　　　Yānhuā sānyuè xià yángzhōu.

孤帆远影碧空尽,　　　　gū fān yuǎn yǐng bì kōng jìn,

惟见长江天际流。　　　　Wéi jiàn Cháng Jiāng tiānjì liú.

(李白《黄鹤楼送孟浩然之广陵》)

幸福在哪里,朋友啊,告诉你。她不在柳荫下,也不在温室里。她在辛勤的工作中,她在艰苦的劳动里。啊!幸福就在你晶莹的汗水里。

Xìngfú zài nǎlǐ,péngyou a,gàosu nǐ.Tā bù zài liǔyīn xià,yě bù zài wēnshì li.Tā zài xīnqín de gōngzuò zhōng,tā zài jiānkǔ de láodòng li.A!Xìngfú jiù zài nǐ jīngyíng de hànshuǐ li.

幸福在哪里,朋友啊,告诉你。她不在月光下,也不在睡梦里。她在精心的耕耘中,她在知识的宝库里。啊!幸福就在你闪光的智慧里。

Xìngfú zài nǎlǐ, péngyou a, gàosu nǐ. Tā bù zài yuèguāng xià, yě bù zài shuìmèng li.Tā zài jīngxīn de gēngyún zhōng,tā zài zhīshi de bǎokù li.A!Xìngfú jiù zài nǐ shǎnguāng de zhìhuì li.

(《幸福在哪里》民歌 配套资源 2-2-1)

2.读下面的绕口令,注意读准声调。

老罗拉了一车梨,老李拉了一车栗。

老罗人称大力罗,老李人称李大力。

老罗拉梨做梨酒,老李拉栗去换犁。

蓝衣布履刘兰柳,

布履蓝衣柳兰流,

兰柳拉犁来犁地,

兰流播种来拉耧(lóu)。

3.朗读下列短文,注意读四声。

两个同龄的年轻人同时受雇于一家店铺,并且拿同样的薪水。

可是一段时间后,叫阿诺德的那个小伙子青云直上,而那个叫布鲁诺的小伙子却仍在原地踏步。布鲁诺很不满意老板的不公正待遇。终于有一天他到老板那儿发牢骚了。老板一边耐心地听着他的抱怨,一边在心里盘算着怎样向他解释清楚他和阿诺德之间的差别。

"布鲁诺先生,"老板开口说话了,"您现在到集市上去一下,看看今天早上有什么卖的。"

布鲁诺从集市上回来向老板汇报说,今早集市上只有一个农民拉了一车土豆在卖。

"有多少?"老板问。

布鲁诺赶快戴上帽子又跑到集上,然后回来告诉老板一共四十袋土豆。

"价格是多少?"

布鲁诺又第三次跑到集上问来了价格。

"好吧,"老板对他说,"现在请您坐到这把椅子上一句话也不要说,看看阿诺德怎么说。"

——节选自普通话考级作品 2 号《差别》

# 第四节　声母发音部位和发音方法

**【技能准备】**

1.什么是辅音,辅音的发音有什么特点?

2.发音器官主要包括哪些?

3.声母表包括哪些声母?

**【理论与方法】**

声母就是一个音节开头的辅音,是气流在口腔和咽头受阻碍而形成的音。发音时,一要找准发音部位,即阻碍气流的部位;二是要正确使用发音方法,包括阻碍方式,声带是否颤动,气流的强弱。普通话的声母,除零声母外,其余的 21 个都是由辅音因素充当的:b、p、m、f、d、t、n、l、g、k、h、j、q、x、zh、ch、sh、r、z、c、s。

**一、声母的发音部位**

声母的发音部位,指发音器官在发辅音时对气流形成阻碍的地方。双唇、唇齿、舌面与硬腭、舌根与软腭等发音器官,都可以形成对气流的阻碍,构成不同的发音部位。

按发音部位来划分,普通话声母有七类:

(一)双唇音

上唇和下唇紧闭,阻塞气流而形成的音,有 b、p、m。

(二)唇齿音

下唇和上齿接近,阻塞气流而形成的音,有 f。

（三）舌尖前音

舌尖和上齿背接触或接近,阻塞气流而形成的音,有 z、c、s。

（四）舌尖中音

舌尖和上齿龈接触,阻塞气流而形成的音,有 d、t、n、l。

（五）舌尖后音

舌尖和硬腭前部接触或接近,阻塞气流而形成的音,有 zh、ch、sh、r。

（六）舌面音

舌面前部和硬腭前部接触或接近,阻塞气流而形成的音,有 j、q、x。

（七）舌根音

舌面后部和软腭接触或接近,阻塞气流而形成的音,有 g、k、h。

## 二、声母的发音方法

声母由辅音构成。辅音是气流呼出时,在口腔某个部位遇到程度不同的阻碍形成的。我们把阻碍形成过程的起始阶段称为"成阻",持续阶段称为"持阻",解除阶段称为"除阻"。辅音声母发音方法有以下五种。

（一）塞音:b、p、d、t、g、k

成阻时发音部位紧闭;持阻时气流积蓄在阻碍的部位;除阻时受阻部位突然解除阻塞,使积蓄的气流透出,形成破裂成声。

（二）鼻音:m、n

成阻时发音部位完全闭塞,封闭口腔通路;持阻时软腭下垂,打开鼻腔通路,声带振动,气流经过咽腔后,在口腔受到阻碍,由鼻腔透出成声;除阻时口腔阻碍解除。

（三）擦音:f、h、x、sh、s、r

成阻时发音部位之间接近,形成适度的间隙;持阻时气流从窄缝中摩擦成声;除阻时发音结束。

（四）边音:l

成阻时舌尖和上齿龈稍后的部位接触,使口腔中间的通道阻塞;持阻时声带振动,气流从声带两边与上腭两侧、两颊内侧形成的夹缝中通过,透出成声;除阻时发音结束。

（五）塞擦音:j、q、zh、ch、z、c

以"塞音"开始,以"擦音"结束。"塞音"的除阻阶段与"擦音"的成阻阶段结合得很紧密。

普通话的辅音声母还有以下分类方式:

送气音 p、t、k、q、ch、c 与不送气音 b、d、g、j、zh、z。

浊辅音与清音。浊辅音:发音时声带颤动,有 m、n、l、r。清音:发音时声带不颤动,除四个浊辅音外,其他声母都是清辅音,它们是 b、p、f、d、t、g、k、h、j、q、x、zh、ch、sh、z、c、s。

零声母:零声母也是一种声母,可分为两类,一类是开口呼零声母,一类是非开口呼零声母。

开口呼零声母(以 a、o、e 开头的音节)没有对应的汉语拼音字母。非开口呼零声母中的齐齿呼零声母音节用隔音字母 y 开头;合口呼零声母音节用隔音字母 w 开头;撮口呼零声母音节用隔音字母 y(yu)开头。如:

恩爱 ēn'ài      偶尔 ǒu'ěr      额外 éwài      洋溢 yángyì      谣言 yáoyán

医药 yīyào      万物 wànwù      忘我 wàngwǒ      威望 wēiwàng      永远 yǒngyuǎn

踊跃 yǒngyuè      孕育 yùnyù

**【技能训练】**

根据普通话声母发音部位和发音方法总表,通过练习声母本音,找准声母的发音部位,初步学习声母的发音方法。

**普通话声母发音部位和发音方法一览表**

| 发音部位 | 发音方法 | | | | | | |
|---|---|---|---|---|---|---|---|
| | 塞音(清音) | | 塞擦音(清音) | | 擦音 | | 鼻音 | 边音 |
| | 不送气 | 送气 | 不送气 | 送气 | 清音 | 浊音 | 浊音 | 浊音 |
| 双唇音 | b | p | | | | | m | |
| 唇齿音 | | | | | f | | | |
| 舌尖前音 | | | z | c | s | | | |
| 舌尖中音 | d | t | | | | | n | l |
| 舌尖后音 | | | zh | ch | sh | r | | |
| 舌面音 | | | j | q | x | | | |
| 舌根音 | y | k | | | h | | (ng) | |

ng 是鼻辅音,不做声母,只与元音组合共同充当韵母。

练习声母的发音,发音方法要对,接触的部位要准确,接触时要迅速,要注意学会口中蓄有足够的气流,使发出的声音富有弹性,干净利索,清楚、有力、传得远。

**【技能巩固】**

1.什么是"发音部位"?什么是"发音方法"?

2.根据本节所列的声母发音表,分别说出哪些是塞音、塞擦音、擦音、鼻音、边音,哪些是清音、浊音。

3.根据下面提供的发音部位和发音方法,在括号内填上相应的声母。

(1)双唇 送气 清 塞音(    )

(2)舌尖后 清 擦音(    )

(3)舌尖后 浊 擦音(    )

(4)舌面 不送气 清 塞擦音(    )

(5)舌尖中 浊 边音(    )

4.朗读下列短文,注意体会音节声母的发音。

它不像汉白玉那样的细腻，可以刻字雕花，也不像大青石那样的光滑，可以供来浣纱捶布；它静静地卧在那里，院边的槐荫没有庇覆它，花儿也不再在它身边生长。荒草便繁衍出来，枝蔓上下，慢慢地，竟锈上了绿苔、黑斑。我们这些做孩子的，也讨厌起它来，曾合伙要搬走它，但力气又不足；虽时时咒骂它，嫌弃它，也无可奈何，只好任它留在那里去了。

终有一日，村子里来了一个天文学家。他在我家门前路过，突然发现了这块石头，眼光立即就拉直了。他再没有离开，就住了下来；以后又来了好些人，都说这是一块陨石，从天上落下来已经有二三百年了，是一件了不起的东西。不久便来了车，小心翼翼地将它运走了。

——节选自普通话考级作品 3 号《丑石》

# 第五节　双唇音、唇齿音声母发音训练

**【技能准备】**

口部操：喷，也称作双唇后打响，双唇紧闭、后收，将唇的力量集中于后中纵线三分之一的部位，唇齿相依，不裹唇，阻住气流，然后突然连续喷气出声，发出"b"或"p"的音。

**【理论与方法】**

b　双唇、不送气、清、塞音。发音时，双唇自然闭拢，软腭上升，堵塞鼻腔通道，让较弱的气流突然冲开双唇的阻碍，迸发而出，爆破成声，双唇中部着力，集中蓄气，用力喷弹。舌面后两边略卷，舌头处于自然的静止状态，声带不振动。例如：奔波 bēnbō（图 1-7）。

b 的呼读音为 bo。

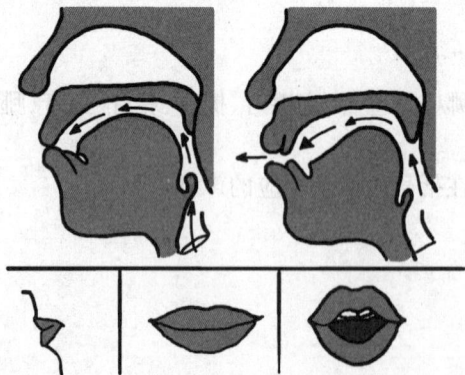

图 1-7　声母 b 的本音发音示意图　　　图 1-8　声母 p 的本音发音示意图

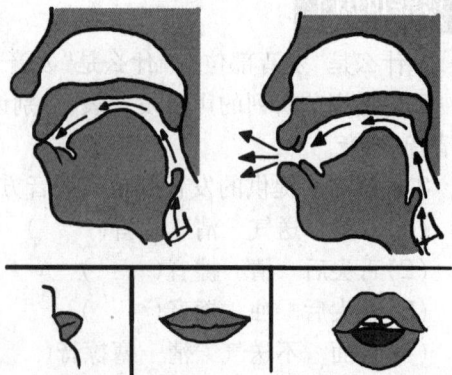

p　双唇、送气、清、塞音。发音时,软腭上升,鼻腔通道关闭,气流不从鼻腔穿过。成阻阶段双唇闭合,不太紧。除阻后有一股强气流吐出,气流比发 b 音时强,舌头比发 b 音时略后,舌尖离下齿背较远,舌面后横面略凹,两边微卷,声带不振动。例如:偏旁 piānpáng(图 1-8)。

p 的呼读音为 po。

m　双唇、浊、鼻音。发音时,双唇闭拢,软腭下降,鼻腔通道打开,气流同时到达口腔和鼻腔。成阻阶段双唇闭合,气流不能从口腔通过,转到鼻腔流出,同时颤动声带,舌尖微离下齿背,舌面中部隆起,舌横面凹下程度较深。例如:满目 mǎnmù(图 1-9)。

m 的呼读音为 mo。

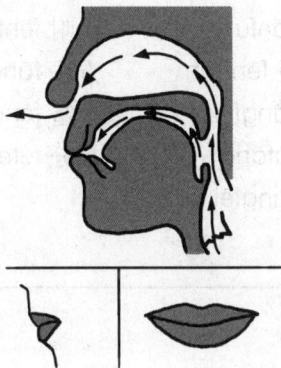

图 1-9　声母 m 的本音发音示意图　　　　图 1-10　声母 f 的本音发音示意图

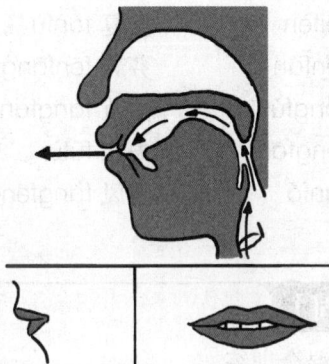

f　唇齿、清、擦音。发音时软腭上升,堵塞鼻腔通道,上齿接触下唇,不太紧。声带不颤动,气流从唇齿之间的窄缝中挤出,发出摩擦声。舌头离下齿背较远,舌面前部略凹,后部隆起而微卷。例如:放飞 fàngfēi(图 1-10)。

f 的呼读音为 fo。

**【技能训练】**

| | | | |
|---|---|---|---|
| 把柄 bǎbǐng | 爸爸 bàba | 步兵 bùbīng | 颁布 bānbù |
| 标榜 biāobǎng | 卑鄙 bēibǐ | 褒贬 bāobiǎn | 辨别 biànbié |
| 半边 bànbiān | 臂膀 bìbǎng | 摆布 bǎibù | 奔波 bēnbō |
| 八百 bābǎi | 百般 bǎibān | 包办 bāobàn | 本部 běnbù |
| 败北 bàiběi | 北部 běibù | 背包 bēibāo | 不便 búbiàn |
| | | | |
| 乒乓 pīngpāng | 匹配 pǐpèi | 批评 pīpíng | 澎湃 péngpài |
| 偏僻 piānpì | 婆婆 pópo | 排炮 páipào | 铺排 pūpái |
| 蓬蓬 péngpéng | 批判 pīpàn | 拼盘 pīnpán | 爬坡 pápō |
| 琵琶 pípa | 噼啪 pīpā | 瓢泼 piáopō | 偏旁 piānpáng |

| | | | |
|---|---|---|---|
| 埋没 máimò | 美妙 měimiào | 茂密 màomì | 眉目 méimù |
| 命脉 mìngmài | 弥漫 mímàn | 妈妈 māma | 麻木 mámù |
| 骂名 màmíng | 默默 mòmò | 磨灭 mómiè | 买卖 mǎimài |
| 麦苗 màimiáo | 面貌 miànmào | 牧民 mùmín | 卖命 màimìng |
| 美满 měimǎn | 美貌 měimào | 没门 méimén | 冒昧 màomèi |
| 谋面 móumiàn | 谩骂 mànmà | 满目 mǎnmù | 命名 mìngmíng |

| | | | |
|---|---|---|---|
| 奋发 fènfā | 肺腑 fèifǔ | 发奋 fāfèn | 发疯 fāfēng |
| 发福 fāfú | 发放 fāfàng | 非法 fēifǎ | 非凡 fēifán |
| 非分 fēifèn | 反复 fǎnfù | 翻覆 fānfù | 吩咐 fēnfù |
| 纷繁 fēnfán | 芬芳 fēnfāng | 份儿饭 fènrfàn | 方法 fāngfǎ |
| 仿佛 fǎngfú | 防范 fángfàn | 芳菲 fāngfēi | 丰富 fēngfù |
| 风范 fēngfàn | 夫妇 fūfù | 复方 fùfāng | 福分 fúfen |
| 犯法 fànfǎ | 防风 fángfēng | 放飞 fàngfēi | |

## 【技能巩固】

1.词语混合训练。

| | | | |
|---|---|---|---|
| b-p | 编排 biānpái | 爆破 bàopò | 半票 bànpiào |
| b-m | 蓖麻 bìmá | 饱满 bǎomǎn | 表面 biǎomiàn |
| b-f | 缤纷 bīnfēn | 北方 běifāng | 爆发 bàofā |
| p-b | 旁边 pángbiān | 派别 pàibié | 普遍 pǔbiàn |
| p-m | 缥缈 piāomiǎo | 篇目 piānmù | 皮毛 pímáo |
| p-f | 平凡 píngfán | 屏风 píngfēng | 佩服 pèifú |
| m-b | 棉被 miánbèi | 漫笔 mànbǐ | 蒙蔽 méngbì |
| m-f | 模范 mófàn | 蜜蜂 mìfēng | 萌发 méngfā |

2.读绕口令,注意双唇音要有力。

八百标兵奔北坡,
炮兵并排北边跑。
炮兵怕把标兵碰,
标兵怕碰炮兵炮。(八百标兵 b、p)

白庙外蹲一只白猫,
白庙里有一顶白帽。
白庙外的白猫看见了白帽,
叼着白庙里的白帽跑出了白庙。(白庙和白猫 b、m)

黄凤凰,灰凤凰,

粉红墙上画凤凰。

凤凰黄,凤凰灰,

粉红墙上凤凰飞。(画凤凰 f、h)

3.朗读下列短文,注意读准加点的字。

父亲走进孩子的房间:"你睡了吗?""爸,还没有,我还醒着。"孩子回答。

"我刚才可能对你太凶了,"父亲说,"我不应该发那么大的火儿——这是你要的十美金。""爸,谢谢您。"孩子高兴地从枕头下拿出一些被弄皱的钞票,慢慢地数着。

"为什么你已经有钱了还要?"父亲不解地问。

"因为原来不够,但现在凑够了。"孩子回答:"爸我现在有二十美金了,我可以向您买一个小时的时间吗? 明天请早一点儿回家——我想和您一起吃晚餐。"

——节选自普通话考级作品 7 号《二十美金的价值》

# 第六节　舌尖前音声母发音训练

## 【技能准备】

口部操:1.伸,将舌伸出唇外,舌体集中,舌尖向前、向左右、向上下尽力伸展;2.舌头伸卷交替,口张大,舌头尽量往前伸,再做快速卷舌运动,然后将舌头放平,伸卷交替。

## 【理论与方法】

z　舌尖前、不送气、清、塞擦音。发音时舌尖向上轻轻顶住上齿背,软腭上升,堵住鼻腔通路,声带不颤动,较弱的气流先把舌尖的阻碍冲开一道窄缝,接着从窄缝中挤出,摩擦成声。例如:自责 zìzé(图 1-11)。

z 的呼读音为 zi。

c　舌尖前、送气、清、塞擦音。发音时,除冲破阻碍时用较强的气流外,其他情况和 z 一样。例如:此次 cǐcì(图 1-12)。

c 的呼读音为 ci。

s　舌尖前、清、擦音。发音时,舌尖接近上齿背,形成窄缝,软腭上升,堵塞鼻腔通道,声带不颤动,气流从舌尖和上齿背间的窄缝中挤出,摩擦成声。例如:三思 sānsī(图 1-13)。

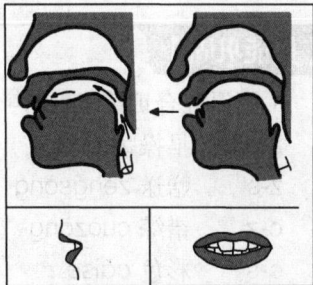

图 1-11　声母 z 的本音发音示意图

s 的呼读音为 si。

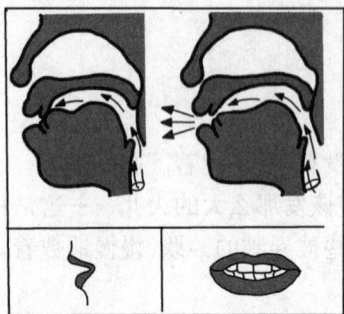

图 1-12　声母 c 的本音发音示意图　　　图 1-13　声母 s 的本音发音示意图

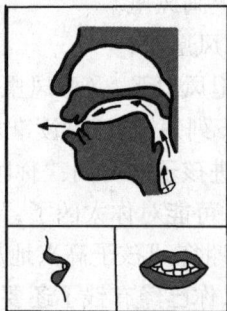

## 【技能训练】

| 自尊 zìzūn | 总则 zǒngzé | 造作 zàozuò | 在座 zàizuò |
| 走卒 zǒuzú | 藏族 zàngzú | 自在 zìzài | 遭罪 zāozuì |
| 簪子 zānzi | 坐姿 zuòzī | 栽赃 zāizāng | 祖宗 zǔzōng |
| 自责 zìzé | | | |

| 苍翠 cāngcuì | 草丛 cǎocóng | 仓促 cāngcù | 措辞 cuòcí |
| 残存 cáncún | 参差 cēncī | 层次 céngcì | 此次 cǐcì |
| 曹操 cáocāo | 摧残 cuīcán | 璀璨 cuǐcàn | 催促 cuīcù |
| 淙淙 cóngcóng | 粗糙 cūcāo | 猜测 cāicè | |

| 思索 sīsuǒ | 诉讼 sùsòng | 洒扫 sǎsǎo | 瑟缩 sèsuō |
| 琐碎 suǒsuì | 速算 sùsuàn | 撕碎 sīsuì | 三思 sānsī |
| 色素 sèsù | 酥松 sūsōng | 松散 sōngsǎn | 搜索 sōusuǒ |
| 酸涩 suānsè | | | |

## 【技能巩固】

1.词语混合训练，读准声母。

| z-c | 早操 zǎocāo | 遵从 zūncóng | 紫菜 zǐcài |
| z-s | 赠送 zèngsòng | 棕色 zōngsè | 阻塞 zǔsāi |
| c-z | 错综 cuòzōng | 才子 cáizǐ | 操作 cāozuò |
| c-s | 彩色 cǎisè | 沧桑 cāngsāng | 蚕丝 cánsī |
| s-z | 色泽 sèzé | 嫂子 sǎozi | 塑造 sùzào |
| s-c | 颂词 sòngcí | 素菜 sùcài | 随从 suícóng |

2.练习平舌音常用字顺口溜,并背诵、默写。

| | |
|---|---|
| 藏僧宿草寺, | 姊随嫂,操做早。 |
| 岁岁自洒扫, | 曾撕笋,才擦灶。 |
| 择素做素餐, | 催锁仓,速采桑。 |
| 松侧栽棕枣。 | 蚕丝足,村嘈噪。 |

| | |
|---|---|
| 曹叟搓草索, | 贼作祟,钻自私。 |
| 孙子坐在左, | 嗓四从,侧腮姿。 |
| 此次最粗糙, | 坐祖尊,撒索饲。 |
| 匆匆总搓错。 | 罪凑足,遂送死。 |

| | |
|---|---|
| 醉色瑟缩舱, | 宋三苏,总赛词。 |
| 邹崽遭栽赃, | 宰赠财,再赐菜。 |
| 思忖怎诉讼, | 醋酸涩,葱似刺。 |
| 诵辞奏斯丧。 | 蒜脏嘴,踩碎瓷。 |

3.朗读下列短文,注意读准加点的字。

有一次我偷了一块糖果,他要我把它送回去,告诉卖糖的说是我偷来的,说我愿意替他拆箱卸货作为赔偿。但妈妈却明白我只是个孩子。

在我生日会上,爸总是显得有些不大相称。他只是忙于吹气球,布置餐桌,做杂务。把插着蜡烛的蛋糕推过来让我吹的,是我妈。

我翻阅照相册时,人们总是问:"你爸爸是什么样子的?"天晓得！他老是忙着替别人拍照。妈和我笑容可掬地一起拍的照片,多得不可胜数。

我记得妈有一次叫他教我骑自行车。我叫他别放手,但他却说是应该放手的时候了。我摔倒之后,妈跑过来扶我,爸却挥手要她走开。我当时生气极了,决心要给他点儿颜色看。于是我马上爬上自行车,而且自己骑给他看。他只是微笑。

——节选自普通话考级作品 10 号《父亲的爱》

4.任选一题进行三分钟说话练习:(1)我的愿望(或理想);(2)我的家乡(或熟悉的地方)。

# 第七节　舌尖中音声母发音训练

【技能准备】

口部操:弹舌。1.直弹,舌尖抬起抵住上齿龈,突然发力伸直;2.卷弹,舌头稍微抬高,舌尖卷起并放松,用气吹动舌头前半部分,使其颤抖,嘴唇为自然状态,没有变动。

【理论与方法】

d　舌尖中、不送气、清、塞音。发音时舌尖抵住上齿龈,软腭上升,堵塞鼻腔通道,声带不颤动,较弱的气流冲破舌尖和上齿龈的阻碍,迸发而出,爆破成声。例如:颠倒 diāndǎo(图 1-14)。

d 的呼读音为 de。

t　舌尖中、送气、清、塞音。发音时除冲破阻碍用较强的气流外,其他情况和 d 完全一样。例如:体态 tǐtài(图 1-15)。

t 的呼读音为 te。

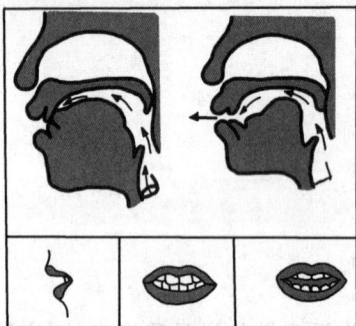

图 1-14　声母 d 的本音发音示意图　　　　图 1-15　声母 t 的本音发音示意图

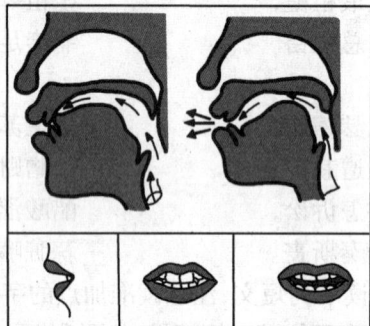

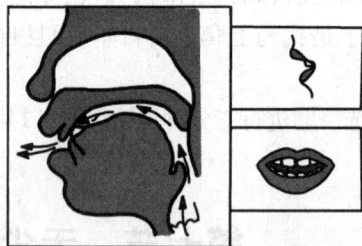

n　舌尖中、浊、鼻音。发音时舌尖抵住上齿龈,软腭下降,阻塞气流在口腔中的通路。打开鼻腔通道,气流从鼻腔出来,同时颤动声带。例如:男女 nánnǚ(图 1-16)。

n 的呼读音为 ne。

l　舌尖中、浊、边音。发音时舌尖顶住上齿龈,软腭上升,堵住鼻腔通路。气流振动声带,从舌头前部的两边流出。例如:利率 lìlǜ(图 1-17)。

l 的呼读音为 le。

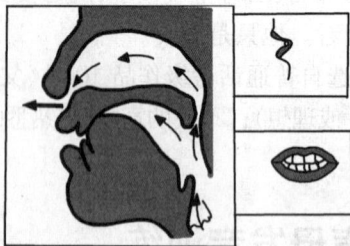

图 1-16　声母 n 的本音发音示意图　　　　图 1-17　声母 l 的本音发音示意图

【技能训练】

| | | | |
|---|---|---|---|
| 大豆 dàdòu | 单调 dāndiào | 等待 děngdài | 当地 dāngdì |
| 达到 dádào | 调动 diàodòng | 搭档 dādàng | 带动 dàidòng |
| 到底 dàodǐ | 道德 dàodé | 捣蛋 dǎodàn | 导弹 dǎodàn |

斗胆 dǒudǎn　　担当 dāndāng　　单独 dāndú　　当代 dāngdài
地点 dìdiǎn　　顶端 dǐngduān　　颠倒 diāndǎo

逃脱 táotuō　　体贴 tǐtiē　　天堂 tiāntáng　　跳台 tiàotái
团体 tuántǐ　　淘汰 táotài　　头痛 tóutòng　　谈天 tántiān
探讨 tàntǎo　　唐突 tángtū　　疼痛 téngtòng　　铁塔 tiětǎ
调停 tiáotíng　　图腾 túténg　　脱逃 tuōtáo　　屯田 túntián
通透 tōngtòu　　忐忑 tǎntè　　吞吐 tūntǔ　　推脱 tuītuō
探听 tàntīng　　拖沓 tuōtà　　体态 tǐtài

农奴 nóngnú　　能耐 néngnai　　男女 nánnǚ　　喃喃 nánnán
扭捏 niǔniē　　袅娜 niǎonuó　　南宁 nánníng　　呢喃 nínán
奶奶 nǎinai　　奶牛 nǎiniú　　恼怒 nǎonù　　捏弄 niēnòng
忸怩 niǔní　　牛腩 niúnǎn　　年年 niánnián　　娘娘 niángniang
难能 nánnéng　　牛奶 niúnǎi　　泥泞 nínìng

留恋 liúliàn　　联络 liánluò　　理论 lǐlùn　　拉练 lāliàn
玲珑 línglóng　　冷落 lěngluò　　流露 liúlù　　来历 láilì
露脸 lòuliǎn　　褴褛 lánlǚ　　嘹亮 liáoliàng　　流利 liúlì
淋漓 línlí　　罗列 luóliè　　伦理 lúnlǐ　　勒令 lèlìng
劳碌 láolù　　力量 lìliàng　　浏览 liúlǎn　　拉力 lālì
磊落 lěiluò　　劳力 láolì　　老练 lǎoliàn　　轮流 lúnliú
流浪 liúlàng　　利率 lìlǜ

| d-t | 代替 dàitì | 稻田 dàotián | 灯塔 dēngtǎ |
| d-n | 叮咛 dīngníng | 大娘 dàniáng | 当年 dāngnián |
| d-l | 胆略 dǎnlüè | 打捞 dǎlāo | 带领 dàilǐng |
| t-d | 台灯 táidēng | 特点 tèdiǎn | 跳动 tiàodòng |
| t-n | 鸵鸟 tuóniǎo | 体念 tǐniàn | 童年 tóngnián |
| t-l | 铁路 tiělù | 桃李 táolǐ | 提炼 tíliàn |
| n-d | 纽带 niǔdài | 难得 nándé | 浓淡 nóngdàn |
| n-t | 黏土 niántǔ | 内胎 nèitāi | 农田 nóngtián |
| l-d | 朗读 lǎngdú | 劳动 láodòng | 连队 liánduì |
| l-t | 旅途 lǚtú | 蓝天 lántiān | 礼堂 lǐtáng |
| l-n | 冷暖 lěngnuǎn | 岭南 lǐngnán | 留念 liúniàn |
|  | 烂泥 lànní | 老年 lǎonián | 连年 liánnián |

**【技能巩固】**

1.n-l 词语对比训练。

| | | | |
|---|---|---|---|
| 纳凉 nàliáng | 耐劳 nàiláo | 奶酪 nǎilào | 脑力 nǎolì |
| 内涝 nèilào | 内陆 nèilù | 内乱 nèiluàn | 嫩绿 nènlǜ |
| 能量 néngliàng | 尼龙 nílóng | 逆流 nìliú | 年龄 niánlíng |
| 年历 niánlì | 年利 niánlì | 年轮 niánlún | 凝练 níngliàn |
| 农林 nónglín | 女郎 nǚláng | 奴隶 núlì | 努力 nǔlì |
| 暖流 nuǎnliú | | | |

2.l-n 词语对比训练。

水流——水牛　　　　　　　　　留恋——留念

黄鹂——黄泥　　　　　　　　　无赖——无奈

拦住——难住　　　　　　　　　褴褛——男女

3.读绕口令，注意读准舌尖中音声母。

调到敌岛打特盗，

特盗太刁投短刀。

挡推顶打短刀掉，

踏盗得刀盗打倒。（d、t）

河边有棵柳，Hébiān yǒu kē liǔ,

柳下一头牛。Liǔ xià yī tóu niú。

牛要去顶柳，Niú yào qù dǐng liǔ,

柳条缠住了牛的头。Liǔtiáo chán zhù le niú de tóu。（n-l）

4.朗读古诗，注意加点字的声母。

绿蚁新醅酒，　Lǜ yǐ xīn pēi jiǔ,

红泥小火炉。　Hóng ní xiǎo huǒlú。

晚来天欲雪，　Wǎn lái tiān yù xuě,

能饮一杯无？　Néng yǐn yī bēi wú?（白居易《问刘十九》）

5.背诵常见鼻音字顺口溜。

男女农奴捏泥妞，

哪能南囊拿牛奶。

年内倪聂闹难宁，

恼怒挠脑念囡懦。（因 nān）

6.朗读下列短文，注意读准加点的字。

当达瑞为父亲取报纸的时候，一个主意诞生了。当天他就按响邻居的门铃,对他们说,每个月只需付给他一美元,他就每天早上把报纸塞到他们的房门底下。大多数人都同意了,很快他有了七十多个顾客。一个月后,当他拿到自己赚的钱时,觉得自己简直是飞上了天。

很快他又有了新的机会,他让他的顾客每天把垃圾袋放在门前,然后由他早上运到垃圾桶里,每个月加一美元。之后他还想出了许多孩子赚钱的办法,并把它集结成书,书名为《儿童挣钱的二百五十个主意》。为此,达瑞十二岁时就成了畅销书作家,十五岁有了自己的谈话节目,十七岁就拥有了几百万美元。

——节选自普通话考级作品 4 号《达瑞的故事》

7.熟读 n、l 辨音字表,并对比记忆。

n、l 辨音字表

(备注:表中的数字表示声调——①是阴平,②是阳平,③是上声,④是去声。)

| | n | l |
|---|---|---|
| a | ①那②拿③哪④那纳呐捺钠娜 | ①拉啦垃③喇④辣剌瘌蜡腊 |
| e | 呢 | ①勒④乐 了 |
| i | ②尼泥呢霓③你拟④腻匿 | ②离篱璃厘狸黎犁梨蜊③礼里理鲤李 |
| u | ②奴③努④怒 | ②卢庐炉芦轳颅③卤虏鲁橹④碌陆路略鹭露(~水)录鹿辘绿(~林) |
| ü | ③女 | ②驴③吕侣铝旅屡缕④虑滤律率(效~)氯绿 |
| ai | ③乃奶④奈耐 | ②来④赖癞 |
| ei | ③馁④内 | ①勒②雷擂镭③累(~进)垒儡蕾④累类泪肋 |
| ao | ②挠蛲铙③脑恼④闹 | ①捞②劳痨牢③老姥④涝烙酪 |
| ou | | ①楼②楼喽耧③搂篓④陋漏露 |
| ia | | ③俩 |
| ie | ①捏④聂蹑镊镍孽 | ③咧④列烈裂劣猎冽洌 |
| iao | ③鸟袅④尿 | ①撩②辽疗僚潦燎嘹聊寥③了④料廖了 |
| iu | ①妞②牛③扭纽④拗 | ①溜②刘流琉硫留榴瘤③柳绺④六镏陆 |
| uo | ②挪④懦诺糯 | ①啰捋②罗萝逻箩锣螺骡③裸④落洛络骆 |
| üe | ④虐 | ④略掠 |
| an | ②难男南楠④难 | ②兰栏篮蓝婪③懒览揽榄缆④烂滥 |
| ang | ②囊 | ①啷②狼郎廊榔螂琅③朗④浪 |

续表

| | n | l |
|---|---|---|
| eng | ②能 | ②棱③冷④愣 |
| ong | ②农浓脓④弄 | ②龙咙聋笼隆窿③垄拢陇④弄(~堂) |
| ian | ①蔫拈②年黏鲇③撵捻碾④念 | ②怜连莲联帘廉镰③脸敛④炼链练恋殓 |
| in | ②您 | ②邻鳞麟林淋琳临③凛檩④吝蔺赁 |
| iang | ②娘④酿 | ②良凉梁粮量③两④亮晾谅辆量 |
| ing | ②宁拧柠咛凝③拧④宁泞佞拧 | ②灵龄伶蛉凌陵菱③岭领④令另 |
| uan | ③暖 | ②滦孪③卵④乱 |
| un | | ①抡②仑伦沦轮④论 |

# 第八节　舌尖后音声母发音训练

**【技能准备】**

　　口部操:1.伸,将舌伸出唇外,舌体集中,舌尖向前、向左右、向上下尽力伸展;2.弹,舌头稍微抬高,舌尖卷起、放松,用气吹动舌头前半部分,使其颤动;3.舌头伸卷交替,口张大,舌头尽量往前伸,再做快速卷舌运动,然后将舌头放平,伸卷交替。

**【理论与方法】**

　　zh　舌尖后、不送气、清、塞擦音。发音时,舌面两边向中间卷起,舌尖向上翘起,顶住硬腭前部,软腭上升,堵住气流通道,声带不颤动。让较弱的气流冲开舌尖的阻碍,从窄缝中挤出,摩擦成声。例如:制止 zhìzhǐ(图 1-18)。

　　zh 的呼读音为 zhi。

　　ch　舌尖后、送气、清、塞擦音。发音时,发音部位成阻和持阻情况与 zh 相同,只是从窄缝里挤出来的气流较强,声门不闭合,声带不颤动。例如:赤诚 chìchéng(图 1-19)。

　　ch 的呼读音为 chi。

　　sh　舌尖后、清、擦音。发音时,舌面两边略向中间卷起,舌尖向上翘起,接近硬腭前部,留出窄缝,软腭上升,堵塞鼻腔通路,气流从窄缝中挤出,摩擦成声,声带不颤动。例如:事实 shìshí(图 1-20)。

sh 的呼读音为 shi。

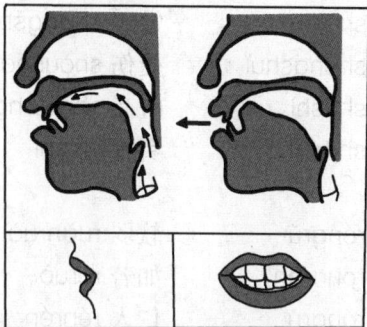

图 1-18 声母 zh 的本音发音示意图

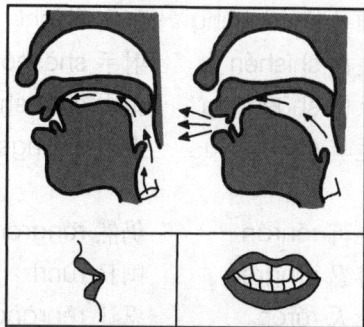

图 1-19 声母 ch 的本音发音示意图

r 舌尖后、浊、擦音。发音时情况和 sh 相近,只是声带要振动。例如:闰日 rùnrì(图 1-21)。

r 的呼读音为 ri。

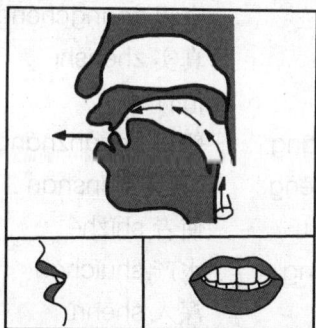

图 1-20 声母 sh 的本音发音示意图

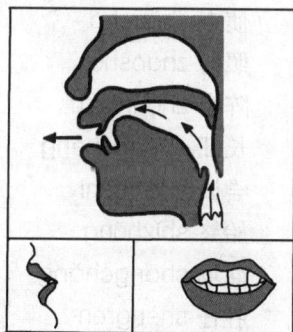

图 1-21 声母 r 的本音发音示意图

【技能训练】

| | | | |
|---|---|---|---|
| 主张 zhǔzhāng | 珍重 zhēnzhòng | 苗壮 zhuózhuàng | 制止 zhìzhǐ |
| 战争 zhànzhēng | 支柱 zhīzhù | 站长 zhànzhǎng | 庄重 zhuāngzhòng |
| 扎针 zhāzhēn | 褶皱 zhězhòu | 债主 zhàizhǔ | 中指 zhōngzhǐ |
| 肿胀 zhǒngzhàng | 政治 zhèngzhì | 招展 zhāozhǎn | 壮志 zhuàngzhì |
| 追逐 zhuīzhú | 转折 zhuǎnzhé | 正直 zhèngzhí | |

| | | | |
|---|---|---|---|
| 车床 chēchuáng | 踌躇 chóuchú | 出产 chūchǎn | 穿插 chuānchā |
| 驰骋 chíchěng | 抽查 chōuchá | 长城 chángchéng | 拆除 chāichú |
| 赤诚 chìchéng | 叉车 chāchē | 超产 chāochǎn | 乘车 chéngchē |
| 拆穿 chāichuān | 出差 chūchāi | 船厂 chuánchǎng | 春潮 chūncháo |

出场 chūchǎng　　惆怅 chóuchàng

| | | | |
|---|---|---|---|
| 闪烁 shǎnshuò | 少数 shǎoshù | 史诗 shǐshī | 手术 shǒushù |
| 神圣 shénshèng | 事实 shìshí | 设施 shèshī | 赏识 shǎngshí |
| 失神 shīshén | 射手 shèshǒu | 圣水 shèngshuǐ | 受伤 shòushāng |
| 杀伤 shāshāng | 山水 shānshuǐ | 舒适 shūshì | 时尚 shíshàng |
| 生疏 shēngshū | 上市 shàngshì | 山上 shānshàng | 实施 shíshī |
| | | | |
| 荏苒 rěnrǎn | 仍然 réngrán | 荣辱 róngrǔ | 软弱 ruǎnruò |
| 容忍 róngrěn | 闰日 rùnrì | 柔软 róuruǎn | 如若 rúruò |
| 惹人 rěrén | 忍让 rěnràng | 融入 róngrù | 仁人 rénrén |

## 【技能巩固】

1.词语混合训练,读准声母。

| zh-ch | 侦查 zhēnchá | 展出 zhǎnchū | 章程 zhāngchéng |
|---|---|---|---|
| zh-sh | 照射 zhàoshè | 扎手 zhāshǒu | 真实 zhēnshí |
| zh-r | 阵容 zhènróng | 侏儒 zhūrú | 值日 zhírì |
| ch-zh | 长征 chángzhēng | 春装 chūnzhuāng | 船长 chuánzhǎng |
| ch-sh | 尝试 chángshì | 昌盛 chāngshèng | 衬衫 chènshān |
| sh-zh | 始终 shǐzhōng | 神州 shénzhōu | 使者 shǐzhě |
| sh-ch | 商场 shāngchǎng | 纱窗 shāchuāng | 水产 shuǐchǎn |
| sh-r | 胜任 shèngrèn | 衰弱 shuāiruò | 深入 shēnrù |
| r-zh | 熔铸 róngzhù | 人证 rénzhèng | 染指 rǎnzhǐ |
| r-ch | 日程 rìchéng | 热潮 rècháo | 人称 rénchēng |
| r-sh | 如实 rúshí | 燃烧 ránshāo | 榕树 róngshù |

2.读绕口令,注意加点字的声母。

朱家一株竹,竹笋初长出。
朱叔处处锄,锄出笋来煮。
锄完不再出,朱叔没笋煮,
竹株又干枯。

史老师,讲时事,常学时事长知识。
时事学习看报纸,报纸登的是时事。
常看报纸要多思,心里装着天下事。

3.读下列儿歌,注意读准加点字的声母。

无声的火车

小朋友们

时间老人赠送你一辆无声的火车,

你知道吗?

这辆火车有十二个车厢,

三百六十五个货位,

太阳是它的车头,

月亮是它的车尾,

它的名字就是"年"。

春——夏——秋——冬,

是它的车站,

每运行一趟,

都有一个新的起点。

小朋友,

你能回答我吗?

你用什么

才能把车厢的

货位装满?

小朋友,

你能回答我吗?

你要怎么才能把火车

开往理想的地点?

4.朗读下列短文,注意读准加点的字。

地球上的人都会有国家的概念,但未必时时都有国家的感情。往往人到异国思念家乡,心怀故国,这国家概念就变得有血有肉,爱国之情来得非常具体。而现代社会,科技昌达,信息快捷,事事上网,世界真是太小太小,国家的界限似乎也不那么清晰了。再说足球正在快速世界化,平日里各国球员频繁转会,往来随意,致使越来越多的国家联赛都具有国际的因素。球员们不论国籍,只效力于自己的俱乐部,他们比赛时的激情中完全没有爱国主义的因子。

然而,到了世界杯大赛,天下大变。各国球员都回国效力,穿上与光荣的国旗同样色彩的服装。在每一场比赛前,还高唱国歌以宣誓对自己祖国的挚爱与忠诚。一种血缘情感开始在全身的血管里燃烧起来,而且立刻热血沸腾。

——节选自普通话考级作品 11 号《国家荣誉感》

5.任选一题进行三分钟说话练习:(1)我尊敬的人;(2)我的成长之路。

# 第九节 平翘舌音的辨正

**【技能准备】**

1. 说出平舌音和翘舌音发音部位的不同。
2. 口部操:舌头伸卷交替。口张大,舌头尽量往前伸,再做快速卷舌运动,然后将舌头放平,伸卷交替。

## 【理论与方法】

普通话的声母中有翘舌音和平舌音即舌尖后音 zh、ch、sh、r 和舌尖前音 z、c、s,这是许多方言区的人学习普通话的重点。吴方言、闽方言、客家方言一般没有舌尖后音,东北话和西南话也多没有这种翘舌音。这些方言区的人学习普通话时,常常把声母为 zh、ch、sh 的字读成声母为 z、c、s 的字。所以,注意平舌音和翘舌音的区别,是学好普通话的一个关键。这两组音中 zh 和 z、ch 和 c、sh 和 s 对应的发音方法相同,不同的是发音部位。比较下列各对词语:

师长 shīzhǎng—司长 sīzhǎng　　　　　木柴 mùchái—木材 mùcái

诗人 shīrén—私人 sīrén　　　　　　　主力 zhǔlì—阻力 zǔlì

当学会了平翘舌音的正确发音后,在实际运用中容易犯平翘不分或平翘混乱的错误。这样,即使其他方面训练得再好,也不可能说出一口流利、标准的普通话。因此还需要我们熟记平翘舌音的字。但在普通话中,涉及平舌音与翘舌音的字词很多,怎样记住平翘舌音的字呢?

首先必须学会翘舌音的正确发音,通过熟读翘舌音以养成一种新的发音习惯,这是一个重要的前提条件。

**一、归类记忆法**

用归类方式熟记平舌音的字。在普通话中,声母为翘舌音的词语很多,是平舌音词语的两倍多。本着省时省力的原则,记字音时可着重记平舌音字。为记忆方便可把字典中比较常见的平舌音字列出归类。其中列出的代代表字记住一个就意味着记住了一类字,非代表字表面上记一个是一个,但若能将其中的同音字再归类记忆,则记忆的效果会好很多。

**二、声韵拼合法**

①韵母 ua、uai、uang,只跟 zh、ch、sh 相拼,不能跟 z、c、s 相拼。例如,zhua—抓挝

爪,zhuai—拽,zhuang—庄桩妆装奘壮状撞幢;chuai—揣喘踹,chuang—创疮窗床幢闯怆;shua—唰耍刷,shuai—衰摔甩帅率蟀,shuang—双霜孀。②韵母 ong 只能跟 s 相拼,不能跟 sh 相拼。例如,song—忪松凇菘淞嵩怂耸悚竦讼颂宋送诵。

### 三、歌诀法

歌诀中的字为平舌字的代表字。

1.曹操次子在侧坐,催促早餐送村左。曾赞蔡森速似梭,罪责邹随怎走错? 三苏宋词遂咱诵,残散参差存四册。嘴才诉辞再思索,此兹祖宗全平舌。

2.松塞寺,最杂脏,姊嫂洒扫栽蚕桑。粟穗葱蒜虽簇凑,脆笋刺丛穑色苍。灶造素菜惭琐碎,砸宿尊自总辔藏。斯私死寺遭贼宰,岁择俗塑舌平放。

### 四、绕口令法

对于一些平翘舌常常出错的字,可以编成绕口令的形式,通过愉快、有趣的练习,记住平翘舌音的字。如:

#### 四和十

四是四,十是十,十四是十四,四十是四十,谁把四十说十四,谁的舌头伸不直。谁把十四说四十,照着屁股打十四。

### 五、声旁类推法

利用声旁的表音作用,我们可以通过记住代表字的平翘舌音来推知一批平翘舌音字。以"则、次、子、曹、曾、宗、卒、叟、兹、且、枭"("铡、瘦"除外)声旁为代表字的形声字,一般为平舌字。以"朱、士、者、召、占、贞、止、中、叉、昌、式、册、申"("钻、册"除外)声旁为代表字的形声字,一般为翘舌字。

### 六、古音音变法

汉语里有这样一个语音现象:有些以同一谐声偏旁组成的形声字,它们的声母却分化成舌尖中塞音(d t)和舌尖后音(zh ch sh)。根据这一现象,我们可以归纳出辨别平翘舌声母的方法:如果一个字中的声旁在声母为 d、t 的形声字中也以声旁组字,那么这个字一般为翘舌音。如:"阐"字中的"单",在"弹"字中也是声旁,那么"阐"就是翘舌音。

### 七、排除法

排除法即记少不记多。普通话中平翘舌字共有 1 083 个,其中平舌字 354 个,翘舌字 729 个。常用的平舌字有 262 个,翘舌字有 624 个,大体为 3∶7 的比例。在对应的两组平翘舌字中,只要记住字数较少的一组字的发音,另一组的正确发音自然也就掌握了。例如 z、zh 和 en 相拼的字共有 15 个,只要记住 z 与 en 相拼的字只有一个"怎"字,其余 14 个字都读翘舌音即可,而不必一一记忆。再如 c、ch 和 eng 相拼的字共有 16 个,只要记住"曾、层、蹭"三个字读平舌音,其余 13 个字就可以放心地读翘舌音了(这里指的是常用字)。

### 八、对比记忆法

通过对比,再口头组词熟读的方法记忆。可参见"zh-z 辨音字表""ch-c 辨音字表"

"sh-s 辨音字表"。

## 【技能训练】

z 和 zh

阻力 zǔlì—主力 zhǔlì      宗旨 zōngzhǐ—终止 zhōngzhǐ

资源 zīyuán—支援 zhīyuán      祖父 zǔfù—嘱咐 zhǔfù

仿造 fǎngzào—仿照 fǎngzhào      增订 zēngdìng—征订 zhēngdìng

杂技 zájì—札记 zhájì      栽花 zāihuā—摘花 zhāihuā

赞歌 zàn'gē—战歌 zhàn'gē      增光 zēngguāng—争光 zhēngguāng

c 和 ch

粗气 cūqì—出气 chūqì      鱼刺 yúcì—鱼翅 yúchì

从来 cónglái—重来 chónglái      词序 cíxù—持续 chíxù

参加 cānjiā—掺加 chānjiā      推辞 tuīcí—推迟 tuīchí

操纵 cāozòng—超重 chāozhòng      村庄 cūnzhuāng—春装 chūnzhuāng

短促 duǎncù—短处 duǎnchù      擦车 cāchē—叉车 chāchē

s 和 sh

私语 sīyǔ—施与 shīyǔ      俗人 súrén—熟人 shúrén

搜集 sōují—收集 shōují      散光 sǎnguāng—闪光 shǎnguāng

肃立 sùlì—树立 shùlì      桑叶 sāngyè—商业 shāngyè

近似 jìnsì—近视 jìnshì      散心 sànxīn—善心 shànxīn

司长 sīzhǎng—师长 shīzhǎng      塞子 sāizi—筛子 shāizi

z-zh

| | | | |
|---|---|---|---|
| 作者 zuòzhě | 增长 zēngzhǎng | 宗旨 zōngzhǐ | 赞助 zànzhù |
| 自主 zìzhǔ | 最终 zuìzhōng | 杂志 zázhì | 资质 zīzhì |
| 作战 zuòzhàn | | | |

zh-z

| | | | |
|---|---|---|---|
| 正在 zhèngzài | 职责 zhízé | 主宰 zhǔzǎi | 沼泽 zhǎozé |
| 正宗 zhèngzōng | 准则 zhǔnzé | 知足 zhīzú | 著作 zhùzuò |
| 壮族 zhuàngzú | | | |

c-ch

| | | | |
|---|---|---|---|
| 促成 cùchéng | 磁场 cíchǎng | 餐车 cānchē | 辞呈 cíchéng |
| 痤疮 cuóchuāng | 草创 cǎochuàng | 财产 cáichǎn | 操持 cāochí |
| 彩绸 cǎichóu | | | |

ch-c

| | | | |
|---|---|---|---|
| 纯粹 chúncuì | 差错 chācuò | 船舱 chuáncāng | 场次 chǎngcì |
| 成才 chéngcái | 初次 chūcì | 筹措 chóucuò | 揣测 chuǎicè |

陈醋 chéncù

s-sh

| | | | |
|---|---|---|---|
| 随时 suíshí | 素食 sùshí | 松鼠 sōngshǔ | 诉说 sùshuō |
| 损失 sǔnshī | 算术 suànshù | 琐事 suǒshì | 三十 sānshí |

死伤 sǐshāng

sh-s

| | | | |
|---|---|---|---|
| 输送 shūsòng | 收缩 shōusuō | 世俗 shìsú | 申诉 shēnsù |
| 上司 shàngsi | 声色 shēngsè | 深思 shēnsī | 神色 shénsè |

疏散 shūsàn

## z、zh、c、ch、s 和 sh

| | | | |
|---|---|---|---|
| 政策 zhèngcè | 住所 zhùsuǒ | 注册 zhùcè | 准则 zhǔnzé |
| 仲裁 zhòngcái | 转载 zhuǎnzǎi | 沉思 chénsī | 出色 chūsè |
| 传送 chuánsòng | 纯粹 chúncuì | 上层 shàngcéng | 神色 shénsè |
| 生词 shēngcí | 收缩 shōusuō | 水灾 shuǐzāi | 姿势 zīshì |
| 钻石 zuànshí | 辞职 cízhí | 思潮 sīcháo | 算术 suànshù |
| 尊重 zūnzhòng | 操场 cāochǎng | 素质 sùzhì | 促使 cùshǐ |

磋商 cuōshāng

### 【技能巩固】

1.听辨练习,听教师念下列词语,指出教师念的是哪一个词。

| | | |
|---|---|---|
| 字纸—制止 | 阻力—主力 | 资源—支援 |
| 自学—治学 | 栽花—摘花 | 杂草—铡草 |
| 早稻—找到 | 大字—大致 | 祖父—嘱咐 |
| 粗布—初步 | 六层—六成 | 木材—木柴 |
| 推辞—推迟 | 三角—山脚 | 搜集—收集 |
| 死记—史记 | 私人—诗人 | 司机—失机 |
| 暂时—战时 | 资助—支柱 | 自立—智力 |

2.读绕口令,注意区分平翘舌。

| | |
|---|---|
| 石狮寺前石狮子, | Shíshísì qián shí shīzi, |
| 柿子枝头涩柿子, | Shìzi zhītóu sè shìzi, |
| 三十四个石狮子, | Sānshísì gè shí shīzi, |
| 四十三个涩柿子, | Sìshísān gè sè shìzi, |
| 四十三个涩柿子送三十四个石狮子, | Sìshísān gè sè shìzi sòng sānshísì gè shí shīzi, |
| 三十四个石狮子吃四十三个涩柿子。 | Sānshísì gè shí shīzi chī sìshísān gè sè shìzi。 |

四是四，　　　　　　　　　　Sì shì sì,
十是十，　　　　　　　　　　Shí shì shí,
十四是十四，　　　　　　　　Shísì shì shísì,
四十是四十，　　　　　　　　Sìshí shì sìshí,
谁能说准四十、十四、四十四，Shuí néng shuō zhǔn sìshí、shísì、sìshísì,
谁来试一试。　　　　　　　　Shuí lái shì yi shì。

三山撑四水，　　　　　　　　Sān shān chēng sì shuǐ,
四水绕三山，　　　　　　　　Sì shuǐ rào sān shān,
三山四水春常在，　　　　　　Sān shān sì shuǐ chūn chángzài,
四水三山四时春。　　　　　　Sì shuǐ sān shān sìshí chūn。

四位老师是石、斯、施、史。　Sì wèi lǎoshī shì shí、sī、shī、shǐ。
石老师教我大公无私，　　　　Shí lǎoshī jiāo wǒ dàgōng wúsī,
斯老师给我精神粮食，　　　　Sī lǎoshī gěi wǒ jīngshén liángshi,
施老师叫我遇事三思，　　　　Shī lǎoshī jiào wǒ yùshì sānsī,
史老师送我知识钥匙。　　　　Shǐ lǎoshī sòng wǒ zhīshí yàoshi。
我感谢石、斯、施、史四位老师。Wǒ gǎnxiè shí、sī、shī、shǐ sì wèi lǎoshī。

3.朗读下列短文，注意读准加点的字。

生命在海洋里诞生绝不是偶然的，海洋的物理和化学性质，使它成为孕育原始生命的摇篮。

我们知道，水是生物的重要组成部分，许多动物组织的含水量在百分之八十以上，而一些海洋生物的含水量高达百分之九十五。水是新陈代谢的重要媒介，没有它，体内的一系列生理和生物化学反应就无法进行，生命也就停止。因此，在短时期内动物缺水要比缺少食物更加危险。水对今天的生命是如此重要，它对脆弱的原始生命，更是举足轻重了。生命在海洋里诞生，就不会有缺水之忧。

——节选自普通话考级作品 13 号《海洋与生命》

4.用口头组词和熟读等方法对比记忆表中的字。

**zh-z 辨音字表**
（①、②、③和④分别表示阴平、阳平、上声和去声）

| | zh | z |
|---|---|---|
| a | ①扎渣②闸铡扎札③眨④乍炸榨蚱栅 | ①扎匝②杂砸 |
| e | ①遮②折哲辙③者④蔗浙这 | ②泽择责则 |

续表

| | zh | z |
|---|---|---|
| u | ①朱珠蛛株诸猪②竹烛逐③主煮嘱④注蛀住柱驻贮祝铸筑箸 | ①租②族足卒③组诅阻祖 |
| -i | ①之芝支枝肢知蜘汁只织脂②直植殖值执职③止址趾旨指纸只④至室致志治质帜挚掷秩置滞制智稚痔 | ①兹滋孳姿咨资孜龇锱辎③子仔籽梓滓紫④字自恣渍 |
| ai | ①摘斋②宅③窄④寨债 | ①灾哉栽③宰载④再在载 |
| ei | | ②贼 |
| ao | ①昭招朝②着③找爪沼④照召赵兆罩 | ①遭糟②凿③早枣澡④造皂灶躁燥 |
| ou | ①州洲舟周粥②轴③帚肘④宙昼咒骤皱 | ①邹③走④奏揍 |
| ua | ①抓 | |
| uo | ①桌捉拙卓②着酌灼浊镯啄琢 | ①作②昨凿③左④坐座作柞阼做 |
| ui | ①追锥④缀赘坠 | ③嘴④最罪醉 |
| an | ①沾毡粘③盏展斩④占战站栈绽蘸 | ①簪②咱③攒④赞暂 |
| en | ①贞侦祯桢真③疹诊枕缜④振震阵镇 | ③怎 |
| ang | ①张章樟彰③长掌涨④丈仗杖帐涨瘴障 | ①赃脏④葬藏脏 |
| eng | ①正征争睁挣③整拯④正政症证郑帧 | ①曾僧增缯④赠 |
| ong | ①中盅忠钟衷终②肿种③中种仲重众 | ①宗踪棕综鬃③总④纵粽 |
| uan | ①专砖③转④传转撰篆赚 | ①钻③纂④钻 |
| un | ③准 | ①尊遵 |
| uang | ①庄桩装妆④壮状撞 | |

## ch-c 辨音字表

| | ch | c |
|---|---|---|
| a | ①叉杈插差②茶搽查察③衩④岔诧差 | ①擦嚓 |
| e | ①车③扯④彻撤掣 | ④册策厕侧测 |

续表

| | ch | c |
|---|---|---|
| u | ①出初②除厨橱锄躇刍雏③楚础杵储处④畜触矗处 | ①粗④卒猝促醋簇 |
| -i | ①吃痴嗤②池弛迟持匙③尺齿耻侈豉④斥炽翅赤叱 | ①疵差②雌辞词祠瓷慈磁③此④次伺刺赐 |
| ai | ①差拆钗②柴豺 | ①猜②才财材裁③采彩踩④菜蔡 |
| ao | ①抄钞超②朝潮嘲巢③吵炒 | ①操糙②曹漕嘈槽③草 |
| ou | ①抽②仇筹畴踌绸稠酬愁③瞅丑④臭 | ④凑 |
| uo | ①踔戳④绰辍啜 | ①搓蹉撮④措错挫锉 |
| uai | ③揣④踹 | |
| ui | ①吹炊②垂锤捶槌 | ①崔催摧②萃悴淬翠粹瘁脆 |
| an | ①搀掺②蝉禅谗潺缠蟾③铲产阐④忏颤 | ①餐参②蚕残惭③惨④灿 |
| en | ①琛嗔②辰晨宸沉忱陈橙臣④趁衬称 | ①参②岑 |
| ang | ①昌猖娼伥②常嫦尝偿场肠长③厂场敞氅④倡唱畅怅 | ①仓苍舱沧②藏 |
| eng | ①称撑②成诚城盛呈和承乘澄惩③逞骋④秤 | ②曾层④蹭 |
| ong | ①充冲春②重虫崇③宠④冲 | ①匆葱囱聪②从丛淙 |
| uan | ①川穿②船传椽③喘④串钏 | ①蹿④窜篡 |
| un | ①春椿②唇纯淳醇③蠢 | ①村②存③忖④寸 |
| uang | ①窗疮创②床③闯④创 | |

## sh-s 辨音字表

| | sh | s |
|---|---|---|
| a | ①沙纱砂痧杀杉③傻④煞厦 | ①撒③洒撒④卅萨飒 |
| e | ①奢赊②舌蛇③舍④社舍射麝设摄涉赦 | ④塞瑟嗇穑色涩 |
| u | ①书梳疏蔬舒殊叔淑输抒纾枢②孰塾赎③暑署薯曙鼠数属黍④树竖术述束漱恕数 | ①苏酥②俗④素塑诉肃粟宿速 |
| -i | ①尸师狮失施诗湿虱②十什拾石时识实食蚀③史使驶始屎矢④世势誓逝市示事是视室适饰士氏恃式试拭轼弑 | ①司私思斯丝鸶③死④四肆似寺 |

续表

| | sh | s |
|---|---|---|
| ai | ①筛④晒 | ①腮鳃塞④塞赛 |
| ao | ①捎稍艄烧②勺芍杓韶③少④少哨绍邵 | ①臊骚搔③扫嫂④扫臊 |
| ou | ①收②熟③手首守④受授寿售兽瘦 | ①溲嗖飕搜艘馊③叟擞④嗽 |
| ua | ①刷③耍 | |
| uo | ①说④硕烁朔 | ①缩娑蓑梭唆③所锁琐索 |
| uai | ①衰③甩④帅率蟀 | |
| ui | ②谁③水④税睡 | ①虽尿②绥隋随③髓④岁碎穗隧燧遂 |
| an | ①山舢删衫珊姗跚③闪陕④扇善膳缮擅赡 | ①三叁③伞散④散 |
| en | ①申伸呻身深参②神③沈审婶④慎肾甚渗 | ①森 |
| ang | ①商墒伤③晌垧赏④上尚 | ①桑丧③嗓④丧 |
| eng | ①生牲笙甥升声②绳③省④圣胜盛剩 | ①僧 |
| ong | | ①松③悚④送宋颂诵 |
| uan | ①拴栓④涮 | ①酸③算蒜 |
| un | ④顺 | ①孙③笋损 |
| uang | ①双霜③爽 | |

5.任选一题进行三分钟说话练习:(1)我喜爱的动物(或植物);(2)我喜爱的职业。

# 第十节　舌面音声母发音训练

【技能准备】

口部操:刮,舌尖抵下齿背,舌体贴住上门齿,随着张嘴,舌面向上用力,用上门齿齿沿刮舌叶、舌面。反复练习。

【理论与方法】

j 舌面、不送气、清、塞擦音。发音时,舌面前部抵住硬腭前部,软腭上升堵塞鼻腔通路,然后舌面微微离开硬腭,形成一个窄缝,气流从中挤出,摩擦成声,声带不振动。例如:积极 jījí(图 1-22)。

j 的呼读音为 ji。

q 舌面、送气、清、塞擦音。发音的情况和 j 基本相同,只是在除阻时气流较强。例如:奇迹 qíjì(图 1-23)。

q 的呼读音为 qi。

x 舌面、清、擦音。发音时,舌面前部接近硬腭前部,形成一个窄缝。软腭上升堵塞鼻腔通路,气流从窄缝里挤出来,摩擦成声,声带不振动。例如:休息 xiūxi(图 1-24)。

x 的呼读音为 xi。

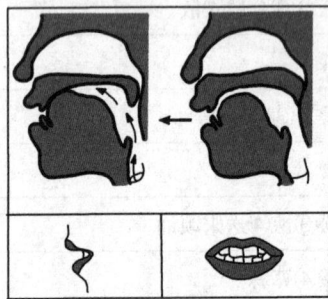

图 1-22 声母 j 的本音发音示意图　　图 1-23 声母 q 的本音发音示意图　　图 1-24 声母 x 的本音发音示意图

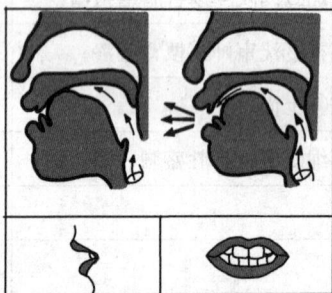

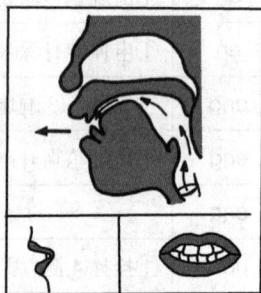

【技能训练】

| | | | |
|---|---|---|---|
| 经济 jīngjì | 解决 jiějué | 接近 jiējìn | 聚集 jùjí |
| 讲究 jiǎngjiū | 拒绝 jùjué | 艰巨 jiānjù | 俊杰 jùnjié |
| 即将 jíjiāng | 家具 jiājù | 借鉴 jièjiàn | 究竟 jiūjìng |
| 坚决 jiānjué | 紧急 jǐnjí | 讲解 jiǎngjiě | 京剧 jīngjù |
| 炯炯 jiǒngjiǒng | 绝句 juéjù | 佳节 jiājié | 简介 jiǎn jiè |
| 积极 jījí | 交际 jiāojì | 结晶 jiéjīng | |

| | | | |
|---|---|---|---|
| 亲切 qīnqiè | 请求 qǐngqiú | 确切 quèqiè | 崎岖 qíqū |
| 齐全 qíquán | 牵强 qiānqiǎng | 情趣 qíngqù | 取巧 qǔqiǎo |
| 恰巧 qiàqiǎo | 窃取 qièqǔ | 乔迁 qiáoqiān | 蜷曲 quánqū |
| 秋千 qiūqiān | 强求 qiǎngqiú | 群情 qúnqíng | 亲戚 qīnqi |
| 氢气 qīngqì | 强权 qiánquán | 全球 quánqiú | 祈求 qǐqiú |

| | | | |
|---|---|---|---|
| 学习 xuéxí | 现象 xiànxiàng | 新鲜 xīnxiān | 学校 xuéxiào |
| 喜讯 xǐxùn | 遐想 xiáxiǎng | 显现 xiǎnxiàn | 嘘唏 xūxī |
| 休想 xiūxiǎng | 宣泄 xuānxiè | 雄心 xióngxīn | 信息 xìnxī |
| 形象 xíngxiàng | 虚心 xūxīn | 下旬 xiàxún | 相信 xiāngxìn |
| 细小 xìxiǎo | 休息 xiūxi | 闲暇 xiánxiá | |

【技能巩固】

1.词语混合训练,读准声母。

| j-q | 健全 jiànquán | 机器 jīqì | 坚强 jiānqiáng |
|---|---|---|---|
| j-x | 家乡 jiāxiāng | 教训 jiàoxùn | 觉醒 juéxǐng |
| q-j | 千金 qiānjīn | 巧计 qiǎojì | 勤俭 qínjiǎn |
| q-x | 谦虚 qiānxū | 倾向 qīngxiàng | 情形 qíngxing |
| x-j | 胸襟 xiōngjīn | 夏季 xiàjì | 喜剧 xǐjù |
| x-q | 吸取 xīqǔ | 向前 xiàngqián | 先驱 xiānqū |

2.练习下列绕口令,读准舌面音声母。

七加一,七减一,加完减完等于几?

七加一,七减一,加完减完还是七。

七巷一个漆匠,西巷一个锡匠。七巷漆匠用了西巷锡匠的锡,西巷锡匠拿了七巷漆匠的漆,七巷漆匠气西巷锡匠用了漆,西巷锡匠讥七巷漆匠拿了锡。

3.读下列儿歌,注意读准加点字的声母。

### 怎样叫

大公鸡,怎样叫
喔喔喔喔这样叫
喔——
宝宝宝宝快起早

小鸭子,怎样叫
嘎嘎嘎嘎这样叫
嘎——
黄黄的绒毛水上漂

老黄牛,怎样叫
哞哞哞哞这样叫

哞——
拉起犁头田里跑

小山羊,怎样叫
咩咩咩咩这样叫
咩——
好像在把妈妈找

小花猫,怎样叫
喵喵喵喵这样叫
喵——
吓得老鼠逃不掉。

4.朗读下列短文,注意读准加点的字。

雪纷纷扬扬,下得很大。开始还伴着一阵儿小雨,不久就只见大片大片的雪花,从彤云密布的天空中飘落下来。地面上一会儿就白了。冬天的山村,到了夜里就万籁俱寂,只听得雪花簌簌地不断往下落,树木的枯枝被雪压断了,偶尔咯吱一声响。

大雪整整下了一夜。今天早晨,天放晴了,太阳出来了。推开门一看,嗬!好大的雪啊!山川、河流、树木、房屋,全都罩上了一层厚厚的雪,万里江山,变成了粉妆玉砌的世界。落光了叶子的柳树上挂满了毛茸茸亮晶晶的银条儿;而那些冬夏常青的松树和柏树上,则挂满了蓬松松沉甸甸的雪球儿。一阵风吹来,树枝轻轻地摇晃,美丽的银条儿和雪球儿簌簌地落下来,玉屑似的雪末儿随风飘扬,映着清晨的阳光,显出一道道五光十色的彩虹。

大街上的积雪足有一尺多深,人踩上去,脚底下发出咯吱咯吱的响声。一群群孩子在雪地里堆雪人,掷雪球儿,那欢乐的叫喊声,把树枝上的雪都震落下来了……

——节选自普通话考级作品5号《第一场雪》

5.任选一题进行三分钟说话练习:(1)我的假日生活;(2)我的朋友。

# 第十一节　舌根音声母发音训练

**【技能准备】**

口部操:抬舌根,舌头后缩,舌尖下压,舌面后部挺起,抵住软腭,再将舌头放平。反复练习。

**【理论与方法】**

g　舌根、不送气、清、塞音。发音时舌根抵住软腭,软腭上升,堵塞鼻腔通道,声带不颤动,较弱的气流冲破舌根和软腭形成的阻碍,迸发而出,爆破成声。例如:哥哥 gēge(图1-25)。

g 的呼读音为 ge。

k　舌根、送气、清、塞音。发音时,除冲破阻碍时用较强的气流外,其他情况和 g 完全一样。例如:苛刻 kēkè(图1-26)。

k 的呼读音为 ke。

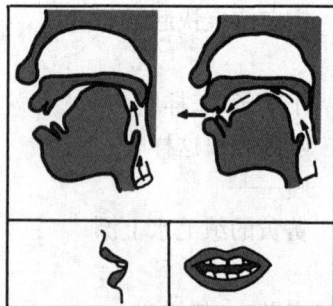

图 1-25　声母 g 的本音发音示意图

h　舌根、清、擦音。发音时,舌根接近软腭,形成窄缝,软腭上升,堵塞鼻腔通道,声带不颤动,让气流从舌根和软腭之间的窄缝中挤出,发出摩擦声。例如:合格 hégé(图1-27)。

h 的呼读音为 he。

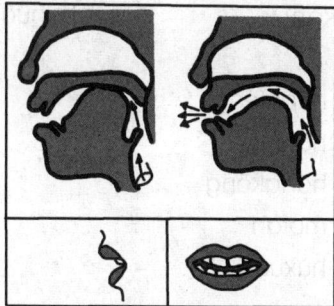

图 1-26　声母 k 的本音发音示意图　　图 1-27　声母 h 的本音发音示意图

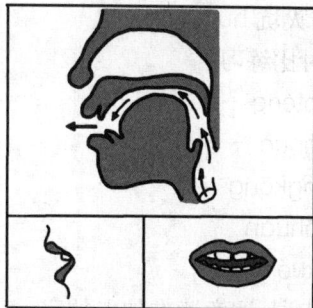

## 【技能训练】

| | | | |
|---|---|---|---|
| 钢轨 gāngguǐ | 梗概 gěnggài | 尴尬 gāngà | 规格 guīgé |
| 公共 gōnggòng | 桂冠 guìguān | 故宫 gùgōng | 巩固 gǒnggù |
| 改革 gǎigé | 高贵 gāoguì | 更改 gēnggǎi | 古怪 gǔguài |
| 挂钩 guàgōu | 国歌 guógē | 观光 guānguāng | 广告 guǎnggào |
| 过关 guòguān | | | |

| | | | |
|---|---|---|---|
| 可靠 kěkào | 困苦 kùnkǔ | 慷慨 kāngkǎi | 夸口 kuākǒu |
| 苛刻 kēkè | 空旷 kōngkuàng | 开垦 kāikěn | 坎坷 kǎnkě |
| 苦口 kǔkǒu | 开阔 kāikuò | 亏空 kuīkong | 宽旷 kuānkuàng |
| 口渴 kǒukě | | | |

| | | | |
|---|---|---|---|
| 黄河 huánghé | 辉煌 huīhuáng | 互惠 hùhuì | 黄昏 huánghūn |
| 荷花 héhuā | 憨厚 hānhòu | 绘画 huìhuà | 黑海 hēihǎi |
| 浩瀚 hàohàn | 祸患 huòhuàn | 含糊 hánhu | 行话 hánghuà |
| 怀恨 huáihèn | 缓和 huǎnhé | 横祸 hènghuò | 欢呼 huānhū |
| 含混 hánhùn | 悔恨 huǐhèn | 呼唤 hūhuàn | |

## 【技能巩固】

1.词语混合训练,读准声母。

| | | | |
|---|---|---|---|
| g-k | 港口 gǎngkǒu | 概括 gàikuò | 功课 gōngkè |
| g-h | 工会 gōnghuì | 蛊惑 gǔhuò | 钢花 gānghuā |
| k-g | 客观 kèguān | 凯歌 kǎigē | 苦瓜 kǔguā |
| k-h | 葵花 kuíhuā | 考核 kǎohé | 括号 kuòhào |

| h-g | 红果 hóngguǒ | 海关 hǎiguān | 焊工 hàngōng |
| h-k | 火坑 huǒkēng | 好看 hǎokàn | 欢快 huānkuài |

2.声母对比练习。

| 翻腾 fānténg | ——欢腾 huānténg |
| 反话 fǎnhuà | ——喊话 hǎnhuà |
| 防空 fángkōng | ——航空 hángkōng |
| 魔幻 móhuàn | ——模范 mófàn |
| 复学 fùxué | ——互学 hùxué |

3.读古诗词,注意读准加点的字。

好雨知时节,Hǎo yǔ zhī shíjié,

当春乃发生。Dāng chūn nǎi fāshēng.

随风潜入夜,Suí fēng qián rù yè,

润物细无声。Rùn wù xì wú shēng.

野径云俱黑,Yě jìng yún jù hēi,

江船火独明。Jiāng chuán huǒ dú míng.

晓看红湿处,Xiǎo kàn hóng shī chù,

花重锦官城。Huā zhòng jǐn guān chéng.　　(《春夜喜雨》杜甫)

4.读绕口令,注意读准舌根音声母。

哥挎瓜筐过宽沟,赶快过沟看怪狗,

光看怪狗瓜筐扣,瓜滚筐空哥怪狗。

哥挎瓜筐过宽沟,过沟筐漏瓜滚沟,

隔沟挎筐瓜筐扣,瓜滚筐空哥怪沟。　　(《哥挎瓜筐过宽沟》)

5.朗读下列短文,注意读准加点的字。

一个人的一生,只能经历自己拥有的那一份欣悦,那一份苦难,也许再加上他亲自闻知的那一些关于自身以外的经历和经验。然而,人们通过阅读,却能进入不同时空的诸多他人的世界。这样,具有阅读能力的人,无形间获得了超越有限生命的无限可能性。阅读不仅使他多识了草木虫鱼之名,而且可以上溯远古下及未来,饱览存在的与非存在的奇风异俗。

更为重要的是,读书加惠于人们的不仅是知识的增广,而且还在于精神的感化与陶冶。人们从读书学做人,从那些往哲先贤以及当代才俊的著述中学得他们的人格。人们从《论语》中学得智慧的思考,从《史记》中学得严肃的历史精神,从《正气歌》中学得人格的刚烈,从马克思学得人世的激情,从鲁迅学得批判精神,从托尔斯泰学得道德的执着。歌德的诗句刻写着睿智的人生,拜伦的诗句呼唤着奋斗的热情。一个读书人,一个有机会拥有超乎个人生命体验的幸运人。

——节选自普通话考级作品6号《读书人是幸福人》

6.任选一题进行三分钟说话练习:(1)我的学习生活;(2)我的业余生活。

# 第十二节　韵母的构成和分类

**【理论与方法】**

## 一、韵母的构成

韵母是指一个音节中声母后面的部分。韵母可以分成韵头、韵腹和韵尾三部分。

韵头只有 i、u、ü 三个。它的位置在主要元音前,它的发音轻而短,只表示韵母发音的起点,一发音舌位就滑向另一个元音。韵头常常介于声母和韵母之间,所以又被称作介音或介母,例如"qiā"(掐)中的"i","shuāi"(衰)中的"u"。

韵腹比起韵头、韵尾来,声音清晰、响亮。韵腹是韵母的主干,也叫"主要元音"。一般由 ɑ、o、e、ê 充当,i、u、ü、-i(前)、-i(后)也可作韵腹。

韵尾指韵腹后面的 i、u(o),还有鼻辅音 n、ng。

一个韵母,可以有韵头、韵腹、韵尾,例如"xuān"(宣)中 ü 是韵头,ɑ 是韵腹,n 是韵尾;可以没有韵头,只有韵腹、韵尾,例如"kān"(刊)中的 ɑ 是韵腹,n 是韵尾;可以没有韵尾,只有韵头、韵腹,例如"qiā"(掐)中的 i 是韵头,ɑ 是韵腹;也可以只有韵腹,没有韵头、韵尾,例如"hé"(和)中的 e。任何韵母都不能没有韵腹。

## 二、韵母的分类

普通话共有 39 个韵母,其中 23 个由元音构成(单元音和复合元音),16 个由元音附带鼻辅音韵尾构成。韵母可以从两个不同角度分类。

**(一)按结构成分分**

韵母按结构成分的不同,可分为单韵母、复韵母、鼻韵母三类。

1.单韵母 10 个:ɑ、o、e、ê、i、u、ü、-i(前)、-i(后)、er,其中 ɑ、o、e、ê、i、u、ü 是舌面单韵母,-i(前)、-i(后)是舌尖韵母,er 是卷舌韵母。

2.复韵母 13 个:ai、ei、ao、ou、ia、ie、ua、uo、üe、iao、iou、uai、uei,其中 ai、ei、ao、ou 是前响复韵母,ia、ie、ua、uo、üe 是后响复韵母,iao、iou、uai、uei 是中响复韵母。

3.鼻韵母 16 个:an、en、in、ün、ian、uan、üan、uen、ang、eng、ong、ing、iang、iong、uang、ueng,其中 an、en、in、ün、ian、uan、üan、uen 是前鼻韵母,ang、eng、ong、ing、iang、iong、uang、ueng 是后鼻韵母。

（二）按照韵母开头元音的发音口型分

按照韵母开头元音的发音口型,可以把39个韵母分为开口呼、齐齿呼、合口呼、撮口呼,简称"四呼"。

1.开口呼,没有韵头,韵腹又不是 i、u、ü 的韵母,共 16 个:a、o、e、ai、ei、ao、ou、an、en、ang、eng、ong、ê、-i(前)、-i(后)、er。

2.齐齿呼,韵头或韵腹是 i 的韵母,共 10 个:i、ia、ie、iao、iou、in、ian、ing、iang、iong。

3.合口呼,韵头或韵腹是 u 的韵母,共 9 个:u、ua、uo、uai、uei、uan、uen、uang、ueng。

4.撮口呼,韵头或韵腹是 ü 的韵母,共 4 个:ü、üe、ün、üan。

## 【技能训练】

先熟悉韵母表,再按"四呼"的顺序,练一练39个韵母的读音。

**普通话韵母总表**

| 按结构分 | 按韵母开头元音的发音口型分 | | | |
|---|---|---|---|---|
| | 开口呼 | 齐齿呼 | 合口呼 | 撮口呼 |
| 单韵母 | -i(前) -i(后) | i | u | ü |
| | a | ia | ua | |
| | o | 后响 复韵母 | uo | |
| | e | | | |
| | ê | ie | | üe |
| | er | | | |
| 复韵母 | 前响 复韵母 ai | 中响 复韵母 | uai | |
| | ei | | uei | |
| | ao | iao | | |
| | ou | iou | | |
| 鼻韵母 | 前鼻 an | ian | uan | üan |
| | en | in | uen | ün |
| | 后鼻 ang | iang | uang | |
| | eng | ing | ueng | |
| | ong | iong | | |

**【技能巩固】**

1.根据"四呼"的标准对下列各字的音节进行分组。

软 ruǎn        外 wài        昂 áng        节 jié        高 gāo

灵 líng        灭 miè        凶 xiōng        月 yuè        言 yán

娟 juān        落 luò        论 lùn        六 liù        热 rè

2.指出下列音节的韵头、韵腹、韵尾。

wù wà āi yòu yùn yōng dū xué bái zhuàng xiōng xiè líng niǎo quē tī nàn

3.un 是 uen 的省写形式,ui 是 uei 的省写形式,请说说 kùn、huí 两个音节的韵腹。

4.读下列儿歌,注意体会音节的韵母。

水果歌

苹果爱红脸,香蕉爱弯腰,
石榴爱咧嘴,桃子爱长毛,
西瓜爱睡觉,起来要人抱。

5.朗读下列短文,注意体会音节的韵母。

我爱月夜,但我也爱星天。从前在家乡七八月的夜晚在庭院里纳凉的时候,我最爱看天上密密麻麻的繁星。望着星天,我就会忘记一切,仿佛回到了母亲的怀里似的。

三年前在南京我住的地方有一道后门,每晚我打开后门,便看见一个静寂的夜。下面是一片菜园,上面是星群密布的蓝天。星光在我们的肉眼里虽然微小,然而它使我们觉得光明无处不在。那时候我正在读一些天文学的书,也认得一些星星,好像它们就是我的朋友,它们常常在和我谈话一样。

如今在海上,和繁星相对,我把它们认得很熟了。我躺在舱面上,仰望天空。深蓝色的天空里悬着无数半明半昧的星。船在动,星也在动,它们是这样低,真是摇摇欲坠呢!渐渐地我的眼睛模糊了,我好像看见无数萤火虫在我的周围飞舞。海上的夜是柔和的,是静寂的,是梦幻的。我望着许多认识的星,我仿佛看见它们在对我眨眼,我仿佛听见它们在小声说话。这时我忘记了一切。在星的怀抱中我微笑着,我沉睡着。我觉得自己是一个小孩子,现在睡在母亲的怀里了。

——节选自普通话考级作品 8 号《繁星》

6.任选一题进行三分钟说话练习:(1)我喜爱的文学(或其他)艺术形式;(2)我喜欢的季节(或天气)。

# 第十三节　单韵母的发音训练

【技能准备】

　　口部操:1.开,打开口腔,提颧肌、开牙关、挺软腭、松下巴,舌头放到最低;2.咧,双唇紧闭,撮起(尽力向前噘起),然后将嘴角用力向两边伸展(咧嘴),反复交替进行;3.舌头伸卷交替,口张大,舌头尽量往前伸,再做快速卷舌运动,然后将舌头放平,伸卷交替。

　　准备好一面小镜子,发音时对着镜子进行唇型和口型操练,自我正音。

【理论与方法】

　　单韵母,是由单元音构成的韵母。单韵母共有 10 个:α、o、e、ê、i、u、ü、-i(前)、-i(后)、er。发音时舌位的高低、前后,唇型的圆展不同会形成不同音色的元音。单韵母的发音特点是从发音开始到发音结束,舌位、唇型、开口度始终不变。

　　单元音的发音,可以从以下三个方面来分析:

　　舌位的高低。舌位的高低是指舌头和上腭的距离。距离近的舌位"高",距离远的舌位"低"。舌位的高低和开口度的大小有关,舌位越高开口度越小,舌位越低开口度越大。

　　舌位的前后。舌位的前后是指舌头的前伸或后缩。根据舌位的前后,可以把元音分为前元音 i、ê、ü,央元音 α 和后元音 u、e、o。

　　唇型的圆展。根据发音时嘴唇的形状,可以把元音分为圆唇元音 ü、u、o 和不圆唇元音 i、α、e、ê。

　　口腔中的舌头在发音时最灵活,根据发音时舌头所起的不同作用,可将 10 个单韵母分为舌面单韵母、舌尖单韵母、卷舌韵母三类。

## 一、舌面单韵母的发音方法

　　舌面单韵母 α、o、e、ê、i、u、ü 的发音如图 1-28 所示。

　　α　舌面、央、低、不圆唇元音。发音时,口大开、舌位低,舌尖微离下齿背,舌面中部微微隆起和硬腭后部相对。发音时,声带振动,软腭上升,关闭鼻腔通路。例如:哈达 hǎdá(图 1-29)。

　　o　舌面、后、半高、圆唇元音。发音时,上下唇自然拢圆,舌体后缩,舌面后部隆起和软腭相对,舌位介于半高和半低之间。发音时,声带振动,软腭上升,关闭鼻腔通路。例如:默默 mòmò(图 1-30)。

　　e　舌面、后、半高、不圆唇元音。发音时,口半闭,舌位半高,舌头后缩,双唇自然展开。发音时,声带振动,软腭上升,关闭鼻腔通路。例如:可贺 kěhè(图 1-31)。

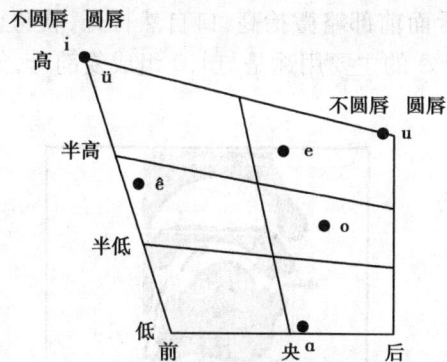

图 1-28 舌面单韵母舌位图

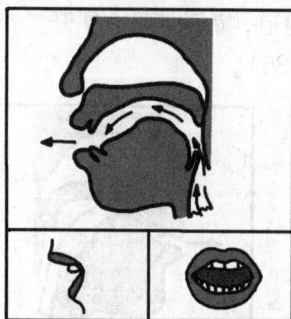

图 1-29 舌面单韵母 a 的发音示意图

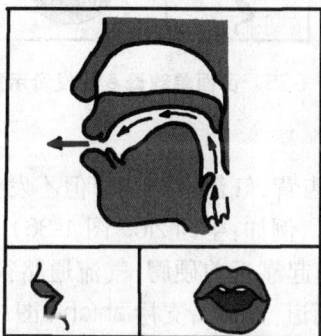

图 1-30 舌面单韵母 o 的发音示意图

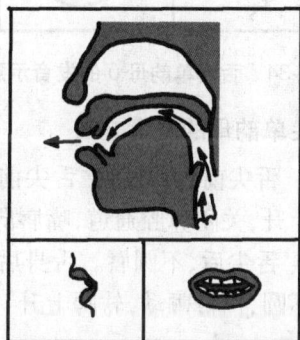

图 1-31 舌面单韵母 e 的发音示意图

i 舌面、前、高、不圆唇元音。发音时,唇型呈扁平状,舌尖前伸抵住下齿背。发音时,声带振动,软腭上升,关闭鼻腔通路。例如:立即 lìjí(图 1-32)。

u 舌面、后、高、圆唇元音。发音时,双唇拢圆,略向前突出;舌头后缩,使舌面后部向软腭方向隆起。发音时,声带振动,软腭上升,关闭鼻腔通路。例如:读书 dúshū(图 1-33)。

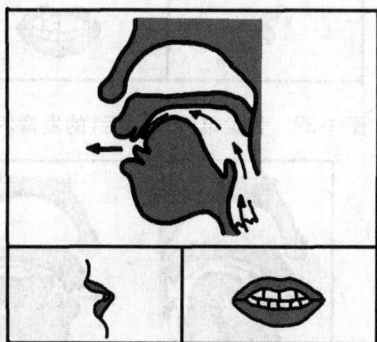

图 1-32 舌面单韵母 i 的发音示意图

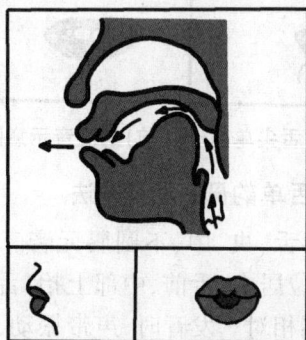

图 1-33 舌面单韵母 u 的发音示意图

ü 舌面、前、高、圆唇元音。发音时,双唇拢圆,略向前突出;舌尖前伸使舌头抵住下齿背,使舌面前部隆起和硬腭前部相对。发音时,声带振动,软腭上升,关闭鼻腔通路。

例如:序曲 xùqǔ(图 1-34)。

ê 舌面、前、中、不圆唇。舌头前伸,舌面前部略微抬高,口自然打开,软腭上升,关闭鼻腔通道,嘴角向两边展开。声带颤动。ê 的主要用途是与 i、ü 组成复韵母,如 ie、üe 等(图 1-35)。

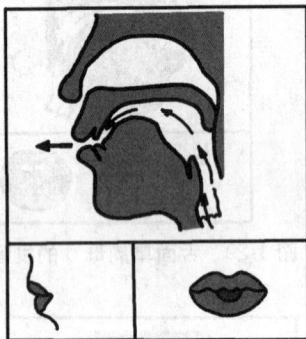

图 1-34　舌面单韵母 ü 的发音示意图　　图 1-35　舌面单韵母 ê 的发音示意图

### 二、舌尖单韵母的发音方法

-i(前)　舌尖前、不圆唇。舌尖前伸靠近上齿背,气流通路狭窄但不发生摩擦,声带颤动,软腭上升,关闭鼻腔通道,嘴唇向两旁展开。例如:字词 zìcí(图 1-36)。

-i(后)　舌尖后、不圆唇。舌身后缩,舌尖翘起靠近前硬腭,气流通路狭窄但不发生摩擦,嘴唇不圆,声带颤动,软腭上升,关闭鼻腔通道。例如:支持 zhīchí(图 1-37)。

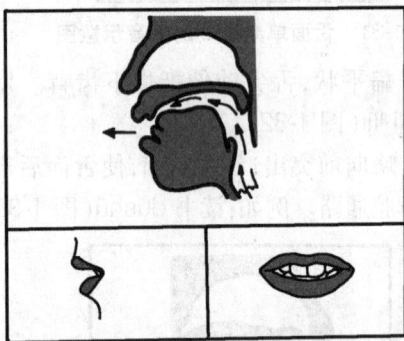

图 1-36　舌尖单韵母 -i(前)的发音示意图　　图 1-37　舌尖单韵母 -i(后)的发音示意图

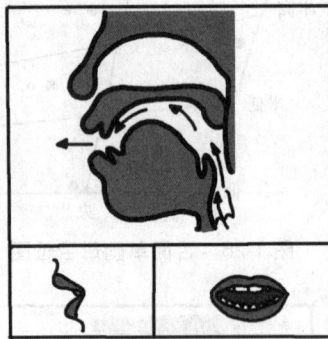

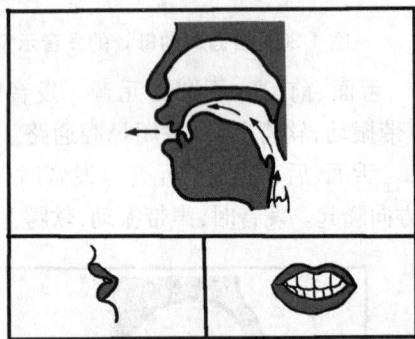

### 三、卷舌单韵母的发音方法

er 卷舌、央、中、不圆唇元音。发音时,口形略开,舌位居中,舌前、中部上抬,舌尖向后卷,和硬腭前端相对。发音时,声带振动,软腭上升,关闭鼻腔通路。er 是一个用双字母表示的单韵母,e 表示舌位和唇型,r 表示卷舌动作。er 只能自成音节。例如:儿子 érzi(图 1-38)。

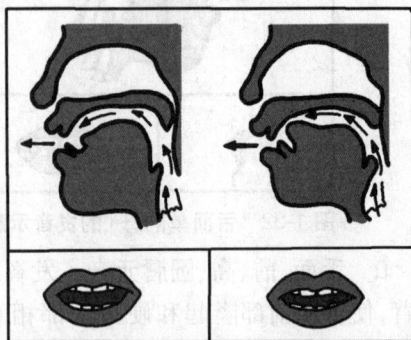

图 1-38　卷舌单韵母 er 的发音示意图

【技能训练】

一、比较单韵母唇型图,说说 a、o、e、i、u、ü 分别对应的是下列哪幅图

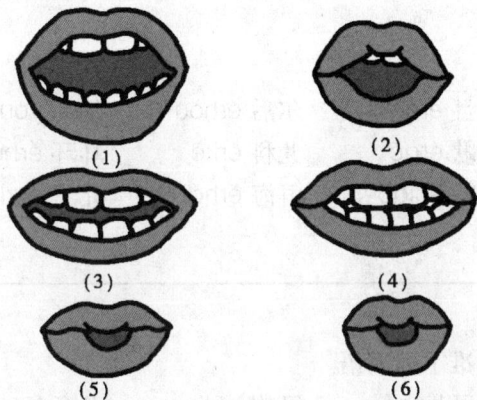

(1)　　(2)

(3)　　(4)

(5)　　(6)

二、单韵母词语发音练习

| | | | | |
|---|---|---|---|---|
| 打靶 dǎbǎ | 马达 mǎdá | 沙发 shāfā | 蛤蟆 háma | 耷拉 dāla |
| 拉萨 lāsà | 砝码 fǎmǎ | 打岔 dǎchà | 刹那 chànà | 发达 fādá |
| 喇嘛 lǎma | 大厦 dàshà | 麻纱 máshā | 大法 dàfǎ | 大妈 dàmā |
| 哪怕 nǎpà | 喇叭 lǎba | | | |

| | | | | |
|---|---|---|---|---|
| 伯伯 bóbo | 婆婆 pópo | 磨破 mópò | 薄膜 bómó | 泼墨 pōmò |
| 勃勃 bóbó | 磨墨 mómò | 脉脉 mòmò | 馍馍 mómo | 隔阂 géhé |
| 苛刻 kēkè | 合格 hégé | 特色 tèsè | 割舍 gēshě | 车辙 chēzhé |
| 可乐 kělè | 特赦 tèshè | 隔热 gérè | 色泽 sèzé | 哥哥 gēge |
| 各色 gèsè | 客车 kèchē | | | |

| | | | | |
|---|---|---|---|---|
| 集体 jítǐ | 笔记 bǐjì | 机器 jīqì | 依稀 yīxī | 谜底 mídǐ |
| 意义 yìyì | 奇迹 qíjì | 地皮 dìpí | 习题 xítí | 提议 tíyì |
| 鼻涕 bítì | 比例 bǐlì | 比拟 bǐnǐ | 笔迹 bǐjì | 脾气 píqi |
| 披靡 pīmí | 敌意 díyì | 匹敌 pǐdí | 体力 tǐlì | 迷离 mílí |
| 利益 lìyì | 激励 jīlì | 厘米 límǐ | 立即 lìjí | |

| | | | | |
|---|---|---|---|---|
| 朴素 pǔsù | 芜湖 wúhú | 互助 hùzhù | 土布 tǔbù | 无故 wúgù |
| 孤独 gūdú | 祝福 zhùfú | 出租 chūzū | 粗鲁 cūlǔ | 诉苦 sùkǔ |
| 户主 hùzhǔ | 不足 bùzú | 部署 bùshǔ | 服输 fúshū | 付出 fùchū |
| 负数 fùshù | 附录 fùlù | 复苏 fùsū | 初步 chūbù | 鼓舞 gǔwǔ |
| 督促 dūcù | 服务 fúwù | 图书 túshū | | |

| | | | | |
|---|---|---|---|---|
| 序曲 xùqǔ | 旅居 lǚjū | 曲剧 qǔjù | 区域 qūyù | 语序 yǔxù |
| 聚居 jùjū | 雨具 yǔjù | 女婿 nǚxu | 絮语 xùyǔ | 豫剧 yùjù |
| 吕剧 lǚjù | 缕缕 lǚlǚ | 须臾 xūyú | 遇雨 yùyǔ | 郁郁 yùyù |
| 语句 yǔjù | | | | |

| | | | | |
|---|---|---|---|---|
| 二十 èrshí | 而且 érqiě | 尔后 ěrhòu | 幼儿 yòuér | 耳朵 ěrduo |
| 木耳 mùěr | 儿歌 érgē | 儿科 érkē | 耳环 ěrhuán | 而已 éryǐ |
| 二胡 èrhú | 饵料 ěrliào | 洱海 ěrhǎi | 儿子 érzi | |

## 【技能巩固】

1.词语混合训练,读准下列词语。

| | | | | |
|---|---|---|---|---|
| 沙漠 shāmò | 拔河 báhé | 巴黎 bālí | 发育 fāyù | 波折 bōzhé |
| 蘑菇 mógu | 默许 mòxǔ | 河马 hémǎ | 许可 xǔkě | 彻底 chèdǐ |
| 特殊 tèshū | 歌剧 gējù | 抵达 dǐdá | 气魄 qìpò | 计策 jìcè |
| 地图 dìtú | 碧绿 bìlǜ | 抒发 shūfā | 抚摩 fǔmó | 读者 dúzhě |
| 除夕 chúxī | 富裕 fùyù | 拘束 jūshù | 曲折 qūzhé | 序曲 xùqǔ |
| 法律 fǎlǜ | 合资 hézī | 录取 lùqǔ | 拉车 lāchē | 雨衣 yǔyī |
| 薄荷 bòhe | 居住 jūzhù | 自治 zìzhì | 继续 jìxù | 实习 shíxí |
| 扎实 zhāshí | 歌曲 gēqǔ | 破土 pòtǔ | 抹杀 mǒshā | 惹事 rěshì |
| 坡度 pōdù | 乐趣 lèqù | 律师 lǜshī | | |

2.朗读儿歌,注意其中加点字的韵母。

①燕子仔,尾像叉,年年来我家。不怕冷来不怕沙,四出飞行口呀呀。雌雄出外衔泥花,建筑新巢像人家,就是狂风也不怕。

②我家门前有小河,后面有山坡,坡上野花多,野花红似火。河里有白鹅,鹅儿戏绿波。鹅儿真快乐,昂头唱清歌。

③小雨点,沙沙沙,落在花池里,花儿乐得张嘴巴。小雨点,沙沙沙,落在鱼池里,鱼儿乐得摇尾巴。小雨点,沙沙沙,落在田野里,苗儿乐得向上拔。

3.朗读下列古诗,注意加点字的韵母。

天街小雨润如酥,

草色遥看近却无。

最是一年春好处,

绝胜烟柳满皇都。(韩愈《早春》)

4.朗读下列短文,写出其中的单韵母,并说说每个单韵母最后保持的口型。

我们家前院就有位叔叔,擅扎风筝,远近闻名。他扎的风筝不只体型好看,色彩艳丽,放飞得高远,还在风筝上绷一叶用蒲苇削成的膜片,经风一吹,发出"嗡嗡"的声响,仿佛是风筝的歌唱,在蓝天下播扬,给开阔的天地增添了无尽的韵味,给驰荡的童心带来几分疯狂。

我们那条胡同的左邻右舍的孩子们放的风筝几乎都是叔叔编扎的。他的风筝不卖钱,谁上门去要,就给谁,他乐意自己贴钱买材料。

——节选自普通话考级作品9号《风筝畅想曲》

5.任选一题进行三分钟说话练习:(1)我喜欢的节目;(2)我喜欢的明星(或其他知名人士)。

# 第十四节　复韵母的发音训练

**【技能准备】**

1.复习舌面单韵母的发音,说说它们各自保持的口型。注意单韵母的发音特点是从发音开始到发音结束,舌位、唇型、开口度始终不变。

2.口部操:①开,打开口腔,提颧肌、开牙关、挺软腭、松下巴,舌头放到最低;②咧:双唇紧闭,撮起(尽力向前嘬起),然后将嘴角用力向两边伸展(咧嘴),反复交替进行。

3.准备好一面小镜子,发音时对着镜子进行唇型和口型操练,自我正音。

**【理论与方法】**

复韵母的发音过程中,不管是舌头、嘴唇还是口腔的开闭程度都是有变化的。复韵母并不是由几个单韵母机械、简单地相加,而是由一串元音音素复合而成的。发音过程中存在一个元音舌位向另一个元音舌位滑动的动程,以及唇型开合、圆展的变化。复韵母里各个成分的响度、强弱、长短是不同的。其中韵腹是复韵母的重心,声音比较响亮、清晰,占的时间长些。韵头和韵尾在音节中声音较弱、模糊,占的时间短些。

根据韵腹位置的不同,可把复韵母分为前响复韵母、中响复韵母和后响复韵母三类。

**一、前响复韵母 ɑi、ei、ɑo、ou 的发音方法**

前响复韵母是由两个元音复合而成的。发音特点是舌位由低向高滑动,舌位移动的终点不太稳定;开头的元音音素响亮清晰,收尾的元音音素轻短模糊。前响复韵母的起点元音 ɑ、o、e 是韵腹,发音清晰响亮;止点元音 i、o、u 是韵尾,发音轻短模糊。

ɑi 是由元音 ɑ 和 i 复合成的。ɑ 是韵腹,舌位比单韵母 ɑ 略前些;韵尾 i 比单韵母 i 口腔稍开,也就是到接近 i 时就结束了。发这个韵母时,先是舌位放低,唇型展开,发出 ɑ 音,紧接着舌面上升,最后发出接近 i 的音。例如:白菜 báicài、海带 hǎidài、爱戴 àidài、晒台 shàitái、买卖 mǎimai、彩排 cǎipái(图1-39)。

ei 是由元音 e 和 i 复合成的。e 是韵腹,舌位比单韵母 e 既高又靠前;i 是韵尾,比单韵母 i 口腔稍开。发音时,从 e 的舌位开始,向 i 的舌位移动。e 音清晰、响亮,i 音轻短含混。这个韵母的发音动程较窄,要仔细体会,不要发成单韵母。例如:蓓蕾 bèilěi、北美 běiměi、配备 pèibèi、黑煤 hēiméi、肥美 féiměi、娓娓 wěiwěi(图 1-40)。

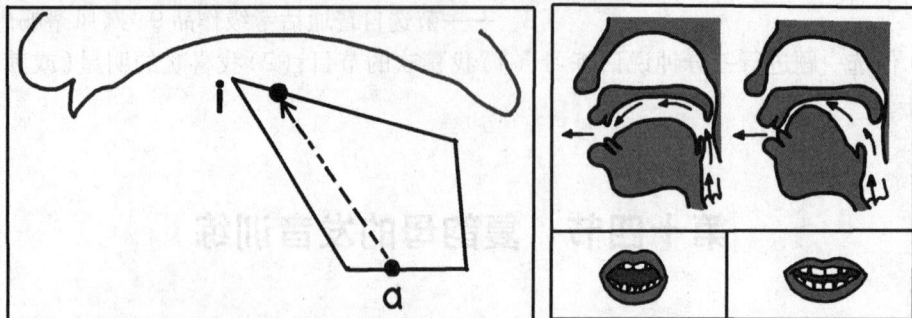

图 1-39　前响复韵母 ai 的发音示意图

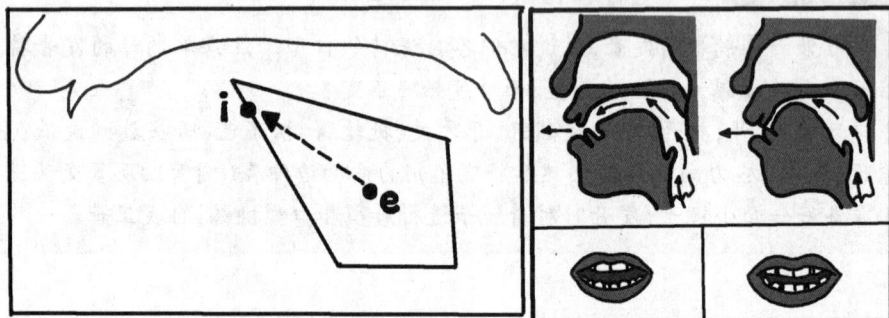

图 1-40　前响复韵母 ei 的发音示意图

ao 是由元音 a 和 o 复合成的。a 是韵腹,舌位比单韵母 a 靠后;o 是韵尾,舌位比 o 高,接近 u,发这个韵母时,舌位放低,唇型开而不圆,发出响而长的 a;接着舌位逐渐升高,唇型逐渐变圆,最后发出轻短含混的 u 音。例如:草帽 cǎomào、跑道 pǎodào、报告 bàogào、号召 hàozhào、高潮 gāocháo、操劳 cāoláo(图 1-41)。

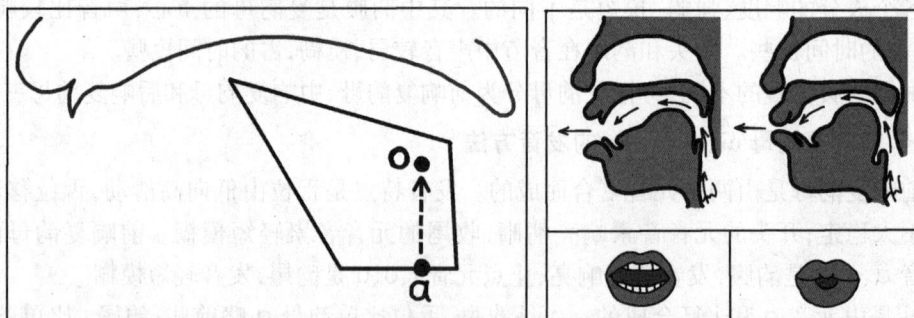

图 1-41　前响复韵母 ao 的发音示意图

ou 是由元音 o 和 u 复合成的。o 是韵腹,舌位比单韵母 o 略高、略前;u 是韵尾,比单韵母 u 唇型稍开。发这个韵母时,先发 o,接着舌位向 u 方向移动,最后发出轻短含混的 u 音。例如:欧洲 ōuzhōu、喉头 hóutóu、抖擞 dǒusǒu、收购 shōugòu、佝偻 gōulóu、绸缪 chóumóu(图 1-42)。

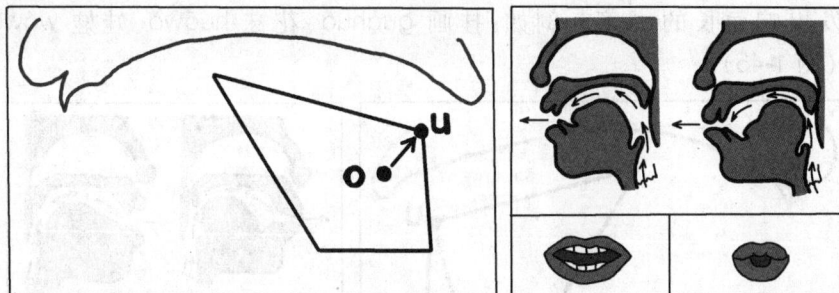

图 1-42 前响复韵母 ou 的发音示意图

**二、后响复韵母 ia、ie、ua、uo、üe 的发音方法**

后响复韵母是由两个元音复合而成的。发音特点是舌位由高向低滑动,舌位的起点和终点比较稳定;起点元音不太响亮,比较短促,止点元音响亮清晰。起点元音 i、u、ü 是韵头,发音要短;止点元音 a、o、e 是韵腹,发音清晰响亮。

ia 是由 i 和 a 组成的。i 是韵头,a 是韵腹,发音时,先是舌位高,唇型扁,发出轻短的 i 音,接着舌位降低,发出响而长的 a 音。例如:恰恰 qiàqià、戛戛 jiájiá、加价 jiājià、家鸭 jiāyā、假牙 jiǎyá、下家 xiàjiā(图 1-43)。

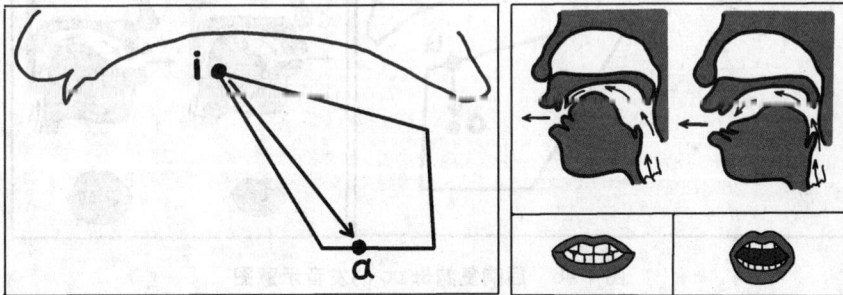

图 1-43 后响复韵母 ia 的发音示意图

ie 是由 i 和 ê 组成的。i 是韵头,ê 是韵腹。发音时,先发出较短的 i 音,接着舌位降到前中位置,发出响而长的 ê 音。例如:结业 jiéyè、贴切 tiēqiè、节烈 jiéliè、趔趄 lièqie、切切 qièqiè、歇业 xiēyè(图 1-44)。

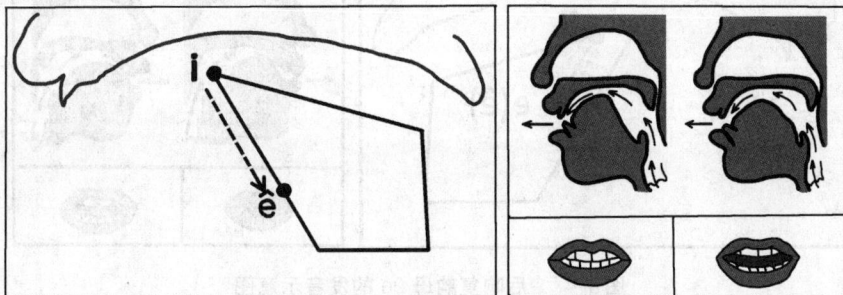

图 1-44 后响复韵母 ie 的发音示意图

ua 是由 u 和 a 组成的。u 是韵头，a 是韵腹。发音时，先发 u 音，接着舌位降低，唇型展开，发出响而长的 a 音。例如：挂画 guàhuà、花袜 huāwà、娃娃 wáwa、耍滑 shuǎhuá（图 1-45）。

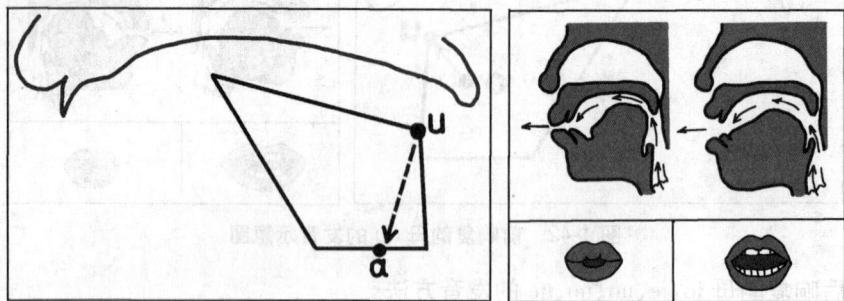

图 1-45　后响复韵母 ua 的发音示意图

uo 是由 u 和 o 组成的。u 是韵头，念得短，o 是韵腹，念得响而长。发音时，先发 u，接着舌位降低，发 o 音。例如：骆驼 luòtuo、火锅 huǒguō、错落 cuòluò、阔绰 kuòchuò、硕果 shuòguǒ、国货 guóhuò（图 1-46）。

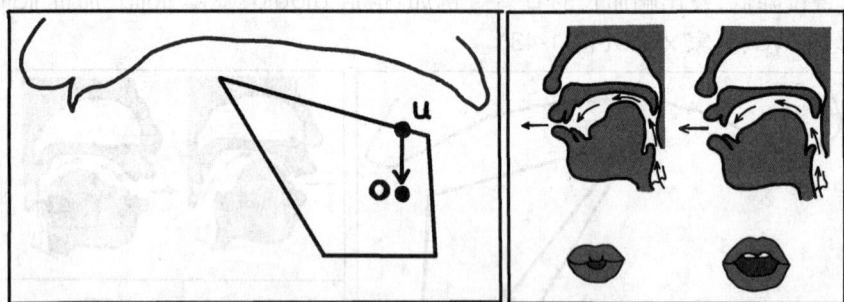

图 1-46　后响复韵母 uo 的发音示意图

üe 是由 ü 和 ê 组成的。ü 是韵头，ê 是韵腹。发音时先是双唇撮圆，舌头前伸抬高，发出 ü 音，接着唇型逐渐变开，舌位降到前中位置，发 ê 音。例如：约略 yuēlüè、雀跃 quèyuè、决绝 juéjué、雪月 xuěyuè（图 1-47）。

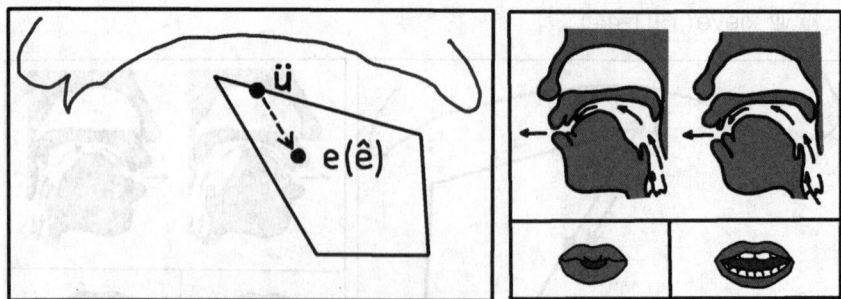

图 1-47　后响复韵母 üe 的发音示意图

### 三、中响复韵母 iao、iou、uai、uei 的发音方法

中响复韵母由三个元音复合而成。发音特点是舌位由高向低滑动,再由低向高滑动;起点元音较短不太响亮,折点元音较长、响亮清晰,止点元音轻短模糊。起点元音是韵头,止点元音是韵尾,折点元音是韵腹。但是其中 iou、uei 两个韵母的韵腹的响亮程度要受声调的影响。

iao　发音时,舌位由 i 降到 a,再由 a 升向接近 u 的位置。也可以先发 i 紧接着发 ao。例如:小鸟 xiǎoniǎo、逍遥 xiāoyáo、巧妙 qiǎomiào、笑料 xiàoliào、叫嚣 jiàoxiāo、苗条 miáotiáo(图 1-48)。

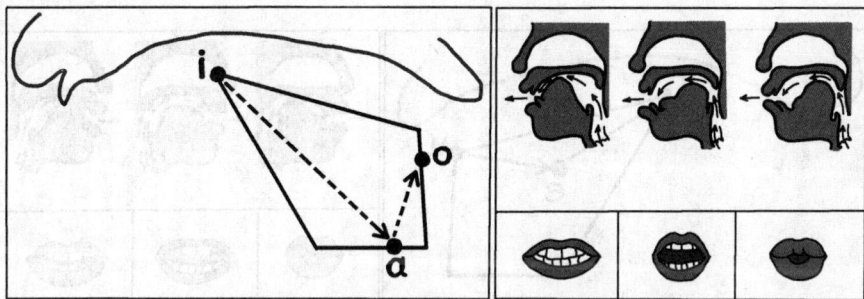

图 1-48　中响复韵母 iao 的发音示意图

iou　发音时,舌位由 i 降到 o,再由 o 升向 u。这个韵母在读阴平、阳平时,韵腹 o 不如读上声和去声时响亮。iou 同声母相拼时,中间的 o 省写,简写为 iu。例如:优秀 yōuxiù、悠久 yōujiǔ、久留 jiǔliú、舅舅 jiùjiu、牛油 niúyóu、绣球 xiùqiú(图 1-49)。

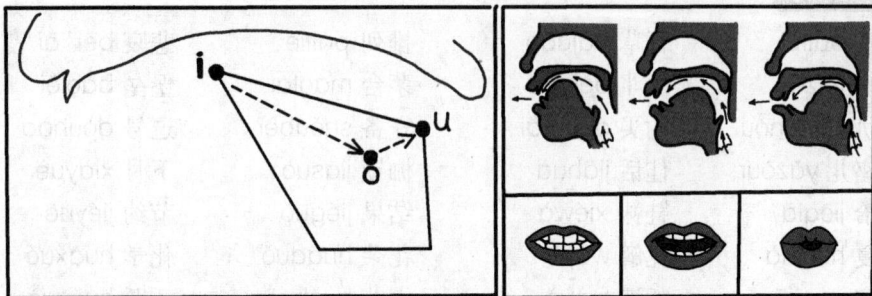

图 1-49　中响复韵母 iou 的发音示意图

uai　发音时,舌位由 u 降到 a,再由后 a 升向 i。也可以先发 u 紧接着发 ai。例如:摔坏 shuāihuài、怀揣 huáichuāi、外快 wàikuài、乖乖 guāiguai(图 1-50)。

uei　发音时,舌位由 u 降到 e,再由后 e 升向 i。也可以先发 u 紧接着发 ei。这个音在读阴平、阳平时,韵腹不如读上声、去声时响亮。同声母相拼时,uei 中间的 e 省略,简写为 ui。例如:魁伟 kuíwěi、归队 guīduì、摧毁 cuīhuǐ、水位 shuǐwèi、追随 zhuīsuí、翠微 cuìwēi(图 1-51)。

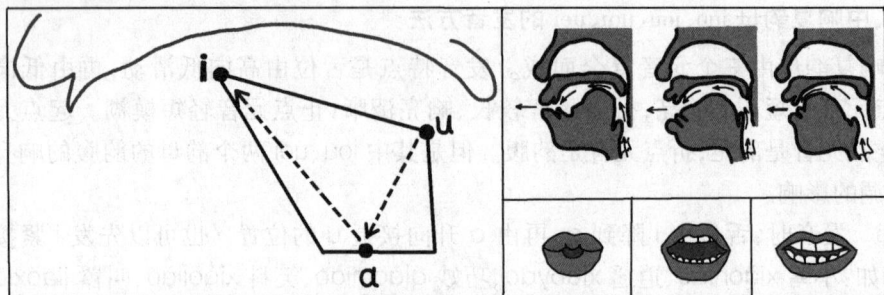

图 1-50　中响复韵母 uai 的发音示意图

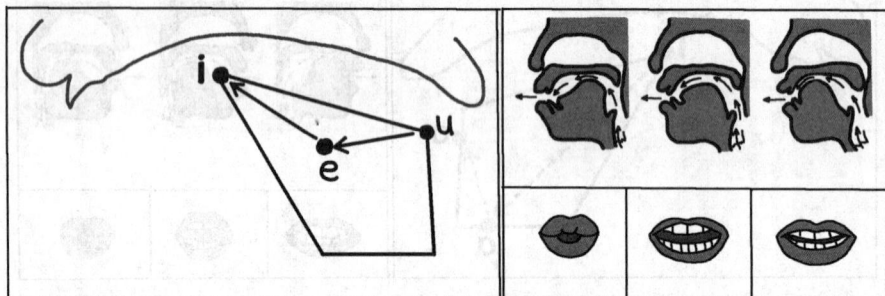

图 1-51　中响复韵母 uei 的发音示意图

## 【技能训练】

| | | | |
|---|---|---|---|
| 白费 báifèi | 百草 bǎicǎo | 排列 páiliè | 悲哀 bēi'āi |
| 肥皂 féizào | 北斗 běidǒu | 茅台 máotái | 堡垒 bǎolěi |
| 报仇 bàochóu | 购买 gòumǎi | 守备 shǒubèi | 逗号 dòuhào |
| 雅座儿 yǎzòur | 佳话 jiāhuà | 枷锁 jiāsuǒ | 下月 xiàyuè |
| 接洽 jiēqià | 鞋袜 xiéwà | 结果 jiéguǒ | 节约 jiéyuē |
| 华夏 huáxià | 瓦解 wǎjiě | 花朵 huāduǒ | 化学 huàxué |
| 国家 guójiā | 唾液 tuòyè | 火花 huǒhuā | 活跃 huóyuè |
| 血压 xuèyā | 学业 xuéyè | 雪花 xuěhuā | 确凿 quèzáo |
| 夏夜 xiàyè | 郊游 jiāoyóu | 表率 biǎoshuài | 描绘 miáohuì |
| 幼苗 yòumiáo | 流水 liúshuǐ | 诱拐 yòuguǎi | 怀表 huáibiǎo |
| 摔跤 shuāijiāo | 歪斜 wāixié | 翠鸟 cuìniǎo | 垂柳 chuíliǔ |
| 毁坏 huǐhuài | 栽培 zāipéi | 赛跑 sàipǎo | 招考 zhāokǎo |
| 耐劳 nàiláo | 归队 guīduì | 排球 páiqiú | 投靠 tóukào |
| 傀儡 kuǐlěi | 兽类 shòulèi | 摇摆 yáobǎi | 怀抱 huáibào |
| 销毁 xiāohuǐ | 道白 dàobái | 假托 jiǎtuō | 捷报 jiébào |
| 学费 xuéfèi | 掠夺 lüèduó | 绝对 juéduì | 教授 jiàoshòu |

蓓蕾 bèilěi　　　　兜售 dōushòu　　　　彩排 cǎipái　　　　抖擞 dǒusǒu

【技能巩固】

1.朗读下面的诗文,读准加点字的韵母。

风急天高猿啸哀,渚清沙白鸟飞回。

无边落木萧萧下,不尽长江滚滚来。

万里悲秋常作客,百年多病独登台。

艰难苦恨繁霜鬓,潦倒新停浊酒杯。(杜甫《登高》)

凤凰台上凤凰游,凤去台空江自流。

吴宫花草埋幽径,晋代衣冠成古丘。

三山半落青天外,一水中分白鹭洲。

总为浮云能蔽日,长安不见使人愁。(李白《登金陵凤凰台》—ou)

怒发冲冠,凭阑处、潇潇雨歇。抬望眼,仰天长啸,壮怀激烈。三十功名尘与土,八千里路云和月。莫等闲、白了少年头,空悲切。

靖康耻,犹未雪;臣子恨,何时灭? 驾长车踏破贺兰山缺。壮志饥餐胡虏肉,笑谈渴饮匈奴血。待从头、收拾旧山河,朝天阙。(岳飞《满江红》—ie、ue)

从前,有兄弟两个,各自过活。哥哥很阔,但是很吝啬,弟弟只有破屋一座,天天在山上耕作。一天,他口渴了,到河边去找水喝。回来一看,地里的禾苗一棵也没有了,他就大哭起来。忽然,飞来一只天鹅,说:"小伙子,不要哭,我带你到太阳国去摘金果。"于是,他就坐在天鹅的背上,飞过小河,翻过山坡,到了太阳国,他看见一棵金光闪烁的金果树,他摸了摸金色的果子,只摘了一个,回去后,整理了田舍,又盖了新房一所,哥哥知道后,前来道贺,回去也模仿着做,天鹅也把他带到了太阳国。他毫不客气地抓住那棵金果树,摘了一个又一个。天鹅说,可以啦,不然就会有祸。他还舍不得,认为良机不可错过。结果太阳出来了,光芒四射,把这个刻薄的恶人,晒死在太阳国。(《太阳国》—uo)

红酥手,黄滕酒,满城春色宫墙柳。东风恶,欢情薄,一怀愁绪,几年离索。错,错,错!

春如旧,人空瘦,泪痕红浥鲛绡透。桃花落,闲池阁,山盟虽在,锦书难托。莫,莫,莫!(陆游《钗头凤》—uo-o　鲛 jiāo 绡 xiāo)

2.复韵母绕口令练习。

买白菜,搭海带,不买海带就别买大白菜。

买卖改,不搭卖,不买海带也能买到大白菜。(ai)

　　我爱家乡山和水,山清水秀实在美,果树满山飘芳菲,池塘清清鱼儿肥,风送谷香沁心扉,丰收景象诱人醉,发自肺腑唱一曲,歌声绕着彩云飞。(ei)

　　东边庙里有只猫,西边树梢有只鸟。猫鸟天天闹,不知是猫闹树上鸟,还是鸟闹庙里猫。(ao)

　　一只猴牵了一只狗,坐在油篓边上喝点酒,猴喝酒还就着藕,狗啃骨头也啃油篓,猴拿油篓口去扣狗的头,狗的头进了猴的油篓口,狗啃油篓,油篓才漏油。(ou)

　　天空飘着一片霞,水上游来一群鸭。霞是五彩霞,鸭是麻花鸭,麻花鸭游进五彩霞,五彩霞网住麻花鸭。乐坏了鸭,拍碎了霞,分不清是鸭还是霞。(ia)

　　瓜棚挂瓜,瓜挂瓜棚。风刮瓜,瓜碰棚。风刮棚,棚碰瓜。(ua)

　　炉东有个锤快锤,炉西有个锤锤快,两人炉前来比赛,不知是锤快锤比锤锤快锤得快还是锤锤快比锤快锤锤得快。(uai)

　　嘴说腿,腿说嘴。
　　嘴说腿爱跑腿,腿说嘴爱卖嘴。
　　光动嘴,不动腿,不如不长腿。
　　光动腿,不动嘴,不如不长嘴。
　　又动腿,又动嘴,腿不再说嘴。
　　嘴不再说腿。(ui)

3.朗读下列短文,写出其中的复韵母,并说说每个韵母归音的口型。

　　一次,胡适正讲得得意的时候,一位姓魏的学生突然站了起来,生气地问:"胡先生,难道说白话文就毫无缺点吗?"胡适微笑着回答说:"没有。"那位学生更加激动了:"肯定有! 白话文废话太多,打电报用字多,花钱多。"胡适的目光顿时变亮了。轻声地解释说:"不一定吧! 前几天有位朋友给我打来电报,请我去政府部门工作,我决定不去,就回电拒绝了。复电是用白话写的,看来也很省字。请同学们根据我这个意思,用文言文写一个回电,看看究竟是白话文省字,还是文言文省字?"胡教授刚说完,同学们立刻认真地写了起来。

——节选自普通话考级作品 15 号《胡适的白话电报》

4.任选一题进行三分钟说话练习:(1)我喜爱的书刊;(2)我知道的风俗。

# 第十五节　前鼻韵母的发音训练

**【技能准备】**

1.复习声母 n 本音的发音,说说舌尖保持的位置。
2.卷舌:先舌头放平,再抬起舌尖抵住上齿龈,放平,交替练习。

**【理论与方法】**

鼻韵母是元音加上一个鼻辅音构成的韵母。在普通话里,鼻辅音只有两个,就是 n 和 ng。鼻韵母的发音和复韵母的发音一样,也是舌位移动变化的结果。不同的是复韵母的尾音是元音,鼻韵母的尾音是鼻音。发鼻韵母时,后头的鼻尾音要念好,学会区别-n、-ng这两个鼻尾音。n 是舌面前鼻音,作声母和作韵尾时略有不同。作声母时,成、持、除三阻完整无缺;作韵尾时,只有成阻、持阻。

鼻韵母 16 个,按韵尾不同分为两类:一类因韵尾 n 是舌面前鼻音,而被称为前鼻音韵母;一类因韵尾 ng 是舌根鼻音,也称舌面后鼻音,所以被称为后鼻音韵母。

前鼻音韵母有 an、en、in、ün、ian、uan、üan、uen。

**an** 元音 a 是韵腹,舌位比单韵母 a 偏前,鼻辅音 n 是韵尾。发音时,开始舌位放低,口大开,唇不圆;舌位动程从前低略升,最后舌面前部抵住硬腭前部,发鼻音 n。例如:安然 ānrán、灿烂 cànlàn、橄榄 gǎnlǎn、肝胆 gāndǎn、谈判 tánpàn、汗衫 hànshān(图 1-52)。

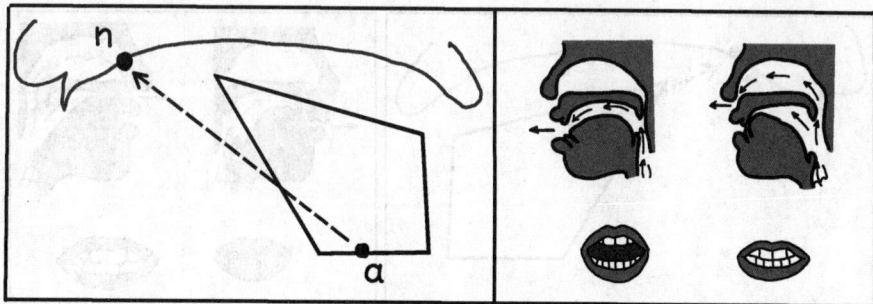

**图 1-52　前鼻音韵母 an 的发音示意图**

**en** 元音 e 的舌位比单韵母 e 靠前,处于中间位置(不前、不后、不高、不低)。舌位动程从央元音 e 开始,接着舌面上升,最后舌面前部抵住硬腭前部,发鼻音 n。例如:根本 gēnběn、认真 rènzhēn、深沉 shēnchén、门诊 ménzhěn、振奋 zhènfèn、审慎 shěnshèn(图 1-53)。

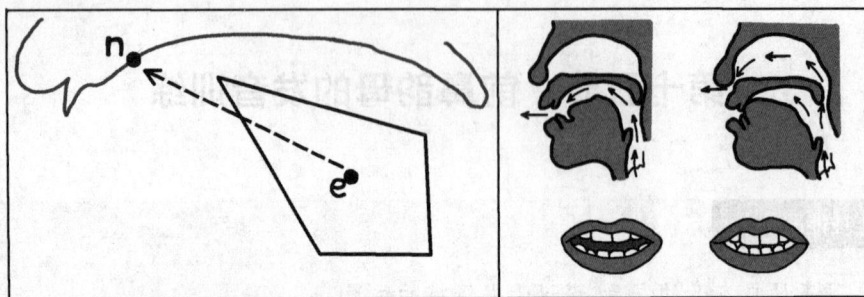

图 1-53　前鼻音韵母 en 的发音示意图

　　in　发音时,开始舌尖抵住下齿背后,舌面抬起接近硬腭,唇扁;舌位动程从前、高、不圆唇元音 i 开始;接着舌面上升,最后舌面前部抵住硬腭前部,发出鼻音 n。例如:拼音 pīnyīn、濒临 bīnlín、林荫道 línyīndào、辛勤 xīnqín、亲近 qīnjìn、民心 mínxīn(图 1-54)。

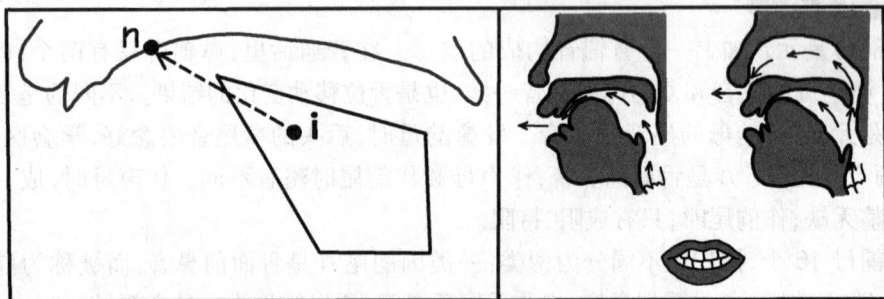

图 1-54　前鼻音韵母 in 的发音示意图

　　ün　发音时,舌面接近硬腭,唇型撮起;舌位动程从前、高、圆唇元音 ü 开始;接着舌面上升,舌面前部抵住硬腭前部,发鼻音 n。例如:均匀 jūnyún、军训 jūnxùn、纭纭 yúnyún、逡巡 qūnxún(图 1-55)。

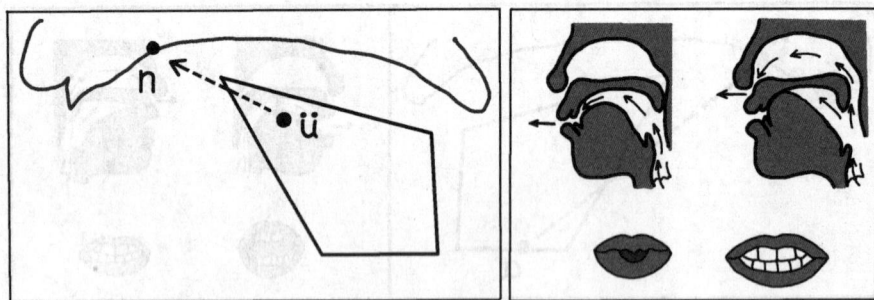

图 1-55　前鼻音韵母 ün 的发音示意图

　　ian　元音 a 因受前后音的影响,舌位比单韵母 a 偏前偏高。发音时,舌位动程从 i 开始,舌位降低,达到比单韵母 a 略高略前的位置,接着舌面升高,舌面前部抵住硬腭前部,发鼻音 n。例如:简练 jiǎnliàn、眼帘 yǎnlián、惦念 diànniàn、颠连 diānlián、鲜艳 xiānyàn、连绵 liánmián(图 1-56)。

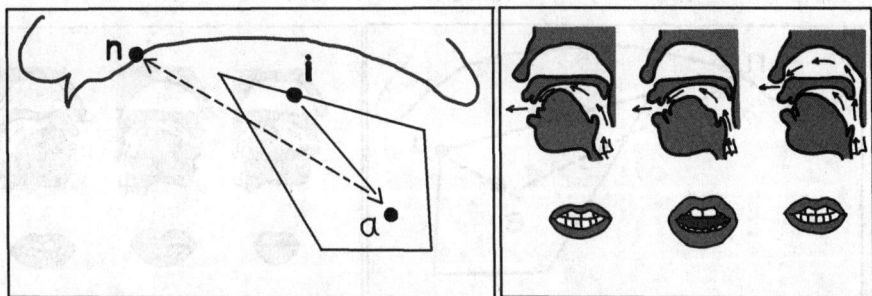

图 1-56 前鼻音韵母 ian 的发音示意图

　　uan　发音时,舌位动程从 u 开始,舌位降低,达到 a 的位置,接着舌面升高,发鼻音 n。也可以先发 u 紧接着再发 an。例如:贯穿 guànchuān、婉转 wǎnzhuǎn、专断 zhuānduàn、万端 wànduān、转换 zhuǎnhuàn、传唤 chuánhuàn(图 1-57)。

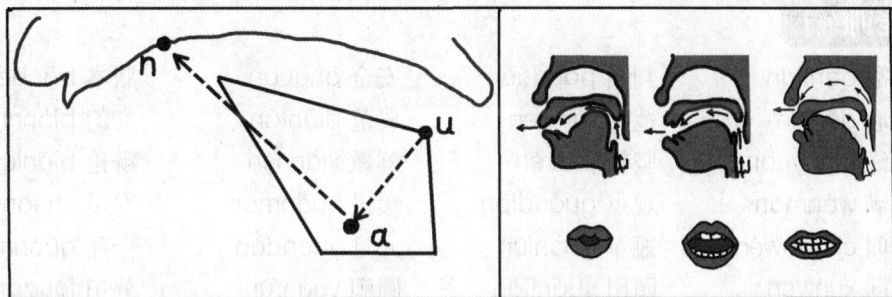

图 1-57 前鼻音韵母 uan 的发音示意图

　　自成音节时,ian 写成 yan(烟),uan 写成 wan(弯)。
　　üan　元音 a 因受前后音的影响,舌位比单韵母 a 略高略前,口腔稍闭。发音时,舌位动程从 ü 开始,舌位降低,达到 a 的位置,接着舌面升高,发鼻音 n。例如:源泉 yuánquán、全权 quánquán、轩辕 xuānyuán、渊源 yuānyuán(图 1-58)。

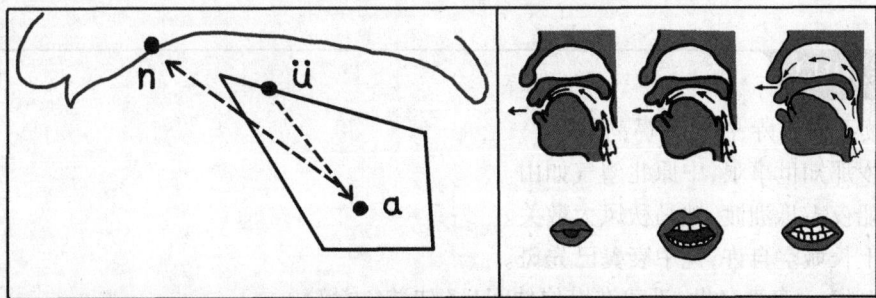

图 1-58 前鼻音韵母 üan 的发音示意图

　　自成音节时,üan 写成 yuan(渊);跟声母 j、q、x 拼的时候,ü 上两点省写。
　　uen　发音时,舌位动程从 u 开始,舌位降低,达到 e 的位置,接着舌面升高,发鼻音 n。这个音在发阴平、阳平时韵腹没有发上声、去声时响亮。例如:昆仑 kūnlún、春笋

chūnsǔn、滚轮 gǔnlún、温顺 wēnshùn、混沌 hùndùn、馄饨 húntun（图 1-59）。

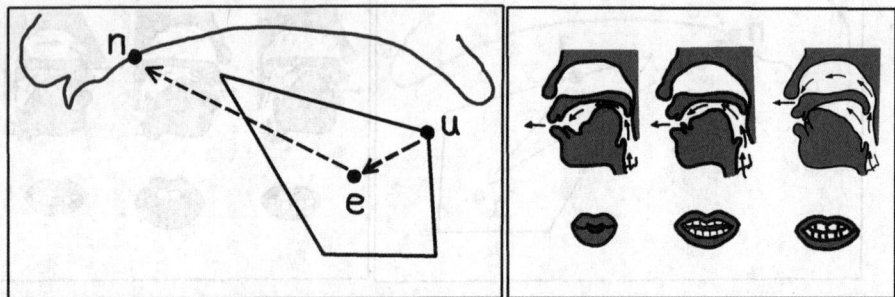

图 1-59　前鼻音韵母 uen 的发音示意图

自成音节时，uen 写成 wen（温），与前面的声母相拼时写成 un。

---

【技能训练】

| | | | |
|---|---|---|---|
| 甘甜 gāntián | 判断 pànduàn | 安全 ānquán | 版本 bǎnběn |
| 丹心 dānxīn | 范文 fànwén | 典范 diǎnfàn | 变幻 biànhuàn |
| 边缘 biānyuán | 坚韧 jiānrèn | 鲜嫩 xiānnèn | 辩论 biànlùn |
| 完满 wánmǎn | 观点 guāndiǎn | 缓慢 huǎnmàn | 专员 zhuānyuán |
| 传闻 chuánwén | 冠军 guànjūn | 元旦 yuándàn | 全面 quánmiàn |
| 询问 xúnwèn | 园田 yuántián | 圆润 yuánrùn | 分担 fēndān |
| 选民 xuǎnmín | 阵线 zhènxiàn | 诊断 zhěnduàn | 根源 gēnyuán |
| 森林 sēnlín | 频繁 pínfán | 沉稳 chénwěn | 民间 mínjiān |
| 辛酸 xīnsuān | 谨慎 jǐnshèn | 辛勤 xīnqín | 困难 kùn·nan |
| 轮船 lúnchuán | 温泉 wēnquán | 村镇 cūnzhèn | 云南 yúnnán |
| 训练 xùnliàn | 循环 xúnhuán | 匀称 yúnchèn | 云鬓 yúnbìn |

---

【技能巩固】

1.读下列古诗，注意前鼻韵的字。

早岁那知世事艰，中原北望气如山。

楼船夜雪瓜洲渡，铁马秋风大散关。

塞上长城空自许，镜中衰鬓已先斑。

《出师》一表真名世，千载谁堪伯仲间！（陆游《书愤》）

国破山河在，城春草木深。

感时花溅泪，恨别鸟惊心。

烽火连三月，家书抵万金。

白头搔更短,浑欲不胜簪。(杜甫《春望》)

2.读绕口令,注意读准前鼻韵的字。

小陈去卖针,小沈去卖盆。
俩人挑着担,一起出了门。
小陈喊卖针,小沈喊卖盆。
也不知是谁卖针,也不知是谁卖盆。(en)

山上青松根连根,
各族人民心连心。
根连根,心连心,
建设祖国一股劲。(in)

蓝天上是片片白云,
草原上是银色的羊群。
近处看,这是羊群,那是白云;
远处看,分不清哪是白云,哪是羊群。(ün)

3.朗读歌词,再唱一唱,注意前鼻韵的字。

在那遥远的小山村,小呀小山村,我那亲爱的妈妈已白发鬓鬓。过去的时光难忘怀,难忘怀,妈妈曾给我多少吻,多少吻。吻干我脸上的泪花,温暖我那幼小的心。妈妈的吻,甜蜜的吻,叫我思念到如今。

遥望家乡的小山村,小呀小山村,我那可爱的小燕子可回了家门。女儿有个小小心愿,小小心愿,再还妈妈一个吻,一个吻。吻干她那思儿的泪珠,安抚她那孤独的心。女儿的吻,纯洁的吻,愿她晚年得欢欣。女儿的吻,纯洁的吻,愿她晚年得欢欣。

——《妈妈的吻》

4.朗读下列短文,注意读准前鼻韵的字。

享受幸福是需要学习的,当它即将来临的时刻需要提醒。人可以自然而然地学会感官的享乐,却无法天生地掌握幸福的韵律。灵魂的快意同器官的舒适像一对孪生兄弟,时而相傍相依,时而南辕北辙。

幸福是一种心灵的震颤。它像会倾听音乐的耳朵一样,需要不断地训练。简而言之,幸福就是没有痛苦的时刻。它出现的频率并不像我们想象的那样少。人们常常只是在幸福的金马车已经驶过去很远时,捡起地上的金鬃毛说,原来我见过它。

(选自普通话考级作品40号《提醒幸福》)

5.任选一题进行三分钟说话练习:(1)我所在的集体(学校、机关、公司等);(2)我向往的地方。

# 第十六节　后鼻韵母的发音训练

1.复习前鼻韵的发音。说说前鼻韵的发音结束时,舌尖保持的位置。

2.舌前后运动。舌体前伸,再用力后缩,交替练习。

【理论与方法】

后鼻韵母 ang、eng、ong、ing、iang、iong、uang、ueng 共 8 个。

ang　这个 a 比单韵母 a 舌位靠后。发音时,开始舌头后缩,口大开,唇型不圆;舌位动程从后、低、不圆唇元音 a 开始,接着舌面后部上升,舌根顶住软腭,发鼻音 ng。例如:苍茫 cāngmáng、长廊 chángláng、当场 dāngchǎng、厂房 chǎngfáng、盲肠 mángcháng、螳螂 tángláng(图 1-60)。

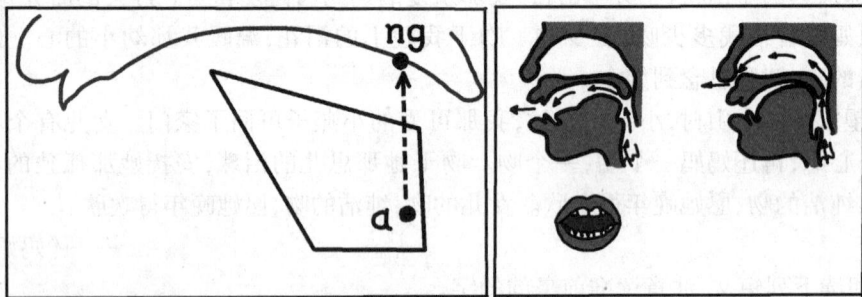

图 1-60　后鼻音韵母 ang 的发音示意图

eng　这个 e 是央元音 e。发音时,先发央元音 e,接着发鼻音 ng。例如:丰盛 fēngshèng、横生 héngshēng、整风 zhěngfēng、风筝 fēngzheng、更正 gēngzhèng、登程 dēngchéng(图 1-61)。

ong　这里的 o 和单韵母 o 不同,实际接近 u,比 u 舌位稍低,唇型稍开,称为"松 u"。发音时,舌位动程从松 u 开始,接着舌面后部升高,舌根接触软腭,发鼻音 ng。例如:葱茏 cōnglóng、从容 cóngróng、轰动 hōngdòng、空洞 kōngdòng、工农 gōngnóng、肿痛 zhǒngtòng(图 1-62)。

ing　发音时,先发 i,接着舌头后缩,直接发鼻音 ng。注意勿加入 e 一类的音。例如:宁静 níngjìng、评定 píngdìng、明星 míngxīng、姓名 xìngmíng、命令 mìnglìng、倾听 qīngtīng(图 1-63)。

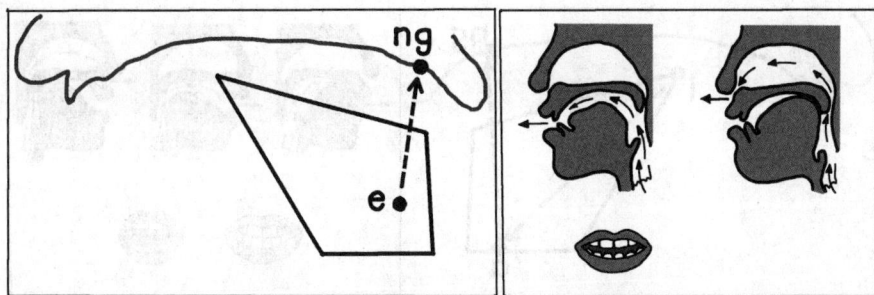

图 1-61  后鼻音韵母 eng 的发音示意图

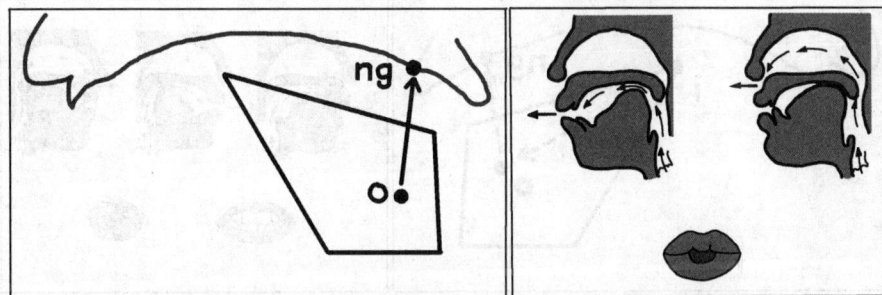

图 1-62  后鼻音韵母 ong 的发音示意图

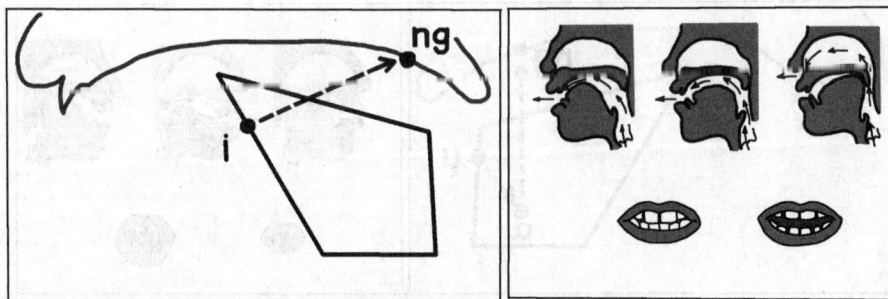

图 1-63  后鼻音韵母 ing 的发音示意图

自成音节时,ing 写成 ying(英)。

iang  发音时,先发轻轻的 i,接着发 ang。例如:湘江 xiāngjiāng、想象 xiǎngxiàng、响亮 xiǎngliàng、两样 liǎngyàng、亮相 liàngxiàng、洋姜 yángjiāng(图 1-64)。

自成音节时,iang 写作 yang(央)。

iong  发音时,先发 i,发 i 的时候,稍有圆唇度,接着发 ong。例如:汹涌 xiōngyǒng、熊熊 xióngxióng、炯炯 jiǒngjiǒng、穷凶 qióngxiōng(图 1-65)。

自成音节时,iong 写成 yong(拥)。

uang  发音时,先发 u,接着发 ang。例如:状况 zhuàngkuàng、狂妄 kuángwàng、双簧 shuānghuáng、矿床 kuàngchuáng、装潢 zhuānghuáng(图 1-66)。

自成音节时,uang 写作 wang(汪)。

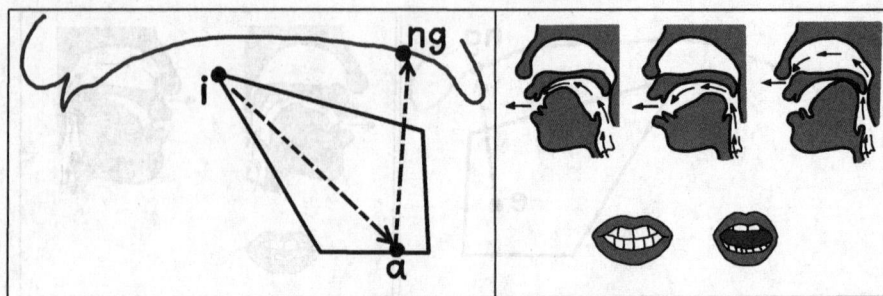

图 1-64　后鼻音韵母 iang 的发音示意图

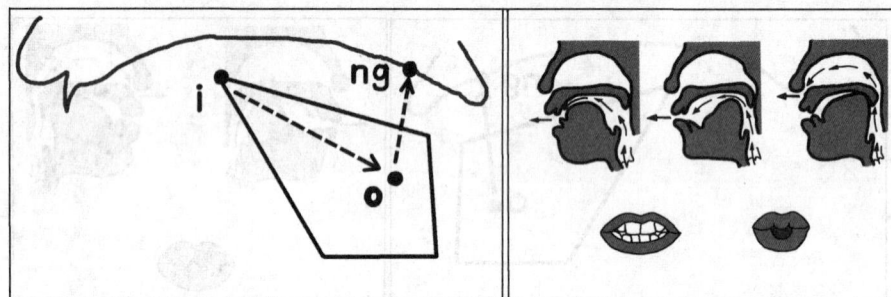

图 1-65　后鼻音韵母 iong 的发音示意图

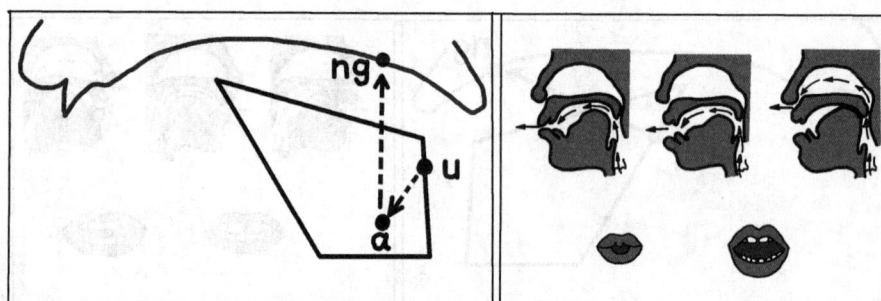

图 1-66　后鼻音韵母 uang 的发音示意图

　　ueng　发音时,先发 u,接着发 eng。ueng 这个韵母自成音节,不跟任何声母相拼,写作 weng。例如:渔翁 yúwēng、蕹菜 wèngcài、蓊郁 wěngyù、瓮城 wèngchéng(图1-67)。

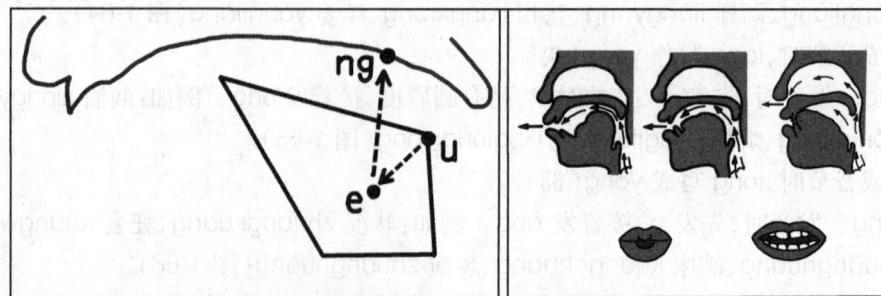

图 1-67　后鼻音韵母 ueng 的发音示意图

【技能训练】

| | | | |
|---|---|---|---|
| 方向 fāngxiàng | 彷徨 pánghuáng | 掌声 zhǎngshēng | 刚劲 gāngjìng |
| 琅琅 lǎnglǎng | 香肠 xiāngcháng | 帮凶 bāngxiōng | 凉爽 liángshuǎng |
| 强硬 qiángyìng | 象征 xiàngzhēng | 良种 liángzhǒng | 亮相 liàngxiàng |
| 矿藏 kuàngcáng | 黄杨 huángyáng | 旺盛 wàngshèng | 装订 zhuāngdìng |
| 锋芒 fēngmáng | 铿锵 kēngqiāng | 声望 shēngwàng | 梦境 mèngjìng |
| 蓬松 péngsōng | 明朗 mínglǎng | 征用 zhēngyòng | 敬仰 jìngyǎng |
| 景况 jǐngkuàng | 平等 píngděng | 灵通 língtōng | 英雄 yīngxióng |
| 东方 dōngfāng | 洪亮 hóngliàng | 空旷 kōngkuàng | 聪明 cōngming |
| 忠勇 zhōngyǒng | 胸膛 xiōngtáng | 熊掌 xióngzhǎng | 勇猛 yǒngměng |
| 兄长 xiōngzhǎng | 雄壮 xióngzhuàng | 用功 yònggōng | |

【技能巩固】

1.读下列诗词,注意读准后鼻韵的字。

青山横北郭,白水绕东城。
此地一为别,孤蓬万里征。
浮云游子意,落日故人情。
挥手自兹去,萧萧班马鸣。(李白《送友人》)

十年生死两茫茫,不思量,自难忘。千里孤坟,无处话凄凉。纵使相逢应不识,尘满面,鬓如霜。　夜来幽梦忽还乡,小轩窗,正梳妆。相顾无言,惟有泪千行。料得年年肠断处,明月夜,短松冈。(苏轼《江城子·乙卯正月二十日夜记梦》)

凤凰山下雨初晴,水风清,晚霞明。一朵芙蕖,开过尚盈盈。何处飞来双白鹭,如有意,慕娉婷。　忽闻江上弄哀筝,苦含情,遣谁听!烟敛云收,依约是湘灵。欲待曲终寻问取,人不见,数峰青。(苏轼《江城子·凤凰山下雨初晴》)

莫听穿林打叶声,何妨吟啸且徐行。竹杖芒鞋轻胜马,谁怕?一蓑烟雨任平生。料峭春风吹酒醒,微冷,山头斜照却相迎。回首向来萧瑟处,归去,也无风雨也无晴。(苏轼《定风波》)

云对雨,雪对风,晚照对晴空。
三尺剑,六钧弓,岭北对江东。
颜巷陋,阮途穷,冀北对辽东。

沿对革,异对同,白叟对黄童。

两鬓霜,一客行,新绿衬酒红。

七颗星,一袍风,尧舜对苍生。(《声律启蒙》节选)

2.读绕口令。

墙上一根钉,钉上挂条绳,绳下吊个瓶,瓶下放盏灯,灯下有个盆。掉下墙上钉,脱掉钉上绳,滑落绳下瓶,打碎瓶下灯,砸破灯下盆。瓶打灯,灯打盆,盆骂灯,灯骂瓶,瓶骂绳,绳骂钉,钉怪绳,绳怪瓶,瓶怪灯,灯怪盆。丁丁当当当当丁,乒乒砰砰砰砰乒。(eng、ing)

3.朗读下列短文,注意读准后鼻韵的字。

在一次名人访问中,被问及上个世纪最重要的发明是什么时,有人说是电脑,有人说是汽车,等等。但新加坡的一位知名人士却说是冷气机。他解释,如果没有冷气,热带地区如东南亚国家,就不可能有很高的生产力,就不可能达到今天的生活水准。他的回答实事求是,有理有据。

看了上述报道,我突发奇想:为什么没有记者问:"二十世纪最糟糕的发明是什么"其实二〇〇二年十月中旬,英国的一家报纸就评出了"人类最糟糕的发明"。获此"殊荣"的,就是人们每天大量使用的塑料袋。

诞生于上个世纪三十年代的塑料袋,其家族包括用塑料制成的快餐饭盒、包装纸、餐用杯盘、饮料瓶、酸奶杯、雪糕杯等等。这些废弃物形成的垃圾,数量多、体积大、重量轻、不降解,给治理工作带来很多技术难题和社会问题。

——节选自普通话考级作品60号《最糟糕的发明》

4.任选一题进行三分钟说话练习:(1)我和体育;(2)谈谈服饰。

# 第十七节　en、eng 和 in、ing 的辨正

**【技能准备】**

1.复习前鼻韵母和后鼻韵母的发音。说说二者发音结束时舌位的区别。

2.发 en、eng 和 in、ing,比较前鼻韵母和后鼻韵母发音的不同。

3.舌卷后顶。舌尖卷起抵住上齿龈,然后舌根抵住软腭,舌尖远离下齿背。交替练习。

**【理论与方法】**

普通话里鼻音韵尾 n 和 ng 分得很清楚,如 an 和 ang,en 和 eng,in 和 ing,uan

和 uang，uen 和 ueng。有些方言中却不能分辨。例如闽北方言就只有-ng，没有-n；吴方言和西南话大都能分辨 an 和 ang，但不能分辨 en 和 eng，in 和 ing；粤方言和客家方言除-n、-ng 外，还有-m 收尾的音节。这种混同现象，多数表现为 en 和 eng，in 和 ing 不分，an 和 ang，ian 和 iang，uan 和 uang 混同的比较少。分清普通话的-n 和-ng，也是学好普通话的一个关键。如何分清-n 和-ng，这两套鼻韵母呢？除了要学会鼻尾音-n 和-ng 的发音外，还可以利用一些方法记住普通话哪些字属于-n 韵尾，哪些字属于-ng 韵尾。

后鼻韵-ng 的发音与前鼻韵-n 的主要区别在于成阻时舌位不同，如图 1-68 所示。发前鼻韵-n 时舌尖抵住上齿龈；发后鼻韵-ng 时，舌后缩，舌根抵住软腭，舌尖远离下齿背。两者的相同点在于都是鼻音，气流从鼻腔流出。

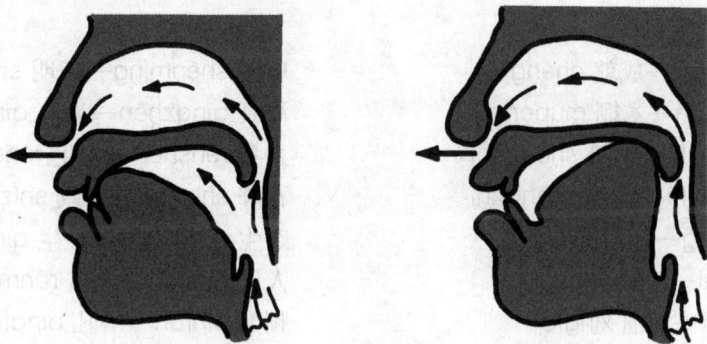

图 1-68 前鼻韵母与后鼻韵母发音区别示意图

【技能训练】

一、读准 en、eng 和 in、ing 的词语

en-eng

| | | |
|---|---|---|
| 真正 zhēnzhèng | 人证 rénzhèng | 人生 rénshēng |
| 真诚 zhēnchéng | 奔腾 bēnténg | 神圣 shénshèng |
| 文风 wénfēng | 本能 běnnéng | 人称 rénchēng |
| 深层 shēncéng | 纷争 fēnzhēng | |

eng-en

| | | |
|---|---|---|
| 成本 chéngběn | 登门 dēngmén | 承认 chéngrèn |
| 风尘 fēngchén | 诚恳 chéngkěn | 缝纫 féngrèn |
| 胜任 shèngrèn | 证人 zhèngrén | 冷门 lěngmén |
| 政审 zhèngshěn | 等人 děngrén | 城镇 chéngzhèn |
| 省份 shěngfèn | | |

in-ing

| | | |
|---|---|---|
| 心情 xīnqíng | 民警 mínjǐng | 拼命 pīnmìng |

金星 jīnxīng　　　　聘请 pìnqǐng　　　　新颖 xīnyǐng
民兵 mínbīng　　　　进行 jìnxíng　　　　银杏 yínxìng
心灵 xīnlíng　　　　新兴 xīnxīng　　　　引擎 yǐnqíng
阴影 yīnyǐng　　　　品名 pǐnmíng　　　　尽情 jìnqíng

ing-in

迎新 yíngxīn　　　　领巾 lǐngjīn　　　　倾心 qīngxīn
清贫 qīngpín　　　　经心 jīngxīn　　　　定音 dìngyīn
灵敏 língmǐn　　　　平民 píngmín　　　　清新 qīngxīn
病因 bìngyīn　　　　听信 tīngxìn　　　　挺进 tǐngjìn
影印 yǐngyìn　　　　精心 jīngxīn

## 二、对比辨音训练

陈旧 chénjiù—成就 chéngjiù　　　　申明 shēnmíng—声明 shēngmíng
木盆 mùpén—木棚 mùpéng　　　　清真 qīngzhēn—清蒸 qīngzhēng
绅士 shēnshì—声势 shēngshì　　　　人参 rénshēn—人生 rénshēng
诊治 zhěnzhì—整治 zhěngzhì　　　　石阵 shízhèn—时政 shízhèng
心境 xīnjìng—行径 xíngjìng　　　　亲生 qīnshēng—轻生 qīngshēng
金质 jīnzhì—精致 jīngzhì　　　　人民 rénmín—人名 rénmíng
信服 xìnfú—幸福 xìngfú　　　　频繁 pínfán—平凡 píngfán
濒危 bīnwēi—病危 bìngwēi　　　　平信 píngxìn—平行 píngxíng
鸡精 jījīng—基金 jījīn　　　　深思 shēnsī—生丝 shēngsī
审视 shěnshì—省市 shěngshì　　　　真挚 zhēnzhì—争执 zhēngzhí
瓜分 guāfēn—刮风 guāfēng　　　　公民 gōngmín—功名 gōngmíng
阵势 zhènshì—正式 zhèngshì　　　　禁止 jìnzhǐ—静止 jìngzhǐ

## 【技能巩固】

1.朗读下列诗词,注意读准前后鼻韵。

横看成岭侧成峰,　　　Héng kàn chéng lǐng cè chéng fēng,
远近高低各不同,　　　Yuǎn jìn gāo dī gè bùtóng,
不识庐山真面目,　　　Bù shí Lúshān zhēn miànmù,
只缘身在此山中。　　　Zhǐ yuán shēn zài cǐ shānzhōng。　　（苏轼《题西林壁》）

月落乌啼霜满天,　　　Yuèluò wūtí shuāng mǎntiān,
江枫渔火对愁眠。　　　Jiāngfēng yúhuǒ duì chóu mián。
姑苏城外寒山寺,　　　Gūsū chéngwài Hánshānsì,
夜半钟声到客船。　　　Yè bàn zhōngshēng dào kèchuán。　　（张继《枫桥夜泊》）

云母屏风烛影深，　Yúnmǔ píngfēng zhú yǐng shēn,
长河渐落晓星沉。　Chánghé jiàn luò xiǎo xīng chén.
嫦娥应悔偷灵药，　Cháng'é yīng huǐ tōu língyào,
碧海青天夜夜心。　Bìhǎi qīngtiān yèyè xīn. 　　　　（李商隐《嫦娥》）

明月几时有？把酒问青天。不知天上宫阙，今夕是何年？我欲乘风归去，又恐琼楼玉宇，高处不胜寒。起舞弄清影，何似在人间？

转朱阁，低绮户，照无眠。不应有恨，何事长向别时圆？人有悲欢离合，月有阴晴圆缺，此事古难全，但愿人长久，千里共婵娟。（苏轼《水调歌头·明月几时有》）

2.给下列顺口溜中 en 和 eng 韵做出不同标记并反复朗读。

正月十五玩龙灯，盛碗汤圆香喷喷。
二月春风还觉冷，棉衣脱身寒难忍。
三月桃李花盛开，百鸟欢蹦唱清晨。
四月清明雨纷纷，晴天正好放风筝。
五月龙舟争负胜，粽子蒸炖香阵阵。
六月田野黄澄（dēng）澄，又值丰年好收成。
七月高温热如蒸，两江横渡任浮沉。
八月白露又秋分，莘莘学子返校门。
九月家家扎彩灯，喜迎国庆尽欢腾。
十月秋爽人振奋，不畏风险把山登。
冬月虽是雾蒙蒙，百业争先仍驰骋。
腊月处处鼓乐声，农村城镇更昌盛。

3.给下列顺口溜中 in 和 ing 韵做出不同标记并反复朗读。

欢迎旅游到重庆，重庆山水好风景。
滨江欣赏波粼粼，山城夜景如繁星。
麻辣火锅特有劲，古道林荫静心境。
小伙英俊多热情，姑娘漂亮又温馨。
高新技术出精品，文明建设传佳音。
欣欣向荣万事兴，重庆欢迎您光临。（张源提供）

4.朗读下列短文，注意读准 en、eng 和 in、ing 的字。

对于一个在北平住惯的人，像我，冬天要是不刮风，便觉得是奇迹；济南的冬天是没有风声的。对于一个刚由伦敦回来的人，像我，冬天要能看得见日光，便觉得是怪事；济南的冬天是响晴的。自然，在热带的地方，日光永远是那么毒，响亮的天气，反有点儿叫人害怕。可是，在北方的冬天，而能有温晴的天气，济南真得算个宝地。

设若单单是有阳光，那也算不了出奇。请闭上眼睛想：一个老城，有山有水，全在天底下晒着阳光，暖和安适地睡着，只等春风来把它们唤醒，这是不是理想的境界？小山整把济南围了个圈儿，只有北边缺着点口儿。这一圈小山在冬天特别可爱，好像是把济南放在一个小摇篮里,它们安静不动地低声说:"你们放心吧,这儿准保暖和。"真的,济南的人们在冬天是面上含笑的。

他们一看那些小山,心中便觉得有了着落,有了依靠。他们由天上看到山上,便不知不觉地想起:"明天也许就是春天了吧?这样的温暖,今天夜里山草也许就绿起来了吧?"就是这点儿幻想不能一时实现,他们也并不着急,因为这样慈善的冬天,干什么还希望别的呢!

——节选自普通话考级作品 17 号《济南的冬天》

5.对比熟读记忆下表中 en、eng 和 in、ing 的常用字。

(①②③④分别表示阴平、阳平、上声和去声)

en、eng **辨音字表**

| | en | eng |
|---|---|---|
| | ①恩④摁 | |
| b | ①奔③本④笨 | ①崩②甭③绷④迸蹦泵 |
| p | ①喷②盆④喷 | ①烹②朋棚硼鹏彭澎膨③捧④碰 |
| m | ①闷②门们④闷 | ①蒙②盟萌蒙檬朦③猛蜢锰④梦孟 |
| f | ①分芬纷吩②坟焚汾③粉④奋份粪忿愤 | ①风枫疯蜂峰丰封②逢缝冯③讽④奉风缝 |
| d | | ①登灯③等④邓凳瞪 |
| t | | ②疼腾誊滕藤 |
| n | ④嫩 | ②能 |
| l | | ②棱③冷④愣 |
| g | ①根跟②哏③艮 | ①耕庚羹更③耿梗④更 |
| k | ③肯啃垦恳④裉 | ①坑 |
| h | ②痕③很狠④恨 | ①亨哼②横衡恒④横 |
| zh | ①真贞针侦珍朕斟③诊疹枕④振震镇阵 | ①争筝睁征正挣蒸③整拯④正政证症郑挣 |
| ch | ①嗔抻②晨辰沉忱陈臣尘橙③碜④衬趁称 | ①称撑②成城诚承呈程惩澄乘盛③逞骋④秤 |
| sh | ①申伸呻绅身深②神③沈审婶④甚慎肾渗 | ①生性笙甥升声②绳③省④圣胜盛剩 |
| r | ②人仁壬③忍④任认刃纫韧 | ①扔②仍 |
| z | ③怎 | ①曾增憎④赠锃 |
| c | ①参②岑 | ②曾层④蹭 |
| s | ①森 | 僧 |

in、ing 辨音字表

|  | in | ing |
|---|---|---|
|  | ①因姻殷音阴②银龈垠吟寅淫③引蚓隐瘾饮尹④印荫 | ①英应鹰婴樱缨鹦②营莹萤盈迎赢③影④映硬应 |
| b | ①宾滨缤彬④殡鬓 | ①兵冰③丙柄秉饼禀④病并 |
| p | ①拼②贫频③品④聘 | ①乒②平苹萍屏瓶凭 |
| m | ②民③敏皿闽悯泯 | ②名茗铭明鸣冥④命 |
| d | | ①丁叮钉仃叮③顶鼎④定锭订 |
| t | | ①听厅汀②亭停廷庭蜓③挺艇 |
| n | ②您 | ②宁狞拧凝③拧④宁佞 |
| l | ②林琳淋磷邻鳞麟③凛禀檩④吝赁蔺 | ②灵伶蛉玲零铃龄菱陵凌绫③岭领④另令 |
| j | ①今斤巾金津襟筋③紧锦仅谨馑④尽劲缙觐烬近晋禁浸 | ①京惊鲸茎经菁精睛晶荆兢粳③景颈井警④敬镜竞净静境竞径劲 |
| q | ①亲侵钦②勤琴芹秦禽擒③寝④沁 | ①氢轻倾青清蜻卿②情晴擎③顷请④庆亲 |
| x | ①新薪辛锌欣心馨④信衅 | ①星腥猩兴②形刑型邢行③省醒④幸姓性杏兴 |

6.任选一题进行三分钟说话练习:(1)谈谈科技发展与社会生活;(2)谈谈美食。

# 第十八节　轻声训练

【技能准备】

1.复习声调,说说普通话声调的调类有几种,调值分别是什么。
2.说说声调的标调规则。

【理论与方法】

## 一、什么是轻声

普通话音节都有固定的声调,可是某些音节在词和句子中失去了它原有的声调,读成一种轻短模糊的调子,甚至声、韵母也发生了变化,这就是轻声。

## 二、轻声的作用

轻声有区别意义或词性的作用。

兄弟 xiōngdi(弟弟)—兄弟 xiōngdì(哥哥和弟弟)

地道 dìdao(纯正的)—地道 dìdào(地下通道)

大意 dàyi(疏忽了)—大意 dàyì(主要意思)

东西 dōngxi(物件)—东西 dōngxī(方向)

厉害 lìhai(凶猛、剧烈,形容词)—厉害 lìhài(利益和损害,名词)

## 三、轻声的规律

普通话多数轻声同词汇、语法有密切联系

(一)语气助词"吗、呢、啊、吧"等

是吗　他呢　看啊　走吧

(二)助词"着、了、过、的、地、得、们"

忙着　来了　看过　我的　勇敢地　喝得(好)　朋友们

(三)名词的后缀"子、头"

桌子　椅子　木头　石头

(四)方位词

墙上　河里　天上　地下　底下　那边

(五)叠音词和动词的重叠形式后面的字

说说　想想　弟弟　奶奶　谈谈　跳跳

(六)表示趋向的动词

出来　进去　站起来　走进来　取回来

(七)某些常用的双音节词的第二个音节习惯上读轻声

明白　暖和　萝卜　玻璃　葡萄　知道　事情　衣服　眼睛

## 四、轻声的读法

轻声没有固定的高度,轻声的高度是由它前一个音节的高度决定的。一般来说轻声的高度是:阴平之后为2度,阳平之后为3度,上声之后为4度,去声之后为1度。

例如:桌子、房子、椅子、凳子四个词语中"子"的轻声读法。

【技能训练】

(注:熟读普通话水平测试必读轻声词(不包括一般轻读、间或重读的音节))

爱人、巴掌、爸爸、白净、帮手、棒槌、包袱、包涵、本事、比方、扁担、别扭、拨弄、簸箕、补丁、不由得、不在乎、部分、裁缝、财主、苍蝇、差事、柴火、称呼、除了、锄头、畜生、窗户、刺猬、凑合、奔拉、答应、打扮、打点、打发、打量、打算、打听、大方、大爷、大夫、耽搁、耽误、道士、灯笼、提防、地道、地方、弟弟、弟兄、点心、东家、东西、动静、动弹、豆腐、嘟囔、对付、对头、队伍、多么、耳朵、风筝、福气、甘蔗、干事、高粱、膏药、告诉、疙瘩、哥哥、胳膊、跟头、工夫、公公、功夫、姑姑、姑娘、骨头、故事、寡妇、怪物、关系、官司、罐头、规矩、闺女、蛤蟆、含糊、行(háng)当、合同、和尚、核桃、红火、后头、厚道、狐狸、胡琴、糊涂、皇上、胡萝卜、活泼、火候、伙计、护士、机灵、脊(jǐ)梁、记号、记性、家伙、架势、嫁妆、见识、将就、交情、叫唤、结实、街坊、姐夫、姐姐、戒指、精神、舅舅、咳嗽、客气、口袋、窟窿、快活、困难、阔气、喇叭、喇嘛、懒得、浪头、老婆、老实、老太太、老爷、姥姥、累(léi)赘、篱笆、里头、力气、厉害、利落、利索、痢疾、连累、凉快、粮食、溜达、萝卜、骆驼、妈妈、麻烦、麻利、马虎、码头、买卖、馒头、忙活、冒失、眉毛、媒人、妹妹、门道、眯(mī)缝、迷糊、苗条、苗头、名堂、名字、明白、蘑菇、模糊、木匠、木头、那么、奶奶、难为、脑袋、能耐、你们、念叨、念头、娘家、奴才、女婿、暖和、疟疾、牌楼、盘算、朋友、脾气、屁股、便宜、漂亮、婆家、婆婆、铺盖、欺负、前头、亲戚、勤快、清楚、亲(qìng)家、拳头、热闹、人家、人们、认识、扫帚、商量、上司、上头、烧饼、少爷、舌头、什么、生意、牲口、师傅、师父、石匠、石榴、石头、时候、实在、拾掇(duo)、使唤、事故、是的、事情、收成、收拾、首饰、叔叔、舒服、舒坦、疏忽、爽快、思量、算计、岁数、他们、她们、它们、太太、特务、挑剔、跳蚤、铁匠、头发、妥当、唾沫、挖苦、娃娃、晚上、尾巴、委屈、为了、位置、稳当、我们、稀罕、媳妇、喜欢、下巴、吓唬、先生、乡下、相声、消息、小气、笑话、谢谢、心思、猩猩、星星、行李、兄弟、休息、秀才、秀气、学生、学问、丫头、衙门、哑巴、胭脂、烟筒、眼睛、秧歌、养活、吆喝、妖精、钥匙、爷爷、衣服、衣裳、意思、应酬、冤枉、月饼、月亮、云彩、运气、在乎、咱们、早上、怎么、扎实、眨巴、栅栏、张罗、丈夫、帐篷、丈人、招呼、招牌、折腾、这个、这么、枕头、芝麻、知识、指(zhǐ、zhī)甲、指头、主意、转悠、庄稼、壮士、状元、字号、自在、祖宗、嘴巴、作坊、琢(zuó)磨

### 【技能巩固】

1.绕口令训练,注意读准轻声。

| | |
|---|---|
| 天上有个日头, | Tiānshang yǒu ge rìtou, |
| 地下有块石头, | Dìxia yǒu kuài shítou, |
| 嘴里有个舌头, | Zuǐli yǒu ge shétou, |
| 手上有五个手指头。 | Shǒushang yǒu wǔ ge shǒuzhǐtou. |
| 不管是天上的热日头, | Bùguǎn shì tiānshang de rè rìtou, |
| 还是地下的硬石头, | Háishì dìxia de yìng shítou, |
| 嘴里的软舌头, | Zuǐli de ruǎn shétou, |
| 手上的手指头, | Shǒushang de shǒuzhǐtou, |
| 反正都是练舌头。 | Fǎnzheng dōushì liàn shétou. |

| | |
|---|---|
| 葫芦胡同胡立虎, | Húlu hútong Hú Lìhǔ, |
| 晚上睡觉打呼噜。 | Wǎnshang shuìjiào dǎ hūlu. |
| 睡到半夜一糊涂, | Shuì dào bànyè yì hútu, |
| 隔着窗户掉外头。 | Gé zhe chuānghu diào wàitou. |

护着屁股不护头，　　　　Hùzhe pìgu bú hù tóu,

胡拿块砖头当枕头。　　　Hú ná kuài zhuāntóu dāng zhěntou。

呼噜呼噜接着睡，　　　　Hūlu hūlu jiēzhe shuì,

一觉糊弄到正晌午。　　　Yì jiào hùnong dào zhèng shǎngwu。

桃子、李子、梨子、栗子、橘子、柿子、槟子、榛子，栽满村子和寨子。

刀子、斧子、锯子、凿子、锤子、刨子和尺子做出桌子、椅子和箱子。

Táozi、lǐzi、lízi、lìzi、júzi、shìzi、bīnzi、zhēnzi，zāimǎn cūnzi hé zhàizi。

Dāozi、fǔzi、jùzi、záozi、chuízi、bàozi hé chǐzi zuò chū zhuōzi、yǐzi hé xiāngzi。

2.朗读儿童文学作品，注意读准轻声。

## 绿色的孩子
### 胡木仁

　　　　树儿，

　　　　绿色的扫帚，

　　　　把天空，

　　　　扫得湛蓝湛蓝。

　　　　树儿，

　　　　绿色的掸子，

　　　　把云朵，

　　　　掸(dǎn)得洁白洁白。

　　　　树儿，

　　　　绿色的抹布，

　　　　把星星，

　　　　擦得闪亮闪亮……

　　　　树儿，

　　　　绿色的孩子，

　　　　把地球，

　　　　打扮得多漂亮！

3.朗读下列短文，注意读准轻声。

　　夕阳落山不久，西方的天空，还燃烧着一片橘红色的晚霞。大海，也被这霞光染成了红色，而且比天空的景色更要壮观。因为它是活动的，每当一排排波浪涌起的时候，那映照在浪峰上的霞光，又红又亮，简直就像一片片霍霍燃烧着的火焰，闪烁着，消失了。而后面的一排，又闪烁着，滚动着，涌了过来。

　　天空的霞光渐渐地淡下去了，深红的颜色变为了绯红，绯红又变为浅红。最后，当这一切红光都消失了的时候，那突然显得高而远了的天空，则呈现出一片肃穆的神色。最早出现的启明星,在这蓝色的天幕上闪烁起来了。它是那么大,那么亮,整个广漠的天幕上只有它在那里放射着令人注目的光辉,活像一盏悬挂在高空的明灯。

——节选自普通话考级作品 12 号《海滨仲夏夜》

4.任选一题进行三分钟说话练习:(1)谈谈社会公德(或职业道德);(2)谈谈个人修养。

# 第十九节　儿化音训练

【技能准备】

口部操:1.卷舌,舌头伸卷交替,口张大,舌头尽量往前伸,再做快速卷舌运动,然后将舌头放平,伸卷交替;2.弹舌,舌头稍微抬高,舌尖卷起,放松用气吹动舌头前半部分,使其颤抖。

【理论与方法】

### 一、什么是儿化音

"儿化"是指"儿"连在别的音节后面作词尾时,失去独立性,和前面的音节融合成一个音节,使前一个音节的韵母带上一个卷舌的韵尾,成为卷舌韵母即儿化韵。虽然儿化音节在文字上用两个汉字表示,但"儿"只表示前面音节的韵母加上卷舌动作,本身不再独立发音。拼写儿化音时,一律在原音节后面加一个 r,例如,花儿 huār。儿化音是语言表达的一种手段,词语在儿化后往往表示细小、亲切、喜爱或轻视的意义。

### 二、儿化的作用

1.儿化可以区别词义,例如:

头(脑袋)—头儿(带头的人)　　　眼(眼睛)—眼儿(小窟窿)

2.儿化可以区别词性,例如:

画(动词)—画儿(名词)　　　盖(动词)—盖儿(名词)

3.儿化可以表示细小、亲切、喜爱的感情色彩,例如:

小球儿　小孩儿　金鱼儿　脸蛋儿

### 三、儿化的变音规律

1.韵腹或韵尾是 a、o、e、ê、u(包括 iao、ao)的,韵母直接加卷舌动作。例如:

哪儿 nǎr　　　鲜花儿 xiānhuār　　　粉末儿 fěnmòr　　　唱歌儿 chànggēr

半截儿 bànjiér　纽扣儿 niǔkòur　　　小鸟儿 xiǎoniǎor　　麦苗儿 màimiáor

2.韵母是 i、ü 的,加 er,同时卷舌。例如:

小鸡儿 xiǎojīr—jīer 凑趣 còuqùr—qùer

3.韵尾是 i、n 的,丢掉韵尾,韵腹加卷舌。例如:

小孩儿 xiǎohár 蛋卷儿 dànjuǎr

4.韵尾是 ng 的,丢掉韵尾 ng,韵腹鼻化(即把 ng"化"到韵腹中去,使口腔鼻腔同时共鸣)并卷舌。例如:

蛋黄儿 dànhuángr—[huãr] 人影儿 rényǐngr—[iãr]

5.韵母是 -i(前)、-i(后)的,其卷舌不便,加 er 卷舌,丢 -i。例如:

guāzěr 瓜子儿 shùzhěr 树枝儿

### 四、注意儿化中的两种错误

1.将书面上的儿化标志"儿"当作单音节发音,就是没有儿化。如将"蛋黄儿 dànhár"错误读成"蛋黄儿 dànháung ér"。

2.将词尾没有儿化标志的必读儿化词,错误地当作非儿化词。如没有将"脸蛋""小孩"读成儿化音。

---

**【技能训练】**

熟读普通话水平测试儿化词 189 条。

a→ar:刀把儿 号码儿 戏法儿 在哪儿 找碴儿 打杂儿 板擦儿

ai→ar:名牌儿 鞋带儿 壶盖儿 小孩儿 加塞儿

an→ar:快板儿 老伴儿 蒜瓣儿 脸盘儿 脸蛋儿 收摊儿 栅栏儿(zhàlanr)包干儿 笔杆儿 门槛儿

ang→ar(鼻化):药方儿、赶趟儿、香肠儿、瓜瓤儿

ia→iar:掉价儿 一下儿 豆芽儿

ian→ier:小辫儿 照片(piān)儿 扇面儿 差点儿 一点儿 雨点儿 聊天儿 拉链儿 冒尖儿 坎肩儿 牙签儿 露馅儿 心眼儿

iang→iar(鼻化):鼻梁儿 透亮儿 花样儿

ua→uar:脑瓜儿 大褂儿 麻花儿 笑话儿 牙刷儿

uai→uar:一块儿

uan→uar:茶馆儿 饭馆儿 火罐儿 落款儿 打转儿 拐弯儿 好玩儿 大腕儿

uang→uar(鼻化):蛋黄儿 打晃(huàng)儿 天窗儿

üan→üer:烟卷儿 手绢儿 出圈儿 包圆儿 人缘儿 绕远儿 杂院儿

ei→er:刀背儿 摸黑儿

en→er:老本儿 花盆儿 嗓门儿 把门儿 哥们(men)儿 纳闷儿 后跟儿 高跟儿鞋 别针儿 一阵儿 走神儿 大婶儿 小人儿书 杏仁儿 刀刃儿

eng→er(鼻化):钢镚儿 夹缝儿 脖颈(gěng)儿 提成儿

ie→ier:半截儿 小鞋儿

üe→üer:旦角儿　主角(jué)儿

uei→uer:跑腿儿　一会儿　耳垂儿　墨水儿　围嘴儿　走味儿

uen→uer:打盹儿　胖墩儿　砂轮儿　冰棍儿　没准儿　开春儿

ueng→uer(鼻化):小瓮儿

-i(前)→er:瓜子儿　石子儿　没词儿　挑刺儿

-i(后)→er:墨汁儿　锯齿儿　记事儿

i→ier:针鼻儿　垫底儿　肚脐儿　玩意儿

in→ier:有劲儿　送信儿　脚印儿

ing→ier(鼻化):花瓶儿　打鸣儿　图钉儿　门铃儿　眼镜儿　蛋清儿　火星儿
人影儿

ü→üer:毛驴儿　小曲儿　痰盂儿

ün→üer:合群儿

e→er:模(mó)特儿　逗乐儿　唱歌儿　挨个儿　打嗝儿　饭盒儿　在这儿

u→ur:碎步儿　没谱儿　儿媳妇(fu)儿　梨核(hú)儿　泪珠儿　有数儿

ong→or(鼻化):果冻儿　门洞儿　胡同儿　抽空儿　酒盅儿　小葱儿

iong→ior(鼻化):小熊儿

ao→aor:红包儿　灯泡(pào)儿　半道儿　手套儿　跳高儿　叫好儿　口罩儿
绝着(zhāo)儿　口哨儿　蜜枣儿

iao→iaor:鱼漂(piāo)儿　火苗儿　跑调儿　面条儿　豆角儿　开窍儿

ou→our:衣兜儿　老头儿　年头(tóu)儿　小偷儿　门口儿　纽扣儿　线轴儿　小
丑儿　加油儿

iou→iour:顶牛儿　抓阄(jiū)儿　棉球儿

uo→ur:火锅儿　做活儿　大伙儿　邮戳儿　小说儿　被窝儿

o→or:耳膜儿　粉末儿

**【技能巩固】**

1.儿化音练习——顺口溜。

(1)出了门儿,阴了天儿;抱着肩儿,进茶馆儿;靠炉台儿,找个朋友寻俩(liǎ)钱儿;
出茶馆儿,飞雪花儿,这老天竟和穷人闹着玩儿!

(2)进了门儿,倒杯水儿,喝了两口运运气儿。顺手拿起小唱本儿,唱了一曲儿,又一
曲儿,练完了嗓子练嘴皮儿,绕口令儿,练字音儿,还有快板儿对口词儿,越说越唱我越带
劲儿。

(3)有个小孩儿叫小兰儿,口袋里装着几个小钱儿,又打醋,又买盐儿,还买了一个小
饭碗儿。小饭碗儿,真好玩儿,红花儿绿叶儿镶金边儿,中间儿还有个小红点儿。

(4)小哥俩儿,红脸蛋儿,手拉手儿,一块儿玩儿。小哥俩儿,一个班儿,一路上学
着歌儿。学造句,一串串儿,唱新歌儿,一段段儿,学画画儿,不贪玩儿。画小猫儿,钻圆

圈儿,画小狗儿,蹲庙台儿,画只小鸡吃小米儿,画条小鱼儿吐水泡儿。小哥俩,对脾气儿,上学念书不费劲儿,真是父母的好宝贝儿。

2.练习对话,说准儿化词。

### 老朋友相遇

甲:那不是张师傅吗? 好久没见了!

乙:哦,是李师傅! 我们家搬城外边儿去了。就在羊市口儿东边儿的小梅村儿。

甲:你们家里有花儿吗?

乙:有啊! 花园儿里种着茶花儿,花盆儿里养着菊花儿,花瓶儿里还插着梅花儿!

甲:哟! 要是有空儿,能上你们家玩儿玩儿,一边儿赏花儿,一边儿聊天儿,那该多好哇!

乙:非常欢迎! 等下了班儿,咱俩一块儿去。先去农贸市场绕个弯儿,我买点儿小葱儿、豆角儿、土豆儿、豆芽儿,还有小白菜儿什么的,回去好做饭哪。

甲:别这么麻烦了。咱俩下了班儿,上对门儿小饭馆儿,买一斤锅贴儿,带上点儿爆肚儿、蒜瓣儿,再弄二两老白干儿,到你家慢慢喝。

乙:行! 哦,差点儿忘了,还得买点儿豆瓣儿酱,外加两盒烟卷儿。

甲:咳! 想不到你们这儿环境挺不错的。地里是饱满的麦穗儿,小鸟儿在树枝儿上唱歌儿,河里的小鱼儿在水上吹泡儿。你看! 那儿还有一条小船儿呢。小船儿上那老头儿拿着钓鱼竿儿,是在钓鱼吧?

乙:要说美,咱们村儿可真美,早半天儿电影厂的人还在这儿拍电影儿哩!

3.读下列儿歌,注意读准儿化音。

### 乱串门的老鼠

小老鼠

真有趣儿

吃饱没事儿爱串门

串东家,串西家

一串串到小猫的门儿

小老鼠,慌了神儿

我没注意走错了门儿

小花猫,也可笑

我可欢迎你进门儿

小老鼠,傻了眼儿

不敢逃来不吭声儿

小猫嗷呜张大口

老鼠串门没了命儿

4.朗读下列短文,注意读准儿化音。

儿时放的风筝,大多是自己的长辈或家人编扎的,几根削得很薄的篾,用细纱线扎成种种鸟兽的造型,糊上雪白的纸片,再用彩笔勾勒出面孔与翅膀的图案。通常扎得最多的是"老雕""美人儿""花蝴蝶"等。

……后来,这位叔叔去了海外,放风筝也渐与孩子们远离了。不过年年叔叔给家乡写信,总不忘提起儿时的放风筝。香港回归之后,他在家信中说到,他这只被故乡放飞到海外的风筝,尽管飘荡游弋,经沐风雨,可那线头儿一直在故乡和亲人手中牵着,如今飘得太累了,也该要回归到家乡和亲人身边来了

——节选自普通话考级作品9号《风筝畅想曲》

5.任选一题进行三分钟说话练习:(1)谈谈对环境保护的认识;(2)谈谈卫生与健康。

# 第二十节　变调训练

## 【技能准备】

1.复习包含四种调值的词语:山河美丽　碧海蓝天　广开言路　浮光掠影。
2.复习声调"五度标记法",画出声调示意图,分别标出调值。

## 【理论与方法】

由于邻近音节声调的影响,有些音节的声调往往要发生变化,这种声调变化现象叫变调。普通话中的四个声调,当受到邻近音节声调影响的时候,或多或少都有些变化。变化最显著的是上声、"一"、"不"等。

**一、上声的变调**

上声调只在单念、词句末尾念全时,调值为214度。大多数情况下念变调。

1.在非上声即阴平、阳平、去声、轻声前,念半上调,即只降不升,调值是211。例如:

上声+阴平:北京　首都　老师　港湾　紧张　火车
上声+阳平:海洋　满足　火柴　准则　可能　果园
上声+去声:保证　反映　酒店　美丽　使用　讨论
上声+轻声:我们　椅子　老婆　耳朵　姐姐　姥姥

2.两个上声相连,前一个上声变成阳平。例如:

指导　理解　本领　水果　女子　老板　所以

3.三个上声音节相连,一般是前两个上声变阳平。例如:

展览馆　洗脸水　手写体　选举法　管理组

也可以按照语音间歇来变调。如果间歇在第一个音节后,第一个音节念半上调,第二个音节念阳平,第三个音节不变。例如:

纸老虎　柳组长　厂党委　好领导　很理想

## 二、"一""不"的变调

### (一)"一"的变调

"一"单念、在词句末、在年月日中和表序数时,念本调阴平,如"不管三七二十一、国家的统一、一九九一年一月二十一日、一年级的成绩全校第一"。"一"在下面三种情况下变调:

1."一"在非去声(阴平、阳平、上声)前变去声。例如:

在阴平前:一天　一般　一生　一家　一斑　一瞥　一心　一些　一张　一经

在阳平前:一年　一条　一直　一群　一时　一鸣　一齐　一团　一同　一行

在上声前:一亩　一起　一手　一宿　一准　一早　一举　一板　一眼　一股

2."一"在去声前变为阳平。例如:

一定　一切　一致　一律　一共　一向　一并

3."一"夹在词语中间念轻声。例如:

瞧一瞧　走一走　跑一跑　跳一跳　试一试

### (二)"不"的变调

"不"在单念、在句末时念本调去声,如"不、我偏不";在非去声(阴平、阳平、上声)前也念去声,如"不安、不能、不久"。在下面两种情况下变调:

1."不"在去声前变阳平。例如:

不用　不幸　不会　不论　不怕　不愧　不坏

2.夹在动词、形容词或动补结构之间,念轻声。例如:

要不要　　做不做　　行不行　　好不好　　大不大

说不清　　学不会　　读不准　　跑不动　　跳不远

---

## 【技能训练】

### 一、上声的变调

#### (一)上声+阴平

| | | | | | | | |
|---|---|---|---|---|---|---|---|
| 首都 | 水乡 | 火车 | 礼花 | 雨衣 | 省心 | 警花 | 捕捞 |
| 老师 | 主编 | 把关 | 贬低 | 饼干 | 补充 | 打针 | 产生 |
| 取消 | 法规 | 反思 | 感激 | 广播 | 海滨 | 抹杀 | 领先 |
| 法官 | 纺织 | 厂商 | 北京 | 表彰 | 启发 | 紧张 | 减轻 |

#### (二)上声+阳平

| | | | | | | | |
|---|---|---|---|---|---|---|---|
| 古人 | 祖国 | 补偿 | 乞求 | 可能 | 厂房 | 起床 | 品尝 |
| 旅行 | 举行 | 火柴 | 海洋 | 典型 | 导游 | 表达 | 狠毒 |
| 打球 | 主持 | 漂白 | 改革 | 抢夺 | 简洁 | 取材 | 语言 |
| 赌博 | 搞活 | 考察 | 企图 | 可怜 | 解答 | 理由 | 反常 |

#### (三)上声+去声

| | | | | | | | |
|---|---|---|---|---|---|---|---|
| 本质 | 法律 | 北部 | 百货 | 小麦 | 讲话 | 美术 | 狡辩 |

| 稿件 | 保证 | 保护 | 宝贝 | 女士 | 尽量 | 理发 | 呕吐 |
|---|---|---|---|---|---|---|---|
| 女性 | 美丽 | 法院 | 跑步 | 野兔 | 鼓励 | 可是 | 采购 |
| 请假 | 恐吓 | 渴望 | 暖气 | 改变 | 腐败 | 巩固 | 马路 |

（四）上声+轻声

| 口气 | 奶奶 | 姥姥 | 嫂嫂 | 马虎 | 打扮 | 本钱 | 耳朵 |
|---|---|---|---|---|---|---|---|
| 底下 | 里面 | 椅子 | 主子 | 影子 | 本事 | 姐姐 | 讲究 |
| 点心 | 脸面 | 暖和 | 骨头 | 伙计 | 买卖 | 点缀 | 脑袋 |
| 喜欢 | 老婆 | 老爷 | 老实 | 枕头 | 晚上 | 早晨 | 爽快 |

（五）上声+上声

| 保险 | 保养 | 党委 | 尽管 | 老板 | 本领 | 引导 | 古老 |
|---|---|---|---|---|---|---|---|
| 敏感 | 鼓舞 | 产品 | 永远 | 语法 | 口语 | 岛屿 | 保姆 |
| 远景 | 北海 | 首长 | 母语 | 小姐 | 懒散 | 水井 | 厂长 |
| 拇指 | 古典 | 简短 | 饱满 | 感慨 | 辅导 | 粉笔 | 反感 |

## 二、"一"和"不"的变调

（一）在去声前

| 一致 | 一再 | 一定 | 一律 | 一瞬 | 一共 | 一带 | 一向 | 一色 |
|---|---|---|---|---|---|---|---|---|
| 一道 | 一并 | 一路 | 一趟 | 一样 | 一面 | 一类 | 一阵 | 一贯 |
| 一度 | 一概 | 一味 | 一共 | 一切 | 一半 | 一旦 | 一意 | 一笑 |
| 不是 | 不错 | 不赖 | 不测 | 不干 | 不妙 | 不看 | 不累 | 不怕 |
| 不跳 | 不要 | 不叫 | 不骂 | 不被 | 不去 | 不便 | 不必 | 不定 |
| 不论 | 不屑 | 不愧 | 不料 | 不用 | 不对 | 不断 | 不过 | 不论 |
| 不肖 | 不顾 | 不但 | 不利 | 不上 | 不下 | 不嫁 | | |

（二）在非去声前

| 一早 | 一晚 | 一朝 | 一夕 | 一心 | 一生 | 一齐 | 一同 | 一直 |
|---|---|---|---|---|---|---|---|---|
| 一瞥 | 一览 | 一连 | 一些 | 一般 | 一举 | 一晃 | 一起 | 一时 |
| 一群 | 一条 | 一行 | 一天 | 一批 | 一家 | 一体 | 一经 | 一瓶 |
| 不安 | 不单 | 不凡 | 不曾 | 不可 | 不仅 | 不管 | 不久 | 不公 |

（三）"一""不"夹在重叠动词中间

| 走一走 | 遛一遛 | 看一看 | 写一写 | 想一想 | 读一读 |
|---|---|---|---|---|---|
| 试一试 | 说一说 | 买不买 | 来不来 | 让不让 | 要不要 |
| 吃不吃 | 想不想 | 去不去 | 气不气 | 卖不卖 | 好不好 |

【技能巩固】

1.上声变调词语练习。

| 铁道 | 普通 | 语法 | 首都 | 指导 | 草原 | 法律 | 爽朗 | 舞蹈 | 保险柜 |
|---|---|---|---|---|---|---|---|---|---|
| 组长 | 北京 | 表演 | 简化 | 婉转 | 委员 | 史实 | 企图 | 领导 | 打雪仗 |

小品文 指导员 甲骨文 暖水  走马灯 马尾松 炒冷饭

2."一"和"不"变调的混合练习。

| | | | | |
|---|---|---|---|---|
| 一字不漏 | 一朝一夕 | 一丝不挂 | 一丝不苟 | 一五一十 |
| 一窍不通 | 一尘不染 | 一蹶不振 | 一文不值 | 一手一足 |
| 一起一落 | 一去不返 | 不露声色 | 不可一世 | 不明不白 |
| 不偏不倚 | 不大不小 | 不痛不痒 | 不计其数 | 不打自招 |
| 不置可否 | 不即不离 | 不屈不挠 | 不毛之地 | 不上不下 |
| 不共戴天 | 不伦不类 | 不卑不亢 | 不折不扣 | |

3.绕口令,读准"一""不"的变调。

(1)一座宝塔一座庙,一个和尚一本经,一张桌子一把椅,一个木鱼一盏灯,一个铙钹(náobō)一口磬(pán),一口金钟一颗钉。

(2)干什么工作都要一心一意,表里如一,言行一致,埋头苦干;情绪不能一高一低,一好一坏,一落千丈,一蹶不振。

(3)不怕不会,就怕不学。一次学不会再来一回,一直到学会,我就不信学不会。

4.朗读短文,注意读准变调。

很久以前,在一个漆黑的秋天的夜晚,我泛舟在西伯利亚一条阴森森的河上。船到一个转弯处,只见前面黑黢黢的山峰下面一星火光蓦地一闪。

火光又明又亮,好像就在眼前……

"好啦,谢天谢地!"我高兴地说,"马上就到过夜的地方啦!"

船夫扭头朝身后的火光望了一眼,又不以为然地划起桨来。

"远着呢!"

我不相信他的话,因为火光冲破朦胧的夜色,明明就在那儿闪烁。不过船夫是对的,事实上,火光的确还远着呢。

这些黑夜的火光的特点是:驱散黑暗,闪闪发亮,近在眼前,令人神往。乍一看,再划几下就到了……其实却还远着呢!……

我们在漆黑如墨的河上又划了很久。一个个峡谷和悬崖,迎面驶来,又向后移去,仿佛消失在茫茫的远方,而火光却依然停在前头,闪闪发亮,令人神往——依然是这么近,又依然是这么远……

——节选自普通话考级作品 16 号《火光》

5.任选一题进行三分钟说话练习:(1)童年的记忆;(2)难忘的旅行。

# 第二十一节 语气词"啊"的音变训练

【技能准备】

1.复习声母 z、zh 的发音。
2.复习韵母 -i(前)、-i(后)的发音。
3.比较 n、ng 发音的不同之处。

【理论与方法】

语气词"啊"用在句子末尾的时候,由于受到前面音节末尾音素的影响,读音发生种种变化,但拼写时一律写成 a。语气词"啊"主要有以下几条音变规律:

1.前一个音节的最后一个音素是 a、o(除 ao、iao 外)、e、ê、i、ü,"啊"读作"ya",也可以写作"呀"。如:

你说的就是他呀!

快广播呀!

给我这么多呀!

天气好闷热呀!

这可是他毕生的心血呀!

小鸟快快飞呀!

真有趣呀!

2.前一个音节的最后一个音素是 u、ao、iao 时,"啊"读作"wa",也可写作"哇"。如:

你在哪儿住哇?

房间里布置的真好哇!

这种构思真巧妙哇!

3.前一个音节的最后一个音素是 n 时,"啊"读作"na",也可写作"哪"。如:

多么美丽的黄山哪!

来人哪!

过马路要小心哪!

她的发音真准哪!

4.前一个音节的韵尾是 ng 时,"啊"读作"nga",仍写作"啊"。如:

姐妹俩长得多像啊!

千万别出声啊!

好好听啊!

礼轻情意重啊!

他才算是真正的英雄啊!

5.前一个音节的韵母是-i(舌尖前元音)时,"啊"读作"za",仍写作"啊"。如:

写的是什么字啊!

用的哪个词啊?

你在吃瓜子啊!

6.前一个音节的韵母是-i(舌尖后元音)或卷舌韵母 er 时,或 a 在儿化音的后面时,"啊"读作"ra",仍写作"啊"。如:

多么高贵的品质啊!

随便吃啊!

这是什么事啊!

今天是星期二啊!

多么可爱的小金鱼儿啊!

---

【技能训练】

"啊"的变音练习:朗读下列句子,注意"啊"的变音。

1.太阳它有脚啊,轻轻悄悄地挪移了。

2.但不能平的,为什么偏白白走这一遭啊?

3.猫说:"行啊!"

4.我好羡慕他们啊。

5.满桥豪笑满桥歌啊!

6.家乡的桥啊,我梦中的桥。

7.好大的雪啊!

8.你去过几次啊?

9.这里的景色真美啊!

10.多么迷人的秋色啊!

11.你看这葡萄长得多好啊!

12.唐诗啊,宋词啊,他能背两百多首!

13.长江后浪推前浪,一代更比一代强啊!

14.她的眼睛真大啊! 头发真长啊!

15.他长得可真帅啊!

16.好厚的一张纸啊!

【技能巩固】

1.分析句中的音变现象,按照语气词"啊"的音变规律,朗读下面的对话。

甲:请问,到图书馆怎么走啊?

乙:咳!原来是你啊!真巧啊!我也正想去图书馆呢,咱们一起去吧!

甲:好啊!哟!那儿怎么那么多人啊?

乙:是啊!真热闹啊!买书的呗!什么诗歌啊,小说啊,报告文学啊,散文啊,全有!

甲:那么多啊!那咱们也去看看啊!我想买本杂志啊!

乙:不行啊!我正急着去图书馆啊!

甲:是嘛!那咱们快跑啊!

2.朗读下面两段话,注意语气词"啊"的读法。

漓江的水真静啊,静得让你感觉不到它在流动;漓江的水真清啊,清得可以看见江底的沙石;漓江的水真绿啊,绿得仿佛那是一块无瑕的翡翠。

桂林的山真奇啊,一座座拔地而起,各不相连,像老人,像巨象,像骆驼,奇峰罗列,形态万千;桂林的山真秀啊,像翠绿的屏障,像新生的竹笋,色彩明丽,倒映水中;桂林的山真险啊,危峰兀立,怪石嶙峋,好像一不小心就会栽倒下来!

3.朗读短文,注意读准"啊"的音变。

(1)……陶行知又掏出第三块糖果塞到王友手里,说:"我调查过了,你用泥块砸那些男生,是因为他们不守游戏规则,欺负女生;你砸他们,说明你很正直善良,且有批评不良行为的勇气,应该奖励你啊!"王友感动极了,他流着眼泪后悔地喊道:"陶……陶校长你打我两下吧!我砸的不是坏人,而是自己的同学啊……"

——节选自普通话考级作品39号《陶行知的"四块糖果"》

(2)幸福不喜欢喧嚣浮华,它常常在暗淡中降临。贫困中相濡以沫的一块糕饼,患难中心心相印的一个眼神,父亲一次粗糙的抚摸,女友一个温馨的字条……这都是千金难买的幸福啊。像一粒粒缀在旧绸子上的红宝石,在凄凉中愈发熠熠夺目。

——节选自普通话考级作品40号《提醒幸福》

4.任选一题进行三分钟说话练习:(1)学习普通话的感受;(2)购物(消费)的感受。

# 第二章

# 普通话水平测试训练

## 第一节　普通话水平测试介绍

【技能准备】

　　尝试利用搜狗、讯飞等语音输入软件,朗读一篇文章,看看正确率有多少,并分析出现错误的主要原因。

【理论与方法】

### 一、测试办法

　　参加测试的考生应在规定测试时间之前 30 分钟到候测室报到,交验准考证、身份证和考试证。教务人员通知考生准备测试后,考生入座准备,每个座位号前有一份测试试卷,备测时间为 10 分钟。考生进入测试室后,戴上耳麦即可按照考试机页面提示开始测试。测试时间约 15 分钟,测试结束后摘下耳麦,轻声离开测试室。

### 二、测试内容

(一)读单音节字词 100 个

目的:考查考生声母、韵母、声调的发音。

(二)读多音节词语(100 个音节)

目的:除考查考生声母、韵母和声调的发音外,还要考查上声变调、"一"和"不"变调、儿化韵和轻声的读音规范。

(三)朗读

作品从《国家普通话水平测试大纲》(简称《测试大纲》)朗读材料(1—60 号)中选择

目的:考查考生用普通话朗读书面材料的水平,重点考查语音、语流音变(上声变调、"一"和"不"变调等),语气、语调等项目。

(四)说话

目的:考查考生在没有书面文字可参考的情况下,说普通话的能力和所能达到的规范程度。考生通过抽签确定话题,说话时间为 3 分钟,以单向说话为主。

### 三、测试等级

普通话是现代汉语的标准语。由国家语言文字工作委员会和国家教育委员会、原广播电影电视部发布的《普通话水平测试等级标准(试行)》(国语〔1997〕64 号)把普通话水平分为三个级别(一级可称为标准的普通话,二级可称为比较标准的普通话,三级可称为一般水平的普通话),每个级别内划分甲、乙两个等次。三级六等是普通话水平测试中评定考生普通话水平等级的依据。

一级(标准的普通话)

一级甲等(测试得分:97 分—100 分):朗读和自由交谈时,语音标准,词语、语法正确无误,语调自然,表达流畅。

一级乙等(测试得分:92 分及以上,97 分以下):朗读和自由交谈时,语音标准,词语、语法正确无误,语调自然,表达流畅。偶有字音、字调失误。

二级(比较标准的普通话)

二级甲等(测试得分:87 分及以上,92 分以下):朗读和自由交谈时,声母、韵母、声调发音基本标准,语调自然,表达流畅。少数难点音有时出现失误。词语、语法极少有误。

二级乙等(测试得分:80 分及以上,87 分以下):朗读和自由交谈时,个别调值不准,声母、韵母发音有不到位现象。难点音失误较多。方言语调不明显。有使用方言词、方言语法的现象。

三级(一般水平的普通话)

三级甲等(测试得分:70 分及以上,80 分以下):朗读和自由交谈时,声母、韵母发音失误较多,难点音失误超出常见范围,声调调值较多不准。方言语调较明显。词语、语法有失误。

三级乙等(测试得分:60 分及以上,70 分以下):朗读和自由交谈时,声母、韵母、声调发音失误多。方音特征突出,方言语调明显。词语、语法失误较多。外地人听其谈话时,有听不懂的情况。

根据各行业的规定,有关从业人员的普通话水平达标要求如下:

中小学及幼儿园、校外教育单位的教师,普通话水平不低于二级,其中语文教师不低于二级甲等,普通话语音教师不低于一级;高等学校的教师,普通话水平不低于三级甲等,其中现代汉语教师不低于二级甲等,普通话语音教师不低于一级;对外汉语教师普通话水平不低于二级甲等。

报考中小学、幼儿园教师资格的人员,普通话水平不低于二级。

师范类专业以及各级职业学校与口语表达密切相关专业的学生,普通话水平不低于二级。

国家公务员,普通话水平不低于三级甲等。

国家级和省级广播电台、电视台的播音员、节目主持人,普通话水平应达到一级甲等。

话剧、电影、电视剧、广播剧等表演、配音演员,播音、主持专业和影视表演专业的教师、学生,普通话水平不低于一级。

**四、测试流程**

**(一)测试工作室**

1.候测室。

参加普通话水平测试的考生应在规定测试时间之前 30 分钟到候测室报到,考生交验准考证、身份证和考试证后,认真听取教务人员讲解测试的操作程序和有关注意事项,遵守《计算机辅助普通话水平测试考场规则》。

2.备测室。

考生入座准备,每个座位号前有一份测试试卷。考生在备测室准备试题内容,不得在备测室大声喧哗,备测时间为 10 分钟。

得到教务人员上机测试的通知后,进入测试室进行测试。

3.测试室。

考生进入测试室后即可按照考试机页面提示开始测试;

测试过程中除必要的操作外,考生不得随意设置和操作计算机;

测试过程中出现死机等异常现象,考生应报告管理人员,不要擅自处理;

测试结束后考生应摘下耳机,轻声离开测试室。

**(二)计算机测试流程**

国家普通话水平智能测试系统是参加普通话测试考生的考试应用软件,在考试过程中,考生可以按照测试程序的提示,逐步完成考试内容及相关操作。(具体操作参见模拟测试网站(畅言网)中“系统演示”视频。)

完整的操作流程为:

考生登录—核对考生信息—试音—考试—提交试卷

第一步:佩戴耳麦

考生入座后,考试机屏幕会提示佩戴耳麦;考生戴上耳麦,耳麦为头戴式或后挂式,考生佩戴时应特别注意;将麦克风调节到离嘴 2~3 厘米的位置,注意麦克风在左侧;戴好耳麦后,即可点击“下一步”按钮。

第二步:登录

屏幕出现登录界面后,考生填入自己的准考证号:系统会自动显示准考证号的前几位,考生只需填写最后四位;填写完成后,点击“进入”按钮登录。

第三步:核对个人信息

考生登录成功后,考试机屏幕上会显示考生个人信息。考生认真核对所显示信息是否准确,核对无误后,单击“确认”按钮继续;若发现错误,可以点击“返回”按钮重新登录。

第四步:试音

进入试音页面后,考生会听到系统的提示语,提示结束后,请以适中的音量和语速朗读文本框中的个人信息,进行试音。若试音失败,请提高朗读音量重新试音。

第五步:测试

测试中,每一题都会有语音提示,请在语音提示结束并听到“嘟”的一声后再开始朗读试题内容。测试时,第一题、第二题试题要横向朗读。朗读试题时注意不要漏行、错行。完成每项试题后请立即点击右下角"下一题"按钮,防止录入太多空白音,影响成绩。

朗读过程中不要说与试题内容无关的话,有问题请举手示意。

(三)测试中的注意事项

请考生正确佩戴耳麦,并根据提示音进行试音。测试结束离开座位时,注意摘下耳麦。试音时,要以正常适中音量朗读试音文字,正式测试的时候朗读音量要与试音时保持一致。进行测试的过程中,手不要触摸麦克,同时避免麦克与面部接触。

测试试题为横向排列,考生朗读时注意横读,不要漏行。测试过程中,考生不要说与测试无关的内容,以免影响测试成绩。考生每读完一题后,应及时点击"下一题"进入下一部分测试,以免录入太多的空白音影响测试成绩。

第四题说话部分由人工评分,请考生注意不要离题、不要背稿;说话满3分钟后,即可停止答题,结束测试。

为更好地体验机测流程,了解自己的普通话水平及存在的问题,建议考生在正式测试之前参加普通话在线模拟测试和学习,步骤如下:

登录普通话在线模拟测试"畅言网"网站;

下载、安装智能测试软件并注册,获取用户名及密码;

利用模拟测试学习卡电子账号充值或直接在线支付进行在线模拟测试;

获得测试报告并可在线互动学习。

【技能训练】

普通话水平测试模拟练习:

## 普通话水平测试试卷
### (国家样卷)

**第一题:读单音节字词(100个音节,共10分,限时3.5分钟)**

枚 怀 榛 池 瓜 一 剽 驯 稳 脓
赛 漏 娶 穿 座 馆 支 丝 下 沤
竟 话 零 床 鬼 撬 叵 钠 歇 劈
救 梦 冬 筋 裹 桩 审 株 腜 喝
聚 秒 败 登 壶 穴 骗 纽 浙 提
军 膜 北 越 党 藤 请 探 邵 拖
磕 兹 蚕 恩 在 选 生 帷 哄 映
盔 捻 岔 祠 麟 咆 驶 腕 豁 蚌
耘 桉 尝 簸 膳 造 书 邀 券 臊
脸 棋 陲 褡 铍 窄 夭 侩 抢 囊

**第二题:读多音节词语(100个音节,共20分,限时2.5分钟)**

| 哨卡 | 非常 | 损伤 | 历史 | 改进 | 停止 | 磨灭 | 收获 | 含糊 |
|------|------|------|------|------|------|------|------|------|
| 状态 | 病菌 | 雕刻 | 个头儿 | 媒介 | 恒星 | 寻求 | 决算 | 亲昵 |
| 爷儿们 | 动员 | 缺乏 | 人家 | 演说 | 阿姨 | 显影 | 愉快 | 挂号 |
| 扳子 | 出入 | 衰老 | 保存 | 矿藏 | 海参 | 交流 | 奶水 | 凶狠 |
| 刀片儿 | 坐等 | 贯彻 | 宣传 | 想象 | 菊花 | 差别 | 有趣 | 空中 |
| 梗塞 | 围脖儿 | 招牌 | 比邻 | 开明 | | | | |

**第三题:朗读短文(400个音节,共30分,限时4分钟)**

在里约热内卢的一个贫民窟里,有一个男孩子,他非常喜欢足球,可是又买不起,于是就踢塑料盒,踢汽水瓶,踢从垃圾箱里捡来的椰子壳。他在胡同里踢,在能找到的任何一片空地上踢。

有一天,当他在一处干涸的水塘里猛踢一个猪膀胱时,被一位足球教练看见了。他发现这个男孩儿踢得很像是那么回事,就主动提出要送给他一个足球。小男孩儿得到足球后踢得更卖劲了。不久,他就能准确地把球踢进远处随意摆放的一个水桶里。

圣诞节到了,孩子的妈妈说:"我们没有钱买圣诞礼物送给我们的恩人,就让我们为他祈祷吧。"

小男孩儿跟随妈妈祈祷完毕,向妈妈要了一把铲子便跑了出去。他来到一座别墅前的花园里,开始挖坑。

就在他快要挖好坑的时候,从别墅里走出一个人来,问小孩儿在干什么,孩子抬起满是汗珠的脸蛋儿,说:"教练,圣诞节到了,我没有礼物送给您,我愿给您的圣诞树挖一个树坑。"

教练把小男孩儿从树坑里拉上来,说,我今天得到了世界上最好的礼物。明天你就到我的训练场去吧。

三年后,这位十七岁的男孩儿在第六届足球锦标赛上独进二十一球,为巴西第一次捧回了金杯。一个原来不为世人所知的名字——贝利,随之传遍世界。

——节选自普通话考级作品41号《天才的造就》

**第四题:命题说话(共40分,限时3分钟)(任选一题)**

1.我的愿望

2.谈服饰

【技能巩固】

## 普通话水平测试试卷
### (国家样卷)

**第一题:读单音节字词(100个音节,共10分,限时3.5分钟)**

苗 箭 溯 澜 哼 甘 申 揉 蹚 谈

情 蜜 藿 春 高 始 司 早 峡 饿

净　蓉　留　忿　粑　摘　弛　耍　掀　法
棵　灭　电　姜　够　争　剜　霜　讯　价
夸　墨　肮　瞪　烘　知　宣　她　块　伤
粉　坪　窝　合　帕　矩　依　谎　坑　毕
娇　诊　寇　耳　屯　埂　弱　床　内　充
钛　槽　喘　松　扰　袜　融　北　寻　绑
十　点　瑟　吃　国　均　窜　压　最　丢
向　拟　坏　凝　聘　恩　丑　康　勺　字

**第二题：读多音节词语**（100个音节，共20分，限时2.5分钟）

贫穷　盗贼　佛学　纪律　崩溃　税收　昆虫　苟且　利索
石子儿　采访　阳光　爱情　红外线　差别　煤炭　老头儿　航海
飘荡　繁荣　战略　处女　夸张　黄色　镇压　核算　印刷
人口　电磁场　儿童　特务　干脆　大伙儿　增加　能源　需求
描写　拐弯儿　疲倦　享用　将军　谬论　群体　补丁　按照
生日　富翁　奔波　热闹

**第三题：朗读短文**（400个音节，共30分，限时4分钟）

　　记得我十三岁时，和母亲住在法国东南部的耐斯城。母亲没有丈夫，也没有亲戚，够清苦的，但她经常能拿出令人吃惊的东西，摆在我面前。她从来不吃肉，一再说自己是素食者。然而有一天，我发现母亲正仔细地用一小块碎面包擦那给我煎牛排用的油锅。我明白了她称自己为素食者的真正原因。

　　我十六岁时，母亲成了耐斯市美蒙旅馆的女经理。这时，她更忙碌了。一天，她瘫在椅子上，脸色苍白，嘴唇发灰。马上找来医生，做出诊断：她摄取了过多的胰岛素。直到这里我才知道母亲多年一直对我隐瞒的疾痛——糖尿病。

　　她的头歪向枕头一边，痛苦地用手抓挠胸口。床架上方，则挂着一枚我一九三二年赢得耐斯市少年乒乓球冠军的银质奖章。

　　啊，是对我的美好前途的憧憬支撑着她活下去，为了给她那荒唐的梦至少加一点真实的色彩，我只能继续努力，与时间竞争，直至一九三八年我被征入空军。巴黎很快失陷，我辗转调到英国皇家空军。刚到英国就接到了母亲的来信。这些信是由在瑞士的一个朋友秘密地转到伦敦，送到我手中的。

　　现在我要回家了，胸前佩戴着醒目的绿黑两色的解放十字绶带，上面挂着五六枚我终生难忘的勋章，肩上还佩戴着军官肩章。到达旅馆时，没有一个人跟我打招呼。原来，我母亲在三年半以前就已经离开人间了。

——节选自普通话考级作品42号《我的母亲独一无二》

**第四题：命题说话**（共40分，限时3分钟）（任选一题）

1.我的学习生活
2.我喜爱的动物

# 第二节　读单音节字词应试技巧训练

试读下列词语,看看词语中的难点属于声、韵、调中的哪类:

战国—战果　土匪—土肥　焕发—繁华　交强险　小技巧　户口　萝卜

## 【理论与方法】

普通话测试的第一题是读单音节字词,限时 3.5 分钟,共 10 分,占总分的 10%。

### 一、测试目的

该考题主要检测考生普通话声母、韵母、声调读音的准确度和规范程度。

100 个音节里,每个声母一般出现不少于 3 次,方言里缺少的或容易混淆的声母酌量增加 1~2 次;每个韵母一般出现不少于 2 次,方言里缺少的或容易混淆的韵母酌量增加 1~2 次。声母或韵母相同的字要隔开排列,使相邻的音节不出现双音或叠韵的情况。

### 二、测试要求

发音要正确、饱满。正确是指字音要读准,饱满是指字音要读好。

声母发音要注意发音部位及发音方法的正确运用。如声母 zh 是舌尖上翘,抵住或接近硬腭前部而形成的音。构成阻碍的部位是舌尖和前硬腭(硬腭的最前部),发音的两个部位完全闭塞,慢慢地打开两个完全闭塞的部位,让气流通过,摩擦成声。

韵母发音要注意舌位与唇型的圆展。如单韵母 a,发音时,口自然大开,扁唇,舌头居中央,舌面中部略隆起,舌尖微离下齿背,声带振动,软腭上升,关闭鼻腔通路。复韵母的发音动程要准确,即舌位、唇型变化过程要准确、圆润。如 iao 的发音,舌位的动程是前上—央下—后央。唇型的动程是扁—大开—圆。iao 由于 a 是韵腹,发音要响亮,动作要到位,而韵头与韵尾发音要短促。鼻韵母的发音归音要到位,如 eng 的发音,由 e 的发音位置,归向软腭、舌根的位置。

声调的调值要读准,特别是上声调值一定要读完整,即调值 214 的降升调要完全呈现。只有下降的读音(调值 211),没有上升的读音,这种发音不饱满的情况容易失分。

### 三、评分标准

一个字可读两遍,即考生发觉第一次读音有误时可以改读,这种情况按第二次读音评判。

(一)读音错误,每个音节扣 0.1 分

错误是指没有正确读出字音,即把甲声韵调读成乙声韵调。

比如:"柔 róu"读成 yóu,"声 shēng"读成 sēng,这是声母错误;"听 tīng"读成 tīn,"求 qiú"读成 qiáo,这是韵母错误;"较 jiào"读成 jiǎo,"穴 xué"读成 xuè,这是声调错误。

(二)语音缺陷,每个音节扣 0.05 分

缺陷是指字音虽然没有读错,但是没有读准确。如声母缺陷主要是指声母的发音部位不正确,但还不是把普通话里的某一类声母读成另一类声母,比如舌面音 j、q、x 读得太接近 z、c、s;或者是把普通话里的某一类声母的正确发音部位用较接近的部位代替,比如把舌面音 j、q、x 读成舌叶音;或者读舌尖后音声母 zh、ch、sh、r 时舌尖接触或接近上腭的位置过于靠后或靠前,但还没有完全错读为舌尖前音 z、c、s 等。韵母读音的缺陷多表现为合口呼、撮口呼的韵母圆唇度明显不够,语感差;或者开口呼的韵母开口度明显不够;或者复韵母舌位动程明显不够等。

(三)声调读音缺陷成系统的,每个调类扣 0.5 分

声调调形、调势基本正确,但调值明显偏低或偏高,特别是四声的相对高点或低点明显不一致的,判为声调读音缺陷。这类缺陷一般是成系统的,每个调类按 5 个单音错误扣分。

(四)超时 1 分钟以内,扣 0.5 分;超时 1 分钟以上(含 1 分钟),扣 1 分

**四、考前练习**

一是熟读常用汉字 1 500 个及次常用汉字 1 000 个。

二是了解异读词的规范读音。异读词是指同一个书写形体,意义相同,却有多个读音。异读词经过我国审音委员会审定后,已经确定其中一个读音为规范读音。例如"械"原有 xiè、jiè 两个读音,审定后只有 xiè 这个读音是正确的。下面列举几个普通话中常见的异读词,括号内标注的是规范读音:

亚 yǎ(yà)  酵 xiào(jiào)  室 shǐ(shì)  暂 zǎn(zàn)

三是认准字形,避免认错字读错音。例如:崇 chóng 和祟 suì,门 mén 和闩 shuān。

## 【技能训练】

**一、单字综合训练(一)(限时 3 分钟)**

憋 瓮 冤 贴 悦 钧 膘 渺 禹 裙
丢 匾 润 癣 强 用 税 圈 扭 拧
雀 闽 素 甩 追 响 锤 念 嘴 磷
剧 滚 平 抓 罗 暖 氟 粗 诀 光
您 过 耍 缺 矿 禀 端 族 胸 跨
团 趣 混 卵 活 黄 拐 怀 捆 辖
拨 尔 奏 仓 坡 帽 统 仁 塔 闷
痹 艘 袋 伐 邕 冷 招 熔 自 态
仿 棚 笼 值 辞 啃 贼 巢 讽 帆

坏 浙 判 妃 死 弥 充 荚 德　　吃

## 二、单字综合训练(二)(限时 3 分钟)

| 锥 | 靠 | 拟 | 断 | 扯 | 您 | 佘 | 祭 | 戈 | 露 |
|---|---|---|---|---|---|---|---|---|---|
| 穗 | 纲 | 汾 | 顿 | 趁 | 庄 | 沈 | 日 | 艇 | 降 |
| 扣 | 花 | 醋 | 怪 | 帆 | 略 | 欠 | 熔 | 嘶 | 令 |
| 阔 | 缓 | 玄 | 蠹 | 芸 | 祆 | 憎 | 美 | 洞 | 省 |
| 吏 | 嘴 | 安 | 购 | 窗 | 完 | 坐 | 如 | 外 | 通 |
| 甲 | 硼 | 柄 | 暇 | 矮 | 垧 | 窄 | 菲 | 扁 | 掀 |
| 我 | 拨 | 满 | 窜 | 垧 | 徐 | 矢 | 岳 | 好 | 中 |
| 浸 | 浊 | 补 | 穹 | 像 | 批 | 敲 | 侃 | 还 | 裂 |
| 茎 | 苗 | 才 | 蜕 | 信 | 瓢 | 求 | 堰 | 行 | 差 |
| 念 | 潮 | 纳 | 叠 | 能 | 志 | 娶 | 搜 | 乐 | 数 |

## 三、熟读易错读单音节字词

| 刨 bào | 瘪 biě | 禀 bǐng | 掺 chān | 搀 chān | 舂 chōng | 蹿 cuān |
|---|---|---|---|---|---|---|
| 啐 cuì | 皴 cūn | 掸 dǎn | 擀 gǎn | 篙 gāo | 镐 gǎo | 蚶 hān |
| 豁 huō | 喙 huì | 戟 jǐ | 麂 jǐ | 颊 jiá | 谏 jiàn | 犟 jiàng |
| 秸 jiē | 靳 jìn | 厩 jiù | 厥 jué | 拎 līn | 绺 liǔ | 啮 niè |
| 瘸 qué | 缫 sāo | 舐 shì | 嗜 shì | 噬 shì | 涮 shuàn | 吮 shǔn |
| 佟 tóng | 剜 wān | 毋 wú | 涎 xián | 霰 xiàn | 饷 xiǎng | 戌 xū |
| 癣 xuǎn | 薛 xuē | 佯 yáng | 噎 yē | 痈 yōng | 壅 yōng | 谕 yù |
| 垣 yuán | 咂 zā | 蘸 zhàn | 砧 zhēn | 拽 zhuài | 篆 zhuàn | 渍 zì |

---

### 【技能巩固】

1. 朗读单音节字词,注意读准声、韵、调。

(1)

| 半 | 坡 | 封 | 斋 | 次 | 葱 | 臊 | 约 | 院 | 云 |
|---|---|---|---|---|---|---|---|---|---|
| 蹦 | 门 | 执 | 召 | 仕 | 憎 | 醋 | 桑 | 歪 | 翁 |
| 爬 | 爹 | 飘 | 遮 | 涨 | 陕 | 凿 | 雀 | 厌 | 永 |
| 美 | 听 | 订 | 铺 | 薛 | 扯 | 晌 | 贼 | 参 | 仰 |
| 馆 | 络 | 你 | 夺 | 妙 | 绪 | 痴 | 霜 | 灾 | 丝 |
| 乎 | 课 | 女 | 扭 | 顿 | 面 | 癣 | 醇 | 柔 | 自 |
| 浸 | 华 | 开 | 耕 | 您 | 叹 | 鸣 | 雄 | 创 | 融 |
| 券 | 捐 | 嫁 | 口 | 果 | 龙 | 糖 | 发 | 先 | 舍 |
| 圈 | 躯 | 诀 | 解 | 跨 | 怪 | 留 | 踢 | 佛 | 瞎 |
| 裙 | 蕊 | 缺 | 腔 | 纠 | 厚 | 贵 | 令 | 铁 | 愤 |

(2)

| 信 | 多 | 风 | 房 | 沙 | 远 | 根 | 反 | 米 | 条 |
| 裙 | 迅 | 玄 | 桔 | 倦 | 掘 | 屈 | 冼 | 皇 | 雀 |
| 降 | 厅 | 添 | 锌 | 临 | 柳 | 尿 | 邪 | 票 | 虾 |
| 铁 | 让 | 围 | 卖 | 而 | 视 | 德 | 制 | 车 | 于 |
| 棍 | 遵 | 愧 | 卒 | 翠 | 犬 | 拽 | 槐 | 过 | 夸 |
| 嫁 | 思 | 披 | 容 | 扭 | 丛 | 诚 | 赏 | 绳 | 忍 |
| 末 | 控 | 波 | 发 | 毛 | 补 | 包 | 常 | 外 | 都 |
| 佐 | 花 | 幻 | 估 | 窨 | 琼 | 量 | 伶 | 翔 | 碾 |
| 沉 | 潘 | 探 | 艘 | 凑 | 曹 | 似 | 扫 | 债 | 镁 |
| 应 | 冬 | 乐 | 正 | 真 | 产 | 吃 | 说 | 给 | 刀 |

2.朗读。

纯朴的家乡村边有一条河,曲曲弯弯,河中架一弯石桥,弓样的小桥跨两岸。

每天,不管是鸡鸣晓月,日丽中天,还是月华泻地,小桥都印下串串足迹,洒落串串汗珠。那是乡亲为了追求多棱的希望,兑现美好的遐想。弯弯小桥,不时荡过轻吟低唱,不时露出舒心的笑容。

因而,我稚小的心灵,曾将心声献给小桥:你是一弯银色的新月,给人间普照光辉;你是一把闪亮的镰刀,割刈着欢笑的花果;你是一根晃悠悠的扁担,挑起了彩色的明天!哦,小桥走进我的梦中。

我在漂泊他乡的岁月,心中总涌动着故乡的河水,梦中总看到弓样的小桥。当我访南疆探北国,眼帘闯进座座雄伟的长桥时,我的梦变得丰满了,增添了赤橙黄绿青蓝紫。

三十多年过去,我带着满头霜花回到故乡,第一紧要的便是去看望小桥。

啊! 小桥呢? 它躲起来了? 河中一道长虹,浴着朝霞熠熠闪光。哦,雄浑的大桥敞开胸怀,汽车的呼啸、摩托的笛音、自行车的丁零,合奏着进行交响乐;南来的钢筋、花布,北往的柑橙、家禽,绘出交流欢跃图……

啊! 蜕变的桥,传递了家乡进步的消息,透露了家乡富裕的声音。时代的春风,美好的追求,我蓦地记起儿时唱给小桥的歌,哦,明艳艳的太阳照耀了,芳香甜蜜的花果捧来了,五彩斑斓的岁月拉开了!

我心中涌动的河水,激荡起甜美的浪花。我仰望一碧蓝天,心底轻声呼喊:家乡的桥啊,我梦中的桥!

——节选自普通话考级作品 18 号《家乡的桥》

3.任选一题进行三分钟说话练习:(1)我尊敬的人 ;(2)我的成长之路。

## 附录一: 普通话异读词审音表

### 说 明

#### (1985 年 12 月修订)

一、本表所审,主要是普通话有异读的词和有异读的作为“语素”的字。不列出多音多义字的全部读音和全部义项,与字典、词典形式不同。例如:"和"字有多种义项和读音,而本表仅列出原有异读的八条词语,分列于 hè 和 huo 两种读音之下(有多种读音,较常见的在前。下同);其余无异读的音、义均不涉及。

二、在字后注明"统读"的,表示此字不论用于任何词语中只读一音(轻声变读不受此限),本表不再举出词例。例如:"阀"字注明"fá(统读)",原表"军阀"、"学阀"、"财阀"条和原表所无的"阀门"等词均不再举。

三、在字后不注"统读"的,表示此字有几种读音,本表只审订其中有异读的词语的读音。

例如"艾"字本有 ài 和 yì 两音,本表只举"自怨自艾"一词,注明此处读 yì 音;至于 ài 音及其义项,并无异读,不再赘列。

四、有些字有文白二读,本表以"文"和"语"作注。前者一般用于书面语言,用于复音词和文言成语中;后者多用于口语中的单音词及少数日常生活事物的复音词中。这种情况在必要时各举词语为例。例如:"杉"字下注"(一)shān(文):紫~、红~、水~;(二)shā(语):~篙、~木"。

五、有些字除附举词例之外,酌加简单说明,以便读者分辨。说明或按具体字义,或按"动作义"、"名物义"等区分,例如:"畜"字下注"(一)chù(名物义):~力、家~、牲~、幼~;(二)xù(动作义):~产、~牧、~养"。

六、有些字的几种读音中某音用处较窄,另音用处甚宽,则注"除××(较少的词)念乙音外,其他都念甲音",以避免列举词条繁而未尽、挂一漏万的缺点。例如:"结"字下注"除'~了个果子'、'开花~果'、'~巴'、'~实'念 jiē 之外,其他都念 jié"。

七、由于轻声问题比较复杂,除《初稿》涉及的部分轻声词之外,本表一般不予审订,并删去部分原审的轻声词,例如"麻刀(dao)"、"容易(yi)"等。

八、本表酌增少量有异读的字或词,作了审订。

九、除因第二、六、七各条说明中所举原因而删略的词条之外,本表又删汰了部分词条。主要原因是①现已无异读(如"队伍"、"理会");②罕用词语(如"俵分"、"仔密");③方言土音(如"归里包堆〔zuī〕"、"告送〔song〕");④不常用的文言词语(如"刍荛"、"氍毹");⑤音变现象(如"胡里八涂〔tū〕"、"毛毛腾腾〔téngténg〕");⑥重复累赘(如原表"色"字的有关词语分列达 23 条之多)。删汰条目不再编入。

十、人名、地名的异读审订,除原表已涉及的少量词条外,留待以后再审。

| A | ~个 ~近 | ~口 |
|---|---|---|
| 阿(一)ā | (二)ái | (二)niù |
| ~訇 ~罗汉 | ~打 ~说 | 执~ 脾气很~ |
| ~木林 ~姨 | 癌 ái(统读) | 坳 ào(统读) |
| (二)ē | 霭 ǎi(统读) | |
| ~谀 ~附 | 蔼 ǎi(统读) 隘 ài(统读) | B |
| ~胶 ~弥陀佛 | 谙 ān(统读) 埯 ǎn(统读) | 拔 bá(统读) 把 bà |
| 挨(一)āi | 昂 áng(统读) 凹 āo(统读) | 印~子 |
| | 拗(一)ào | 白 bái(统读) |

膀 bǎng
翅~

蚌(一)bàng
蛤~

(二)bèng
~埠

傍 bàng(统读)

磅 bàng
过~

龅 bāo(统读)

胞 bāo(统读)

薄(一)báo(语)
常单用,如"纸很~"。

(二)bó（文)
多用于复音词。
~弱　稀~
淡~　尖嘴~舌
单~　厚~

堡(一)bǎo
碉~　~垒

(二)bǔ
~子　吴~　瓦窑~　柴沟~

(三)pù
十里~

暴(一)bào
~露

(二)pù
一~(曝)十寒

爆 bào(统读)

焙 bèi(统读)

惫 bèi(统读)

背 bèi
~脊　~静

鄙 bǐ(统读)

俾 bǐ(统读)

笔 bǐ(统读)

比 bǐ(统读)

臂(一)bì
手~　~膀

(二)bei
胳~

庇 bì(统读)

髀 bì(统读)

避 bì(统读)

辟 bì
复~

裨 bì
~补　~益

婢 bì(统读)

痹 bì(统读)

壁 bì(统读)

蝙 biān(统读)

遍 biàn(统读)

骠(一)biāo
黄~马

(二)piào
~骑　~勇

傧 bīn(统读)

缤 bīn(统读)

濒 bīn(统读)

鬓 bìn(统读)

屏(一)bǐng
~除　~弃　~气　~息

(二)píng
~藩　~风

柄 bǐng(统读)

波 bō(统读)

播 bō(统读)

菠 bō(统读)

剥(一)bō(文)
~削

(二)bāo(语)

泊(一)bó
淡~　飘~　停~

(二)pō
湖~　血~

帛 bó(统读)

勃 bó(统读)

铍 bó(统读)

伯(一)bó
~~(bo)　老~

(二)bǎi
大~子(丈夫的哥哥)

箔 bó(统读)

簸(一)bǒ
颠~

(二)bò
~箕

膊 bo
胳~

卜 bo
萝~

醭 bú(统读)

哺 bǔ(统读)

捕 bǔ(统读)

鹌 bǔ(统读)

埠 bù(统读)

C

残 cán(统读)

惭 cán(统读)

灿 càn(统读)

藏(一)cáng
矿~

(二)zàng
宝~

糙 cāo(统读)

嘈 cáo(统读)

螬 cáo(统读)

厕 cè(统读)

岑 cén(统读)

差(一)chā(文)

不~累黍 不~什么 偏~
色~ ~别 视~ 误~
电势~ 一念之~ ~池
~错 言~语错 一~二错
阴错阳~ ~等 ~额
~价 ~强人意 ~数
~异
(二) chà(语)
~不多 ~不离 ~点儿
(三) cī
参~
猹 chá(统读)
搽 chá(统读)
阐 chǎn(统读)
羼 chàn(统读)
颤(一) chàn
~动 发~
(二)zhàn
~栗(战栗) 打~(打战)
鑱 chàn(统读)
伥 chāng(统读)
场(一) chǎng
~合 ~所 冷~ 捧~
(二) cháng
外~ 圩~ ~院 一~雨
(三) chang
排~
钞 chāo(统读)
巢 cháo(统读)
嘲 cháo
~讽 ~骂 ~笑
秒 chào(统读)
车(一) chē
安步当~ 杯水~薪
闭门造~ 螳臂当~
(二)jū
(象棋棋子名称)

晨 chén(统读)
称 chèn
~心 ~意 ~职
对~ 相~
撑 chēng(统读)
乘(动作义,念 chéng)
包~制 ~便 ~风破浪
~客 ~势 ~兴
橙 chéng(统读)
惩 chéng(统读)
澄(一)chéng(文)
~清(如"~清混乱"、
"~清问题")
(二) dèng(语)
单用,如"把水~清了"。
痴 chī(统读)
吃 chī(统读)
弛 chí(统读)
褫 chǐ(统读)
尺 chǐ
~寸 ~头
豉 chǐ(统读)
侈 chǐ(统读)
炽 chì(统读)
春 chōng(统读)
冲 chòng
~床 ~模
臭(一)chòu
遗~万年
(二)xiù
乳~ 铜~
储 chǔ(统读)
处 chǔ(动作义)
~罚 ~分 ~决
~理 ~女 ~置
畜(一)chù(名物义)
~力 家~ 牲~ 幼~

(二)xù(动作义)
~产 ~牧 ~养
触 chù(统读)
搐 chù(统读)
绌 chù(统读)
黜 chù(统读)
闯 chuǎng(统读)
创(一)chuàng
草~ ~举 首~
~造 ~作
(二)chuāng
~伤 重~
绰(一)chuò
~~有余
(二)chuo
宽~
疵 cī(统读)
雌 cí(统读)
赐 cì(统读)
伺 cì
~候
枞(一)cōng
~树
(二)zōng
~阳〔地名〕
从 cóng(统读)
丛 cóng(统读)
攒 cuán
万头~动 万箭~心
脆 cuì(统读)
撮(一)cuō
~儿 一~儿盐
一~儿匪帮
(二)zuǒ
一~儿毛
措 cuò(统读)

D

搭 dā(统读)

答(一)dá

报~ ~复

(二)dā

~理 ~应

打 dá

苏~ 一~(十二个)

大(一)dà

~夫(古官名) ~王(如爆

破~王、钢铁~王)

(二)dài

~夫(医生) ~黄 ~王

(如山~王) ~城〔地名〕

呆 dāi(统读)

傣 dǎi(统读)

逮(一)dài(文)如"~捕"。

(二)dǎi(语)单用,

如"~蚊子"、"~特务"。

当(一)dāng

~地 ~间儿 ~年(指过

去) ~日(指过去) ~天

(指过去) ~时(指过去)

螳臂~车

(二)dàng

一个~俩 安步~车 适~

~年(同一年)

~日(同一时候)

~天(同一天)

档 dàng(统读)

蹈 dǎo(统读)

导 dǎo(统读)

倒(一)dǎo

颠~ 颠~是非

颠~黑白 颠三~四

倾箱~箧 排山~海

~板 ~嚼 ~仓

~嗓 ~戈 潦~

(二)dào

~粪(把粪弄碎)

悼 dào(统读)

纛 dào(统读)

凳 dèng(统读)

羝 dī(统读)

氐 dī〔古民族名〕

堤 dī(统读)

提 dī

~防

的 dí

~当 ~确

抵 dǐ(统读)

蒂 dì(统读)

缔 dì(统读)

谛 dì(统读)

点 dian

打~(收拾、贿赂)

跌 diē(统读)

蝶 dié(统读)

订 dìng(统读)

都(一)dōu

~来了

(二)dū

~市 首~ 大~(大多)

堆 duī(统读)

吨 dūn(统读)

盾 dùn(统读)

多 duō(统读)

咄 duō(统读)

掇(一)duō("拾取、采取"

义)

(二)duo

撺~ 掇~

裰 duō(统读)

踱 duó(统读)

度 duó

忖~ ~德量力

E

婀 ē(统读)

F

伐 fá(统读)

阀 fá(统读)

砝 fǎ(统读)

法 fǎ(统读)

发 fà

理~ 脱~ 结~

帆 fān(统读)

藩 fān(统读)

梵 fàn(统读)

坊(一)fāng

牌~ ~巷

(二)fáng

粉~ 磨~ 碾~ 染~

油~ 谷~

妨 fáng(统读)

防 fáng(统读)

肪 fáng(统读)

沸 fèi(统读)

汾 fén(统读)

讽 fěng(统读)

肤 fū(统读)

敷 fū(统读)

俘 fú(统读)

浮 fú(统读)

服 fú

~毒 ~药

拂 fú(统读)

辐 fú(统读)

幅 fú(统读)

甫 fǔ(统读)

复 fù(统读)

缚 fù(统读)

G

噶 gá（统读）

冈 gāng（统读）

刚 gāng（统读）

岗 gǎng

~楼　~哨　~子　门~

站~　山~子

港 gǎng（统读）

葛（一）gé

~藤　~布　瓜~

（二）gě〔姓〕（包括

单、复姓）

隔 gé（统读）

革 gé

~命　~新　改~

合 gě（一升的十分之一）

给（一）gěi（语）单用。

（二）jǐ（文）

补~　供~　供~制

~予　配~　自~自足

亘 gèn（统读）

更 gēng

五~　~生

颈 gěng

脖~子

供（一）gōng

~给　提~　~销

（二）gòng

口~　翻~　上~

佝 gōu（统读）

枸 gǒu

~杞

勾 gòu

~当

估（除"~衣"读 gù 外，都读

gū）

骨（除"~碌"、"~朵"

读 gū 外，都读 gǔ）

谷 gǔ

~雨

锢 gù（统读）

冠（一）guān（名物义）

~心病

（二）guàn（动作义）

沐猴而~　~军

犷 guǎng（统读）

庋 guǐ（统读）

桧

（一）guì（树名）

（二）huì（人名）"秦~"。

刿 guì（统读）

聒 guō（统读）

蝈 guō（统读）

过（除姓氏读 guō 外，都读

guò）

H

蛤 há

~蟆

哈（一）hǎ

~达

（二）hà

~什蚂

汗 hán

可~

巷 hàng

~道

号 háo

寒~虫

和（一）hè

唱~　附~　曲高~寡

（二）huo

搀~　搅~　暖~

热~　软~

貉（一）hé（文）

一丘之~

（二）háo（语）

~绒　~子

壑 hè（统读）

褐 hè（统读）

喝 hè

~采　~道　~令

~止　呼幺~六

鹤 hè（统读）

黑 hēi（统读）

亨 hēng（统读）

横（一）héng

~肉　~行霸道

（二）hèng

蛮~　~财

訇 hōng（统读）

虹（一）hóng（文）

~彩　~吸

（二）jiàng（语）

单说。

讧 hòng（统读）

囫 hú（统读）

瑚 hú（统读）

蝴 hú（统读）

桦 huà（统读）

徊 huái（统读）

踝 huái（统读）

浣 huàn（统读）

黄 huáng（统读）

荒 huang

饥~（指经济困难）

诲 huì（统读）

贿 huì（统读）

会 huì

一~儿　多~儿　~厌

（生理名词）

混 hùn

~合　~乱　~凝土　~淆

~血儿　~杂

蠖 huò(统读)

霍 huò(统读)

豁 huò

~亮

获 huò(统读)

J

羁 jī(统读)

击 jī(统读)

奇 jī

~数

芨 jī(统读)

缉(一)jī

通~　侦~

(二)qī

~鞋口

几 jī

茶~　条~

圾 jī(统读)

戢 jí(统读)

疾 jí(统读)

汲 jí(统续)

棘 jí(统读)

藉 jí

狼~(籍)

嫉 jí(统读)

脊 jí(统读)

纪(一)jǐ〔姓〕

(二)jì

~念　~律　纲~　~元

偈 jì

~语

绩 jì(统读)

迹 jì(统读)

寂 jì(统读)

箕 ji

篓~

辑 ji

逻~

茄 jiā

雪~

夹 jiā

~带藏掖　~道儿

~攻　~棍　~生

~杂　~竹桃　~注

浃 jiā(统读)

甲 jiǎ(统读)

歼 jiān(统读)

鞯 jiān(统读)

间(一)jiān

~不容发　中~

(二)jiàn

中~儿　~道　~谍

~断　~或　~接

~距　~隙　~续

~阻　~作　挑拨离~

趼 jiǎn(统读)

俭 jiǎn(统读)

缰 jiāng(统读)

膙 jiǎng(统读)

嚼(一)jiáo(语)

味同~蜡

咬文~字

(二)jué(文)

咀~　过屠门而大~

(三)jiào

倒~(倒嚼)

侥 jiǎo

~幸

角(一)jiǎo

八~(大茴香)　~落

独~戏　~膜　~度

~儿(犄~)　~楼

勾心斗~　号~

口~(嘴~)　鹿~菜头~

(二)jué

~斗　~儿(角色)　口~

(吵嘴)　主~儿　配~儿

~力　捧~儿

脚(一)jiǎo

根~

(二)jué

~儿(也作"角儿",脚色)

剿(一)jiǎo

围~

(二)chāo

~说　~袭

校 jiào

~勘　~样　~正

较 jiào(统读)

酵 jiào(统读)

嗟 jiē(统读)

疖 jiē(统读)

结(除"~了个果子"、"开花

~果"、"~巴"、"~实"念 jiē

之外,其他都念 jié)睫 jié

(统读)

芥(一)jiè

~菜(一般的芥菜)　~末

(二)gài

~菜(也作"盖菜")　~蓝菜

矜 jīn

~持　自~　~怜

仅 jǐn

~~　绝无~有

谨 jǐn(统读)

觐 jìn(统读)

浸 jìn(统读)

斤 jin

千~(起重的工具)

茎 jīng（统读）

粳 jīng（统读）

鲸 jīng（统读）

境 jìng（统读）

痉 jìng（统读）

劲 jìng

刚~

窘 jiǒng（统读）

究 jiū（统读）

纠 jiū（统读）

鞠 jū（统读）

鞫 jū（统读）

掬 jū（统读）

疽 jū（统读）

咀 jǔ

~嚼

矩（一）jǔ

~形

（二）ju

规~

俱 jù（统读）

龟 jūn

~裂（也作"皲裂"）

菌（一）jūn

细~　病~　杆~　霉~

（二）jùn

香~　~子

俊 jùn（统读）

K

卡　（一）kǎ

~宾枪　~车　~介苗

~片　~通

（二）qiǎ

~子　关~

揩 kāi（统读）

慨 kǎi（统读）

忾 kài（统读）

勘 kān（统读）

看 kān

~管　~护　~守

慷 kāng（统读）

拷 kǎo（统读）

坷 kē

~拉（垃）

疴 kē（统读）

壳（一）ké（语）

~儿　贝~儿　脑~

驳~枪

（二）qiào（文）

地~　甲~　躯~

可（一）kě

~~儿的

（二）kè

~汗

恪 kè（统读）

刻 kè（统读）

克 kè

~扣

空（一）kōng

~心砖　~城计

（二）kòng

~心吃药

眍 kōu（统读）

矻 kū（统读）

酷 kù（统读）

框 kuàng（统读）

矿 kuàng（统读）

傀 kuǐ（统读）

溃（一）kuì

~烂

（二）huì

~脓

篑 kuì（统读）

括 kuò（统读）

L

垃 lā（统读）

邋 lā（统读）

斓 lǎn（统读）

缆 lǎn（统读）

蓝 lan

苤~

琅 láng（统读）

捞 lāo（统读）

劳 láo（统读）

醪 láo（统读）

烙（一）lào

~印　~铁　~饼

（二）luò

炮~（古酷刑）

勒（一）lè（文）

~逼　~令　~派　~索

悬崖~马

（二）lēi（语）多单用。

擂（除"~台"、"打~"读 lèi

外,都读 léi）

礌 léi（统读）

羸 léi（统读）

蕾 lěi（统读）

累（一）lèi

（辛劳义,如"受~"〔受劳~〕）

（二）léi

（如"~赘"）

（三）lěi

（牵连义,如"带~"、

"~及"、"连~"、"赔~"、

"牵~"、"受~"〔受牵~〕）

蠡（一）lí

管窥~测

（二）lǐ

~县　范~

喱 lí（统读）

连 lián(统读)

敛 liǎn(统读)

恋 liàn(统读)

量(一)liàng

~入为出 忖~

(二)liang

打~ 掂~

踉 liàng

~跄

潦 liáo

~草 ~倒

劣 liè(统读)

捩 liè(统读)

趔 liè(统读)

拎 līn(统读)

遴 lín(统读)

淋(一)lín

~浴 ~漓 ~巴

(二)lìn

~硝 ~盐 ~病

蛉 líng(统读)

榴 liú(统读)

馏(一)liú(文) 如"干~"、
"蒸~"。

(二)liù(语) 如"~馒头"。

镏 liú

~金

碌 liù

~碡

笼(一)lóng(名物义)

~子 牢~

(二)lǒng(动作义)

~络 ~括 ~统 ~罩

偻(一)lóu

佝~

(二)lǚ

伛~

瞜 lou

眍~

虏 lǔ(统读)

掳 lǔ(统读)

露(一)lù(文)

赤身~体 ~天 ~骨

~头角 藏头~尾

抛头~面 ~头(矿)

(二)lòu(语)

~富 ~苗 ~光 ~相

~马脚 ~头

橹 lǔ(统读)

捋(一)lǚ

~胡子

(二)luō

~袖子

绿(一)lǜ(语)

(二)lù(文)

~林 鸭~江

孪 luán(统读)

挛 luán(统读)

掠 lüè(统读)

囵 lún(统读)

络 luò

~腮胡子

落(一)luò(文)

~膘 ~花生 ~魄

涨~ ~槽 着~

(二)lào(语)

~架 ~色 ~炕 ~枕

~儿 ~子(一种曲艺)

(三)là(语),遗落义。

丢三~四 ~在后面

**M**

脉(除"~~"念 mòmò 外,
一律念 mài)

漫 màn(统读)

蔓(一)màn(文)

~延 不~不支

(二)wàn(语)

瓜~ 压~

牤 māng(统读)

氓 máng

流~

芒 máng(统读)

铆 mǎo(统读)

瑁 mào(统读)

虻 méng(统读)

盟 méng(统读)

祢 mí(统读)

眯(一)mí

~了眼(灰尘等入目,也作
"迷")

(二)mī

~了一会儿(小睡)

~缝着眼(微微合目)

靡(一)mí

~费

(二)mǐ

风~ 萎~ 披~

秘(除"~鲁"读 bì 外,都读
mì)

泌(一)mì(语)

分~

(二)bì(文)

~阳〔地名〕

娩 miǎn(统读)

缈 miǎo(统读)

皿 mǐn(统读)

闽 mǐn(统读)

茗 míng(统读)

酩 mǐng(统读)

谬 miù(统读)

摸 mō(统读)

模(一)mó
~范 ~式 ~型 ~糊
~特儿 ~棱两可
(二)mú
~子 ~具 ~样
膜 mó(统读)
摩 mó
按~ 抚~
嬷 mó(统读)
墨 mò(统读)
糢 mò(统读)
沫 mò(统读)
缪 móu
绸~
N
难(一)nán
困~(或变轻声)~兄~弟
(难得的兄弟,现多用作贬
义)
(二)nàn
排~解纷 发~ 刁~
责~ ~兄~弟(共患难或
同受苦难的人)
蝻 nǎn(统读)
蛲 náo(统读)
讷 nè(统读)
馁 něi(统读)
嫩 nèn(统读)
恁 nèn(统读)
妮 nī(统读)
拈 niān(统读)
鲇 nián(统读)
酿 niàng(统读)
尿(一)niào
糖~症
(二)suī(只用于口语名词)
尿(niào) ~脬

嗫 niè(统读)
宁(一)níng
安~
(二)nìng
~可 无~〔姓〕
忸 niǔ(统读)
脓 nóng(统读)
弄(一)nòng
玩~
(二)lòng
~堂
暖 nuǎn(统读)
衄 nǜ(统读)
疟(一)nüè(文)
~疾
(二)yào(语)
发~子
娜(一)nuó
婀~ 袅~
(二)nà
(人名)
O
殴 ōu(统读)
呕 ǒu(统读)
P
杷 pá(统读)
琶 pá(统读)
牌 pái(统读)
排 pǎi
~子车
迫 pǎi
~击炮
湃 pài(统读)
爿 pán(统读)
胖 pán
心广体~(~为安舒貌)
蹒 pán(统读)

畔 pàn(统读)
乓 pāng(统读)
滂 pāng(统读)
脬 pāo(统读)
胚 pēi(统读)
喷(一)pēn
~嚏
(二)pèn
~香
(三)pen
嚏~
澎 péng(统读)
坯 pī(统读)
披 pī(统读)
匹 pǐ(统读)
僻 pì(统读)
譬 pì(统读)
片(一)piàn
~子 唱~ 画~ 相~
影~ ~儿会
(二)piān(口语一部分词)
~子 ~儿 唱~儿
画~儿 相~儿 影~儿
剽 piāo(统读)
缥 piāo
~缈(飘渺)
撇 piē
~弃
聘 pìn(统读)
乒 pīng(统读)
颇 pō(统读)
剖 pōu(统读)
仆(一)pū
前~后继
(二)pú
~从
扑 pū(统读)

朴(一)pǔ
俭~　~素　~质
(二)pō
~刀
(三)pò
~硝　厚~
蹼 pǔ(统读)
瀑 pù
~布
曝(一)pù
一~十寒
(二)bào
~光(摄影术语)

Q
栖 qī
两~
戚 qī(统读)
漆 qī(统读)
期 qī(统读)
蹊 qī
~跷
蛴 qí(统读)
畦 qí(统读)
其 qí(统读)
骑 qí(统读)
企 qǐ(统读)
绮 qǐ(统读)
杞 qǐ(统读)
械 qì(统读)
洽 qià(统读)
签 qiān(统读)
潜 qián(统读)
荨(一)qián(文)
~麻
(二)xún(语)
~麻疹
嵌 qiàn(统读)

欠 qian
打哈~
戕 qiāng(统读)
锖 qiāng
~水
强(一)qiáng
~渡　~取豪夺　~制
博闻~识
(二)qiǎng
勉~　牵~　~词夺理
~迫　~颜为笑
(三)jiàng
倔~
襁 qiǎng(统读)
跄 qiàng(统读)
悄(一)qiāo
~~儿的
(二)qiǎo
~默声儿的
橇 qiāo(统读)
翘(一)qiào(语)
~尾巴
(二)qiáo(文)
~首　~楚　连~
怯 qiè(统读)
挈 qiè(统读)
趄 qie
趔~
侵 qīn(统读)
衾 qīn(统读)
噙 qín(统读)
倾 qīng(统读)
亲 qìng
~家
穹 qióng(统读)
黢 qū(统读)
曲(麯)qū

大~　红~　神~
渠 qú(统读)
瞿 qú(统读)
蠼 qú(统读)
苣 qǔ
~荬菜
龋 qǔ(统读)
趣 qù(统读)
雀 què
~斑　~盲症

R
髯 rán(统读)
攘 rǎng(统读)
桡 ráo(统读)
绕 rào(统读)
任 rén〔姓,地名〕
妊 rèn(统读)
扔 rēng(统读)
容 róng(统读)
糅 róu(统读)
茹 rú(统读)
孺 rú(统读)
蠕 rú(统读)
辱 rǔ(统读)
挼 ruó(统读)

S
靸 sǎ(统读)
噻 sāi(统读)
散(一)sǎn
懒~　零零~~　~漫
(二)san
零~
丧 sang
哭~着脸
扫(一)sǎo
~兴
(二)sào

~帚
埽 sào(统读)
色(一)sè(文)
(二)shǎi(语)
塞(一)sè(文)动作义。
(二)sāi(语)名物义,如:
"活~"、"瓶~";动作义,
如:"把洞~住"。
森 sēn(统读)
煞(一)shā
~尾 收~
(二)shà
~白
啥 shá(统读)
厦(一)shà(语)
(二)xià(文)
~门 噶~
杉(一)shān(文)
紫~ 红~ 水~
(二)shā(语)
~篙 ~木
衫 shān(统读)
姗 shān(统读)
苫(一)shàn(动作义,如"~布")
(二)shān(名物义,如"草~子")
墒 shāng(统读)
猞 shē(统读)
舍 shè
宿~
慑 shè(统读)
摄 shè(统读)
射 shè(统读)
谁 shéi,又音 shuí
娠 shēn(统读)
什(甚)shén

~么
蜃 shèn(统读)
葚(一)shèn(文)
桑~
(二)rèn(语)
桑~儿
胜 shèng(统读)
识 shí
常~ ~货 ~字
似 shì
~的
室 shì(统读)
螫(一)shì(文)
(二)zhē(语)
匙 shi
钥~
殊 shū(统读)
蔬 shū(统读)
疏 shū(统读)
叔 shū(统读)
淑 shū(统读)
菽 shū(统读)
熟(一)shú(文)
(二)shóu(语)
署 shǔ(统读)
曙 shǔ(统读)
漱 shù(统读)
戍 shù(统读)
蟀 shuài(统读)
孀 shuāng(统读)
说 shuì
游~
数 shuò
~见不鲜
硕 shuò(统读)
蒴 shuò(统读)
艘 sōu(统读)

嗾 sǒu(统读)
速 sù(统读)
塑 sù(统读)
虽 suī(统读)
绥 suí(统读)
髓 suǐ(统读)
遂(一)suì
不~ 毛~自荐
(二)suí
半身不~
隧 suì(统读)
隼 sǔn(统读)
莎 suō
~草
缩(一)suō
收~
(二)sù
~砂密(一种植物)
唆 suō(统读)
索 suǒ(统读)
T
趿 tā(统读)
鳎 tǎ(统读)
獭 tǎ(统读)
沓(一)tà
重~
(二)ta
疲~
(三)dá
一~纸
苔(一)tái(文)
(二)tāi(语)
探 tàn(统读)
涛 tāo(统读)
悌 tì(统读)
佻 tiāo(统读)
调 tiáo

~皮
帖(一)tiē
妥~ 伏伏~~ 俯首~耳
(二)tiě
请~ 字~儿
(三)tiè
字~ 碑~
听 tīng(统读)
庭 tíng(统读)
骰 tóu(统读)
凸 tū(统读)
突 tū(统读)
颓 tuí(统读)
蜕 tuì(统读)
臀 tún(统读)
唾 tuò(统读)
W
娲 wā(统读)
挖 wā(统读)
瓦 wà
~刀
喎 wāi(统读)
蜿 wān(统读)
玩 wán(统读)
惋 wǎn(统读)
脘 wǎn(统读)
往 wǎng(统读)
忘 wàng(统读)
微 wēi(统读)
巍 wēi(统读)
薇 wēi(统读)
危 wēi(统读)
韦 wéi(统读)
违 wéi(统读)
唯 wéi(统读)
圩(一)wéi
~子

(二)xū
~(墟)场
纬 wěi(统读)
委 wěi
~靡
伪 wěi(统读)
萎 wěi(统读)
尾(一)wěi
~巴
(二)yǐ
马~儿
尉 wèi
~官
文 wén(统读)
闻 wén(统读)
紊 wěn(统读)
喔 wō(统读)
蜗 wō(统读)
硪 wò(统读)
涎 wū(统读)
梧 wú(统读)
牾 wǔ(统读)
乌 wù
~拉(也作"靰鞡") ~拉草
杌 wù(统读)
鹜 wù(统读)
X
夕 xī(统读)
汐 xī(统读)
晰 xī(统读)
析 xī(统读)
皙 xī(统读)
昔 xī(统读)
溪 xī(统读)
悉 xī(统读)
熄 xī(统读)
蜥 xī(统读)

螅 xī(统读)
惜 xī(统读)
锡 xī(统读)
樨 xī(统读)
袭 xí(统读)
檄 xí(统读)
峡 xiá(统读)
暇 xiá(统读)
吓 xià
杀鸡~猴
鲜 xiān
屡见不~ 数见不~
锨 xiān(统读)
纤 xiān
~维
涎 xián(统读)
弦 xián(统读)
陷 xiàn(统读)
霰 xiàn(统读)
向 xiàng(统读)
相 xiàng
~机行事
淆 xiáo(统读)
哮 xiào(统读)
些 xiē(统读)
颉 xié
~颃
携 xié(统读)
偕 xié(统读)
挟 xié(统读)
械 xiè(统读)
馨 xīn(统读)
衅 xìn(统读)
行 xíng
操~ 德~ 发~ 品~
省 xǐng
内~ 反~ ~亲

不~人事

芎 xiōng(统读)

朽 xiǔ(统读)

宿 xiù

星~ 二十八~

煦 xù(统读)

蓿 xu

苜~

癣 xuǎn(统读)

削(一)xuē(文)

剥~ ~减 瘦~

(二)xiāo(语)

切~ ~铅笔 ~球

穴 xué(统读)

学 xué(统读)

雪 xuě(统读)

血(一)xuè(文)用于复音
词及成语,如"贫~"、"心
~"、"呕心沥~"、"~泪史"、
"狗~喷头"等。

(二)xiě(语)口语多单用,
如"流了点儿~"及几个口
语常用词,如:"鸡~"、"~
晕"、"~块子"等。

谑 xuè(统读)

寻 xún(统读)

驯 xùn(统读)

逊 xùn(统读)

熏 xùn

煤气~着了

徇 xùn(统读)

殉 xùn(统读)

蕈 xùn(统读)

**Y**

押 yā(统读)

崖 yá(统读)

哑 yǎ

~然失笑

亚 yà(统读)

殷 yān

~红

芫 yán

~荽

筵 yán(统读)

沿 yán(统读)

焰 yàn(统读)

夭 yāo(统读)

肴 yáo(统读)

杳 yǎo(统读)

舀 yǎo(统读)

钥(一)yào(语)

~匙

(二)yuè(文)

锁~

曜 yào(统读)

耀 yào(统读)

椰 yē(统读)

噎 yē(统读)

叶 yè

~公好龙

曳 yè

弃甲~兵 摇~ ~光弹

屹 yì(统读)

轶 yì(统读)

谊 yì(统读)

懿 yì(统读)

诣 yì(统读)

艾 yì

自怨自~

荫 yìn(统读)

("树~"、"林~道"应作"树
阴"、"林阴道")

应(一)yīng

~届 ~名儿 ~许 提出

的条件他都~了 是我~下
来的任务

(二)yìng

~承 ~付 ~声 ~时
~验 ~邀 ~用 ~运
~征 里~外合

萦 yíng(统读)

映 yìng(统读)

佣 yōng

~工

庸 yōng(统读)

臃 yōng(统读)

壅 yōng(统读)

拥 yōng(统读)

踊 yǒng(统读)

咏 yǒng(统读)

泳 yǒng(统读)

莠 yǒu(统读)

愚 yú(统读)

娱 yú(统读)

愉 yú(统读)

伛 yǔ(统读)

屿 yǔ(统读)

吁 yù

呼~

跃 yuè(统读)

晕(一)yūn

~倒 头~

(二)yùn

月~ 血~ ~车

酝 yùn(统读)

**Z**

匝 zā(统读)

杂 zá(统读)

载(一)zǎi

登~ 记~

(二)zài

搭~ 怨声~道 重~
装~ ~歌~舞
簪 zān(统读)
咱 zán(统读)
暂 zàn(统读)
凿 záo(统读)
择(一)zé
选~
(二)zhái
~不开 ~菜 ~席
贼 zéi(统读)
憎 zēng(统读)
甑 zèng(统读)
喳 zhā
唧唧~~
轧(除"~钢"、"~辊"念 zhá
外,其他都念 yà)(gá 为方
言,不审)
摘 zhāi(统读)
粘 zhān
~贴
涨 zhǎng
~落 高~
着(一)zháo
~慌 ~急 ~家 ~凉
~忙 ~迷 ~水 ~雨
(二)zhuó
~落 ~手 ~眼 ~意
~重 不~边际
(三)zhāo
失~
沼 zhǎo(统读)
召 zhào(统读)
遮 zhē(统读)
蛰 zhé(统读)
辙 zhé(统读)

贞 zhēn(统读)
侦 zhēn(统读)
帧 zhēn(统读)
胗 zhēn(统读)
枕 zhěn(统读)
诊 zhěn(统读)
振 zhèn(统读)
知 zhī(统读)
织 zhī(统读)
脂 zhī(统读)
植 zhí(统读)
殖(一)zhí
繁~ 生~ ~民
(二)shi
骨~
指 zhǐ(统读)
掷 zhì(统读)
质 zhì(统读)
蛭 zhì(统读)
秩 zhì(统读)
栉 zhì(统读)
炙 zhì(统读)
中 zhōng
人~(人口上唇当中处)
种 zhòng
点~(义同"点播"。动宾结
构念 diǎnzhòng,义为点播
种子)
诌 zhōu(统读)
骤 zhòu(统读)
轴 zhòu
大~子戏 压~子
礴 zhou
碌~
烛 zhú(统读)
逐 zhú(统读)

属 zhǔ
~望
筑 zhù(统读)
著 zhù
土~
转 zhuǎn
运~
撞 zhuàng(统读)
幢(一)zhuàng
一~楼房
(二)chuáng
经~(佛教所设刻有经咒的
石柱)
拙 zhuō(统读)
茁 zhuó(统读)
灼 zhuó(统读)
卓 zhuó(统读)
综 zōng
~合
纵 zòng(统读)
粽 zòng(统读)
镞 zú(统读)
组 zǔ(统读)
钻(一)zuān
~探 ~孔
(二)zuàn
~床 ~杆 ~具
佐 zuǒ(统读)
唑 zuò(统读)
柞(一)zuò
~蚕 ~绸
(二)zhà
~水(在陕西)
做 zuò(统读)
作(除"~坊"读 zuō 外,其
余都读 zuò)

# 第三节　读多音节字词应试技巧训练

【技能准备】

复习儿化、轻声、变调知识,读读下列词语:

本色儿　奔头儿　窗户　石榴　哆哆嗦嗦　很理想　美景　一起一落

## 【理论与方法】

普通话水平测试的第二部分为读多音节词语,共 100 个音节,限时 2.5 分钟,共 20 分。

### 一、测试目的

该项测试除考查考生声母、韵母和声调的发音外,还要考查上声变调、儿化韵和轻声的读音。

100 个音节中,声母、韵母的出现次数大体与单音节字词相同。此外,上声和上声相连的词语不少于 2 次,上声和其他声调相连不少于 4 次;儿化韵不少于 4 次;轻声不少于 3 次。词语的排列要避免同一测试项的集中出现。

### 二、测试要求

在读准单音节字词的基础上,一要掌握普通话常用词语的声母、韵母、声调的准确读音;二要识别一些生僻词语的读音;三要掌握语流音变的规律,读准上声词、儿化词、轻声词;四要掌握词语轻重格式的读法。

### 三、评分标准

此项成绩占总分的 20%,即 20 分。读错一个音节的声母、韵母或声调扣 0.2 分。读音有明显缺陷,每次扣 0.1 分。

限时:3 分钟。超时 1 分钟以内,扣 0.5 分;超时 1 分钟以上(含 1 分钟),扣 1 分。

读音有缺陷所指的除跟第一部分中所述相同的错误以外,还包括儿化韵读音明显不合要求的。

第一部分和第二部分中有一项或两项分别失分在 10% 以上,即第一项失分 1 分以上,或第二项失分 2 分以上,即判定考生的普通话水平不能进入一级。

考生有较为明显的语音缺陷的,即使总分达到一级甲等也要降等,评定为一级乙等。

四、考前练习

(一)注意牢固掌握语流音变的规律,加强轻声、儿化、变调的练习,直到读准、读自然为止

1.轻声词:

掌握轻声规律,熟读《普通话水平测试用必读轻声词语表》。

阴平+轻声:巴掌　答应　亲戚　舒服　休息　知识

阳平+轻声:裁缝　眉毛　活泼　人家　云彩　学生

上声+轻声:本事　姐夫　晚上　嘴巴　首饰　点心

去声+轻声:大方　动静　相声　月饼　故事　自在

2.儿化词:

掌握儿化词变读规律,熟读《普通话水平测试用儿化词语表》。

瓣儿:花瓣儿　蒜瓣儿　豆瓣儿酱　橘子瓣儿　一瓣儿蒜

碴儿:碗碴儿　玻璃碴儿　冰碴儿

兜儿:裤兜儿　衣兜儿　网兜儿

点儿:差点儿　快点儿　晚点儿　有点儿

角儿:丑角儿　名角儿　配角儿　捧角儿　主角儿

3.变调音节:

掌握上声、"一"和"不"的变调规律。

上声+非上声:野心　火车　场合　可怜　演练　普遍

上声+上声:演讲　粉笔　雨水　美好　理想　海藻

"一"+非去声:一天　一般　一直　一时　一宿　一览

"一"+去声:一个　一对　一次　一定　一粒　一瞬

"不"+非去声:不说　不听　不止　不回　不好　不悔

"不"+去声:不去　不干　不累　不谢　不笑　不是

(二)掌握普通话词语的轻重格式的读法,培养自然的语感

普通话语音在词语结构中并非每个音节都读得一样重,各音节的轻重分量、强弱程度不尽相同,大致可以分为四级:重、中、次轻、轻。

常见的普通话词语的轻重音基本格式为:

双音节、三音节、四音节,大多数以最后一个音节为重音;

双音节词语,绝大多数读为"中·重"的格式;

三音节词语,大多数读为"中·次轻·重"的格式;

四音节词语,大多数读为"中·次轻·中·重"的格式。

1.双音节词语的轻重格式:

"中·重":花草　清澈　流水　远足　田野　教室

"重·次轻":巴望　编辑　意义　意志　质量　天气

"重·轻":东西　后头　记号　萝卜　事情　喜欢

2.三音节词语的轻重格式：

"中·次轻·重"：百分比　博物馆　差不多　电话线　电信局　病虫害

"中·重·轻"：爱面子　不在乎　胡萝卜　看样子　老大爷　老太太

"重·轻·轻"：出来了　姑娘家　看起来　伙计们　顾不得　先生们

3.四音节词语的轻重格式：

"重·次轻·中·重"：二氧化碳　高等学校　各行各业　公用电话

"中·轻·中·重"：坑坑洼洼　嘻嘻哈哈　哆哆嗦嗦　迷迷糊糊

## 【技能训练】

### 一、词语综合训练（一）（限时 2.5 分钟）

| | | | | | | | | |
|---|---|---|---|---|---|---|---|---|
| 巡逻 | 凉粉 | 旅途 | 挂号 | 存在 | 捐款 | 僧侣 | 老头儿 | 日常 |
| 罪责 | 晒台 | 衰弱 | 快乐 | 学会 | 补贴 | 散漫 | 参加 | 面条儿 |
| 温柔 | 喧闹 | 牛皮 | 窘况 | 雄伟 | 军队 | 群众 | 穷人 | 省长 |
| 女性 | 刀把儿 | 别的 | 压迫 | 民兵 | 马虎 | 权贵 | 觉悟 | 确定 |
| 困难 | 理睬 | 揣测 | 童话 | 酿造 | | | | |

### 二、词语综合训练（二）（限时 2.5 分钟）

| | | | | | | | | |
|---|---|---|---|---|---|---|---|---|
| 产品 | 咖啡 | 距离 | 女人 | 生长 | 钻研 | 下面 | 状况 | 素质 |
| 恳求 | 瓜分 | 个头儿 | 泊位 | 枢纽 | 群婚 | 把手 | 从容 | 美妙 |
| 损害 | 刁难 | 累赘 | 妥帖 | 翅膀 | 空儿 | 加工 | 熊猫 | 保管 |
| 纯粹 | 平凡 | 捐赠 | 黄芪 | 脸蛋儿 | 享用 | 打听 | 脑袋 | 化学 |
| 宣传 | 档次 | 谱曲 | 豁亮 | 钦差 | 协同 | 聊天儿 | 缺乏 | 坏处 |
| 军队 | 尽快 | 若干 | 即刻 | 塞责 | | | | |

## 【技能巩固】

1.朗读多音节词语，注意读准声母、韵母、声调以及上声变调、儿化韵和轻声的读音。

（1）

| | | | | | | | |
|---|---|---|---|---|---|---|---|
| 刀把儿 | 赔款 | 表示 | 大夫 | 腊味 | 怪罪 | 比拟 | 门口 | 旦角儿 |
| 娘胎 | 海港 | 下课 | 碎步儿 | 拼命 | 蘑菇 | 渗透 | 开学 | 留念 |
| 繁荣 | 丢人 | 旅行 | 锅贴儿 | 春天 | 儿女 | 内行 | 沥青 | 成功 |
| 窘况 | 伺候 | 一会儿 | 巡逻 | 强化 | 捐赠 | 操场 | 批准 | 绕远 |
| 宿舍 | 沿用 | 日期 | 军装 | 掐算 | 爪子 | 润泽 | 佛教 | 厕所 |
| 噪声 | 生长 | 母亲 | 快餐 | 描写 | | | | |

(2)

| | | | | | | | |
|---|---|---|---|---|---|---|---|
| 热爱 | 群众 | 宣传 | 暖和 | 场所 | 空儿 | 扑灭 | 佩服 | 抢修 |
| 藏掖 | 榜样 | 聊天儿 | 认真 | 光辉 | 齿轮 | 学问 | 聘用 | 耳朵 |
| 瓜分 | 怪异 | 讨伐 | 责令 | 军队 | 许可 | 穷困 | 撒腿 |
| 耍弄悲愁 | | 此外 | 默定 | 小孩儿 | 狮子 | 假定 | 渔民 | 彩霞 |
| 鹁鸪(bógū) | | 爽快 | 全体 | 展览 | 酿造 | 迥然 | 搜身 | 觉得 |
| 好玩儿 | 偏差 | 起码 | 绷带 | 举行 | 流寇 | 整风 |

2.朗读下列考级作品,注意上声变调、儿化韵和轻声的读音。

三百多年前,建筑设计师莱伊恩受命设计了英国温泽市政府大厅。他运用工程力学的知识,依据自己多年的实践,巧妙地设计了只用一根柱子支撑的大厅天花板。一年以后,市政府权威人士进行工程验收时,却说只用一根柱子支撑天花板太危险,要求莱伊恩再多加几根柱子。

莱伊恩自信只要一根紧固的柱子足以保证大厅安全,他的"固执"惹恼了市政官员,险些被送上法庭。他非常苦恼,坚持自己原先的主张吧,市政官员肯定会另找人修改设计;不坚持吧,又有悖自己为人的准则,矛盾了很长一段时间,莱伊恩终于想出了一条妙计,他在大厅里增加了四根柱子,不过这些柱子并未与天花板接触,只不过是装装样子。

三百年过去了,这个秘密始终没有被人发现。直到前两年,市政府准备修缮大厅的天花板,才发现莱伊恩当年的"弄虚作假"。消息传出后,世界各国的建筑专家和游客云集,当地政府对此也不加掩饰,在新世纪到来之际,特意将大厅作为一个旅游景点对外开放,旨在引导人们崇尚和相信科学。

作为一名建筑师,莱伊恩并不是最出色的。但作为一个人,他无疑非常伟大,这种//伟大表现在他始终恪守着自己的原则,给高贵的心灵一个美丽的住所:哪怕是遭遇到最大的阻力,也要想办法抵达胜利。

——选自普通话考级作品 19 号《坚守你的高贵》

3.任选一题进行三分钟说话练习:(1)介绍你的家乡;(2)我最喜欢的一处风景。

## 附录二: 普通话水平测试用必读轻声词语表

### (一)

爱人、案子、巴掌、把子、爸爸、白净、班子、板子、帮手、梆子、膀子、棒槌、棒子、包袱、包涵、包子、豹子、杯子、被子、本事、本子、鼻子、比方、鞭子、扁担、辫子、别扭、饼子、拨弄、脖子、簸箕、补丁、不由得、不在乎、步子、部分、裁缝、财主、苍蝇、差事、柴火、肠子、厂子、场子、车子、称呼、池子、尺子、虫子、绸子、除了、锄头、畜生、窗户、窗子、锤子、刺猬、凑合、村子、耷拉、答应、打扮、打点、打发、打量、打算、打听、大方、大爷、大夫、带子、袋子、耽搁、耽误、单子、胆子、担子、刀子、道士、稻子、灯笼、提防、笛子、底子、地道、地方、弟弟、弟兄、点心、调子、钉子、东家、东西、动静、动弹、豆腐、豆子、嘟囔

（二）

肚子、段子、对付、对头、队伍、多么、蛾子、儿子、耳朵、贩子、房子、份子、风筝、疯子、福气、斧子、盖子、甘蔗、竿子、杆子、干事、杠子、高粱、膏药、稿子、告诉、疙瘩、哥哥、胳膊、鸽子、格子、个子、根子、跟头、工夫、弓子、公公、功夫、钩子、姑姑、姑娘、谷子、骨头、故事、寡妇、褂子、怪物、关系、官司、罐头、罐子、规矩、闺女、鬼子、柜子、棍子、锅子、果子、蛤蟆、孩子、含糊、汉子、行当、合同、和尚、核桃、盒子、红火、猴子、后头、厚道、狐狸、胡琴、糊涂、皇上、幌子、胡萝卜、活泼、火候、伙计、护士、机灵、脊梁、记号、记性、夹子、家伙、架势、架子、嫁妆、尖子、剪子、茧子、见识、毽子、将就、交情、饺子、叫唤

（三）

轿子、结实、姐夫、街坊、姐姐、戒指、金子、精神、镜子、舅舅、橘子、句子、卷子、咳嗽、客气、空子、口袋、口子、扣子、窟窿、裤子、快活、筷子、框子、困难、阔气、喇叭、喇嘛、篮子、懒得、浪头、老婆、老实、老太太、老头子、老爷、老子、姥姥、累赘、篱笆、里头、力气、厉害、利落、利索、例子、栗子、痢疾、连累、帘子、凉快、粮食、两口子、料子、林子、翎子、领子、溜达、笼子、聋子、炉子、路子、轮子、萝卜、骡子、骆驼、妈妈、麻烦、麻利、麻子、马虎、码头、买卖、麦子、馒头、忙活、冒失、帽子、眉毛、媒人、妹妹、门道、眯缝、迷糊、面子、苗条、苗头、名堂、名字、明白、蘑菇、模糊、木匠、木头、那么、奶奶、难为、脑袋、脑子、能耐

（四）

你们、念叨、念头、娘家、镊子、奴才、女婿、暖和、疟疾、拍子、牌楼、牌子、盘算、盘子、胖子、袍子、盆子、朋友、棚子、脾气、皮子、痞子、屁股、片子、便宜、骗子、票子、漂亮、瓶子、婆家、婆婆、铺盖、欺负、棋子、前头、钳子、茄子、亲戚、勤快、清楚、亲家、曲子、圈子、拳头、裙子、热闹、人家、人们、认识、日子、褥子、塞子、嗓子、嫂子、扫帚、沙子、傻子、扇子、商量、上司、上头、烧饼、勺子、少爷、哨子、舌头、身子、什么、婶子、生意、牲口、绳子、师傅、师父、狮子、虱子、石匠、石榴、石头、时候、实在、拾掇、使唤、事故、是的、事情、柿子、收成、收拾、首饰、叔叔、梳子、舒服、舒坦、疏忽、爽快、思量、算计、岁数、孙子

（五）

他们、她们、它们、台子、太太、瘫子、坛子、毯子、桃子、特务、梯子、蹄子、挑剔、挑子、条子、跳蚤、铁匠、亭子、头发、头子、兔子、妥当、唾沫、挖苦、娃娃、袜子、晚上、尾巴、委屈、为了、位置、位子、蚊子、稳当、我们、屋子、稀罕、席子、媳妇、喜欢、瞎子、匣子、下巴、吓唬、先生、乡下、箱子、相声、消息、小伙子、小气、小子、笑话、谢谢、心思、猩猩、星星、行李、性子、兄弟、休息、秀才、秀气、袖子、靴子、学生、学问、丫头、鸭子、衙门、哑巴、胭脂、烟筒、眼睛、燕子、秧歌、养活、样子、吆喝、妖精、钥匙、椰子、爷爷、叶子、一辈子、衣服、衣裳、椅子、意思、银子、影子、应酬、釉子、冤枉、院子、月饼、月亮、云彩、运气、在乎

（六）

咱们、早上、怎么、扎实、眨巴、栅栏、宅子、寨子、张罗、丈夫、帐篷、丈人、幛子、招呼、招牌、折腾、这个、这么、枕头、镇子、芝麻、知识、侄子、指甲、指头、种子、珠子、竹子、主意、主子、柱子、爪子、转悠、庄稼、桩子、壮士、状元、锥子、桌子、字号、自在、粽子、祖宗、嘴巴、作坊、琢磨

## 附录三：易错读多音节词语

（根据《普通话水平测试实施纲要》整理）

| | | | |
|---|---|---|---|
| 孢子 bāozǐ | 编辑 biānjí | 不禁 bùjīn | 参与 cānyù |
| 策略 cèlüè | 差不多 chàbùduō | 场合 chǎnghé | 场地 chǎngdì |
| 惩罚 chéngfá | 充分 chōngfèn | 处分 chǔfèn | 出血 chūxiě |
| 创伤 chuāngshāng | 大伯 dàbó | 逮捕 dàibǔ | 当选 dāngxuǎn |
| 当成 dàngchéng | 当天 dàngtiān | 当年 dàngnián | 当作 dàngzuò |
| 复辟 fùbì | 岗位 gǎngwèi | 给以 gěiyǐ | 工场 gōngchǎng |
| 供给 gōngjǐ | 供应 gōngyìng | 广场 guǎngchǎng | 规模 guīmó |
| 呼吁 hūyù | 话筒 huàtǒng | 给予 jǐyǔ | 尽管 jǐnguǎn |
| 尽快 jǐnkuài | 剧场 jùchǎng | 角色 juésè | 莲子 liánzǐ |
| 量子 liàngzǐ | 逻辑 luójí | 模型 móxíng | 强调 qiángdiào |
| 陶冶 táoyě | 鲜血 xiānxuè | 小朋友 xiǎopéngyǒu | 脂肪 zhīfáng |
| 自力更生 zìlìgēngshēng | | 皑皑 ái'ái | 懊丧 àosàng |
| 柏油 bǎiyóu | 包扎 bāozā | 背脊 bèijǐ | 被褥 bèirù |
| 笨拙 bènzhuō | 婢女 bìnǚ | 边陲 biānchuí | 编撰 biānzhuàn |
| 编纂 biānzuǎn | 标的 biāodì | 摈弃 bìnqì | 摒弃 bìngqì |
| 屏息 bǐngxī | 伯父 bófù | 伯乐 bólè | 不啻 búchì |
| 偿还 chánghuán | 唱片 chàngpiàn | 惩治 chéngzhì | 充血 chōngxuè |
| 抽搐 chōuchù | 抽穗 chōusuì | 畜力 chùlì | 揣摩 chuǎimó |
| 窗口 chuāngkǒu | 床铺 chuángpù | 戳穿 chuōchuān | 啜泣 chuòqì |
| 雌蕊 círuǐ | 粗犷 cūguǎng | 萃取 cuìqǔ | 淬火 cuìhuǒ |
| 打颤 dǎzhàn | 玳瑁 dàimào | 单薄 dānbó | 当晚 dàngwǎn |
| 当夜 dàngyè | 当真 dàngzhēn | 档次 dàngcì | 倒置 dǎozhì |
| 登载 dēngzǎi | 抵偿 dǐcháng | 地窖 dìjiào | 颠倒 diāndǎo |
| 动画片 dònghuàpiàn | | 笃信 dǔxìn | 度量 dùliàng |
| 藩镇 fānzhèn | 繁衍 fányǎn | 反刍 fǎnchú | 梵文 fànwén |
| 非难 fēinàn | 诽谤 fěibàng | 分蘖 fēnniè | 愤慨 fènkǎi |
| 风驰电掣 fēngchídiànchè | | 风靡 fēngmǐ | 服侍 fúshì |
| 俯瞰 fǔkàn | 负离子 fùlízǐ | 负载 fùzài | 刚劲 gāngjìng |
| 杠杆 gànggǎn | 更改 gēnggǎi | 更正 gēngzhèng | 耕种 gēngzhòng |
| 工头 gōngtóu | 公转 gōngzhuàn | 供需 gōngxū | 供养 gōngyǎng |
| 骨髓 gǔsuǐ | 瓜子 guāzǐ | 关卡 guānqiǎ | 关头 guāntóu |
| 皈依 guīyī | 桂冠 guìguān | 海蜇 hǎizhé | 鼾声 hānshēng |
| 行当 hángdàng | 寒颤 hánzhàn | 巷道 hàngdào | 呵斥 hēchì |
| 红晕 hóngyùn | 后劲 hòujìn | 后裔 hòuyì | 厚薄 hòubó |

| | | | |
|---|---|---|---|
| 候鸟 hòuniǎo | 呼号 hūháo | 花冠 huāguān | 画卷 huàjuàn |
| 豢养 huànyǎng | 晃动 huàngdòng | 黄澄澄 huángdēngdēng | |
| 洄游 huíyóu | 会晤 huìwù | 混沌 hùndùn | 混浊 hùnzhuó |
| 豁口 huōkǒu | 活塞 huósāi | 羁绊 jībàn | 汲取 jíqǔ |
| 急遽 jíjù | 嫉妒 jídù | 给养 jǐyǎng | 计量 jìliàng |
| 伎俩 jìliǎng | 夹攻 jiāgōng | 甲虫 jiǎchóng | 甲壳 jiǎqiào |
| 间距 jiānjù | 缄默 jiānmò | 奖惩 jiǎngchéng | |
| 矫揉造作 jiǎoróuzàozuò | | 接种 jiēzhòng | 秸秆 jiēgǎn |
| 金龟子 jīnguīzǐ | 禁不住 jīnbúzhù | 尽早 jǐnzǎo | 浸泡 jìnpào |
| 劲旅 jìnglǚ | 纠葛 jiūgé | 俱乐部 jùlèbù | 慨然 kǎirán |
| 亢奋 kàngfèn | 亢进 kàngjìn | 铿锵 kēngqiāng | 口角 kǒujiǎo |
| 框架 kuàngjià | 魁梧 kuíwú | 浪涛 làngtāo | 棱角 léngjiǎo |
| 怜悯 liánmǐn | 涟漪 liányī | 踉跄 liàngqiàng | 邻舍 línshè |
| 蛮横 mánhèng | 满载 mǎnzài | 蒙古包 měnggǔbāo | 面颊 miànjiá |
| 迷惘 míwǎng | 名副其实 míngfùqíshí | 魔爪 mózhǎo | 蓦然 mòrán |
| 模板 múbǎn | 蔫 niān | 宁肯 nìngkěn | 宁愿 nìngyuàn |
| 呕吐 ǒutù | 狍子 páozi | 配角 pèijué | 毗邻 pílín |
| 媲美 pìměi | 漂白粉 piǎobáifěn | 贫血 pínxuè | 仆人 púrén |
| 歧视 qíshì | 歧途 qítú | 绮丽 qǐlì | 气馁 qìněi |
| 强劲 qiángjìng | 强求 qiángqiú | 悄然 qiǎorán | 悄声 qiǎoshēng |
| 亲昵 qīnnì | 情不自禁 qíngbúzìjīn | 躯壳 qūqiào | 妊娠 rènshēn |
| 蹂躏 róulìn | 褥子 rùzi | 杉木 shāmù | 煽动 shāndòng |
| 扇动 shāndòng | 扇贝 shànbèi | 商场 shāngchǎng | 商贾 shānggǔ |
| 商榷 shāngquè | 舌苔 shétāi | 神龛 shénkān | 生肖 shēngxiào |
| 失血 shīxuè | 侍候 shìhòu | 嗜好 shìhào | 倏然 shūrán |
| 赎罪 shúzuì | 书卷 shūjuàn | 树冠 shùguān | 庶民 shùmín |
| 水獭 shuǐtǎ | 思忖 sīcǔn | 绦虫 tāochóng | 弹劾 tánhé |
| 搪塞 tángsè | 铜臭 tóngxiù | 吐血 tùxiě | 颓废 tuífèi |
| 外露 wàilù | 威吓 wēihè | 帷幕 wéimù | 慰藉 wèijiè |
| 污秽 wūhuì | 吸吮 xīshǔn | 稀薄 xībó | 戏谑 xìxuè |
| 相片 xiàngpiàn | 肖像 xiàoxiàng | 泄露 xièlòu | 亵渎 xièdú |
| 虚伪 xūwěi | 眩晕 xuànyùn | 血泪 xuèlèi | 殷红 yānhóng |
| 湮没 yānmò | 俨然 yǎnrán | 眼睑 yǎnjiǎn | 翌日 yìrì |
| 熠熠 yìyì | 阴霾 yīnmái | 印行 yìnxíng | 荫庇 yìnbì |
| 应届 yīngjiè | 踊跃 yǒngyuè | 佣金 yòngjīn | |
| 有的放矢 yǒudìfàngshǐ | | 黝黑 yǒuhēi | 与会 yùhuì |
| 运载 yùnzài | 栽种 zāizhòng | 糟粕 zāopò | 憎恨 zēnghèn |

| | | | |
|---|---|---|---|
| 择菜 zháicài | 占卜 zhānbǔ | 战栗 zhànlì | 丈量 zhàngliáng |
| 着火 zháohuǒ | 着迷 zháomí | 爪牙 zhǎoyá | 召唤 zhàohuàn |
| 肇事 zhàoshì | 褶皱 zhězhòu | 症结 zhēngjié | 只身 zhīshēn |
| 执拗 zhíniù | 桎梏 zhìgù | 中肯 zhòngkěn | 中意 zhòngyì |
| 贮备 zhùbèi | 转速 zhuànsù | 自给 zìjǐ | 棕榈 zōnglú |
| 阻塞 zǔsè | | | |

# 第四节　朗读短文应试技巧训练

【技能准备】

　　要朗读好一篇普通话水平测试中的短文,需要把握好语音、语流音变、语气、语调等技巧。试着朗读一篇短文,说说自己的难点在哪些方面。

【理论与方法】

　　第三部分朗读短文,考查 400 个音节,限时 4 分钟,共 30 分,从《测试大纲》第五部分朗读材料(1—60 号)中任选。

**一、测试目的**

　　考查考生用普通话朗读书面材料的水平,重点考查语音、语流音变(上声变调、"一"和"不"变调等)、语气、语调等项目。

**二、测试要求**

　　朗读考试的基本要求,一是要正确,即朗读要使用普通话,不读错字音,不丢字,不重复,不读颠倒,不吃字,读得字字响亮。二是要流利,朗读在正确的基础上,要速度适中,口齿清晰,从容不迫,自然流畅。三是要有感情,在正确理解朗读文章的主题思想、感情基调的基础上,做到读得真挚自然,不矫揉造作。

**三、评分标准**

　　此项成绩占总分的 30%(30 分)。对朗读短文的前 400 字(不包括标点)做累积计算,一个语音错误扣 0.1 分,漏读一个字扣 0.1 分,不同程度地存在方言语调一次性扣分(问题突出扣 3 分;比较明显扣 2 分;略有反映扣 1.5 分),停顿、断句不当每次扣 1 分,语速过快或过慢一次性扣 2 分。

　　限时:4 分钟。超过 30 秒以上扣 1 分。

　　说明:朗读材料各篇的字数略有出入,为了做到评分标准一致,测试中对考生所读材料的前 400 个字(每篇 400 字之后均有"//"标志)的失误累计计算,但对语调、语速的考查应贯穿全篇。从测试的要求来看,应把提供给考生做练习的 60 篇作品作为一个整体,考生应试前应通过练习全面把握。

**四、考前练习**

(一)读准字音,音变符合普通话规范

例如:那么多的绿叶,一簇堆在另一处的上面,不留一点缝隙。

这里的"簇"声母是平舌音 c,"那么"是轻声调,第三个"一"字要变为去声,"一点儿"是儿化词,都要认真读准。

(二)语调自然,声调、句调、词语的轻重格式符合普通话标准

例如:她为了我们没有怨言,倾注给我们的是全部的爱。

这是一句赞美母亲的话,宜用降调读出。句中的停顿可以这样处理:"她|为了我们没有怨言,倾注给我们的|是全部的爱。"

(三)停连得当,朗读流畅自然

朗读时,要严格忠实于作品,不回读、漏读、添读、改读,并且要根据标点及句子的语意来决定停连。对作品陌生或不理解,都会导致朗读作品时回读、漏读、添读、改读,让人听起来磕磕绊绊,影响朗读的流畅程度;如果停连不当,轻者影响语言节律,造成语义不连贯,重者则造成语意的偏误,肢解词语或句子。

测试时,应尽量不磕巴、不回读,语速相对统一,不要过快过慢,或者忽快忽慢,1 分钟朗读 200~240 个音节比较合适。

【技能训练】

请参照易错字语音提示朗读作品,读准语音、语流音变(上声变调、"一"和"不"变调等)、语气、语调等。(注:60 篇朗读作品的注音和范读可参见相关网站,不过参考时应注意甄别错误内容。)以下是普通话水平测试用的 60 篇朗读作品中的一篇。

自从传言有人在萨文河畔散步时无意发现了金子后,这里便常有来自四面八方的淘金者。他们都想成为富翁,于是寻遍了整个河床,还在河床上挖出很多大坑,希望借助它们找到更多的金子。的确,有一些人找到了,但另外一些人因为一无所得而只好扫兴归去。

也有不甘心落空的,便驻扎在这里继续寻找。彼得·弗雷特就是其中一员。他在河床附近买了一块没人要的土地,一个人默默地工作。他为了找金子,已把所有的钱都押在这块土地上。他埋头苦干了几个月,直到土地全变得坑坑洼洼了,他失望了——他翻遍了整块土地,但连一丁点儿金子都没看见。

六个月后,他连买面包的钱都没有了。于是他准备离开这儿到别处去谋生。

就在他即将离去的前一个晚上,天下起了倾盆大雨,并且一下就是三天三夜。雨终于停了,彼得走出小木屋,发现眼前的土地看上去好像和以前不一样:坑坑洼洼的土已被大水冲刷平整,松软的土地上长出一层绿茸茸的小草。

"这里没找到金子，"彼得忽有所悟地说，"但这土地很肥沃，我可以用来种花，并且拿到镇上去卖给那些富人，他们一定会买些花装扮他们华丽的客//厅。如果真是这样的话，那么我一定会赚许多钱。有朝一日我也会成为富人……"

于是他留了下来。彼得花了不少精力培育花苗，不久田地里长满了美丽鲜艳的各色鲜花。

五年以后，彼得终于实现了他的梦想——成了一个富翁。"我是唯一的一个找到真金的人！"他时常不无骄傲地告诉别人，"别人在这儿找不到金子后便远远地离开，而我的'金子'是在这块土地里，只有诚实的人用勤劳才能采集到。"

——选自普通话考级作品 20 号《金子》

【技能巩固】

1.朗读短文。

注意读准语音、语流音变(上声变调、"一"和"不"变调等)、语气、语调等。

我在加拿大学习期间遇到过两次募捐，那情景至今使我难以忘怀。

一天，我在渥太华的街上被两个男孩子拦住去路，他们十来岁，穿得整整齐齐，每人头上戴着个做工精巧、色彩鲜艳的纸帽，上面写着"为帮助患小儿麻痹的伙伴募捐"。其中的一个，不由分说就坐在小凳上给我擦起皮鞋来，另一个则彬彬有礼地发问："小姐，您是哪国人？喜欢渥太华吗？""小姐，在你们国家有没有小孩儿患小儿麻痹？谁给他们医疗费？"一连串的问题，使我这个有生以来头一次在众目睽睽之下让别人擦鞋的异乡人，从近乎狼狈的窘态中解脱出来。我们像朋友一样聊起天来……

几个月之后，也是在街上。一些十字路口处或车站坐着几位老人。他们满头银发，身穿各种老式军装，上面布满了大大小小形形色色的徽章、奖章，每人手捧一大束鲜花。有水仙、石竹、玫瑰及叫不出名字的，一色雪白。匆匆过往的行人纷纷止步，把钱投进这些老人身旁的白色木箱内，然后向他们微微鞠躬，从他们手中接过一朵花。我看了一会儿，有人投一两元，有人投几百元，还有人掏出支票填好后投进木箱。那些老军人毫不注意人们捐多少钱，一直不//停地向人们低声道谢。同行的朋友告诉我，这是为纪念二次大战中参战的勇士，募捐救济残废军人和烈士遗孀，每年一次；认捐的人可谓踊跃，而且秩序井然，气氛庄严。有些地方，人们还耐心地排着队。我想，这是因为他们都知道：正是这些老人们的流血牺牲换来了包括他们信仰自由在内的许许多多。

我两次把那微不足道的一点钱捧给他们，只想对他们说声"谢谢"。

——选自普通话考级作品 21 号《捐诚》

2.任选一题进行三分钟说话练习。

(1)说成功；(2)我的梦想。

【技能拓展】

## 附录四：60篇朗读作品的易错字

（根据《普通话水平测试实施纲要》整理）

1号作品《白杨礼赞》：似的 shìde　所有 suǒyǒu　丫枝 yāzhī　横斜逸出 héngxiéyìchū　几乎 jīhū　晕圈 yùnquān　倔强 juéjiàng　不折不挠 bùzhé-bùnáo　婆娑 pósuō　屈曲 qūqū　虬枝 qiúzhī　女子 nǚzǐ　丈夫 zhàngfu　血 xuè

2号作品《差别》：薪水 xīnshuǐ　踏步 tàbù　那儿 nàr　牢骚 láosao　差别 chābié　您 nín　什么 shénme　口袋 kǒudai　质量 zhìliàng　店铺 diànpù　盘算 pánsuan　怎样 zěnyàng　清楚 qīngchu　钟头 zhōngtóu　便宜 piányi　弄 nòng

3号作品《丑石》：黑黝黝 hēiyǒuyǒu　模样 múyàng　供 gōng　浣纱 huànshā　庇覆 bìfù　花儿 huā'ér　繁衍 fányǎn　枝蔓 zhīmàn　绿苔 lǜtái　陨石 yǔnshí　天上的啊 tiānshang de ya　仰望 yǎngwàng　憧憬 chōngjǐng　细腻 xìnì　咒骂 zhòumà　立即 lìjí

4号作品《达瑞的故事》：时候 shíhou　因为 yīnwèi　挣钱 zhèngqián　汽水 qìshuǐr　偶然 ǒurán　篱笆 líba　舒舒服服 shūshu-fúfu　虽然 suīrán　麻烦 máfan　主意 zhǔyi　诞生 dànshēng　当天 dàngtiān　只需 zhǐxū　调制 tiáozhì　事情 shìqing　塞 sāi

5号作品《第一场雪》：一阵儿 yízhènr　只见 zhǐjiàn　彤云密布 tóngyúnmìbù　一会儿 yíhuìr　万籁俱寂 wànlài-jùjì　簌簌地 sùsùde　偶尔 ǒu'ěr　雪啊 xuěya　粉妆玉砌 fěnzhuāng-yùqì　毛茸茸 máoróngróng　柏树 bǎishù　沉甸甸 chéndiàndiàn　雪球儿 xuěqiúr　银条儿 yíntiáor　掷 zhì　玉屑 yùxiè　雪末儿 xuěmòr　供应 gōngyìng　庄稼 zhuāngjia　馒头 mántou

6号作品《读书人是幸福人》：更为浩瀚 gèngwéihàohàn　为读书人所独有 wéi dúshūrén suǒ dúyǒu　精神 jīngshén　多识了 duōshíle　上溯 shàngsù　陶冶 táoyě　执着 zhízhuó　获得 huòdé　睿智 ruìzhì

7号作品《二十美金的价值》：有点儿 yǒudiǎnr　多少 duōshao　玩儿 wánr　小孩子 xiǎoháizi　小孩儿 xiǎoháir　火儿 huǒr　慢慢地 mànmànde　枕头 zhěntou　儿子 érzi

8号作品《繁星》：庭院 tíngyuàn　仿佛 fǎngfú　然而 rán'ér　模糊 móhu　地方 dìfang　认得 rènde　朋友 péngyou　熟 shú　认识 rènshi　清楚 qīngchu

9号作品《风筝畅想曲》：假日 jiàrì　风筝 fēngzheng　系 jì　编扎 biānzā　削 xiāo　薄 báo　人儿 rénr　胡同 hútong　游弋 yóuyì　线头儿 xiàntóur　啊 ya　恍恍惚惚 huǎnghuǎng-hūhū

10号作品《父亲的爱》：告诉 gàosu　妈妈 māma　明白 míngbai　孩子 háizi　爸爸 bàba　相称 xiàngchèn　照片 zhàopiàn　似乎 sìhū　结果 jiéguǒ　擤 xǐng

11 号作品《国家荣誉感》：脑袋 nǎodai 东西 dōngxi 血 xiě 因子 yīnzǐ 血缘 xuèyuán 血管 xuèguǎn 热血 rèxuè 好男儿 hǎonán'ér 挚爱 zhì'ài

12 号作品《海淀仲夏夜》：围绕 wéirào 苍穹 cāngqióng 星斗 xīngdǒu 煞 shà 吹拂 chuīfú 混合 hùnhé 软绵绵 ruǎnmiánmián 炙晒 zhìshài 休憩 xiūqì

13 号作品《海洋与生命》：孕育 yùnyù 部分 bùfen 氯 lǜ 毫不费力 háobúfèilì 曝晒 pùshài 为生命所必需 wéi shēngmìng suǒ bìxū 扼杀 èshā 提供 tígōng

14 号作品《和时间赛跑》：一圈儿 yìquānr 日子 rìzi 睡着了 shuìzháole 这么 zhème 着急 zháojí 回来 huílai 心眼儿 xīnyǎnr 露着 lòuzhe 假若 jiǎruò

15 号作品《胡适的白话电报》：喜欢 xǐhuan 称赞 chēngzàn 学生 xuésheng 先生 xiānsheng 意思 yìsi 干不了 gànbuliǎo 谢谢 xièxie

16 号作品《火光》：黑黢黢 hēiqūqū 蓦地 mòdì 不以为然 búyǐwéirán 划起桨来 huáqǐ jiǎng lái 那儿 nàr 咫尺 zhǐchǐ 火光啊 huǒguānga 前头 qiántou

17 号作品《济南的冬天》：济南 jǐnán 真得 zhēndéi 眼睛 yǎnjing 暖和 nuǎnhuo 口儿 kǒur 着落 zhuóluò 这点儿 zhèdiǎnr 着急 zháojí 尖儿 jiānr 一髻儿 yíjìr 看护妇 kānhùfù 露风儿 lòufēngr 秀气 xiùqi

18 号作品《家乡的桥》：多棱 duōléng 轻吟 qīngyín 露出 lùchū 割刈 gēyì 晃悠悠 huàngyōuyōu 扁担 biǎndan 熠熠 yìyì 透露 tòulù 消息 xiāoxi 桥啊 qiáowa

19 号作品《坚守你的高贵》：莱伊恩 Láiyī'ēn 知识 zhīshi 惹恼 rě'nǎo 固执 gùzhí 或 gùzhi 悖 bèi 为人 wéirén 样子 yàngzi 修缮 xiūshàn 当地 dāngdì 崇尚 chóngshàng 恪守 kèshǒu

20 号作品《金子》：河畔 hépàn 金子 jīnzi 的确 díquè 一无所得 yìwú-suǒdé 驻扎 zhùzhā 默默 mòmò 坑坑洼洼 kēngkeng-wāwā 一丁点儿 yìdīngdiǎnr 绿茸茸 lǜróngróng 或 lǜrōngrōng 这儿 zhèr 晚上 wǎnshang 那么 nàme

21 号作品《捐诚》：募捐 mùjuān 渥太华 Wòtàihuá 麻痹 mábì 彬彬有礼 bīnbīn-yǒulǐ 众目睽睽 zhòngmù-kuíkuí 玫瑰 méigui 天儿 tiānr 名字 míngzi 流血 liúxuè

22 号作品《可爱的小鸟》：炊烟 chuīyān 乘流而下 chéngliú'érxià 噗啦 pūlā 结成 jiéchéng 啄理 zhuólǐ 匀给 yúngěi 笃厚 dǔhòu 唱啊唱 chàng nga chàng 淙淙 cóngcóng 悭吝 qiānlìn 哺育 bǔyù 憔悴 qiáocuì 是啊 shìra 胳膊 gēbo

23 号作品《课不能停》：积雪盈尺 jīxuěyíngchǐ 小心翼翼 xiǎoxīn-yìyì 犯得着 fànde zháo 供不起 gōngbùqǐ 当晚餐 dàngwǎncān 挨一天饿 áiyìtiān'è 宁愿 nìngyuàn

24 号作品《莲花和樱花》：瞬间 shùnjiān 奈良 nàiliáng 熟悉 shúxī 或 shúxi 莲蓬累累 liánpeng léiléi 成熟 chéngshú 日子 rìzi 结识 jiéshí 用得着 yòngdezháo 缅怀 miǎnhuái 嘱望 zhǔwàng

25 号作品《绿》：揪着 jiūzhe 妄想啊 wàngxiǎngnga 着实 zhuóshí 皱缬 zhòuxié 尘滓 chénzǐ 什刹海 Shíchàhǎi 蕴蓄 yùnxù 鲜润啊 xiānrùn na 挹 yì 明眸善睐 míngmóu-shànlài 抚摩 fǔmó 姑娘 gūniang 掬 jū

26 号作品《落花生》:后园 hòuyuán　播种 bōzhǒng　尝尝 chángchang　难得 nándé　姐姐 jiějie　哥哥 gēge　便宜 piányi　桃子 táozi　石榴 shíliu　枝头 zhītóu　答应 dāying　好处 hǎochu　味儿 wèir　价钱 jiàqian

27 号作品《麻雀》:前边 qiánbian　白桦树 báihuàshù　石子 shízǐr　怪物啊 guàiwu wa　是啊 shìra　鸟儿 niǎor

28 号作品《迷途笛音》:奔向 bēnxiàng　苍蝇 cāngying　削着 xiāozhe　小家伙儿 xiǎojiāhuor　乡下 xiāngxia　男孩儿 nánháir

29 号作品《莫高窟》:莫高窟 Mògāokū　东麓 dōnglù　威风凛凛 wēifēng-lǐnlǐn　琵琶 pípa 或 pípá　遨游 áoyóu　藏经洞 cángjīngdòng　帛画 bóhuà

30 号作品《牡丹的拒绝》:牡丹 mǔdān　膜拜 móbài　为之感动 wéizhīgǎndòng　烁 shuò　铺撒 pūsǎ　萎顿 wěidùn　消遁 xiāodùn　吝惜 lìnxī　诅咒 zǔzhòu　苟且 gǒuqiě　媚俗 mèisú　贬谪 biǎnzhé　为气为魂 wéiqìwéihún　卓尔不群 zhuó'ěr-bùqún

31 号作品《"能吞能吐的"森林》:涵养 hányǎng　农谚 nóngyàn　卓著 zhuózhù　调度室 diàodùshì　飓风 jùfēng　洪涝 hónglào

32 号作品《朋友和其他》:极熟 jíshú　酿制 niàngzhì　巷口 xiàngkǒu　契合 qìhé　惊骇 jīnghài　束缚 shùfù　不在乎 bú zàihu　诋毁 dǐhuǐ　舒坦 shūtan　乌桕 wūjiù

33 号作品《散步》:妻子 qīzi　儿子 érzi　小家伙 xiǎojiāhuor　分歧 fēnqí　一霎时 yíshàshí　孙儿 sūn'ér　委屈 wěiqu　主意 zhǔyi

34 号作品《神秘的"无底洞"》:地壳 dìqiào　地幔 dìmàn　濒临 bīnlín　湍湍 tuāntuān　企图 qǐtú　枉费 wǎngfèi　没完没了 méiwánméiliǎo

35 号作品《世间最美的坟墓》:木栅栏 mùzhàlan　禁锢 jìngù　风儿 fēng'ér　俯临 fǔlín　飒飒 sàsà　覆盖 fùgài　心思 xīnsi　圭 guī　奢华 shēhuá　安息地 ānxīdì

36 号作品《苏州园林》:对称 duìchèn　亭子 tíngzi　比方 bǐfang　池沼 chízhǎo　重峦叠嶂 chóngluándiézhàng　竹子 zhúzi　丘壑 qiūhè　觉得 juéde　宽敞 kuānchǎng　模样 múyàng　玲珑 línglóng

37 号作品《态度创造快乐》:花 huār　穿着 chuānzhuó　澄明 chéngmíng　旷达 kuàngdá　胸襟 xiōngjīn　浸泡 jìnpào

38 号作品《泰山极顶》:云彩丝儿 yúncaisīr　想头 xiǎngtou　山根儿 shāngēnr　岱宗坊 Dàizōngfāng　经石峪 Jīngshíyù　不禁 bùjīn　柏洞 bǎidòng　露面 lòumiàn　对峙 duìzhì　权当 quándàng　卷 juàn

39 号作品《陶行知的"四块糖果"》:学生 xuésheng　当即 dāngjí　喝止 hèzhǐ　挨训 áixùn　你啊 nǐ ya　同学啊 tóngxué ya

40 号作品《提醒幸福》:孪生 luánshēng　相傍相依 xiāngbàng-xiāngyī　南辕北辙 nányuán-běizhé　震颤 zhènchàn　金鬃毛 jīnzōngmáo　步履 bùlǚ　瘟疫 wēnyì　征兆 zhēngzhào　甘霖 gānlín　真谛 zhēndì　喧嚣 xuānxiāo　一块儿 yí kuàir　幸福啊 xìngfú wa　熠熠夺目 yìyì-duómù

41 号作品《天才的造就》:贫民窟 pínmínkū 塑料盒 sùliàohér 椰子壳 yēzikér 胡同 hútòngr 干涸 gānhé 卖劲 màijìnr 祈祷 qídǎo 别墅 biéshù 脸蛋儿 liǎndànr

42 号作品《我的母亲独一无二》:丈夫 zhàngfu 亲戚 qīnqi 明白 míngbai 隐瞒 yǐnmán 疾痛 jítòng 抓挠 zhuānao 一点 yīdiǎnr 招呼 zhāohu

43 号作品《我的信念》:坚韧不拔 jiānrènbùbá 事情 shìqing 天赋 tiānfù 休息 xiūxi 结茧 jiéjiǎn 执着 zhízhuó 鞭策 biāncè 镭 léi 竭力 jiélì 拖累 tuōlèi

44 号作品《我为什么当教师》:教书 jiāoshū 成分 chéngfèn 品尝 pǐncháng 赋予 fùyǔ 指点迷津 zhǐdiǎn míjīn 炽爱 chì'ài 冥顽不灵 míngwánbùlíng

45 号作品《西部文化和西部开发》:广袤 guǎngmào 敦煌 Dūnhuáng 奇迹 qíjì 恢宏 huīhóng 兵马俑 bīngmǎyǒng 瞩目 zhǔmù 成为 chéngwéi 集萃地 jícuìdì

46 号作品《喜悦》:绚丽 xuànlì 挖掘 wājué 悲天悯人 bēitiān-mǐnrén 超拔 chāobá 饱经沧桑 bǎojīng-cāngsāng 澄澈 chéngchè 归巢 guīcháo

47 号作品《香港:最贵的一棵树》:湾仔 wānzǎi 热闹 rènao 合同 hétong 底下 dǐxia 堪称 kānchēng 树冠 shùguān 榕圃 róngpǔ

48 号作品《鸟的天堂》:部分 bùfen 一簇 yícù 缝隙 féngxì 闪耀 shǎnyào 颤动 chàndòng 泊 bó 拨 bō 缓缓地 huǎnhuǎn de 树梢 shùshāo

49 号作品《野草》:故事 gùshi 种子 zhǒngzi 结合 jiéhé 纷纭 fēnyún 解剖 jiěpōu 机械力 jīxièlì 骨骼 gǔgé 笋 sǔn 瓦砾 wǎlì 曲曲折折 qūqū-zhézhé 结果 jiéguǒ 韧性 rènxìng 掀翻 xiānfān 的确 díquè 目的 mùdì

50 号作品《一分钟》:招呼 zhāohu 收拾 shōushi 颇 pō 一番 yìfān 井然有序 jǐngrán-yǒuxù 漾 yàng 一下子 yíxiàzi 尴尬 gāngà

51 号作品《一个美丽的故事》:鼻子 bízi 损 sǔn 即便 jíbiàn 聪明 cōngming 涌出 yǒngchū

52 号作品《永远的记忆》:翁 wēng 笑眯眯 xiàomīmī 头发 tóufa 弟弟 dìdi 素净 sùjìng 认识 rènshi 陌生 mòshēng 字迹 zìjì 漂泊 piāobó 仍然 réngrán

53 号作品《语言的魅力》:褴褛 lánlǚ 乞丐 qǐgài 无动于衷 wúdòngyúzhōng 姗姗 shānshān 老人家 lǎorénjiā 胡子 húzi 这个 zhège 莺歌燕舞 yīnggēyànwǔ 陶醉 táozuì 良辰美酒 liángchén-měijiǔ

54 号作品《赠你四味长寿药》:鹗 è 一幅 yìfú 当 dàng 利禄 lìlù 气血 qìxuè 佳肴 jiāyáo 勉强 miǎnqiǎng 下咽 xiàyàn 即使 jíshǐ

55 号作品《站在历史的枝头微笑》:寻觅 xúnmì 众生相 zhòngshēngxiàng 丛林 cónglín 境遇 jìngyù 领略 lǐnglüè 萌生 méngshēng 部分 bùfen 遗迹 yíjì 应有 yīngyǒu

56 号作品《中国的宝岛——台湾》:地处 dìchǔ 狭长 xiácháng 梭子 suōzi 脊梁 jǐliang 湖泊 húpō 调剂 tiáojì 甘蔗 gānzhe

57 号作品《中国的牛》:田垄 tiánlǒng 阡陌 qiānmò 畜牲 chùsheng 踟蹰 chíchú 褐色 hèsè 下种 xiàzhǒng 收成 shōucheng 嫩草 nèncǎo 附 fù 闲适

xiánshì　尾巴 wěiba　耳朵 ěrduo　苍蝇 cāngying

58 号作品《住的梦》：好玩儿 hǎowánr　成为 chéngwéi　教人 jiāo rén　光润 guāngrùn　涤清 díqīng　柿子 shìzi　主意 zhǔyi 或 zhúyi　书铺 shūpù　便宜 piányi　暂 zàn

59 号作品《紫藤萝瀑布》：不由得 bùyóude　条幅 tiáofú　迸溅 bèngjiàn　笼罩 lǒngzhào　依傍 yībàng　枯槐 kūhuái　伶仃 língdīng　盘虬 pánqiú　酒酿 jiǔniàng　帆 fān

60 号作品《最糟糕的发明》：降解 jiàngjiě　散落 sànluò　草丛 cǎocóng　牲畜 shēngchù　庄稼 zhuāngjia　板结 bǎnjié　焚烧 fénshāo　称为 chēngwéi　处理 chǔlǐ　二噁英 èr'èyīng　氟利昂 fúlì'áng　免疫 miǎnyì

# 第五节　命题说话应试技巧训练

## 【技能准备】

尝试以"我的学习生活"或"我尊敬的人"为说话主题，草拟说话提纲。

## 【理论与方法】

第四部分命题说话，说话时间不得少于 3 分钟，共 40 分，此项成绩占总分的 40%。

### 一、测试目的

考查考生在没有文字凭借的情况下说普通话所能达到的规范程度。这不仅是对考生语言水平的考查，也是对其心理素质的考验。

### 二、测试要求

普通话测试的话题大致可以分为两类：记叙和议论。记叙类主要是记人、记事、记物，比如，我尊敬的人、童年记忆、我喜欢的动物；议论类主要是论人、论事、论物，如谈谈个人修养、谈谈购物的感受、谈谈服饰。

题目虽然类型不同，但是都要求做到紧扣题目，条理清晰，内容充分，普通话发音准确。

### 三、评分标准

1.语音标准程度，共 25 分，其中档次为：

一档　语音标准，极少失误，扣 0~2 分。

二档　语音失误在 10 次以下，方音不明显，扣 3~4 分。

三档 语音失误在 10 次以下,方音比较明显或方音不明显,语音失误大致在10~15次,扣5~6分。

四档 语音失误在 10~15 次,方音比较明显,扣7~8分。

五档 语音失误超过 15 次,方音明显,扣9~11分。

六档 语音失误多,方音重,扣 12~14分。

语音面貌确定为二档(或二档以下),即使总分在 97 分以上,也不能入一级甲等;语音面貌确定为五档的,即使总分在 87 分以上,也不能入二级甲等;有以上情况的,都应在等内降等评定。

2.词汇、语法规范程度,共 10 分,计分档次为:

一档 词汇、语法合乎规范,不扣分;

二档 偶有词汇或语法不符合规范的情况(1~2次),每次扣1分;

三档 词汇、语法屡有不符合规范的情况,扣3~4分。

3.自然流畅程度,共 5 分,记分档次为:

一档 自然流畅,不扣分。

二档 基本流畅,口语化较差,有类似背稿子的表现,扣0.5~1分。

三档 语速不当,话语不连贯;语调生硬;说话时间不足,必须由主试人用双向谈话加以弥补,扣2~3分。

**四、考前练习**

(一)对说话题目进行构思,理清思路,确定提纲,并多加练习

说话项共 3 分钟,要想在 3 分钟内有话可说,需要根据主题对说话内容进行选择和组织,确定话题的提纲。

例如:我最尊敬的人

我最尊敬的人是我的爸爸,原因有三。一是他脾气特别好,从来不打骂我们。记得在我上小学的时候,有一天我不小心把他的手表弄坏了,他也只是教育我。二是他勤奋好学,从一个只有初中毕业文凭的工人,成了一名注册会计师。记忆中爸爸晚上总是在办公室看书学习。三是他特别节俭,但是对亲人和朋友却总是很大方。他的衣服袜子坏了,也只是缝缝补补又穿上了,舍不得买件新的。

根据"我最尊敬的人"这个主题,说话者确定了说话的提纲及大致的内容。考试时,只需要对"有一天我不小心把他的手表弄坏了,他也只是教育我""爸爸晚上总是在办公室看书学习"等事例具体展开,就可以完成说话三分钟的要求。

(二)说话过程中要注意语音标准、语法规范

在测试中,由于受母语的影响,在没有文字凭借的情况下,很多考生容易出现方言音,甚至出现方言词汇及方言语法。

例如:谈谈美食

我是一个典型的吃货,哪儿有好吃的,我都想去尝尝。有一次我回老家,吃过一种雪条,超好吃!上面有绿豆、巧克力。奶奶给五十块钱我,我一次就买了五条,吃得特别过瘾。

上面的说话内容中，要注意"型、吃、尝尝、次"等后鼻音、翘舌音、平舌音字词的发音，还要注意"哪儿、一次、一种"等词语的音变；"雪条"属于方言词，应改为"冰棍儿"或"冰淇淋"；"奶奶给五十块钱我"属于方言语法，应改成"奶奶给我五十块钱"。

（三）语调要自然，说话要流畅

所谓自然就是指说话要口语化，不要带读书腔。为达到语调自然、说话流畅的目标，应做充分准备，并多用短句，少用长句；多用单句，少用复句；多用口语、儿化词，少用书面语；语速适中，不要过快。

例如：我的家乡

我的家乡是一个风景优美、民风淳朴、物产丰富，位于祖国西南与越南接壤的边陲小镇。

这个句子说着特别绕口，可改为"我的家乡在中国的西南，与越南接壤，是一个边陲小镇。这里风景优美，民风淳朴，物产丰富"。

---

**【技能训练】**

**一、读读普通话测试说话例文 1 号《我的学习生活片段》，谈谈哪些值得你借鉴**

### 我的学习生活片段

我的学习生活是多姿多彩的，它给我带来无穷的乐趣。在课堂上的学习，是有老师跟我们一起进行的。课堂气氛非常活跃，给我的学习生活增添了色彩。除了课堂上的学习之外，在课外时间我的学习生活也是丰富多彩的，比如在宿舍，宿舍既是休息的地方，也是读书的好场所，尤其是午休前时间。每天吃完午饭，同室舍友一个个像变戏法般翻出各种各样的书来读，有图书馆借来的，有书屋租来的，有自己花钱买的，可谓来源之广。这些书中，有教人如何维护自尊的《简·爱》，有描述项羽夺权争霸的《西楚霸王》，有展现一代女皇风采的《武则天》……世界名著固然精彩，包罗万象的杂志也令人爱不释手，我们看属于自己的《女友》，看描写我们的《金色年华》。还看已经与我们擦肩而过的《少男少女》；心情不佳时去寻觅《知音》。与人交往受挫时找《做人与处世》，在《大众电影》中目睹心中偶像的风采，在《科幻世界》中创造未来。一本好书在手，一切烦恼都抛于脑后，因为有书，午休看，晚睡也看，曾无数次打手电筒躲在被窝里看，甚至不惜冒险点起蜡烛也要看，经常因此而遭到宿舍检查人员三番五次的敲门警告。读了一本好书，总是希望有人与你分享。每天晚上的"卧谈"时间我们谈得最多的也是书。

**二、说话**

以下为普通话水平测试用说话题目，请从中选择一个，拟定说话提纲，进行说话训练。

（1）我的业余生活

（2）我的假日生活

（3）我的成长之路

（4）我的家乡

（5）我喜欢的节日

## 【技能巩固】

1.普通话测试说话例文《谈谈美食》，说说哪些值得你借鉴。

### 谈谈美食

如果说在现在这个社会你不懂得什么好吃，那么你就很 out 了，今天我们就来一起学一下普通话考试说话范文《谈谈美食》，让我们一起学习一下该如何去介绍美食，介绍我们身边的美食。

我并不是一个美食家，但是我是一个对吃很讲究的人，我从不乱吃东西。我吃东西是从健康的角度来考虑的，只要是对身体健康有利的东西，不管是好吃还是不好吃，我都要吃，而且我在饮食的过程中还会注意各种膳食的合理搭配，比如，肉类与素菜的搭配呀，水果与杂粮相配合呀，等等。现在许多人都在追求所谓的绿色食品，这表明人们对美食的要求已经上升到了对健康有利的高度了。

我吃东西也讲求变化，就算是再好吃的美食，要是天天重复吃，也不会觉得好吃了，有些东西偶尔难得吃上一两回的时候，那才算好吃，毕竟物以稀为贵吧。

再就是活到老，吃到老，当然也要学到老，学习什么？ 学习的是吃，边吃边学，边学边研究。有些人吃食无讲究，只讲求填饱肚子就行了，或者只要是味道好就什么都吃，我觉得这样吃只能饱口福而不算是善待自己，因为这样吃东西根本不能合理满足身体各方面的营养需要，只有那些四处奔波劳碌只图一日三餐吃饱的人才会这样吃。不过也有些有钱人只追求色、香、味俱全的美酒佳肴，常常把自己撑得大腹便便，到头来还弄得周身是病，这样又何苦呢？我觉得美食是一种文化，一种学问，只有研究这吃东西，才能吃出健康的身体来。这些就是我对美食的一些见解。

相信同学们学习了普通话考试说话范文《谈谈美食》这篇例文之后，能学会如何向身边的朋友介绍美食。

2.请从以下几个题目中选择一个进行说话练习。

说 3 分钟的话，要求语音标准，词汇语法规范，表达自然流畅。

（1）谈谈卫生与健康

（2）谈谈服饰

（3）谈谈科技发展与社会生活

（4）谈谈社会公德

（5）谈谈个人修养

## 附录五：普通话水平测试用说话题目 30 个

1.我的愿望
2.我的学习生活
3.我尊敬的人
4.我喜爱的动物（或植物）
5.童年的记忆
6.我喜爱的职业
7.难忘的旅行
8.我的朋友
9.我喜爱的文学（或其他）艺术形式
10.谈谈卫生与健康
11.我的业余生活
12.我喜欢的季节（或天气）
13.学习普通话的体会
14.谈谈服饰
15.我的假日生活

16.我的成长之路
17.谈谈科技发展与社会生活
18.我知道的风俗
19.我和体育
20.我的家乡（或熟悉的地方）
21.谈谈美食
22.我喜欢的节日
23.我所在的集体（学校、机关、公司等）
24.谈谈社会公德
25.谈谈个人修养
26.我喜欢的明星（或其他知名人士）
27.我喜爱的书刊
28.谈谈对环境保护的认识
29.我向往的地方
30.购物（消费）的感受

# 模块二

## 一般口语交际训练

# 第三章

# 普通话科学发声技能训练

## 第一节　用气发声训练

【技能准备】

1.吸气训练:扩展两肋、吸气要深、小腹内收。
2.呼气训练:稳劲地呼、要有控制、要有变化。

【理论与方法】

**一、呼吸的基本方法**

常见的呼吸方法有三种,即胸式呼吸、腹式呼吸和胸腹式联合呼吸。

（一）胸式呼吸

胸式呼吸,又称浅呼吸。它主要靠上体肋骨扩大胸腔的水平度来呼吸,吸气时横膈膜下降幅度很小,腹肌基本没有运动;呼气时,肌肉放松以恢复原状。这种呼吸吸入的气流量少,气息浅。发高音时,显得中气不足,容易造成喉头及颈部肌肉的紧张,导致声音干瘪,缺乏弹性。在幼儿故事讲述中模仿一些声音比较尖、细的小动物声音时适用。

（二）腹式呼吸

腹式呼吸,又称深呼吸。这种呼吸法的特点为吸气时腹部明显凸起,由于它主要靠膈肌升降完成呼吸运动,因而胸廓周围径基本不变。腹式呼吸法,吸入气流量较大,呼气发声时呼出气流量较大,气流强度、流量有一定幅度的变化。从发声角度分析,采用腹式呼吸法时声音往往显得深、重、低、沉。在讲故事时一些粗犷、深沉的声音可以采用此种呼吸方式。例如,模仿老人、大熊、猪等的声音时可采用腹式呼吸法。

（三）胸腹式联合呼吸

胸腹式联合呼吸,也称胸部与横膈并用式呼吸。吸气时,一方面借助胸部呼吸肌肉力量,使肋骨提高和扩展,从而扩大胸腔;同时,横膈膜收缩下降增加胸部容积,胸腔得到了全面的扩大,使肺部气流的容量相应增加,为发声提供充足的气流。另外,这种呼吸方法增强了对气流的控制能力,能够对气流的强弱、长短进行调节,进而自如地控制声音的高低强弱,以适应各种长时间发声运动,发出的声音也圆润饱满。

**二、用气发声训练**

(一)吸气要领及训练

1.吸气要领。

吸入肺底,两肋打开,腹壁站定。"吸入肺底"是指找到将气吸到肺底的感觉,引导气息通达体内深部,使膈肌明显收缩下降,有效地增加进气量。"两肋打开"是吸气时在肩胸放松的情况下使下肋得到较为充分的扩展,此时,膈肌与胸廓的运动产生联系。一般感觉到两肋打开,以左右的平衡运动为主,尤其后腰部感觉较为明显。"腹壁站定"是吸气时在胸部扩张的同时,应使腹部肌肉向小腹"丹田"位置(肚脐下方三个手指处)收缩,上腹壁保持不凸不凹的状态。

2.吸气训练法。

(1)闻花香:平稳地坐于凳子上,闭上双眼,双手轻轻放在腰部两侧,想象面前有束鲜花,深吸一口气,将香气全部吸进来,吸气时肩膀不上抬,胸口不紧绷,腹部慢慢扩张,吸气沉入腹部。

(2)半打哈欠:不张大嘴打哈欠,气息瞬间进入,腹部膨胀,胸腔扩张,腰带周围也有胀满的感觉。

(3)快速吸气:想象自己急于要找的人突然就出现在前方,准备呼喊,这时两肋会快速提起,迅速吸气。此刻吸气类似于倒吸气,气息在不知不觉中迅速进入肺底。快吸时要注意保持慢吸时"吸入肺底、两肋打开、腹壁站定"的基本状态,只是将慢慢吸气改为在不经意间一张嘴的一瞬间立即吸气到位。

(二)呼气要领及训练

1.呼气要领。

产生稳劲的状态,保持气息持久力,熟练掌握调节方法,使呼吸运动自如。"产生稳劲状态"是指呼气时仍适当保持吸气感觉,用吸气肌肉群的力量抵挡呼气肌肉群的力量,使呼气变得规则、均匀,达到稳劲控制呼气的目的。"保持气息持久力"是指呼气维持时间长。它有两层含义:一是一口气能维持多久,发出多长的音节;二是长时间保持良好的呼气状态。要想呼气保持持久需积极锻炼。

2.呼气训练法。

(1)吹灰练习:假设面前有一张桌子,上面布满灰尘,请将上面灰尘吹掉。吹气时要缓缓地、有力地吹,找到吹灰过程中腹部收缩、紧绷的感觉。

(2)自行车漏气法:深吸气后均匀吐气,吐气时不间断发"si"的声音,流出的气流要匀量匀速。反复练习后一口气吐出时应能持续30~40秒的时间。

(三)呼吸发声综合训练

1.腹肌的发声训练。

(1)站立发声法:站立,喉部放松,用腹肌爆发力将气集中成束送至口腔前部,有力发出"哈嘿嗷呵",体会腹肌弹发力量。

(2)平躺练习法:平躺在地面上,在腹部上放一摞书,先做慢吸慢呼动作,使腹部缓缓地起落,反复几遍之后,做快吸慢呼动作。快吸时,我们能体会到腹肌迅速向丹田位置收缩,而且不能使书本倾倒,慢呼时自然地、轻松地带出平稳的"鱼"音。

2.膈肌的发声训练——以小狗喘气发声练习为例。

(1)变开口为闭口,吐气时可发"si"的音,这样可以减轻气流对喉部的摩擦,通过练习体会膈肌弹发的感觉。

(2)变无声为有声。在呼气的同时发"嘿"音。发这个音时分为两步:第一步深吸气后先发一个扎实的"嘿"音,发音时喉咙放松,声音会宽厚圆润、洪亮有底气;第二步是在膈肌单声强发状态稳定下,增加连续发音的次数——"嘿嘿嘿嘿……",感受依靠腹部和膈肌的力量带动发声的状态。如此经常练习可以使我们的呼气和发声更好地结合起来,也能通过发声让我们感受到气息对发音的重要性。

3.呼吸运用综合性训练。

(1)慢吸慢呼:用深吸气的方式吸入气息,用自己最舒服的声音发元音"a"的延长音。声音逐渐由小到大,由低到高,由近到远,由弱到强。喉部放松,气息要通畅自如,气流集中地打到硬腭前发出。

(2)慢吸快呼:保持深呼吸吸气的正确状态,吸气之后,用一口气尽量说又多又快的话,可以用简单重复的绕口令来练习。如:"吃葡萄不吐葡萄皮……""班干部不管班干部……"。

(3)快吸慢呼:用快速吸气法吸气,并保持住气息,呼气时缓缓呼出,配合声音,平稳均匀。例如,阿毛在远处,你发现了他,你抢吸一口气,然后拖长腔去喊他:"阿毛——"呼喊时声音要真实,不要太假。当气息不够时停下来,重新换气再喊。

(4)快吸快呼:用快速吸气法吸气,吸完就呼气,呼出时速度要快,有意识地体会膈肌弹发的感觉,可采用快板书进行训练。

(四)换气训练

幼儿教师在从事教育活动过程中,尤其是以诗词朗诵、讲故事等为内容的教学活动中,为了更好地表情达意、抒发情感需要进行换气处理。有效的换气处理,使声音更加圆润饱满,使言语内容更具有艺术性、审美性,使情感表达更加灵活,更加真实。

1.换气要领。句首换气应无声到位,句子当中换气应小量补充,句子之间应从容换气,句子结尾应余气托送。

2.换气的基本方法:(1)偷气:以极隐蔽的方式,不为人察觉地迅速进气,偷气是腹肌在一瞬间的松弛动作。偷气常用于语句中的小量补气和紧凑句子的换气。例如,北京人民广播电台。//各位听众,/现在播送///北京市气象台/今天晚上六点钟发布的北京地区天气预报。

(2)抢气:抢气有抢夺的感觉,为了情感和内容表达的需要,专门让人知道换气,不顾及有没有杂音,明抢气口。例如,她噙着泪水/说出了藏在心里的话:"//离家前,//妈妈嘱咐我://'大城市的人/好欺负乡下人,/一个山里妹子/更得处处留心。'可在北京,/我却遇到了这么多好心人。"(《情满区委大院》)

(3)就气:就气听感上有停顿且实际上不进气,运用体内余气予以补贴。往往有种腹肌往外推的感觉,实际上就是我们声断气不断的状态。例如,她名叫胡春荣,/是四川省东部山区/来京服务的/小保姆,年仅十八岁。

（五）气息与情感

1.情感种类。

人的情感大致可以分为喜、怒、忧、思、悲、恐、惊等几种。幼儿教师在教育教学过程中,可以通过气息调节表达这几种情感。这就要求教师须掌握气息与情感变化处理的基本规律,以此来实现情与气的有机结合,更好地传情。

2.情感与气息呈现的关系。

（1）当人们欢悦、激动的时候,多半是提气的状态,气满而声高。

（2）当人们气愤、恼怒的时候,多半是憋气的状态,气粗而声重。

（3）当人们悲伤、失望的时候,多半是长呼气的状态,气缓而声沉。

（4）当人们惊慌、恐惧的时候,多半是倒吸一口气的状态,气提而声促。

（5）当人们思念、赞美的时候,多半是托气的状态,气缓而声柔。

## 【技能训练】

### 一、分项训练

（一）发声训练

快板《道德规范说一点儿》

甲:来到学校文明点儿,见到老师礼貌点儿。

  帮助同学热情点儿,对小朋友关心点儿。

  听讲时专心点儿,学习上认真点儿。

  写作业干净点儿,成绩就会提高点儿。

乙:粗话脏话禁止点儿,随地吐痰监督点儿。

  公共设施爱惜点儿,不在墙上画一点儿。

  花草树木保护点儿,环境才会美一点儿。

甲:听一点儿,记一点儿,交通规则遵守点儿。

  过马路小心点儿,公路上少玩点儿。

  这样才会安全点儿,家庭就会幸福点儿。

乙:对待老人孝敬点儿,待人接物热情点儿。

  心里自然愉快点儿,身体就会健康点儿

  公民爱国守法点儿,城市道德规范点儿。

  社会环境优美点儿,对人诚实守信点儿,家庭就会和睦点儿。

甲:最后再来补充点儿,文明点儿,礼貌点儿。

乙:宽容点儿,自信点儿,热情点儿,道德点儿。

甲:爱国点儿,守法点儿,明理点儿,诚信点儿。

乙:勤俭点儿,自理点儿,敬业点儿,奉献点儿。

甲、乙:说完了,意见您就少提点儿。

(二)换气训练

1.绕口令练习。

出东门,过大桥,大桥前面一树枣,拿着竿子去打枣,青的多,红的少,一个枣儿、两个枣儿、三个枣儿、四个枣儿、五个枣儿……十个枣儿,十个枣儿、九个枣儿、八个枣儿……一个枣儿。这是一段绕口令,一口气说完才算好。

2.新闻稿件换气练习。

第15届中日韩青少年运动会羽毛球比赛昨天在广西桂林落幕。在昨天的落幕赛中,中国男队三战全胜;中国女队赢得更加干脆,以三个5比0的总比分让日本、韩国和广西桂林队望尘莫及。最终,中国队本次以不败战绩,包揽了男女团体两项冠军。

3.朗读诗歌。

### 明日歌
钱鹤滩

明日复明日,明日何其多。

我生待明日,万事成蹉跎。

世人若被明日累,春去秋来老将至。

朝看水东流,暮看日西坠。

百年明日能几何?请君听我明日歌。

明日复明日,明日何其多!

日日待明日,万事成蹉跎。

世人皆被明日累,明日无穷老将至。

## 二、综合训练

### 桃树下的小白兔

小白兔的家在一棵桃树下,那儿有草地、鲜花,还有一条小溪,整天叮叮咚咚响。春天,桃树开花了。暖和的风吹过,花瓣落下来,好像下了一场粉红色的雪。

小白兔捡起花瓣,想起许多朋友:"我要把这些花瓣寄给我的朋友。"小白兔把花瓣放进信封里,往天上一撒,说:"飞吧,飞吧,快飞到朋友们的身边去。"

老山羊收到了信,他说:"啊,这是一张多么美丽的书签哪!"小猫收到了信,她说:"这是一只多么漂亮的发夹呀!"小松鼠收到了信,他说:"这是一把有香味儿的扇子呢!"小蚂蚁也收到了信,她把花瓣当成了船,乘着船儿在水里荡啊荡啊,真是美极了。

收到礼物的动物们一起去看望小白兔,看到桃树时,动物们都惊奇地喊起来:"呀!小白兔送的礼物,原来是桃花呀!"

小白兔说:"欢迎,欢迎,欢迎大家来做客。"大家围着桃树,唱起了春天的歌,跳起了欢快的舞。

【技能巩固】

1.根据情感提示,朗读下面几句话,注意科学地使用气息表达情感。

表示欢快之情:妈妈,妈妈,你今天真漂亮!

表示恼怒之情:谁让你动我的东西?

表示悲伤之情:唉,又没考好!

表示惊慌之情:谁? 谁在外边?

表示思念之情:去年的生日是妈妈陪我一起过的。

2.感受分析朱自清先生散文《春》的思想情感,思考采用怎样的气息处理模式来表情达意,并大声朗读这篇散文。

## 春

### 朱自清

盼望着,盼望着,东风来了,春天的脚步近了。

一切都像刚睡醒的样子,欣欣然张开了眼。山朗润起来了,水涨起来了,太阳的脸红起来了。

小草偷偷地从土里钻出来,嫩嫩的,绿绿的。园子里,田野里,瞧去,一大片一大片满是的。坐着,躺着,打两个滚,踢几脚球,赛几趟跑,捉几回迷藏。风轻悄悄的,草软绵绵的。

桃树、杏树、梨树,你不让我,我不让你,都开满了花赶趟儿。红的像火,粉的像霞,白的像雪。花里带着甜味儿;闭了眼,树上仿佛已经满是桃儿、杏儿、梨儿。花下成千成百的蜜蜂嗡嗡地闹着,大小的蝴蝶飞来飞去。野花遍地是:杂样儿,有名字的,没名字的,散在草丛里,像眼睛,像星星,还眨呀眨的。

"吹面不寒杨柳风",不错的,像母亲的手抚摸着你。风里带来些新翻的泥土的气息,混着青草味儿,还有各种花的香,都在微微润湿的空气里酝酿。鸟儿将窠巢安在繁花嫩叶当中,高兴起来了,呼朋引伴地卖弄清脆的喉咙,唱出宛转的曲子,与轻风流水应和着。牛背上牧童的短笛,这时候也成天在嘹亮地响着。

雨是最寻常的,一下就是三两天。可别恼。看,像牛毛,像花针,像细丝,密密地斜织着,人家屋顶上全笼着一层薄烟。树叶子却绿得发亮,小草儿也青得逼你的眼。傍晚时候,上灯了,一点点黄晕的光,烘托出一片安静而和平的夜。在乡下,小路上,石桥边,有撑起伞慢慢走着的人;地里还有工作的农民,披着蓑戴着笠。他们的房屋,稀稀疏疏的,在雨里静默着。

天上风筝渐渐多了,地上孩子也多了。城里乡下,家家户户,老老小小,他们也赶趟儿似的,一个个都出来了。舒活舒活筋骨,抖擞抖擞精神,各做各的一份事去。"一年之计在于春",刚起头儿,有的是工夫,有的是希望。

春天像刚落地的娃娃,从头到脚都是新的,它生长着。

春天像小姑娘,花枝招展的,笑着,走着。

春天像健壮的青年,有铁一般的胳膊和腰脚,领着我们上前去。

# 第二节　吐字归音训练

**【技能准备】**

双唇练习:一是双唇阻住气流,然后突然放开,爆发出 b 和 p 音;二是双唇紧闭,用力噘嘴、嘴角后拉,前后交替进行;三是双唇紧闭,撮起,向上下左右移动,交替进行。

**【理论与方法】**

吐字归音是我国传统说唱理论中提及咬字方法时所用的一个术语,即把一个音节的发音过程分为出字、立字和归音 3 个阶段,并对每个阶段提出具体的发音控制要求,以保证发音吐字的准确规范。

从汉语音节特点入手分析,把一个汉字音节分为字头、字腹和字尾三个阶段。字头是指音节开头的声母或是声母加上韵母的韵头部分(韵头,即介音,因为它对声母的发音口型影响很大,因此一般将其列为字头);字腹是指韵母中的主要元音;字尾则是韵尾。如:"piao"音,字头为"pi",字腹为"a",字尾为"o"。一般来说,一个音节可能没有字头,如"an"音,也可能没有字尾,如"jia"音,但字腹是不可缺少的。吐字归音训练就是要将以上 3 个阶段发声到位,以实现字正腔圆。

## 一、吐字归音要领

(一)出字——对字头的处理

基本要求:叼住弹出。

出字是指字头的发音过程,声母成阻、持阻阶段的发音特点要求成阻要有一定的力度,成阻部位的肌肉一定要有紧张度,出气要有力。成阻的力量不是"咬"住,因此成阻要用巧劲而不要用拙劲。

(二)立字——对字腹的处理

基本要求:拉开立起。

立字是针对字腹发音过程而言的。从吐字的枣核型来看,字腹部分需做到拉开立起。拉开是指时间上的感觉,立起是空间上的感觉,通过拉开立起使发音到位、充分、饱满、响亮、圆润。复韵母发音时舌位的移动和唇型的变化要做到快速而自然。

(三)归音——对字尾的处理

基本要求:趋向鲜明、到位弱收。

字尾归音指的是发音的收尾过程,要弱收到位,这对音节发音的完整性很重要。"弱收"是指音节结尾的发音要做到气渐弱,力渐松,尾音轻短,这样便于实现音节发音的完整和音节之间的区分。"到位"是指有韵尾的音节,字尾音素的舌位发音时要到达规定的位置,干净利落收住。

(四)"枣核型"——发音规范

"枣核型"是民间说唱艺术对一个音节完整发音过程的形象描述和比喻,是建立在汉语音节结构基础上的发音方法。根据汉语音节的结构特点,字头和字尾占的时间短一些,似一个枣核的两端;字腹占的时间长、力量相对也强些,好比枣核中间的凸起部分。一个音节完整的发音过程就好像一个枣核的形状,所以被称为"枣核型",如图3-1所示。

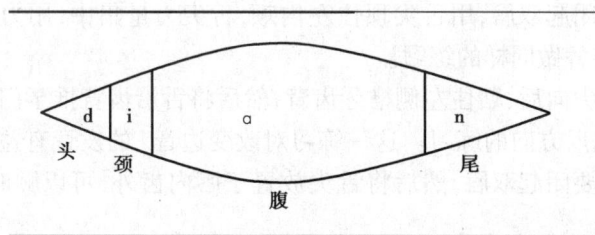

图3-1　"枣核型"

## 二、吐字归音训练

(一)口腔控制练习

1.开口训练。

(1)打开牙关。打开牙关是指加大后牙关开度,使后口腔保持向上提起的感觉。训练时可通过张嘴到极限或做空口腔咀嚼状来体会牙关扩张的感觉,还可以通过上齿刮舌面的动作来体会打开牙关。

(2)提颧肌。颧肌是位于眼睛下方两厘米处的肌肉组织,呈倒三角形状,又称为"笑肌"。微笑时,颧肌上提,这时口腔的前部和上颚的顶部会有微微上提展宽的感觉,同时上唇还会有紧贴牙齿的感觉。训练时,提颧肌并不是保持微笑状态,而是使颧肌稍有紧张收缩的感觉,同时还需注意不要咧嘴。

(3)挺软腭。挺起软腭可以增加口腔后部的空间,又可以关闭鼻腔通道,避免带音气流过多灌入鼻腔。训练时可以用夸张吸气、"半打哈欠"和闻花香的动作来体会软腭上挺的感觉。

(4)松下巴。打开口腔时,下巴放松,否则会导致喉部紧张疲劳。训练时可模仿牙疼时说话,这样下巴处在相对松弛状态。

2.唇部力量训练。

双唇是咬字的器官,唇的控制对吐字质量有明显的影响。在发音时加强唇的力量可以使声音清晰、集中,双唇松懒则发出的声音散漫、无力,唇型不正确还会使字音出错,影响语义。

(1)噘唇裂唇:双唇紧闭,嘴角放松,力量逐渐向唇中部聚拢,此时注意唇不能向外翻开,然后将唇中部缓缓推起,保持,并逐渐放松还原到裂唇状。

(2)绕唇:双唇闭紧向前噘起,沿唇部的上、左、下、右方向转动,做完360度再反方向转,然后反复转动。

(3)喷唇:双唇紧闭,力量集中,堵住气流,唇齿相依,不裹唇,突然喷气出声,发出"po-po-po"音。

3.舌部力量训练。

(1)刮舌:舌尖抵在下齿背,舌体用力,用上门齿的齿沿刮舌中纵线前后。随着嘴的张开,上齿背沿舌面中纵线从前往后刮动,注意舌面中纵线一定要明显隆起与上门齿接触刮动。口腔开度不好及舌面音 j、q、x 发音有问题的同学可以多做此练习。

(2)顶舌:首先闭起双唇,用舌尖顶住左内颊,舌尖力量集中,用力顶,然后再用舌尖顶住右内颊,左右交替做同样的练习。

(3)立舌:将舌尖向后,贴住左侧槽牙齿背,然后将舌沿齿背推至门齿中缝,使舌尖向右侧力翻,接着做相反方向的练习。这一练习对改变边音 l 的发音有益。

(4)转舌:首先要闭起双唇,然后将舌尖放置于唇内齿外,可以顺时针或逆时针进行360度转动。

(5)伸舌:把口张开,鼻孔会有微张的感觉,然后将舌头努力向外伸,舌尖越尖越好,伸完后再缩回来,最大限度缩回,如此反复练习。

(6)舌打响:舌尖力量集中,抵住上齿龈,用力持阻,然后突然弹开,发出类似"da-de-ta-te"音,反复进行。

(二)训练注意点

吐字的综合感觉可以概括为:拢、弹、滑、挂、流。"拢"指发音有关部位着力点向口腔中部集中;"弹"指字音从口腔出去时灵活轻快、弹发有力;"滑"指吐字过程中唇舌在表现音素的过渡时要有滑动感;"挂"指字音出口前要"挂"在口腔前部;"流"指字音在口腔内要有沿中纵线向前流动的感觉。

吐字归音为了达到上述感觉,须注意以下几点:

第一,要把"字头"部位找准确,在准确部位上适当用力,用"字头"力量来带动整个字音的响度,字头不能太长,这是字正的基础。

第二,"字腹"是字音里最长的一段。要"字腹"响亮,就要适当地扩大声腔,一般开口度和深度要比字头、字尾略大、略后。

第三,"字尾"要根据声音的高低和升降决定收音的宽窄。高音和升调收得宽,低音和降调收得窄。从"字腹"过渡到"字尾"气流要逐渐地由强到弱,口腔肌肉由紧逐步放松。这样才能恰如其分地归音到位。

【技能训练】

一、多音节词语练习

| 颁布 | 报表 | 白班 | 被窝 | 辨别 | 必备 | 兵变 |

| | | | | | | |
|---|---|---|---|---|---|---|
| 丰富 | 夫妇 | 肺腑 | 纷繁 | 防范 | 复方 | 到底 |
| 低调 | 懂得 | 独到 | 对待 | 定点 | 断电 | 可靠 |
| 开阔 | 扣款 | 困苦 | 空壳 | 克扣 | 前期 | 请求 |
| 全权 | 轻巧 | 鹊桥 | 亲情 | 气球 | 种植 | 庄重 |

| | | | | |
|---|---|---|---|---|
| 开源节流 | 源远流长 | 百里挑一 | 海阔天空 | 返老还童 |
| 万象更新 | 龙腾虎跃 | 万紫千红 | 见多识广 | 南腔北调 |
| 龙飞凤舞 | 天外有天 | 弄假成真 | 风雨同舟 | 振振有词 |

## 二、绕口令练习

（1）粉红墙上画凤凰，凤凰画在粉红墙。红凤凰，粉凤凰，红粉凤凰，花凤凰。

（2）六十六岁刘老六，修了六十六座走马楼，楼上摆了六十六瓶苏合油，门前栽了六十六棵垂杨柳，柳上拴了六十六个大马猴。忽然一阵狂风起，吹倒了六十六座走马楼，打翻了六十六瓶苏合油，压倒了六十六棵垂杨柳，吓跑了六十六个大马猴，气死了六十六岁刘老六。

## 三、练习诗歌

### 长江之歌

你从雪山走来，春潮是你的风采；你向东海奔去，惊涛是你的气概。你用甘甜的乳汁，哺育各族儿女；你用健美的臂膀，挽起高山大海。我们赞美长江，你是无穷的源泉；我们依恋长江，你有母亲的情怀。

你从远古走来，巨浪荡涤着尘埃；你向未来奔去，涛声回荡在天外。你用纯洁的清流，灌溉花的国土；你用磅礴的力量，推动新的时代。我们赞美长江，你是无穷的源泉；我们依恋长江，你有母亲的情怀。

【技能巩固】

1.绕口令练习。

### 鹅和河

坡上立着一只鹅，坡下就是一条河。

宽宽的河，肥肥的鹅，鹅要过河，河要渡鹅。

不知是鹅过河，还是河渡鹅。

### 鸭和霞

天上飘着一片霞，水上飘着一群鸭。

霞是五彩霞，鸭是麻花鸭。

麻花鸭游进五彩霞，五彩霞挽住麻花鸭。

乐坏了鸭，拍碎了霞，分不清是鸭还是霞。

2.文学作品练习。

### 登高（杜甫）

风急天高猿啸哀，渚清沙白鸟飞回。

无边落木萧萧下,不尽长江滚滚来。

万里悲秋常作客,百年多病独登台。

艰难苦恨繁霜鬓,潦倒新停浊酒杯。

3.朗读散文《笠翁对韵》,注意每个音节的吐字归音。

天对地,雨对风,大陆对长空。山花对海树,赤日对苍穹。雷隐隐,雾蒙蒙,日下对天中。风高秋月白,雨霁晚霞红。牛女二星河左右,参商两曜(yào)斗西东。十月塞边,飒飒寒霜惊戍旅;三冬江上,漫漫朔雪冷渔翁。

河对汉,绿对红,雨伯对雷公。烟楼对雪洞,月殿对天宫。云叆叇(àidài),日曈朦,腊屐对渔篷。过天星似箭,吐魂月如弓。驿旅客逢梅子雨,池亭人挹藕花风。茅店村前,皓月坠林鸡唱韵;板桥路上,青霜锁道马行踪。

山对海,华对嵩,四岳对三公。宫花对禁柳,塞雁对江龙。清暑殿,广寒宫,拾翠对题红。庄周梦化蝶,吕望兆飞熊。北牖(yǒu)当风停夏扇,南檐曝日省冬烘。鹤舞楼头,玉笛弄残仙子月;凤翔台上,紫箫吹断美人风。

# 第三节 共鸣控制训练

**【技能准备】**

1.打开后槽牙练习。

2.发鼻音 ng:软腭下降,阻塞口腔通道,声音全部由鼻腔通过。

3.发鼻音 eng:体会软腭先上挺后下降,声音先后从口腔和鼻腔通过。

**【理论与方法】**

**一、共鸣含义**

共鸣是指物体因共振而发声的现象。共振是指两个振动频率相同的物体,一个发声振动引起另一个物体振动。当人们说话时,声带因振动而发出的声音称为基音,基音是单薄无力的,它的声波能引起人体内各个共鸣体发生共振,产生泛音。基音在共鸣腔内引起的共振就是人声的共鸣。

**二、共鸣器官及其作用**

人类发声的共鸣器官由下而上分别是胸腔、喉腔、咽腔、口腔、头腔。

(一)胸腔

胸腔由胸廓与膈肌组成,是人体内最大的共鸣腔体。它包括气管、支气管和整个肺部。由于胸腔容积较大而且体积较固定,所以它是不可调节共鸣。胸腔共鸣的产生与喉部的适当放松有很大关系,所以发声时适当降低音高、加大音量并将发音位置略微向后调整,有助于获得、增加和体会到明显的胸腔共鸣。

**(二)喉腔**

喉腔是音波形成后的第一个共鸣腔体,容积虽小,对声音质量的影响却不可低估。发声时,喉头要放松,喉头若束紧,喉腔会被挤扁,声音就会偏扁,不利于形成喉腔共鸣。

**(三)咽腔**

位于口腔后面的咽腔是前后略扁的漏斗状肌管,也叫"咽头"。咽腔是声波必经之路,是人体发声系统的一个重要共鸣交通区,对声音的扩大乃至修饰和美化都能起到相当大的作用。

**(四)口腔**

口腔是人类最主要、最复杂的腔体,它既是共鸣器官同时又担负着咬字器官的职能,可以根据舌位、唇型的改变而获得不同的音色,是最重要的共鸣腔。良好的口腔共鸣可以使我们的字音明亮结实,圆润动听。

**(五)头腔**

头腔包括鼻腔、鼻咽腔和鼻窦等,它们属于固定空间,声波共振属于无气息的共鸣。由于体积小,位置高,这种共鸣声音集中而柔和,因此头腔共鸣也被称为高音共鸣,它在声乐中较常用。鼻腔共鸣是声波在鼻骨上的振动,也就是将声音的焦点定位在鼻腔,因此声音会显得明亮、高亢,但若过度使用鼻腔共鸣会降低语音的清晰度,使音色浑浊。

**【技能训练】**

**一、共鸣练习**

(一)六个单元音发音转换练习(一口气完成,中途不换气)

a-i-o-u-e-ü 注意:元音转换要在保持呼吸平稳的状态下做到共鸣状态的统一、稳定。

(二)用鼻辅音 m 分别和主要元音相拼,以体会用鼻辅音带动元音发声的鼻腔共鸣

m——a—— ma ma ma

m——o—— mo mo mo

m——i—— mi mi mi

m——u—— mu mu mu

**二、诗词练习**

**小池(杨万里)**

泉眼无声惜细流,树阴照水爱晴柔。

小荷才露尖尖角,早有蜻蜓立上头。

**七律·长征(毛泽东)**

红军不怕远征难,万水千山只等闲。

五岭逶迤腾细浪,乌蒙磅礴走泥丸。

金沙水拍云崖暖,大渡桥横铁索寒。

更喜岷山千里雪,三军过后尽开颜。

### 三、绕口令练习

#### 两只猫

白猫黑鼻子,黑猫白鼻子,

黑猫的白鼻子,碰破了白猫的黑鼻子,

白猫的黑鼻子破了,

剥了秕谷皮儿补鼻子,

黑猫的白鼻子没破,

就不必剥秕谷皮儿补鼻子。

### 【技能巩固】

1.共鸣训练:词语和句子。

妈妈　　大妈　　光芒　　中央　　接纳　　头脑　　南方

朝霞冉冉升起,东方透出微明

你听,你听,国旗的飘扬声。

蓝蓝的天上白云飘,白云下面马儿跑,挥动鞭儿响四方,白鸟齐飞翔。

2.共鸣训练:诗歌朗读。

#### 静夜思(李白)

床前明月光,疑是地上霜。

举头望明月,低头思故乡。

#### 春晓(孟浩然)

春眠不觉晓,处处闻啼鸟。

夜来风雨声,花落知多少。

3.读下面的句子,体会如何运用口腔及胸腔共鸣来增强语音的表达效果。

我爱家乡的山和水,山清水秀实在美;果树满山飘芳菲,池塘清清鱼儿肥,风送谷香沁心扉,丰收美景诱人醉。发自肺腑唱一曲,歌声绕着彩云飞。

## 第四章

# 朗读技能训练

## 第一节　朗读的作用和要求

**【理论与方法】**

**一、朗读的作用**

朗读就是用普通话清晰、响亮、有感情地把文章念出来。它是将书面上的文字作品转化为口头上的有声语言的一种表达活动。

首先,朗读可以传播科学文化知识,提高人的修养。其次,朗读是幼儿教师的基本功之一,是专业能力训练的重要环节。多朗读幼儿文学作品,口诵心惟,可以加深对作品的理解,有利于理清作者思路,把握作品主题,学习作品的语言表达技巧,提高教育效果。第三,朗读还是进行普通话口语表达训练的重要途径。坚持用普通话朗读各种作品,有利于综合运用声、韵、调、音变等语音知识,巩固语音学习成果;有利于消除方言干扰,促使口语语音规范化;还有利于不断积累语言材料,提高语言表达能力。

**二、朗读的要求**

朗读各种文字作品的基本要求是:用普通话正确、流利、有感情地把文章念出来,引起听众的共鸣,使听众受到启迪和教育。怎样做才能实现这个要求呢?

第一,深入理解作品。深入理解作品是朗读成功的基础。只有透彻地理解了作品的思想内容,理清了作者的思路,掌握了作品的结构层次以及写作特点,才能运用恰当的朗读技巧,完成朗读的任务。

第二,适当展开联想。文学作品往往是作者受现实生活的触动而情怀激荡,然后通过联想构思而成的。我们朗读时，就必须"透过字面"，"设身处地"地产生联想，造出内心视像，使作品的每一句话都自然而然地化为形象，活灵活现地传达给听众，使听众如临其境，如见其人，如闻其声。

第三，坚持使用普通话。使用普通话朗读，是朗读成功的前提。准备朗读时，要反复通读作品，字字过关，读准声韵调，读准音变，读好轻重音及语音节律等。

第四，讲究运用朗读技巧。为了增强朗读的效果，还要讲究朗读技巧，在停顿、重音、语调、语速等方面对作品作出恰如其分的处理（朗读基本技巧将在本章后续几节中讲解和训练）。做准备的时候，可以在朗读材料上适当标注一些符号，以便朗读时注意。朗读符号没有统一规定，下面是著名播音员齐越同志在方志敏《清贫》第一段上所标注的符号，可供参考：

我从事革命斗争，已经十余年了。在这长期的奋斗中，我一向是过着朴素的生活，从没有奢侈过。经手的款项，总在数百万元；但为革命而筹集的金钱，是一点一滴的｜用之于革命事业。∧这在国方的伟人们看来，颇似奇迹，或认为夸张；而矜持不苟，舍己为公，∧却是每个共产党员具备的美德。∧所以，如果有人问｜我身边有没有一些⌒积蓄，那我可以告诉你｜一桩趣事。

符号说明：

｜，用于句子中没有标点的地方，表示把词或词组分开，停顿时间很短，不换气。

∧，用于有标点的地方，表示比原标点符号停顿时间再长一些，有时换气，有时不换气，看具体情况而定。

⌒，表示较长时间的停顿，可以换气。

⌣⌣⌣，用于有标点的地方的连音号，表示缩短停顿的时间，或者不停顿，连起来读，不换气。

·，表示重音。

在上面这个选段里，凡没有标出停顿号、连接号的地方，朗读时一般按照标点符号处理，但停顿时间长短并不固定。

此外，还有一些符号在朗读时也可以选择使用。例如：

→，表示平调。↗，表示升调。↘，表示降调。∧↗、∨↘表示曲折调。这四种语调符号标记时，一般标在句子末尾。

<，表示渐强。>，表示渐弱。∨，表示换气。—，表示保持音（饱满有力）。~~，表示波音（颤音）。▲，表示顿音（短促有力，富有弹跳性）。

文字下画单线_____表示中速，文字下画双线_____表示快速，文字下画波浪线⌣⌣⌣表示慢速。

第五，掌握不同作品的特点。如幼儿文学作品，以及其他散文、小说、古诗、新诗，记叙文、说明文、议论文、应用文，各有特点，朗读时要因文而异，采用不同的读法，读出作品的特点，更好地表达作品蕴含的思想感情。

第六，反复练习，精益求精。练习时可以注意一下时间和呼吸，比较每次朗读进度的快慢,做到吐字清、口型活,读得流利、准确。还要防止漏读、添读、倒读和读破词、读破句等现象。多读熟读,在反复实践中提高朗读水平,这是最重要的。

**【技能训练】**

朗读训练:根据符号提示,有感情地朗读童话《卖火柴的小女孩》。

<h3 style="text-align:center">卖火柴的小女孩(片段)</h3>

她的一双小手⎮几乎冻僵了。↘啊,哪怕一根小小的火柴,↘对她⎮也是有好处的!↘她敢从成把的火柴里抽出一小根来,在墙上擦燃了,来暖和暖和她的小手吗?↗她终于抽出了一根。↘哧!火柴燃起来了,冒出火焰来了!她把小手拢在火焰上。多么温暖,多么明亮的火焰啊,简直像一支小小的蜡烛。↗这⎮是一道奇异的火光!小女孩觉得⎮自己好像坐在一个大火炉前面,火炉装着闪亮的铜脚和铜把手,火烧得旺旺的,暖烘烘的,多么舒服啊!↘哎,这是怎么回事呢?↗她刚把脚伸出去,想让脚也暖和一下,火柴灭了,火炉不见了。↘她坐在那儿,手里⎮只有一根烧过了的⎮火柴梗。↘

……

她⎮在墙上又擦着了一根火柴。↘这一回,火柴把周围全照亮了。↘奶奶⎮出现在亮光里,是那么温和,那么慈爱。↘

"奶奶!"↗——小女孩叫起来,"啊!请把我带走吧!我知道,火柴一灭,您就会不见的,像那暖和的火炉,喷香的烤鹅,美丽的圣诞树一样,就会不见的!"↘

她赶紧擦着了一整把火柴,要把奶奶留住。↘这一整把火柴发出强烈的光,照得跟白天一样明亮。奶奶从来没有像现在这样高大,这样美丽。↘她把小女孩抱起来,搂在怀里。↘她们俩⎮在光明和快乐中⎮飞走了,越飞越高,飞到那⎮没有寒冷,没有饥饿,也没有痛苦的⎮地方⎮去了。∨↘

……

**训练提示:**朗读小女孩幻想大火炉的情节时,声音应上扬、有力,语气、语调多变,语速加快,以表现小女孩对美好幸福生活的向往之情。但要注意声音不要过亮、过高、过响,要符合全篇总体的感情基调,因为这一切毕竟是小女孩的"幻想",并不是现实。朗读幻想破灭后的现实描写时,要注意与幻想的对比,要迅速调整感情态度,可多用虚声、气声,速度缓慢,语气深沉压抑,充满失望和怅惘。

朗读中间部分时突出强调"全""奶奶""温和""慈爱",表现对奶奶深沉的爱。接着是小女孩发自内心的、悲哀的、最后的呼喊,在现实中备受冷漠、歧视、饥饿、寒冷等各种痛苦的小女孩是多么渴望得到亲人的温暖、关怀和爱抚啊!小女孩又是多么害怕最疼爱她的奶奶也像此前的幻想一样很快就消失了!朗读时,速度渐快,停顿缩短,声音响亮上扬,语气中充满乞求,可略带颤音甚至哭腔。"赶紧""一整把""强烈""白天""高大""美丽""抱""搂"重读。

【技能巩固】

1.朗读有什么作用?

2.朗读并尝试给下列幼儿故事《小兔子找太阳》,画出朗读符号。

有一只可爱的小兔子,听说太阳是红红的、圆圆的,便要去找太阳。

它来到屋子里,提着两盏红红的、圆圆的灯笼问妈妈:"妈妈,这是太阳吗?"

妈妈说:"不,这是两盏红灯笼,太阳在屋子外面呢!"

小兔子来到菜园子里,看见三个红红的、圆圆的萝卜问妈妈:"妈妈,这是太阳吗?"

妈妈说:"不,这是三个红萝卜,太阳在天上呢!"

小兔子抬起头,看见天上飘着红红的、圆圆的气球问妈妈:"妈妈,这是太阳吗?"

妈妈说:"不,这是红气球……"

小兔子焦急地喊:"真急人,太阳到底在哪儿呢?"

妈妈说:"瞧,太阳只有一个,还会发光呢!"

小兔子顺着妈妈手指的方向,抬起头,大声叫:"妈妈,我找到了,太阳红红的、圆圆的、亮亮的,照在身上暖洋洋的。"

【技能拓展】

### 把握作品的基调

基调是指作品的基本情调,即作品的总的态度感情,总的色彩和分量。任何一篇作品,都会有一个统一完整的基调。朗读作品必须把握住作品的基调,因为作品的基调是一个整体概念,是层次、段落、语句中具体思想感情的综合表露。要把握好基调,必须深入分析、理解作品的思想内容,力求从作品的体裁、作品的主题、作品的结构、作品的语言,以及综合各种要素而形成的风格等方面入手,进行认真、充分和有效的解析,在此基础上,朗读者才能产生出真实的感情,鲜明的态度,产生出内在的、急于要表达的律动。只有经历这样一个复杂的过程,作品的思想才能成为朗读者的思想,作品的感情才能成为朗读者的感情,作品的语言表达才能成为朗读者要说的话。也只有经历这样一个复杂的过程,朗读者才能从作品思想内容出发,把握住基调,比如激昂、悲哀、深沉、忧伤、喜悦等。

# 第二节　停连训练

【技能准备】

1.说说朗读符号有哪些,分别表示什么?

2.什么符号表示停顿,什么符号表示连接?

【理论与方法】

停连是指朗读语流中声音的中断和延续。停连位置恰当,情意表达才能清楚。

停连是朗读者调节气息的需要和结果,也是准确、鲜明、生动地表达语言内容的需要,可以起到显示语句脉络的作用。停连还可以起到强调、突出重点的作用。恰当的停连可以控制语速,强调语句的节奏,形成抑扬顿挫的韵律美感。停连也是为满足听众生理和心理需要而使用的一种艺术手段。它包括两个方面:停顿和连接。

**一、停顿**

停顿,指有声语言表达过程中声音的中断、休止。更具体地说,停顿是指朗读时段与段、句与句、词语与词语之间出现的语气或声音上的间歇。(无标点处用竖线"|"表示)

停顿不单是人们生理上的需要——朗读者需要换气,听众也不可能接受无间断的一长串音节。停顿主要是表情达意的需要。例如,朗读"我看见他笑了"这句话,停顿的地方不同,表达的语意就不同:

我看见他|笑了。

我看见|他笑了。

前句停在"笑"前面,表示"我"笑了;后句停在"他"前面,表示"他"笑了。两种停顿,两种结构,两种语意。可见停顿在朗读中的重要作用。同时说明,生理上换气,听觉上间歇的需要必须服从结构上、语意表达上的需要,否则便会割裂语意,影响作品表达效果。

停顿一般分为结构停顿和强调停顿。

**(一)结构停顿**

结构停顿,又称语法停顿。它是按照篇章和句子的语言结构关系来确定的停顿。段与段之间的停顿较长;句群的各句之间的停顿稍短;句子内部成分之间的停顿则更短。其中,句子内部成分之间的停顿包括以下内容:

1.主谓间停顿,如:

小草不哭的。小露珠|是它的眼睛。

2.动宾间停顿,如:

烈火在他身上烧了半个多钟头才渐渐熄灭,这个伟大的战士,直到最后一息,也没有挪动|一寸地方,没有发出|一声呻吟。

3.动补间停顿,如:

小女孩只好赤着脚走路,一双小脚冻得|红一块青一块的。

4.修饰被修饰间的停顿,如:

多么温暖|多么明亮的|火焰啊,简直像一支小小的|蜡烛。

5.表示总分关系,分别列举的停顿,如:

这些石狮子,有的|母子相抱,有的|交头接耳,有的|像倾听水声,千姿百态,惟妙惟肖。

6.对举、对偶中的停顿,如:

老牛那样|高大,它看河水当然很|浅;松鼠那样|矮小,一点儿水就能把它淹死,它当然说|深了。

7.排比中的停顿,如:

燕子去了,有再来|的时候;杨柳枯了,有再青|的时候;桃花谢了,有再开|的时候。

有标点符号的地方,一般就按标点所表示的间歇进行处理。一般是顿号短,逗号稍长,分号、冒号又稍长,句号、问号、叹号、破折号、省略号又稍长些。

(二)强调停顿

强调停顿,又称逻辑停顿或感情停顿。它是句中特殊的间歇,是为了强调某一事物,突出某种语意或情感,或是为了加强语气,而在不是结构停顿的地方确定一个适当的停顿,或者在结构停顿的基础上变更停顿的时间。强调停顿的时间,往往比结构停顿的要长些;强调停顿的位置,也是随表情达意需要而灵活设定的。

强调停顿一般分为前停、后停、前后都停三种。

1.前停。前停是在被强调的字词或结构前面确定的停顿。它能给听众一种引起注意和带来期待的作用,从而增强朗读的感染力。例如:

这时候,狐狸|突然从窗子跳进来,把蛋糕|抢走了。

2.后停。后停是在被强调的字词或结构后面确定的停顿。它能让听众的思绪在此流连,回味,深刻领会作品的意蕴。例如:

小熊每天孤零零的,谁|也不跟他玩儿。

3.前后都停。前后都停是强调两个停顿之间的字词或结构的停顿。它突出了中间部分的语意,给人深刻的印象或强烈的震撼。

森林爷爷|一点儿|也不着慌。

强调停顿的主要方法是合理控制气息的状态,强弱急缓,停连延收,都要恰到好处。同时,最好能做到停中有连,连中有停,而不读破句意。

**二、连接**

连接是指不中断、不休止的地方,特别是有标点符号而不中断不休止的地方。连接分为直连和曲连两种。

(一)直连

直连一般用于有标点符号而内容又联系得比较紧密的地方,它的特点是顺势连带,不露痕迹。例如:

小蝌蚪一齐游到鸭妈妈身边问:"鸭妈妈,鸭妈妈,您看见我们的妈妈了吗?"

这句话为了表达小蝌蚪找妈妈的焦急心情,在"鸭妈妈,鸭妈妈"中间不仅不按逗号停顿,而且应有意地连读。

(二)曲连

曲连的感觉是似停非停,达到声断意连,环环紧扣的感觉。它适用于一句话或一段话中的连接,也用于没有标点符号而内容又需要有所区分的地方。例如:

我国的汉语共分为七大方言区:北方方言区、吴方言区、湘方言区、赣方言区、客家方言区、粤方言区、闽方言区。

句子后面的七个方言区之间要连起来读,达到声断意连的感觉。

## 【技能训练】

片段停连训练:根据朗读符号,读好下列句子的停连。

1.狼|不想再争辩了,龇着牙,逼近小羊,大声嚷道:"你这个小坏蛋! 说我坏话的不是你|就是你爸爸,反正都一样。"说着|就往小羊身上扑去。

2.桃树、杏树、梨树,|你不让我,我不让你,|都开满了花赶趟儿。

3.母亲|要走大路,大路平顺;我的儿子|要走小路,小路有意思。

4.可爱的小鸟憔悴了,给水,不喝! 喂肉,不吃! 油亮的羽毛|失去了光泽。

5.是怨? 是恨? 是悲? 是愤? 天|没有回答,地|没有作声,只有三江之上|昂奋的号子声,在|天地间|震荡。

6.老遢听到一声似乎是树倒的声音。|不好,有人偷榆树了。他大声喊:"谁,站住。"一边喊,一边追了上去。

7.就像笑是多种多样的,可以是|会心的笑,纵情的|笑,甜蜜的|笑,心酸的|笑……

8.王后听说|白雪公主|还活着,气得直咬牙齿:"哼,哼,谁|比我美丽,我就得害死谁!"

## 【技能巩固】

1.试读幼儿故事《勤小马和懒小猪》,先作停连设计,画上朗读符号,然后朗读。

第二天一大早,天刚蒙蒙亮,小马就起床了。他来到西瓜地,拿起大锄头用力地刨着,嘿哟嘿哟,不一会儿就累得气喘吁吁,汗流浃背了。他想休息,可是一想小猪会在休息时追上他,小马咬紧牙关,鼓起勇气站起来继续工作,他轻轻地把种子一颗一颗地放进土里,小心地埋好,细心地浇水,就像慈爱的妈妈照看自己心爱的宝宝一样。

而小猪呢? 他呀,只有三分钟热情,跑到地里胡乱地把种子撒到土里,就回家睡大觉了。好多天也不去西瓜地,朋友们都劝他去照看一下,小猪却说:"不用急! 不用急! 老天会保佑我的,到时候肯定会收到很多大西瓜!"说完就继续做他的白日梦了!

小马则细心地呵护着他的西瓜地,每天除草、浇水、施肥……几天后,西瓜地给他一个巨大的惊喜——西瓜种子发出了嫩芽! 他高兴极了,更加细心地帮西瓜苗捉虫、更加均匀地培土、更加精心地照看……

2.朗读幼儿散文《妈妈的眼睛》,注意停连。

我爱天上的星星,更爱妈妈的眼睛。妈妈的眼睛闪烁在我身边,星星离我太远太远。

每天清晨,当我醒来的时候,最先看到的是妈妈的眼睛。她告诉我:"孩子,新的一天开始了,赶快起床吧。"

太阳下山了,窗外的天空渐渐黑下来,屋子里亮起了灯光。妈妈的眼睛比灯光更亮,照耀着我的全身,照亮了我的心。

炎热的夏天,电扇送来的风也是热乎乎的,妈妈的眼睛里,淌出两股清清的泉水,给我送来一阵阵凉意。

冬天,窗外飘着雪花,人们裹着棉衣,带着绒帽,身上还是感到冷。这时妈妈的目光射到我身上,就像两道阳光,给我送来了温暖。

妈妈的眼睛,给我带来欢乐和幸福,是闪烁在我身边的两颗最亮最美的星星。

(汪日)

# 第三节　重音训练

**【技能准备】**

试试重读下列句子中加点的词,并说说表达的不同意思。

1.我知道你会唱歌。

2.我知道你会唱歌。

3.我知道你会唱歌。

4.我知道你会唱歌。

5.我知道你会唱歌。

**【理论与方法】**

重音是指语句中读得重的字词或结构成分。恰当地确定语句中的重音,并恰当地实现重读,能突出语句的重点和作品的主题、增强语言的节奏感和表现力。

**一、重音的分类**

重音一般分为语法重音和强调重音。

(一)语法重音

语法重音是根据句子的语法结构确定的重音,位置比较固定。例如:

1.主语重音。如:

老虎从来没吃过蛋糕。

2.谓语重音。如：

听了大家的话,小白兔的脸红起来了。

3.宾语重音。如：

原来盒子里面是丢失的鸭蛋。

4.定语重音。如：

小熊长着圆圆的鼻子,脖子上系着红领结,帅极了。

5.状语重音。如：

趁大家去洗手的时候,鼠弟弟偷偷地溜到蛋糕旁。

6.补语重音。如：

狐狸从放大镜中看到自己的身材变得高大粗壮起来。

（二）强调重音

强调重音,又称逻辑重音或感情重音。它是为了有意突出某种特殊的表达需要或思想感情而确定的重音,能使语意更加鲜明、生动、有感染力。强调重音没有固定的位置及规律,常常由朗读者根据具体的语境和表情达意的需要来确定。

1.比喻性重音。如：

大象用自己的长鼻子像扫把一样扫了起来。

2.对比性重音。如：

哥儿俩一看,连忙叫起来："不行！不行！一块大,一块小。"

3.拟声性重音。如：

轰隆,一声巨响,山洞的门开了。

4.递进性重音。如：

有一天,孔雀昂着头,挺着胸脯,拖着美丽的长尾巴,沿着湖边散步。

5.转折性重音。如：

肥皂汽车不是冒黑烟,而是冒肥皂泡。

强调重音比较复杂,不能随意确定。朗读者必须在深入理解作品思想内容的基础上,根据语意表达需要来酌定。有时,还要与语法重音联系起来考虑。一句话中重音不宜过多,多了反而伤文害意。

**二、重音的表达方式**

实现重读,一般采用三种方式：

（一）加强音量,提高声势

用加大、加强音量的方法来突出重音,以增强语势。一般用于表达明朗的态度、观点和描述某些特定新鲜的事物。如：

狮子跳起来,向野猫冲去,大声叫着："不准欺负小白鼠！"

（二）拖腔重读,延长音程

有意将重音音节拖长一些,使其突出。一般用于号召性、鼓动性的话语、呼告,往往可以启发思考或表达深挚的情谊。如：

老虎走近了,对它大喝一声："狐狸！我正想找你,你倒自己送上门来了。告诉你,我今天非吃掉你不可!"

（三）低声弱气,重音轻念

用降低音高、减轻音量的方法,用柔声、虚声,将重音低而有力地轻轻吐出。由这种方式来表现重音往往比简单地增加音高,加大音量效果更好。一般用于表达极为复杂、深沉、含蓄、细腻的感情。如:

小白兔轻轻地走到山羊爷爷床前。

【技能训练】

重音训练:《狼和小羊》。根据重音提示并结合停连技巧朗读下文。

### 狼和小羊

狼来到小溪边,看见小羊正在那儿喝水。

狼非常想吃小羊,就故意找碴儿,说:"你把我喝的水弄脏了! 你安的什么心?"

小羊吃了一惊,温和地说:"我怎么会把您喝的水弄脏呢? 您站在上游,水是从您那儿流到我这儿来的,不是从我这儿流到您那儿去的。"

狼气冲冲地说:"就算这样吧,你总是个坏家伙! 我听说,去年你在背地里说我的坏话!"

可怜的小羊喊道:"啊,亲爱的狼先生,那是不会有的事,去年我还没有生下来哪!"

狼不想再争辩了,龇着牙,逼近小羊,大声嚷道:"你这个小坏蛋! 说我坏话的不是你就是你爸爸,反正都一样。"说着就往小羊身上扑去。

训练提示:第一段整体语调较平缓。狼的形象是蛮横、凶恶的,朗读的语气总体是凶狠,气息粗重,但也有轻重。小羊的形象是礼貌、弱小、可怜的,朗读应该是声音稍细,气息稍弱,但"啊,亲爱的狼先生,那是不会有的事,去年我还没有生下来哪!"一句由惊讶到辩解,语速加快,气急声高。

【技能巩固】

1.理解内容找出重音,再朗读。

（1）骆驼很高,羊很矮,骆驼说:"长得高多好啊!"羊说:"不对,长得矮才好呢!"

（2）大森林里有个湖,是个梦湖,在梦湖里翻腾嬉戏的不是鱼虾,而是梦。

（3）噼噼啪,小蛋壳裂开了,钻出一只毛茸茸的鸡宝宝。

（4）鸭妈妈,生鸭蛋,那鸭蛋像姑娘的脸蛋,谁见了都说:"啊,多么可爱的鸭蛋!"

（5）说对了,我就赏他一块;说错了,我可要惩罚他!

（6）猫小弟说:"我知道啦,原来一心一意才能钓到鱼!"

2.按句子中的重音提示,想一想该用哪种表达方法,然后朗读。

（1）于是猴子偷偷地溜下山去。

（2）"阿嚏——"老爷爷觉得鼻孔痒痒的,打了一个大大的喷嚏,吓得大耗子连滚带爬,一口气跑到门口,对它的伙伴说:"快跑,快跑!"

（3）谁的萝卜丢在这儿了?

（4）小鸡和小兔一起美美地吃起来。

3.理解内容,找出重音,结合停连等技巧朗读故事。

### 鸡妈妈的新房子

鸡妈妈的新房子造好了,既漂亮又牢固。

鹅大哥说:"房子造得不错,如果在墙上开个窗就更好了。"鸡妈妈听了,很不高兴。

夏天到了,鸡妈妈的房子里又闷又热。鸡娃娃都生病了,鸡妈妈这才想到鹅大哥的建议。她赶紧在墙上开了个窗。清新的空气进来了,屋里凉快多了,鸡娃娃的病也慢慢好了。鸡妈妈很高兴,她想,以后一定要多听别人的意见。

狐狸对鸡妈妈说:"你家的窗子再开大一点儿就更好了。"

鸡妈妈听了狐狸的话,就把窗子开得大大的。

一天,鸡妈妈从外面回到家,发现少了一只鸡娃娃,她到处找也没找到。忽然,她在窗台上发现了狐狸的脚印。鸡妈妈一下子明白了,自己上了狐狸的当。原来,不是谁的意见都得听。她赶紧把窗子改小。从此,鸡娃娃再也没少过。

# 第四节 语调训练

**【技能准备】**

试读句子:1."小老虎, ；2."是呀,你瞧,我新球鞋也有了,正等着圆圈圈踢呢!"说说这两句话 调有升降变化吗?

**【理论与方法】**

语调又称句调,是指朗读语句时声音的高低曲直变化。语调与音高、音强、音长和音色都有关系,其变化主要表现在句子的末尾。语调与语气密切相关,不同的语调表达不同的语气。语调是情感的产物,情感丰富多彩,语调也无固定格式,要以适合全句思想表达为准绳。常用的语调有四种:平调、升调、降调、曲调。

**一、平调**

平调即平直调,一般用来表达沉稳的情绪,句子语势平直舒缓,没有显著的高低升降变化。陈述、说明的句子常用平直调,表示庄重、悲痛、冷淡等感情。例如:

1.狐狸抢走了蛋糕,自己不吃,直往老虎家里跑去。→(陈述一个事实)

2.又过了十来天,老鼠又说:"我二姐又要生孩子,请我去吃饭。"猫说:"早去早回。"→(冷淡)

## 二、升调

升调即上升调,一般用来表达激昂的情绪,句子语势先低后高,句末音节或结构稍稍上扬。疑问句、感叹句常用上升调,表示疑问、反诘、号召、惊讶等感情。例如:

1.可是,蚂蚁仍然继续工作着,一点儿也不休息,说:"在夏天里积存食物,才能为严寒的冬天作准备啊!"↗(感叹句)

2.小狐狸忍不住地又跳了下来:"竹篓,你说你有小人书?"↗(疑问)

## 三、降调

降调即降抑调,一般用来表达稳定的情绪,句子语势先高后低,句末音节或结构读得低弱而短促。表示坚决、肯定、赞扬、祝愿、感叹、恳求等感情。例如:

1.蟋蟀消瘦得不成样子,到处都是雪,一点儿食物都找不到。↘(感叹)

2.河马说:"嘴大也不丑啊,你看我的嘴巴有多大。"↘(肯定)

## 四、曲调

曲调即曲折调,一般用来表达复杂、激动的情绪,全句语调的高低有曲折变化。一般表现为:有的句子,开头和结尾的语调都比较低,中间声音比较高;有的句子,则呈现出"低、高、低、高"式的变化。表示惊讶、怀疑、讽刺、反语、双关等复杂的感情。例如:

1.真奇怪,蛤蟆小姐每说一句话,肚子就会小一点儿。∨↘(怀疑)

2.狐狸满脸堆笑地对乌鸦说:"哟!乌鸦先生,听说最近要选鸟王啦,像您这样好的条件,难道不去参加吗?"∧↗(反语)

---

**【技能训练】**

语调训练:《小猴卖"○"》

### 小猴卖"○"

小猴是儿童百货商店的售货员,他很会动脑筋。→

一天,来了五个伙伴,手里都拿着一张纸片,纸片上画着个"○"。→

"咦,∧这'○'是什么意思?"↗小猴摸摸脑袋,有办法了!↘

它问小鸭:"你买圆圈圈干什么呀?"↗小鸭说:"我要用它学游泳。""知道了。"↘小猴拿个"○"给小鸭,小鸭高兴地走了。→

"你呢,小猫,为什么买圆圈圈?"↗小猫说:"我想用它照着洗脸、梳头。""知道了。"↘小猴拿了个"○"卖给了小猫。小猫照了照,满意地走了。→

"小狗,你买圆圈圈有什么用?"↗小狗举起铁钩子说:"我就缺个圆圈圈啦!"↘小猴很快就把一个"○"卖给了小狗。↘

"小老虎,你也要圆圈圈吗?"↗小老虎说:"是呀,你瞧,我新球鞋也有了,正等着圆圈圈踢呢。"↘小猴很快拿出一个"○"丢给了小老虎,小老虎高兴地付了钱。↘

最后轮到小兔,小兔说:"妈妈讲,明天早晨,让我用圆圈圈当早点。""哦,是这样。"∨↘小猴用一个干净的口袋,装了几块"○"递给小兔,小兔也高兴地回家了。↘

五个小伙伴都买到了自己需要的"○"。你知道他们的"○"各是什么东西吗?↗

(吕祖光)

**训练提示:**小猴的疑问、疑惑、反问的部分一般都用升调,朗读的时候句末音节或结构稍稍上扬。小猴感到明白、确定的叙述部分,一般都用降调,句末音节或结构读得低弱而短促。其他角色的感叹、肯定的对话或叙述部分也是多用降调朗读。

## 【技能巩固】

1.说说升调语势特点是怎样的,升调一般表示哪些感情。

2.降调一般表示哪些感情?

3.标出下列句子的语调,再读一读。

(1)这时,天边飞来了一只鹦鹉:"猎人来了,猎人来了,快跑,快跑。"大伙儿赶紧躲起来。

(2)小白鸽说:"春雨是无色的。你们伸手接几滴瞧瞧吧。"麻雀说:"不不! 春雨是红色的!"

4.朗读散文,作停连、重音、语调的朗读标记,再有感情地朗读。

祖国是什么? 它是炊烟,是鸽哨,是端午的龙舟,是中秋的火把,是情人在木栅栏后热烈的亲吻,是婴儿在摇篮里的咿咿呀呀的呼唤,是母亲在平底锅上烙出的煎饼,是父亲在远行时的殷殷叮咛。

祖国是什么? 它是孔子、老子、庄子的思考,是屈原、李白、陆游的诗,是韩愈、柳宗元、苏轼的散文,是李煜、李清照、辛弃疾的词,是八大山人、郑板桥、齐白石的画,是米芾、黄山谷、林散之的书法,是我们先辈中那些最智慧的人的创造,是我最尊崇的那些大师们的劳绩。

世界上有许多美丽的地方。但是,那里有黄山吗? 有黄河吗? 有长江吗? 有长城吗? 有母亲生育我时的衣胞吗? 有我一步步艰难跋涉过来的足印吗? 有我和我的亲友们都已经习惯了的那些难以尽说的民风民俗吗? 有我一开口哼唱就觉得荡气回肠的乡音黄梅戏吗?

没有,既然这些都没有,那么,祖国就是一个不可替代的地方。

祖国,它是一首唱不完的恋歌,一篇写不尽的美文。它是我们的祖先和祖先的祖先赖以繁衍生息的地方,也是我们的子孙和子孙的子孙赖以生存发展的地方。

(张锲《祖国,一首唱不完的恋歌》节选)

# 第五节 语气训练

**【技能准备】**

1.练习气息控制:标准姿势站好,吸足一口气,保持两秒后呼气,呼气时轻轻发"si"音,气息要细、匀、稳,呼气时间达到30秒为合格。

2.绕口令:出东门,过大桥,大桥底下一树枣儿,青的多,红的少,一个枣儿、两个枣儿、三个枣儿、四个枣儿、五个枣儿、六个枣儿、七个枣儿、八个枣儿、九个枣儿、十个枣儿、十个枣儿、九个枣儿、八个枣儿、七个枣儿、六个枣儿、五个枣儿、四个枣儿、三个枣儿、两个枣儿、一个枣儿,一口气数完才算好!

**【理论与方法】**

**一、语气概说**

语气是指思想感情支配下语句的具体声音形式,是表达语义的重要手段。在朗读时,语气的表达可以从两方面入手:一是语气内在的感情色彩和分量;二是语气外在的快慢、高低、虚实、强弱的声音形式。

语气的感情色彩,是指语句所包含的喜、怒、哀、欲、惧、爱、憎等人类情感的不同色彩,以及由此所折射出的支持、反对、赞扬、批评、严肃、亲切、坚定、犹豫、热情、冷淡等不同的态度和热爱、憎恨、喜悦、悲伤、恐惧、愤怒等不同的情感。

语气的分量,是指感情色彩不同程度的区别即感情色彩的火候、分寸。比如"担忧"这种感情色彩,与担心、忧愁、忧虑、顾虑、顾忌、挂念、惊恐等程度上是不同。因此,要从作品的整体内容出发,结合具体语句的语言环境和实际目的,把握语气分量上的差异。

语气声音形式的变化主要是由气息传送位置的深浅,送气量的多少,送气速度的快慢;声音的高低、强弱、长短、大小、明暗、虚实的精细变化;口腔的松紧、开合;舌位的前后、高低等声音各要素变化造成的。

**二、语气的种类**

常见语气的感情色彩与声音形式有如下几种:

(一)欢快的语气

朗读时,气息充沛,饱满上扬,发音器官松弛,激情洋溢,声音响亮悦耳,唇舌轻巧弹发,产生跳跃的声音,听起来清脆动听。如:

"今天的运气真不错!"驴小弟想,"从现在起,我要什么就会有什么了。爸妈也可以想要什么就有什么。我的亲戚、朋友,以及所有的人都可以要什么就有什么啦!"

(二)悲伤的语气

朗读时,气息下沉,声音缓慢,发音器官较紧,气猛而多阻塞,发音断断续续,听起来有伤心的感觉。如:

羊妈妈死了,小羊没有了妈妈。"咩——咩——"小羊伤心地哭着,"谁来当我的妈妈呢?"

(三)自夸的语气

朗读时,气息充足,声音略高,听起来有骄傲和得意的意味。如:

山雀见百鸟朝拜凤凰,心里很不乐意,便嚷道:"抖抖翅膀唱唱歌,那算什么本事!我才是真正的百鸟之王呢。看啦,我明天就要把大海烧干,让大伙开开眼界!"

(四)生气的语气

朗读时,气粗声重,气息下压而充足,发音器官力度加大,唇舌着力硬朗,语势迅猛,听起来要有发火的感觉。如:

飞蛾对蝴蝶翻了个白眼,生气地说:"你哪有资格跟我玩,看你那灰乎乎的大翅膀多难看,别把我的身体弄脏了。"蝴蝶听了,觉得自己很不幸。

(五)夸赞的语气

朗读时,气息充沛,声音甜美柔软,拖长音调,面带愉悦,听起来有赞美的意味。如:

大黄牛轻轻地从小溪上跨过去,说:"哇,多清澈的小溪呀!"

(六)嘲笑的语气

朗读时,气息略短促,有弹性,声音尖利,听起来有讽刺的感觉。如:

小男孩红着脸跑了,小蚕豆在他身后一边笑一边唱:"小男孩,羞羞羞,屁股露在裤外头。"

(七)急迫的语气

朗读时,气息短促,声音尖锐,唇舌配合快,吐字弹舌有力,出语间隙停顿短暂,产生急迫的声音,听起来有紧急的感觉。如:

半夜里,老虎牙痛了,痛得他捂着脸哇哇地叫……老虎忙去找马大夫:"快,快把我的痛牙拔掉吧!"

(八)惭愧的语气

朗读时,气息略细弱,声音迟滞,发音时断时续,听起来有不好意思的感觉。如:

小猴羞愧地低下了头,小声地说:"小熊,对……对不起,是我不小心弄坏的,我……我会赔给你的!"

(九)怀疑的语气

朗读时,气息轻细内收,欲断还连,声音黏柔,唇舌缓动绵软,吐字夸张,听起来有些犹豫,有欲说还休的感觉。如:

小猴疑惑地问:"为什么要让我做你的手下呢?"狮子高傲地说:"那还用说吗?因为我是森林之王呀!"

(十)害怕的语气

朗读时,气息上提倒吸,声音颤抖而凝滞,唇舌动程缩小,听起来有胆怯的感觉。如:

狮子睡着了,有只老鼠跳到他身上,狮子猛然站起来,把它抓住,准备吃掉。小老鼠害怕地说:"<u>只要你放了我,我就一定会报答你。</u>"

(十一)劝诫的语气

朗读时,气息充足,声音缓慢,发音位置靠后,听起来有语重心长的感觉。如:

八哥鸟蹲在大树上,伤心地流泪。喜鹊飞过来看见了,说:"<u>你知道为什么大家都不理你吗?你会说话这很好,可是你不管什么事情、什么情况,都要插嘴乱说,把事情搞坏,谁还愿意跟你在一起呢?</u>"八哥鸟难为情地连连点头。

**【技能训练】**

语气训练:《吹牛的小熊》

### 吹牛的小熊

一天,小熊来到草地上找小兔玩,他嘴里吃着妈妈刚刚从河里捉的一条鱼。

小熊说:"<u>小兔,这条鱼是我在河里捉的,我游泳可棒了!</u>"(自夸)小兔说:"<u>是真的吗?真想看看你是怎样捉鱼的!</u>"(怀疑)

小熊一听,十分得意,虽然他知道自己还不会游泳,就在草地上翻起跟头来,边翻边说:"<u>就是这样在水里翻来翻去捉鱼的。</u>"(自夸)一不小心,小熊掉进了河里。小兔以为他会游泳,在岸上高兴地拍手:"<u>小熊,你真厉害,快捉条鱼上来!</u>"(夸赞)

这时,大象伯伯看见了,急忙走到河里,用他长长的鼻子一卷,就把小熊救上来了。小熊浑身都湿了,肚子胀得鼓鼓的,躺在地上直喘大气。

大象伯伯生气地对小兔说:"<u>小熊掉进水里,你为什么不呼救,还要他捉鱼?</u>"(生气)小兔委屈地说:"我们以为小熊会游泳,所以……"

大象伯伯更生气了:"<u>小熊什么时候学会游泳的?再晚一会儿,他就淹死了!</u>"(生气)小熊这时抬起头说:"大象伯伯,别怪小兔,都怪我吹牛。"(惭愧)

熊妈妈知道后对小熊说:"<u>孩子,吹牛会害了自己的,你一定要记住这个教训呀!</u>"(劝诫)从此,小熊再也不吹牛了,跟妈妈学会了从河里捉鱼的本领。

**训练提示:**小熊自夸的部分,在朗读时语调稍扬,语速宜稍快,而且特别要注意突出重音的词语,如"小兔,这条鱼是我在河里捉的,我游泳可棒了!"这一句中第一个"我"和"可"字的重音能表现出小熊的自夸得意的心理。朗读小兔的夸赞"小熊,你真厉害,快捉条鱼上来!"一句时,注意处理好小兔的角色声音特点,宜用表现出活泼、天真、顽皮的语气来读。大象伯伯生气的"小熊什么时候学会游泳的?"一句,除了角色声音宜稍低沉、粗重、稍慢一点外,还要注意读好反诘的上升语调。

**【技能巩固】**

一、分析下列句子中画线部分的语气类型,并运用恰当的语气朗读

(1)咦,你怎么回来了?

（2）亮亮摇摇头，抹一下眼泪说："我爸爸和妈妈在吵架,过节一点儿也不开心。"

（3）张老师迎面走过来听见了,说："丽丽,对老师和长辈说话要用'您'。"丽丽站住脚,羞红了脸,垂着头弄着辫梢,低声答应："是。"

（4）老虎说："好吃！好吃！小狐狸,你从哪里弄来的?"狐狸一听真高兴,就吹起牛皮来："我做的,我做的。"

（5）狮子嘲笑道："真是笑话,本大王力大无比,还会需要你的帮助？快滚吧,滚得远远的,别再让我看到你！"

（6）小老鼠看到狮子生气的样子很害怕,就战战兢兢地说："虽然我长得小,不能和您比,但我有我自己的长处,说不定什么时候我还可以为您效劳呢。"

（7）妈妈说："孩子,光听别人说,自己不动脑筋,不去试试是不行的。"

**二、朗读下面一段话,正确运用朗读的语气**

小猪要去野餐,猪妈妈为小猪准备了好吃的面包。小羊也要去野餐,羊妈妈为小羊做了好吃的点心。小猪高兴地从西边的山坡往上爬,小羊高兴地从东边往上爬。它们几乎同时爬到了山顶上。

小羊对小猪说："是我们先来的,山坡是我们的。"小猪说："不！是我们先来的,山坡是我们的。"

小羊和小猪争来争去,最后打起架来。结果,小羊带来的点心全滚到山坡下去了。小羊没东西吃了,它们伤心地哭了。小猪很后悔,拿出面包分给小羊吃。

最后,大家高高兴兴地在山坡上野餐。

山坡是大家的,大家一起玩,不是很好吗?

——《谁先来的》

# 第六节　语速训练

**【技能准备】**

1.用京剧老生笑的感觉,吸气后发："哈哈哈哈哈……"体会气沉。

2.发：嘭—啪—噼—扑,体会气声上下贯通,力的强弱。

**【理论与方法】**

**一、语速的概念**

语速是指朗读时语流行进的速度。语速快慢是由内容表达需要决定的,适当的语速才能表达作者在文章中所寄托的思想感情。

## 二、语速的分类

语速分为慢速、中速、快速(分别用 ＿＿＿＿＿、＿＿＿＿＿、＿＿＿＿＿符号表示)。一般说来,沉郁、沉痛、失望、气氛庄严、行动迟疑等内容或较难理解的语句,适宜慢速;叙述、说明、议论,写景、情绪平静等的句子,语句感情基本变化不大,适宜用中速;情绪紧张、热烈,或在愉快、兴奋、慌乱、惊惧的时候,以及朗读激昂慷慨、愤怒、反抗、驳斥、申辩等内容时,适宜快速。但是,语速的快、中、慢的划分不是绝对的,依据材料内容,语速有时是快中有慢,有时慢中有快。朗读幼儿文学作品有时还需依据角色的个性特点来确定语速。

例如:

春天来了,一只小蜗牛在草地上爬,背着大大的壳,伸着一对触角正在找吃的。

一只老鼠看见了,问他:"你背个大包,是要出去旅行吗?"蜗牛说:"你难道不知道? 我背的是我的家呀!"老鼠觉得很奇怪。"你的家? 那么窗户在哪儿?""我的家不需要窗户!"蜗牛边说边爬开了。(老鼠说话尖细、较快,蜗牛说话慢吞吞,是按角色特点处理的)

### 【技能训练】

语速训练:《猫和老鼠》片段

又过了七、八天,老鼠又说:"我三姐生孩子,请我吃饭。"猫说:"别回来晚了。"

天大黑时,老鼠回来了。一进屋,带来一股油味,对猫说:"我三姐也生了白胖小子,起名叫见底儿。"

三九天到了,一连下了三四天的大雪。猫说:"快过年了,什么食儿也找不到,明天咱们把猪油取回来吧。"

第二天一早,老鼠走在前边,猫跟在后边,奔大庙走去。

到了大庙里,猫第一眼就看到过梁上满是老鼠的脚印,坛子像被开过。猫急忙爬上去,打开坛子一看,猪油见底了。猫一下子全明白了,瞪圆双眼大声问:"是你给吃见底了?"老鼠刚张口,见猫已经扑过来,就转身跳下地。猫紧追它,眼看就要被猫追上了,一急眼,老鼠钻到砖缝里去了。

后来,老鼠见猫就逃,猫见老鼠就抓。

训练提示:本片段语速快慢处理的依据除了内容的感情表达外,还有角色的特点。老鼠狡猾,外在形体较小,所以语速宜稍快,朗读声音宜稍尖细一点。猫的形象在本文中是憨厚、大度的,所以语速宜稍慢。到了大庙里一段,由于情节陡然变化、气氛紧张,所以语速应加快。

### 【技能巩固】

1.说说慢速的朗读一般适合哪些句子,快速呢。

2.请分析下文,画出慢速朗读和快速朗读的句子,再读一读。

### 两只笨狗熊

有一天,大黑和小黑一起出去玩,走着走着,看见一块面包,连忙跑过去捡了起来。可是只有一块面包,他们两个都想吃,怎么办呢?

大黑说:"咱们分了吃,可是要分得公平,我的不能比你的小。"

小黑说:"对,要分得公平,你的不能比我的大。"

在草丛里觅食的狐狸也看见了面包,眼睛骨碌碌一转:"有了。"他走出草丛说:"噢!你们是怕分得不公平吧,让我来帮你们分吧。"哥俩儿看了一看说:"嗯……好。"

狐狸接过面包,口水直吞,他随手把面包分成了两块,哥俩儿一看,连忙叫了起来:"不行不行,一块大,一块小。"

狐狸说:"别急别急,既然这样,那我就咬它一口。"说着,就咬了一口,哥俩儿一看,又叫了起来:"不行,不行,这块大的被你咬了一口又变小了。"

就这样,这块咬一口,那块咬一口,最后,只剩下小指头那么一点儿。狐狸把一丁点儿面包分给大黑小黑,说:"现在两块面包都一样大小了吧,吃吧吃吧。"

## 【技能拓展】

### 提高朗读表现力的若干小技巧

朗读的语言必须富于表现力才能触动人心。为了使朗读生动活泼,可以练习使用一些声音技巧。常用的声音技巧有以下几种:

①气音。表示惊异或耳语时可用气音,就是气大于声,发出类似耳语的声音。

②颤音。表示激动时,声音稍带点颤抖。

③拖腔。表示迟疑时,把句中某一音节拉长点。

④泣诉。表示悲伤时,声音带点呜咽色彩。

⑤笑语。表示快乐时,带点发笑的色彩。

⑥拟声。模仿各种声响。

以上几种声音技巧如果运用得好,可以有效地增强朗读效果。

# 第七节 节奏训练

## 【技能准备】

分别找一段语速为慢速、中速、快速的句子来读一读。

【理论与方法】

**一、朗读节奏的概念**

朗读节奏,是指在朗读中,由一定的思想感情的波澜起伏所造成的,在有声语言的表达上所显示的抑扬顿挫、轻重缓急、回环往复的声音形式。朗读的节奏是由表达的内容和感情决定的。在那些急促、紧张的情节,或在兴奋、激动、愤怒、惊慌的情绪下,节奏都要快一些;而在庄重的情节中、陈述的地方或在平静、悲哀、思念的情绪下,节奏要慢一些。

朗读节奏的表现,不仅包括语言表达技巧,它还要求朗读者从内心情感出发,随感情变化的起伏跌宕,控制节奏,体现出作品的内在韵律。

**二、朗读节奏的类型**

一般来说,朗读节奏可以分为六种类型。

(一)欢快型

语调多用升调,语流跳跃、轻快活泼、欢畅,如散文《微笑》。

(二)高亢型

语调上升,语势向高峰逐步推进,声音表达形式为明亮、高昂,例如散文《海燕》。

(三)紧张型

语调多用升调,语速快、气息急促,如绘本《我是霸王龙》。

(四)低沉型

语调多用降调,语速缓慢,声音偏暗,语流沉缓,少扬多抑,如故事《河马的烦恼》。

(五)凝重型

语调多抑少扬,顿挫较多,音强而有力,如《草地夜行》。

(六)舒缓型

语调平直,语音轻松明亮,声音轻柔,语速徐缓,如故事《幸福的小狐狸》。

朗读的节奏类型主要是针对全篇的整体来说的。一篇作品一般不只一种节奏,在朗读时要注意根据内容和情节的变化而变化。

【技能训练】

节奏训练:幼儿散文朗读《微笑》

**微 笑**

李 想

小鸟说:"我愿意为朋友们唱歌,让他们高兴。"

大象说:"我愿意为朋友们干活,让他们高兴。"

小兔说:"我愿意为朋友们送信,让他们高兴。"

小蜗牛好着急,他能为朋友们做什么呢?

一天,一群小蚂蚁正在忙着搬东西,他们从小蜗牛身边走过时,小蜗牛向他们友好地微笑。

小蜗牛想:对呀,我可以把微笑送给朋友们,让他们高兴呀! 小蜗牛就画了好多张图片,上面一只小蜗牛在甜甜地微笑。朋友们看到这张图片,也高兴地笑了。

（入选本书有改动）

**训练提示:**以活泼、轻快的语气朗读散文《微笑》,朗读的时候用笑脸暖声,表达互助友爱的感情。不同角色的音色略有变化,小鸟用活泼的语气,说得较跳跃;大象用憨厚的语气,说得较平稳;小兔用甜美的语气,说得较愉快。反复出现的句子"我愿意为朋友们……让他们高兴",表现小动物们助人为乐的美德,有助于读者理解互助友爱的童话世界,体会小蜗牛的美好心灵。

## 【技能巩固】

1.朗读的节奏类型有哪些? 找低沉型的故事《河马的烦恼》来读一读。

2.阅读散文,先分析内容和情感,确定节奏类型,再朗读。

### 丁东丁东的琴声

#### 朱丽蓉

有一间小屋,小屋里住着一位老奶奶。老奶奶没有儿子,也没有女儿,屋里那架乌黑乌黑的大钢琴,是她唯一的伙伴。老奶奶高兴的时候,那琴声丁东丁东,就像在唱一支快乐的歌。老奶奶伤心的时候,那琴声丁东丁东,就像轻轻地哭。

丁东丁东的琴声引来了小鸟,在窗口唱歌;丁东丁东的琴声引来了蝴蝶,在屋里跳舞;丁东丁东的琴声,引来了一个叫南南的小男孩儿。从此,小屋里可热闹了,老奶奶不再孤单了,老奶奶的琴声,天天都像在唱歌。后来,那男孩也学会了弹钢琴。

老奶奶生病了,这可急坏了小鸟。喳喳喳,小鸟叫来了蝴蝶;喳喳喳,小鸟叫来了小男孩儿。

怎么办? 怎么办? 男孩儿打开钢琴盖,丁东丁东,那琴声轻轻流出来,流到了老奶奶的心里。瞧! 老奶奶睁开了眼睛。啊! 小鸟笑了,蝴蝶笑了,小男孩儿笑了,小屋里响起了欢乐的笑声。

以后,小屋里天天有琴声,天天有歌声,弹琴的是男孩儿,唱歌的是老奶奶和小鸟。

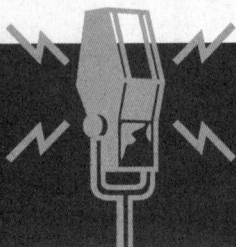

# 第五章

## 态势语训练

# 第一节　态势语概说

**【技能准备】**

　　美国心理学家艾伯特·梅瑞宾认为,在一条信息的传递效果中语言的作用只占7%,声音的作用占38%,而面部表情占55%,这说明了态势语表达的重要性。心理学研究还表明:人感觉印象的77%来自眼睛,23%来自耳朵,视觉印象在头脑中保持的时间超过其他器官带来的印象。所谓"百闻不如一见"就是这个道理。

**【理论与方法】**

**一、态势语的概念**

　　有声语言是人类最重要的交际工具,但是,人类的交际工具并不局限于有声语言,除此之外,人类还经常运用非有声语言性的交际手段辅助有声语言进行传情达意,如体态、表情、眼神、手势动作等,我们称之为态势语言(简称"态势语")。

**二、态势语的作用**

(一)补充信息,辅助表达

　　态势语是伴随着有声语言自觉或不自觉地出现的具有特定表意性的身体语言。在口语交际过程中,说话人的身姿体态、举手投足、神情容貌,始终伴随着他的有声语言。态势语扩宽了信息传输渠道,辅助并强化有声语言,使有声语言的表达效果得到进一步加强。

(二)加强渲染,强化情感

　　人们通过态势语达意,也可以通过态势语观察、分析对方说话的内容是否表达了真情实感,达到双方交流、沟通的目的。

　　有时只需一个眼神、一种神色、一个手势,我们就会明白对方要表达的意思,看似默默无语但沟通与交流却没有被限制,这就是所谓的"此时无声胜有声"。

（三）调节氛围，促进交流

态势语所表达的情感信息往往具有强调、暗示、掩饰的作用。说话者或听话者有意识地通过身姿、手势、表情、目光等手段传递、交流信息，可以调动或影响口语交际对象的情绪，启发或引导对方的思路，调节口语交际活动，可以化不利的、被动的局面为有利的、主动的局面。

（四）弥补有声语言之不足

有声语言虽然是我们表达思想感情的重要工具，但它也有言不尽情，词不达意的时候，这时态势语作为有声语言的重要补充，同样也可以起到表达思想、沟通情感的作用。在面对面的交流中，说话人的身姿体态、举手投足，特别是面部神情等，始终发送着各种信息，不经意地流露着说话人内心的情感、愿望等。

### 三、态势语运用的要求

态势语必须运用得当，使其发挥应有的辅助有声语言的作用，不然就会画蛇添足，甚至弄巧成拙。准确、自然、协调和适度是态势语的基本要求。

（一）准确

态势语的使用要有目的性，一挥手、一摆头、身子前倾或后仰，都有内在的根据、清楚的用意。过多的下意识或者无意识的态势语不但会引起听众的视觉疲劳，还有可能造成听众的费解、误解。

（二）自然

态势语应是交谈者或演讲者内在思想感情的自然流露，是有声语言的有机组成部分，要顺乎自然，不要为了追求美而画蛇添足，为了追求有风度而机械模仿。态势语要与有声语言融会贯通，随内容和感情的需要而出现，强调临场性，它才是自然的、恰当的。

（三）协调

一方面，使用态势语时，手势、表情和身姿要协调；另一方面，态势语的运用要根据讲话内容和感情需要，与有声语言协调一致。它的节奏要同有声语言的节奏同步，超前或滞后都会破坏交谈或演讲的整体一致性，影响有声语言的表达。动作的幅度也要随情感的强弱作出相应的调整。另外，态势语的运用要针对听者的多少、会场的大小、环境条件的变化而有所区别，还要根据听众的不同而有所选择。

（四）适度

在口语交际过程中，态势语并非越多越好，一定要顺乎自然，不要刻意为之，动作的幅度、力度、频率等要适中，要能够突出口语交际的目的。否则会使人望而生厌。只有自然、适当的态势语才会让人们的沟通更加自如。

态势语主要包括表情语、手势语和身姿语等。

【技能训练】

1.练习。

(1)两手端平,向上挥动(号召人们行动起来)。

(2)举起双拳,在空中晃动(号召人们起来斗争、奋斗)。

(3)单手前伸,掌心向上,做小范围的平移(表肯定)。

2.给下面的句子设计相应的手势,然后表演出来。

(1)看!太阳升起来了,它光芒四射,普照人间。

(2)什么是爱?爱不是索取,而是奉献!

(3)小赵,真是好样的!

(4)同志们,千万注意,这次实验是非常关键的一次。

【技能巩固】

1.根据态势语练习下列片段。

(1)鲁迅的《药》中,有这样一句话:

"喂!一手交钱,一手交货!"一个浑身黑色的人,站在老栓面前,眼光正像两把刀,刺得老栓缩小了一半。那人一只大手,向他摊着;一只手却撮着一个鲜红的馒头,那红的还是一点一点地往下滴。

(2)同志们,伟大的力量来自伟大的理想。(读"伟大的理想"时,右手臂向右上方伸展出。)

(3)事情往往就是这样,你认为你行,你就行(向左看,右手掌向内向上);你认为你不行,即使你行也不行(向右看,右手掌向外向下劈出,手势幅度不宜过大)。

2.根据态势语提示尝试练习演讲。

(痛心疾首)忘不了,八国联军入侵,烧、杀、抢、掠,熊熊烈火烧毁了历史文化的瑰宝│(右手平伸)——圆│明│园↘,也烧出了侵略者的可耻、卑鄙!↗(咬牙切齿状)

更忘不了,日本侵华犯下的罪行│(左手平伸)——南京│大屠杀,我们不会忘记│那血流成河(右手平伸、眼睛虚视)、白骨成山(左手前上方)│的场面。侵略者是多么可恶,令人憎恨哪!↗(紧握右拳)

↘中国│这段屈辱史、难忘史将永远铭刻在(双手平伸)每一个中国人的(左手慢放,右手按胸)心中(慢、重)↘。

# 第二节　表情语训练

**【技能准备】**

笑容操练习：

1.食指抵住两边嘴角,慢慢上升,保持 10 秒钟。

2.接着做适中的笑脸,嘴角再往上挑,保持 10 秒钟,其他部分保持松弛状。

3.嘴角接平瞳孔的延长线,作大笑状,持续 10 秒钟,复原。

4.手指沿颧骨按住面部,反复做微笑状和松弛状,确保肌肉运动。

5.最后放松脸部的肌肉,做一个自己喜欢的笑容。你会发现自己的表情比做操生动得多。

**【理论与方法】**

**一、表情语的内容**

表情语也称为感情的晴雨表。包括:眼神、眉头、面部、口唇。

**二、表情语常见类型举例**

(一)表示欢乐

眉毛舒展,眼神亲切明亮,充满笑意,即我们常说的眉开眼笑。

(二)表示失望

目光呆滞,暗淡,面部肌肉凝滞。

(三)表示兴趣

眉毛微微上扬,双眼略微张大,一般口部微张,同时嘴角略上翘呈现微笑状,以示关心、重视,且含有鼓励、褒扬成分。

(四)表示满意

眼睛略闭,嘴角上翘浮出微笑,以示鼓励。

(五)表示亲切

双眼微眯,嘴角微翘,面露微笑。

(六)表示询问

眉毛上扬,眼睛略睁大,嘴微微张开。略带关注、疑惑的神情。

(七)表示严肃

眉毛微皱,双唇较紧地抿在一起,眼睛略略张大。

(八)表示惊奇

眉毛上扬,双眼睁大,嘴圆张。

（九）表示愤怒

眉紧皱，眼圆睁，牙关紧咬致使双唇紧抿，有时伴有面色紫红或苍白。

（十）表示蔑视

眼微眯，嘴角下垂，嘴向一边撇去。

（十一）表示仇恨

目光冷漠，直盯对方，面肌紧张，甚至略带抽搐。

（十二）表示踌躇

目光游移不定，眉毛略皱，嘴微开。

（十三）表示心虚

目光不敢正视别人，面部疑虑。

以上各例只是对常见表情的简单概括。事实上，人的表情是多种多样且复杂多变的，同时也会因人而异，由情感强弱程度的不同产生细微的变化。在生活中，要学会细心观察，并结合自身体验来提高自己的对面部表情的解读能力和表达能力。

### 三、目光语

在与人交流的过程中，目光投向的角度不同、专注度不同等都会给人留下不同的心理感受。

（一）目光的角度

1.前视：即视线平直向前而用弧形的视线在全场流转，立足对方的中心线，视线推进时关注对方要认真、坦诚。

2.斜视：表示轻蔑、看不起人或不屑一顾。

3.仰视：表示尊重对方，如和老师、长辈交谈时就应多使用仰视的方式。

4.俯视：表示关心亲切。如教师上课或课下与学生交谈时要多使用俯视的方式，使学生感到亲切温暖。

5.环视：即有节奏或周期地注视不同的人或事物，表示认真、重视。适用于同时与多人打交道，表示自己"一视同仁"。教师上课尤其要多使用环视，既能做到面向全体，又能将每个学生的反应纳入自己的视野之中。

6.他视：即与某人交往时不注视对方，反而望着别处，表示胆怯、害羞、心虚、反感、心不在焉。

（二）目光语的应用原则

一般来讲，与人交谈时应有大部分时间是看着对方的眼睛和面部区域的，否则会被对方认为你没有认真听他讲话。在社交活动中，眼睛的注视区域分为三种：

1.公事公办的注视区域，即双眼到额头的正三角区域。通常用于谈判、上级找下级谈话时。

2.社会交往的注视区域，即双眼到下巴的倒三角区域。不会给人造成压力，又给予了对方足够的尊重。

3.亲密的注视区域，即双眼到胸口的大三角形区。只有较亲密的人或伴侣关系才可以看这一区域，而在商务场合，尤其是初次见面时，应看对方的肩部以上，而不是进行全方位的扫描。特别是男士看女士时,更不应看对方的脖子以下。

（三）注视的角度和方法

1.凝视:直视的一种特殊情况,即全神贯注地进行注视,多用于表示专注、恭敬。

2.盯视:即目不转睛,长时间地凝视某人的某一部位,表示出神或挑衅,故不宜多用。

3.虚视:是相对于凝视而言的一种直视,其特点是目光不聚焦于某处,眼神不集中,多表示胆怯、疑虑、走神、疲乏、失意或无聊。

4.扫视:即视线移来移去,注视时上下左右反复打量,表示好奇、吃惊。

5.无视:即在人际交往中闭上双眼不看对方,又叫闭目而视,表示疲惫、反感、生气、无聊或没有兴趣。它给人的感觉往往不大友好,甚至会被理解为厌烦、拒绝。

## 【技能训练】

### 一、配表情朗读

1.我,常常望着天真的儿童。（微笑）

2.素不相识,我也抚抚红润的小脸。（亲切）

3.他们陌生地瞅着我,歪着头。（陌生）

4.像一群小鸟打量着一个恐龙蛋。（惊奇）

5.他们走了,走远了……（失望）

### 二、儿歌朗读表演

#### 雪　花
#### 望安

| | |
|---|---|
| 雪花 | |
| 雪花 | |
| 你有几个小花瓣? | 欣喜　上看　眼睛移动 |
| 我用手心接住你,让我数数看: | 偏头　询问 |
| | 双手接 |
| 一、二、三、四、五、六。 | 认真　右食指指左手心　眼睛专注地数 |
| 咦, | 惊讶 |
| 刚数完,雪花怎么不见了? | 惊奇　摊手 |
| 只留下一个圆圆的小水点。 | 失望 |

## 【技能巩固】

1.面部表情训练。

（1）盼望着,盼望着,东风来了,春天的脚步近了。

（2）这笑容仿佛在哪儿看见过似的,什么时候,我曾……

（3）这几天,大家晓得,在昆明出现了历史上最卑劣最无耻的事情!

（4）残阳如血呵,映着天安门前——低垂的冬云,半落的红旗……

(5)月光如流水一般,静静地泻在这一片叶子和花上。

2.给下面的儿歌设计表情语,在班上表演出来。

### 绿伞·蓝天

李昆纯

六月,小蝌蚪躲在菱叶下,

高兴地说,

这柄绿伞真大。

六月,小鲫鱼游在荷叶下,

得意地说,

这柄绿伞真大。

六月,小花狗躺在榕树下,

骄傲地说,

这柄绿伞真大。

六月,矫健的雏鹰,

飞在太阳的身旁,

嗨,这片蓝天真大。

# 第三节　手势语训练

【技能准备】

尝试模仿练习以下手势:

图 5-1　手势语

(图片选自《演讲与口才》杂志)

**【理论与方法】**

手势语,是说话者运用手指、手掌、拳头和手臂等动作变化,表达思想感情和传递信息的一种态势语言。

**一、手势的种类**

手势表达的含义相当丰富,可以大致分为四种:

一是情意手势,用于示意带有强烈感情色彩的内容;

二是指示手势,用于示意事物的数量或概念;

三是象形手势,用于摹形状物,给听众以形象化的感觉;

四是象征手势,用来表达抽象概念。

**二、手势活动的区域**

手势在不同的区域活动,往往代表不同的情感含义。一般将手势大体分为三个区域。

上区:为肩部以上,多表现积极、振奋、肯定、张扬、美好、理想等意义。例如下面这段演讲:

我们需要和平,未来呼唤和平。我们期望着有一天我们能够挥一挥手,道一声:"永别了! 武器!"

中区:为肩部至腰部,多表现坦诚、平静、和气等,多用于叙述事物或说明事理等中性意义。例如下面这段叙述:

盼望如果是空想就毫无价值,盼望如果是实干将充满活力。青年朋友们,让我们抓住这个千载难逢的机遇,大干一场,直到盼望成为现实!

下区:为腰部以下,多表现憎恶、鄙视、压抑、否定等贬义。例如下面这段演讲:

反动派暗杀李先生的消息传出以后,大家听了都悲愤痛恨。我心里想,这些无耻的东西,不知他们是怎么想法,他们的心理是什么状态,他们的心是怎样长的!

**三、手势的活动方向**

1.向内、向上的手势,意味着肯定、赞同、号召、鼓励、希望、充满信心。

2.向外、向下的手势,意味着否定、拒绝、制止、终止、摒弃、冷漠。

3.抬起两个手掌,掌心向上、往内缩是表示向我靠拢、注意我。

**四、手势的动作方式**

手势的动作方式主要有以下三种。

(一)手指手势

手指的运用主要能表示以下几种情况:①表示数目;②表示态度;③指点事物或方向;④凝聚注意力;⑤表示微小或精确。

(二)手掌手势

在现实生活与工作的交流沟通中,手掌的运用是最普及、最常见、最频繁的,它是手势语的主角和态势语的重头戏。所以,我们必须重点练习与熟练运用。手掌手势的基本要领:拇指张开,其余四指自然并拢微曲,手臂(手臂分为三段:上臂、前臂与手)根据手掌的位置而灵活变化。

常用的手掌动作有:

1.伸手(手心向上,前臂略直,手掌向前平伸)——表示请求、交流、许诺、谦逊、承认、赞美、希望、欢迎、诚实等。

2.抬手(手心向上,手臂微曲,手掌与肩齐高)——表示号召、唤起、祈求、激动、愤怒、强调等。

3.举手(五指朝天,前臂垂直,手掌举过头顶)——表示行动、肯定、激昂、动情、歌颂等。

4.挥手(手臂向前,手掌向上挥动)——表示激励、鼓动、号召、呼吁、前进、致意等。

5.推手(手心向前,前臂直伸)——表示坚决、制止、果断、拒绝、排斥、势不可挡等。

6.压手(手心向下,前臂下压至下区)——表示安静、停止、反对、压抑、悲观或气愤等。

7.摆手(手心对外,前臂上举至中区上部)——表示反感、蔑视、否认、失望、不屑一顾等。

8.心手(五指并拢、弯曲,自然放在胸前)——表示自己、祝愿、愿望、希望、心情、心态等。

9.侧手(手掌放在身体一侧,手心朝前)——表示憎恨、鄙视、神秘、气愤,指示人物和事物等。

10.合手(两手在胸前由分而合,双手合一)——表示亲密、团结、联合、欢迎、好感、接洽、积极、同意等。

11.分手(两手在胸前由合而分,双手打开,做另一手势状)——根据打开后手势的区域不同分别表示空虚、沉思、消极(下区),赞同、乐观、积极(中区),兴奋、赞美、向上(上区)等。

(三)拳头手势

拳头的动作在演讲中,一般表示力量、决心、奋斗、警告、斗争、愤怒、仇恨、无比激动、坚定信心、充满自豪等。做拳头手势时拳头只能对上,不可将拳头对人。

【技能训练】

手势语训练:《○的断想》

| ○的断想 | 手势语 |
|---|---|
| ○是谦虚者的起点,<br>是骄傲者的终点。 | 扬小臂,单手掌心向上微伸①<br>翻转掌心,向下② |
| ○的负担最轻,<br>但任务最重。 | 挥臂至肩下③<br>握拳,拳心向内④ |

○是一面镜子，
让你重新认识自己。

○是一只救生圈，
让弱者随波逐流。

○是一面敲响的战鼓，
叫强者奋勇前进。

松拳，掌心向内⑤
指胸口，挺胸⑥

右手食指画圈⑦
右手腹前向右移动⑧

右手带动小臂指向前⑨
右手再移动向前、抬高，上臂肩平⑩

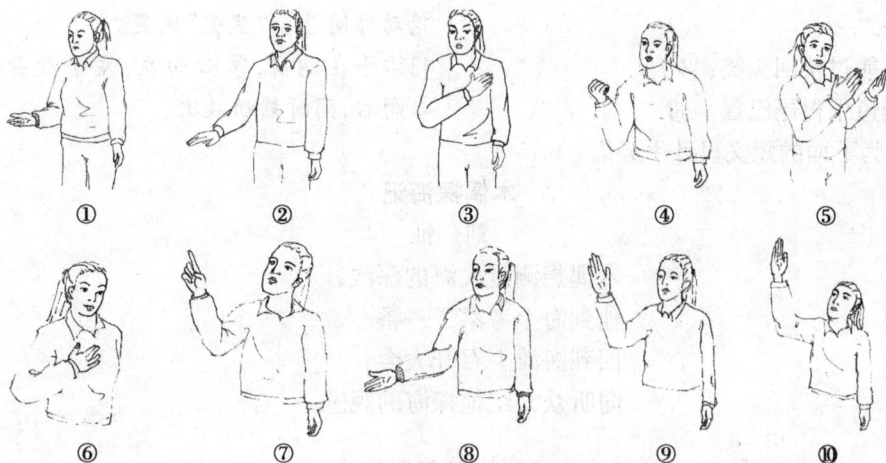

① ② ③ ④ ⑤

⑥ ⑦ ⑧ ⑨ ⑩

图 5-2　《○的断想》手势语示例

【技能巩固】

1.根据提示练习手势语。

| 小熊过桥<br>蒋应武 | 手势语 |
| --- | --- |
| 小竹桥,摇摇摇,① | ①五指交叉,双臂平放在胸前,手腕前后晃动,像小桥。 |
| 有只小熊来过桥。② | ②左手五指并齐,平放在胸前,右手食指与中指立在左手背上,并交替向前(左)。 |
| 走不稳, | |
| 站不牢,③ | ③将右手食指与中指并拢立在左手背上,左右晃动。 |
| 走到桥上心乱跳。④ | ④单手五指合拢再松开,像心跳"嘣嘣"。 |
| 头上乌鸦哇哇叫,⑤ | ⑤双手同时置额前,手腕相叠,左右手指上下张合,做鸟叫的样子。 |

| 桥下流水哗哗笑。⑥ | ⑥双手下垂，在胸前做流水的样子，声音"哗哗"。 |
|---|---|
| "妈妈，妈妈快来呀，快把小熊抱过桥!"⑦ | ⑦身体微侧，双手放在嘴两边，做呼喊的样子，身体稍晃2~3次。 |
| 河里鲤鱼跳出水，⑧ | ⑧右手从身体下方向头顶滑动（手心向上）。 |
| 对着小熊高声叫:⑨ | ⑨动作同⑦（右手放在嘴边）。 |
| "小熊小熊不要怕，⑩ | ⑩边说双手边做否定的样子。 |
| 眼睛向着前边瞧!"⑪ | ⑪右手指前方。 |
| 一二一， | ⑫动作同②。"嘿嘿"地笑。 |
| 小熊过桥回头笑，⑫ | ⑬右手在胸前，掌心向左，左手放身后，掌心向右，同时摇动数次。 |
| 鲤鱼乐得尾巴摇。⑬ | |

2.为下面的短文设计手势语。

### 木偶探海记
刘　征

木偶想测量大海的深浅，
他到海上考察了一番。
回到海滩上召开大会，
向听众介绍他探海的观感:

"人们常说海是很深的，
其实，这是不可靠的传言。
我在海上走了几千里地，
海水只能没过我的脚面。
我躺在海上东摇西晃，
海水也只能沾湿我的后肩。
我生怕自己的体验不可靠，
还特地观察了海鸥和海燕，
他们从高空俯冲下来，
浪花也只在胸脯下轻轻飞溅……"

话没说完，全场乱起来了:
老蚌掩着嘴唇嗤嗤地笑，
螃蟹举起大锤咚咚地敲，
连沉默的石子也又蹦又跳。
木偶直气得浑身直发抖，
用手拍着讲台大声叫道:

186

"你们为什么样不好好听讲?
你们为什么乱吵乱闹?
难道我没有到海上去考察?
难道我的见解是主观臆造?"

怎么能跟木偶说得清楚呢?
一个简单的道理他不知道:
要获得真知就要深入下去,
浮在表面上什么也得不到。

# 第四节　身姿语训练

【技能准备】

请三位同学分别坐、站、行,然后大家分别评评身姿的规范程度。

【理论与方法】

身姿语是通过人体的各种姿态传神、传情、传递信息的一种态势语。身姿主要包括坐姿、站姿和行姿三种。正确、良好的身姿语体现了教师的基本素质。

**一、坐姿要领**

双脚自然下垂,抬头、挺胸,脸朝向说话者,女士两膝并拢,男士两膝分开,但不超过肩宽,讲究力度,不可猛坐,不可将凳子坐满,坐凳子的三分之二。

坐姿禁忌:一是落座后两腿不要分得太开,若女性坐下后,两腿分得太开尤为不雅;二是当两腿交叠而坐时,悬空的脚尖要向下,切忌脚尖向上,并上下抖动;三是交谈时勿将上身向前倾并以手支撑着下巴;四是落座后不要左右晃动、扭来扭去,给人一种不安分的感觉。

**二、站姿要领**

站姿的要求是正直,所谓"站如松"就是这个意思。方法是挺胸、收腹、略微收臀、平肩、直颈、两眼平视、精神饱满、面带微笑,这样给人一种自信的感觉。站立时,两手自然地垂直于身体两侧,不要两手叉腰,也不能将双手插入口袋或把双手交握在背后,否则会给对方一种轻佻之感。还要注意站向,交谈时站立的方向应该是正面对着对方,以表示尊重。

站姿禁忌:两脚并拢、昂首挺胸,很有精神,却显得呆板,不能让人感受到自然美;两

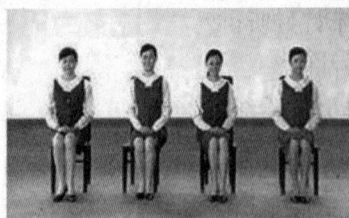

标准式

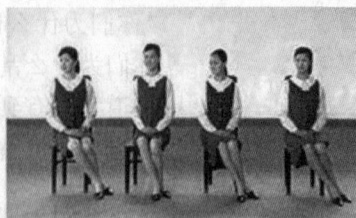

侧点式

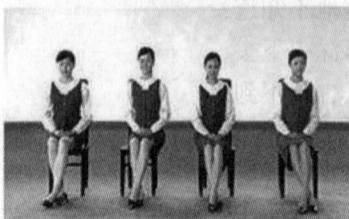

前交叉式

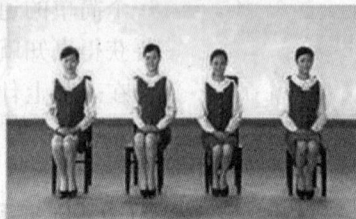

后点式

标准式

前伸式

前交叉式

脚叉开,不能给人谦虚的感觉;呈"稍息"姿态,一只脚还在不停地抖动,给人不严肃、不稳重的印象;摆弄衣角、纽扣,低头,不面向听众,给人胆怯之感;耸肩或不停地晃动身体,扭腰,将手插入兜内,给人懒散的感觉。

### 三、行姿要领

行姿的一般要求:自然、轻盈、敏捷矫健。自然而不别扭、轻盈而不鲁莽、敏捷而不笨拙、矫健而不自卑。

行姿禁忌:行走时切忌摇头晃脑,身体不能左右摆动,脚尖不能向内或向外,摆着"鸭子"步;或者弓背弯腰,六神无主;双手乱放,没有规律,双手插在衣服口袋、裤袋之中,双手掐腰或倒背双手;或东张西望,左顾右盼,指指画画,对人品头论足;与几个人一路同行,搭背勾肩,或者蹦跳,或者大喊大叫等均为不良表现。

在课堂教学中,教师举止得体,稳健洒脱的身姿配合有声言语会收到良好的教学效果,同时给学生留下美好的印象,也起到了师表的作用。

后臂摆直

前臂略弯

膝盖伸直

脚跟落地

## 【技能训练】

1.坐姿练习:请同学走上讲台坐在座位上,说几句简短的话,再走回到自己的座位。

2.站姿练习:请一人站在讲台上,大家当场指出站姿是否规范。

3.走姿练习:同学一对一对地走上讲台说几句话,再走下来。

4.以"我的自画像"为题,按下面的要求介绍你自己:

(1)不慌不忙走上讲台,先站定,后抬头,面向大家说话。

(2)说话中,必须有2~3个富有个性的手势语和表情语。

(3)说话时间不少于3分钟,不超过5分钟。

## 【技能巩固】

朗读下面的材料,设计合适的态势语,然后在班上表演。

### 师爱无限

冰心老人曾经说过这样一句话:"爱是教育的基础,是老师教育的源头,有爱便有了一切。"路上三尺教台,我正为实现这一切而努力着,我带着一颗为学生服务的心走上讲台,就像一个大哥哥一样嘘寒问暖,不仅关注他们的学习,也关注他们的生活,我也经常提醒学生,"要劳逸结合,活而不乱,注重效率"。犯错了,老师与之谈心;有难了,老师帮助解决。我不断地向学生"提醒幸福",而我的学生也不断地感受到幸福。

有了一颗服务心,才会有一张微笑脸。民主、平等、和谐的师生关系是现代教育追求的目标。给学生一张笑脸是实现这一目标的关键。"野蛮产生野蛮,仁爱产生仁爱",这是教育的真理,给学生一张微笑的脸,会让学生在掌握知识技能的同时也知道怎样去笑看世界,笑对人生。微笑着,欣赏学生,做慧眼的伯乐,给其成功感;微笑着,鼓励学生,做其成长的帮手,助其信心感;微笑着,宽容学生,做大肚的弥勒,育其自责感。是啊,笑的背后才有欣赏,才有鼓励,才有宽容,才有爱!

在短短数年教书生涯中,虽然辛苦,虽然清贫,虽然也有过急躁,彷徨,甚至想放弃,但人是懂感情的,一往情深精诚至,一心一意顽石开,爱心所至,情感所至,必将春风化雨暖人心。在这里,我想到了这样两句诗:"生命的远景,艰难而稳重,美丽而动人,道路的伸展,都是给时间的方向,从脚下开始,从脚下结束。"

我们拥有充实的教师人生,我相信,当我们的生命走向尽头时,我们可以自豪地说:"天空没有留下我痕迹,但我已飞过。"

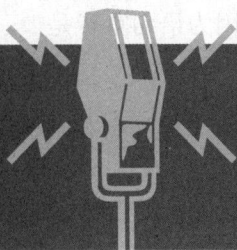

# 第六章

# 听话技能训练

## 第一节　听话技巧训练

**【技能准备】**

1.听记时,注意力高度集中,并准备好纸、笔,养成边听、边记的好习惯。

2.听老师读一段话,看看你能记住哪些主要内容或关键信息。

**【理论与方法】**

### 一、听话能力培养的意义

随着人类交际活动的日益频繁及现代科学技术的迅速发展,听话已成为社会生活中交流信息的主要途径,听话能力已成为人们进行日常交际的重要能力。今天,信息社会对人的听话能力提出了更高的要求:即听得正确、记得快、记得牢,有较高的言语品评能力和重新组合能力。具有良好的听话能力,不仅有助于自学能力的培养,也是未来教师做好教育教学工作的重要本领。

### 二、听话能力培养的任务

1.语音辨析。

语音辨析主要要求听清字音、语流、语气,做到因音求义。如北方话中的"儿化"音有区别词义、区分词性的作用。例如"头"(脑袋)和"头儿"(带头的人)、"画"(动词)和"画儿"(名词)等。

听话时,还要把握语气的变化,通过声音外在的快慢、高低、强弱、虚实,理解内在感情的色彩和分量。例如:遇到多年不见的老朋友,高声招呼"你好",表示热烈的感情;对一般人见面说"你好",声音低抑,表示一种应酬;而仇人相见,从牙缝中迸出一句"你好",其实不怀好意。

2.词义理解。

听话能力的核心是理解词语、语句、句群以至整个讲话的意义。要能听懂说话者的大致内容及关键词语,力求准确、完整地理解,对语句重音有辨识能力。因为语句重音是体现语句目的的重要手段,重音不同,语句目的也不同。例如:

①我知道你会唱歌。
②我知道你会唱歌。
③我知道你会唱歌。
④我知道你会唱歌。
⑤我知道你会唱歌。

同一句话由于重音位置不同表达的意思就不同。

另外,汉语中同音词、近音词多,也应注意识别。如"公式""公事""攻势""工事","娇气"与"骄气","食油"与"石油",等等。应该学会在听话过程中从上下句的关系中迅速而准确地判断词语的含义。

3.话语评价。

有时听话的内容多,篇幅长,要听出条理,听清层次,抓住中心和重点;听别人争论,要能够抓住争论的焦点,迅速归纳出争论各方的意见;听别人说话,除理解话语的意思外,还要能体会出言外之意,能对话语内容的是非、效果和价值做出评价。

### 三、听话的技巧

1.把握中心。

要想全面、准确理解说话人的意思,应该学会抓中心和抓要点。要注意观察说话人强调的语气、重音、语速、手势等变化,准确理解说话人的意思。

2.理清思路。

听别人说话时,可以从说话人话语的层次来抓要点,同时也要注意各要点的内在联系,以理清说话人的思路。

3.记主要内容。

听话时要记那些关键词语,特别是时间、地点、人物、重要数字以及事情的主要情节和重要的结论。

### 【技能训练】

听教师朗读故事《聪明的乌龟》,尝试理清层次、记下要点和主要内容。

#### 聪明的乌龟

一只狐狸,肚子饿得咕咕叫,它东奔西跑地找东西吃,看见一只青蛙正在捉害虫,心里想:先拿这只青蛙当点心,填填肚子也好。狐狸一步一步轻轻地跑过去,再跑两步就捉到青蛙了,可是,青蛙正在捉害虫,一点儿也不知道。

这事让乌龟看见了,它急忙伸长脖子,一口咬住狐狸的尾巴,"哎哟,哎哟,谁咬我的尾巴?"狐狸叫了起来。乌龟回答了吗?没有,它张嘴说话不是就放了狐狸吗?乌龟不说话一个劲地咬住狐狸的尾巴不放。

青蛙听见背后狐狸在叫,就连蹦带跳地跑到池塘边,扑通一声跳到水里去了。狐狸没吃到青蛙,气急败坏,回过头来一看,啊,原来是一只乌龟,我没吃到青蛙,吃乌龟也行。乌龟可聪明了,把头一缩,缩到硬壳里去了,狐狸没咬到它的头,就想咬它的腿,乌龟又把四条腿一缩,缩到硬壳里去,狐狸没咬到它的腿,一看还有条小尾巴呢,就去咬它的小尾巴,乌龟再把小尾巴一缩,也缩到硬壳里去了。狐狸实在饿慌了,就去咬乌龟的硬壳,咯咯,咯咯,咬得牙齿都发酸了,还是咬不动。

狐狸说:"乌龟,乌龟,我把你扔到天上去,啪嗒一下摔死你。"乌龟说:"谢谢你,谢谢你,你扔吧,我正想到天上去玩玩呢!"狐狸说:"乌龟,乌龟,我把你扔到火盆里去,呼啦一下烧死你。"乌龟说:"谢谢你,谢谢你,你扔吧,我身上发冷,正想找个火盆烤烤火呢!"狐狸说:"乌龟,乌龟,我把你扔到池塘里去,扑通一下淹死你。"乌龟听狐狸这么一说,哇的一声哭了:"狐狸,狐狸,你行行好,千万别把我扔到池塘里去,我最怕水,扔到水里就没命了!"

狐狸才不理它呢,抓起它的硬壳,走到池塘边,扑通一声把它扔到水里去了。乌龟下了水,就伸出四条腿来,划呀,划呀,一直划到青蛙身边。两个好朋友,一边笑,一边说:"狐狸,狐狸,你还想吃我们吗?说呀,说呀!"狐狸气昏了,身子一纵,向青蛙和乌龟扑去,扑通一声,掉到池塘里去了。青蛙和乌龟看见水面上冒了一阵子气泡,再没看见狐狸露出水面来。

**训练提示:**一要记住起因,狐狸饿了,正想吃青蛙,乌龟前来救援,咬狐狸尾巴。二要理清层次,一是狐狸咬乌龟没有成功,二是想弄死乌龟,被乌龟机智的话语骗过,乌龟成功逃脱了。三要记住要点,狐狸先后咬乌龟的头、腿、尾巴、躯壳都没有成功;狐狸三次威胁,一是扔到天上摔死,二是扔到火盆烧死,三是扔到水里淹死,乌龟都是说的反话骗过狐狸。四要把握主旨,乌龟智斗狐狸的故事要让幼儿明白"逃生要靠机智"的道理。

## 【技能巩固】

1.说说听话的技巧有哪些。

2.听读下列材料,做好边听、边概括要点的准备。

### 教师的衣着美

教师是知识和教养的化身,是新一代的塑造者。教师端庄的仪表,优雅的风度,得体的着装,不仅会给学生留下可亲可敬可模仿的美的形象,而且有助于教育和教学的成功。教师的衣着历来受到教育家们的重视,并在自己的教育实践中身体力行。我国近代著名教育家蔡元培先生,每次去学校给师生讲话或上课,必须换上浆洗得十分清爽的衣服,系好纽扣后,还要对着穿衣镜整理一下仪容。进入教室前,也要习惯地整一整衣装,再从容地走上讲台。

由于教师职业的特殊性,其着装既不能像军人那样整齐划一,也不能像演员那样装饰华丽。教师的着装应该既符合自己的职业要求,又具有相应的审美效果。

教师的衣着式样要得体、素雅大方。在着装上应大众化,不标新立异,不穿奇装异服。教师的服装式样在设计上应注意到教师工作的特点,如袖子要方便抬胳膊,袖根既不能太窄小也不能过于肥大。女教师上衣的前襟装饰不宜过多、过大,要显出自然清新而又雅致大方之美。若浓妆艳抹,满身透着珠光宝气,就会显得浅薄俗气。

教师的服饰要整洁干净、色调适中。衣着整洁干净,方能显示教师的精神风貌。现实中,有些教师的着装,虽说赶不上时尚,式样老了点,色调差一些,但由于保持干净平整,穿在身上又适身合体,也能给人一种整洁朴素之美。作为教师,如果不修边幅,衣服肮脏,不仅会使学生厌恶反感,而且也不可能表现出端庄文雅的风度。此外,教师服装的款式、色调应与穿着者的年龄、体型、性格等相协调。教师的着装也应与不同的环境、场合相适宜。平时给学生上课时,着装要端庄、规范。但与学生参加劳动或外出郊游时,则不必"西装革履",宜穿上得体的便装或轻便的运动装,显得活泼、自然。总之,得体的衣饰打扮,能衬托出教师美的仪容和风貌。

听后请回答:

(1)教师注重衣着美,能起什么作用?

(2)教师职业的特殊性对教师着装提出了哪些要求?

(3)教师怎样着装才能和自己的年龄、体型、性格相协调?

# 第二节　听话能力训练

**【技能准备】**

1.教师用中速朗读 100 字左右的一段文字,学生速记,看看记的效果怎样。

2.听课速记方法有很多:索引式速记法、符号式速记法、浓缩式速记法、首尾式速记法、提纲式速记法。说说你自己的速记方法。

**【理论与方法】**

### 一、词句听写

词句听写着重训练对字、词、句的反应能力和快速书写能力。先听读大意(中速朗读、了解大意)再听写(慢读、留出适当的停顿时间),最后听改,添加遗漏的内容(再听一次,加以改正)。听写训练的方式可有听写短文,听写段落大意,听写中心思想,写作特点,等等。可反复练习,然后适当加快语速和缩短停顿时间。

### 二、听记结合

听记训练着重培养学生的边听边想边记录的能力,是课内外听话训练最常用的方式之一,培养学生记录话语要点的能力。

听记的主要方法有:

1.用符号——设计自己常用的符号,代表那些常出现的专用名词或短语。

2.记关键——快速记下主题词、统领句、关键句。

3.列提纲——根据说话人的思路,列出内容提纲,分论点或小结语。

### 三、合理推测

合理推测训练就是对说话人话语的内容进行合理的推测,做出准确判断。在听话时,要在头脑里想象口语交际时的场景,按照话语内容的逻辑或事件发展的总趋势来推测话语的结论或故事的结局。

### 【技能训练】

听教师读文章的一、二自然段,推测出准确而合理的结果,与文章的后半部分对照,看自己推测能力如何。

#### 天使的吻痕

〔美〕詹姆斯·摩尔

大学时代,我认识了一个年轻人,他脸上有一块巨大而丑陋的胎记。紫红的胎记从他的左侧的眼角一直延伸到嘴唇,好像有人在他脸上竖着划了一刀。英俊的脸由于胎记而变得狰狞吓人。但外表的缺陷掩盖不了这个年轻人友善、幽默、积极向上的性格,凡是和他打过交道的人,都会不由自主地喜欢上他。他还经常参加演讲。刚开始,观众的表情总是惊讶、恐惧,但等到他讲完,人人都心悦诚服,场下掌声雷动。每当这时,我都暗暗叹服他的勇气。那块胎记一定曾给他深深的自卑,并不是每个人都能克服这么严重的心理障碍,在众人惊疑的目光里言谈自如。

我们成为最好的朋友后,有一天,我向他提出了藏在心里的疑问:"你是怎么应付那块胎记的呢?"我言下之意是:你是怎么克服那块胎记带给你的尴尬和自卑的? 他的回答我一辈子也不会忘记。

他说:"应付? 我向来以它为荣呢! 很小的时候,我父亲就告诉我:'儿子,你出生前,我向上帝祷告,请他赐给我一个与众不同的孩子,于是,上帝给了你特殊的才能,还让天使给你做一个记号。你脸上的标记是天使吻过的痕迹,他这样做是为了让我在人群中一下子就能找到你。当看到你和别的婴儿一起睡在婴儿室里时,我立刻知道,你是我的!'"

他接着说:"小时候,父亲一有机会就给我讲这个故事,所以我对自己的好运气深信不疑。我甚至会为那些脸上没有红色'吻痕'的孩子难过。我当时以为,陌生人的惊讶是出于羡慕。于是我更加积极努力,生怕浪费上帝给我的特殊才能。长大以后,我仍然觉得父亲当年没有骗我:每个人都从上帝那儿得到特殊的才能,而每个孩子对父母来说都是与众不同的。而正因为有了这块胎记,我才会不断奋斗,取得今天的成绩,它何尝不是天使的吻痕、幸运的标记呢!"

【技能巩固】

1.边听边记的常用方法有哪些？你自己还有独特的方法吗？

2.听教师读文章的前半部分,推测故事的结果,与文章的后半部分对照,看自己推测能力如何。

### 第一个被录取的人

张小失

某大公可招聘人才,应者云集。其中多为高学历、多证书、有相关工作经验的人。

经过三轮淘汰,还剩下 11 个应聘者,最终将留用 6 个。因此,第四轮总裁亲自面试,将会出现十分"残酷"的场面。

奇怪的是面试考场出现了 12 个考生。总裁问:"谁不是应聘的?"坐在最后一排最右边的一个男子站起:"先生,我第一轮就被淘汰了,但我想参加一下面试。"

在场的人都笑了,包括站在门口闲看的老头子。总裁饶有兴趣地问:"你第一关都过不了,来这儿有什么意义呢?"男子说:"我掌握了很多财富,我本人即是财富。"

大家又一次笑得很开心,觉得此人不是太狂妄,就是脑子有毛病。男子说:"我只有一个本科学历,一个中级职称,但我有 11 年工作经验,曾在 18 家公司任过职……"总裁打断他:"你的学历、职称都不算高,工作 11 年倒是很不错,但先后跳槽 18 家公司,太令人吃惊了。我不欣赏。"

男子站起身:"先生,我没有跳槽,而是那 18 家公司先后倒闭了。"在场的人第三次笑了。一个考生说:"你真是倒霉蛋!"男子也笑了:"相反,我认为这就是我的财富!我不倒霉,我只有 31 岁。"

这时,站在门口的老头子走进来,给总裁倒茶。男子继续说:"我很了解那 18 家公司,我曾与大伙努力挽救那些公司,虽然不成功,但我从那些公司的错误与失败中学到了许多东西,很多人只是追求成功的经验,而我,更有经验避免错误与失败!"

男子离开座位,一边转身一边说:"我深知,成功的经验大抵相似,而失败的原因各有不同。与其用 11 年学习成功经验,不如用同样的时间研究错误与失败;别人的成功经历很难成为我们的财富,但别人的失败过程却是!"

男子就要出门了,忽然又回过头:"这 11 年经历的 18 家公司,培养、锻炼了我对人、对事、对未来的敏锐洞察力,举个小例子吧——真正的考官,不是您,而是这位倒茶的老人。"

全场 11 个考生哗然,惊愕地盯着倒茶的老头。那老头笑了:"很好!你第一个被录取了,因为我急于知道——我的表演为何失败。"

模块三

# 幼儿教师职业口语训练

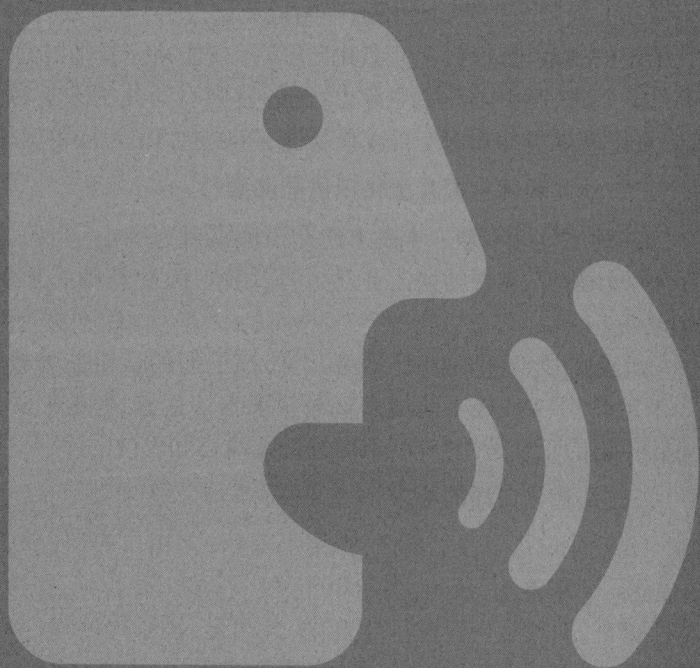

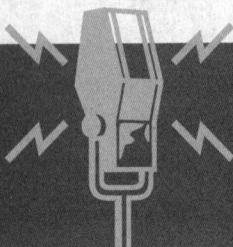

第七章

# 儿童化口语训练

## 第一节　儿童化口语概说

**【技能准备】**

　　准备一则幼儿文学作品的朗读,尝试模仿幼儿老师亲切的声音、柔美的语调、和蔼的表情,语气、语调适度夸张。

**【理论与方法】**

### 一、儿童化口语的概念

　　幼儿教师儿童化口语指教师贴近儿童生活,符合幼儿的心理特征、语言习惯,富有幼儿情趣的规范化口语。"儿童化"语言不仅能缩短教师与幼儿之间的情感距离,而且能提高幼儿兴趣,吸引幼儿的注意力,还能显出对幼儿的亲近感。教师恰当地使用儿童化口语,可以使深奥的知识变得浅显易懂,使艰苦的学习变得轻松愉快。

### 二、幼儿教师掌握儿童化口语的必要性

　　儿童化口语不是一味模仿幼儿语法混乱、用词不当的娃娃腔,而是由于幼儿期的孩子生活经验少,掌握的词汇贫乏、句式简单,因此教师必须用他们所能理解、接受的语言来说话。

　　儿童阶段,特别是小班低龄儿童,孩子们的言语能力较低,说话不够规范,语言模式尚未定型,不少人还不能用完整语句来表情达意,但他们的模仿能力很强。因此教师儿童化口语的正确运用,有利于促进幼儿语言和思维的发展。

### 三、儿童化口语的要求

　　儿童化口语要浅显易懂,少用书面语,多用口头语;少用抽象的词语,多用具体形象的词语;少用复句、长句,多用单句、短句;多用叠音词、拟声词、摹色词、语气词、儿化词;多用修辞;对说话内容进行故事化、游戏化、娱乐化处理;声音亲切和蔼、语调柔美;语气适度夸张,多用态势语进行辅助表达等。

**【技能训练】**

儿童化口语训练。要求:阅读下面的幼儿教育案例,模仿这位老师的做法,以幼儿为对象设计一段谈话。谈话要符合儿童化口语的要求,并在班上模拟幼儿园场景练习谈话。活动结束后,自我分析哪些能力有待提高。

### 鞋子穿反了

生活中可以发现孩子经常将鞋子左右穿反。鞋子穿反了,从外观上看,很别扭,不美观,从身体方面考虑,幼儿会感觉不舒服,影响走路及正常的活动,要是经常不注意,会影响幼儿小脚的生长,甚至影响健康。因而,对教师来讲,及时发现情况,及时纠正幼儿的错误,对幼儿正常参加活动,以及幼儿的身心发展有着至关重要的积极意义。

要让幼儿分清鞋子的正反,必须先分析导致孩子反穿的原因。据我观察主要有两个方面的原因:一是,托班的孩子年龄小,观察能力弱,观察不够细致,把大致相同对称的鞋子误认为是一模一样的,所以穿鞋时不再选择,随手拿来,套上就算,容易出错;二是,托班幼儿一一对应、匹配能力还不够,不知道左脚对应左鞋,右脚对应右鞋。找到原因后我就设计了三大环节来"对症下药""据因纠果",首先用拟人化的方法帮助幼儿认识鞋的正反,让幼儿清楚地知道一双鞋子两只是不一样的,然后用儿歌《小鞋朋友》来告诉幼儿,穿错鞋像娃娃在生气,噘嘴歪头,穿对了像娃娃在微笑,点头拉手。最后,以两个游戏《找鞋穿鞋》《给脚印穿鞋》发展幼儿的细致分辨能力。

**【技能巩固】**

1.从儿童话口语角度谈谈下面两句话好在哪里。

(1)森林里住着一只长着一双铜铃般眼睛的大老虎。

改为:森林里住着一只大老虎,长着一双大大的眼睛,像铜铃那么大。

(2)小朋友,游戏结束了,快把玩具放回原处!

改为:玩具小鸭走累了,该休息了,让我们看看哪一只先回家,好吗?

2.分析这位幼儿教师说的话问题在哪里,试着改一改。

(1)张小伟,你又干什么坏事? 到老师这里来承认错误!

(2)小朋友,雨水有什么作用呢? 雨水能浇灌植物,促进植物生长,还能湿润空气,调节气温。但过多的雨水也会给人们生活带来不便或害处。

# 第二节 儿童化口语训练

**【技能准备】**

　　谈谈修辞手法有哪些。尝试用拟人化的方法说几句话,内容选择"花草"或"桌椅"或"玩具"或"书本"等与幼儿生活相关的物品。

**【理论与方法】**

　　幼儿的年龄和认知特点决定了他们是天真烂漫、纯洁无邪、活泼可爱的。幼儿教师的教育教学语言要适合幼儿的口味,就必须用儿童独特的视角来观察事物,用儿童特有的心理和思维思考分析问题,用这个年龄段的孩子习得的词汇和句式进行表达,这样的沟通才能很好地让儿童接受。

　　**一、语言浅显**

　　由于幼儿年龄小,阅历浅,知识面窄,掌握的词汇量少,儿童化口语要少用书面语,多用口头语;少用抽象的词语,多用具体形象的词语;少用复句、长句,多用单句、短句。因此,词意和语意的运用一定要具体形象,浅显易懂。例如,一位教师在讲完《小蝌蚪找妈妈》的故事后,问小朋友:"谁来叙述一下小蝌蚪演变成小青蛙的过程?"这一问,卡壳了,小朋友们不知道该怎么回答。于是老师赶快纠正说:"哪个小朋友来说一说小蝌蚪是怎样一步一步地长成小青蛙的?"这一换,孩子们才豁然明白,争相抢答。又如,一位老师讲述《小猪盖房子》的开头:"猪妈妈有三只小猪,一只是小黑猪,一只是小白猪,还有一只是小花猪。"这段故事共用了四个单句,后三句的结构相似,看似啰唆,却与上句的"猪妈妈有三只小猪"相照应,符合幼儿的认知特点。

　　**二、讲究用词**

　　语言和思维有密不可分的关系,幼儿的思维是以形象思维为主,所以幼儿教师的语言不仅用词要浅显,而且在表述时还要有声有色、形神兼备。多用一些叠音词、拟声词、摹色词、语气词、儿化词,使语言表达有视听效果、动态美感、情感趣味,能唤起幼儿对具体事物的真切感知,调动他们的各种感官去思维、联想、想象、回忆、行动。如:黑黢黢的屋子、绿油油的麦苗、沉甸甸的稻谷、热腾腾的馒头等。

　　**三、善用修辞**

　　比喻、拟人、对比、夸张作为常用的修辞方法,应普遍运用于幼儿教育口语中。这些手法的使用可以使幼儿教师的口语表达更生动、具体、形象。可以把幼儿不熟悉的事物

变得可认知,把深奥的道理变得浅显易懂,新奇有趣。如:

## 小椅子也会疼

"请小朋友轻轻地把小椅子搬到老师这边来。"上课前,教师提醒着孩子们。班上一下子变得忙碌起来,有的幼儿用一只手拖着小椅子,有的就直接把椅子当小马骑了过来,于是教室里不时发出椅子与椅子、椅子与地板"咚、咚、咚"的声音。

"哎呀,你们的漂亮好朋友好可怜呀!我们不是说好,要照顾好我们的好朋友的吗?"我满脸疼惜的表情。顿时,小朋友投来惊讶的目光,"刚才,小椅子对我说呀,它有时候要被人摔,有时候要被人踢,有时候要被人拖着走,有时候又撞得青一块紫一块。现在,满身都是伤痕,快要疼死了。小椅子也有感情啊!"

"啊,小椅子也会疼!"

孩子们一下子明白了,都把小椅子举了起来,到了位置上再轻轻地放了下来。

点评:此例中,教师采用了拟人化的手法,赋予了椅子生命,让椅子的疼痛深深打动了孩子们的心灵,让他们学会关心他人,爱护财物。

又如,一位老师在讲述绘本故事《好饿的小蛇》的时候(见绘本讲述部分),先后六次讲"你猜猜,好饿的小蛇会怎样?"反复的修辞手法激发了幼儿的想象和好奇心。

## 树妈妈会疼吗?

中班的宝宝问:"老师,树叶掉了,树妈妈会疼吗?树妈妈会死吗?"老师没有急于回答,而是叫来扎着马尾辫的贝贝,重新给她梳头发。梳完后老师让宝宝看梳子上梳落的几根长发,并对他说:"你看,老师给贝贝梳头的时候,梳掉了几根,你问问她疼不疼。"贝贝说:"不疼!"老师又说:"其实,树上掉树叶就像我们每天都要掉头发一样,树妈妈一点都不疼,是很正常的,头发掉了还会长,树叶掉了也会长,所以树妈妈不会死的,而且每年掉落的树叶,在泥土里变成养分,会让树妈妈第二年的枝叶更加茂密。"

点评:这位老师解决问题时,考虑到了幼儿的接受能力,没有说很多深奥的理论,而是用孩子们自己的感受和已有的经验巧妙回答了看似复杂的问题,真正做到了深入浅出,形象生动。

### 四、注重童趣

注重童趣,对说话内容进行故事化、游戏化、娱乐化处理。如以下案例:

## 一举多得

户外活动时,我发现有几个孩子头上直冒汗,就示意他们脱掉衣服休息一下。没想到好多小朋友都脱下衣服,塞在我手里。我抱了一大堆衣服,一边往活动室走,一边对他们说:"这么多衣服,我要去把他们卖掉了。"小朋友们也纷纷伸手说:"我卖一件!""我也卖一件!"……显然,他们把"买"字念成"卖"字了,"买""卖"不分。我灵机一动,说:"好哇,我就卖给你们。可是,这乱七八糟的衣服谁要哇?""不要!"孩子们都摆着手。我说:"你们先把衣服加工整理好,再送到'服装店'里来,我卖给你们。"孩子们马上一个个拿回自己的衣服,小心地折叠好,又送到我的"服装店"里。这时我对他们说:"现在我是售货员,你们是顾客。我拿衣服给你们应该说'卖'。你们用钱换衣服应该说'买'。"说完,我就拿起一件衣服喊道:"谁要买这件衣服?"反应快的芸芸马上应道:"我要买这件衣服。"就这样,我不仅调整了孩子们的活动量,而且使他们在游戏中分清了"买"和"卖",同时还锻炼了孩子们自己整理、折叠衣服的能力。

——摘自《幼儿教育》1996年第4期 金巧英

### 五、声音亲切

教师态度和蔼、声音亲切、饱含慈爱之心的儿童化口语,会引起孩子们强烈而持久的内心体验,对人和事物的印象更加深刻,记忆更加持久。幼儿教师要讲究呼吸发声技巧,深吸缓出,使声音柔和。语调柔美,抑扬顿挫,节奏富于变化,语气适度夸张,语速稍慢,使表达亲切可感。

例如,春天的上午太阳暖洋洋的,刚结束集体教学活动的小朋友有点懒洋洋的,老师对孩子们说:"宝宝看,太阳公公真勤劳,它今天要来看宝宝学习本领呢,宝宝,我们到外面去学习本领,让太阳公公看看,我们乖乖兔班的宝宝是最棒的,好吗?"孩子们听完,都欢呼雀跃地跳了起来。

又如,晓晓是班上一个性格比较内向的小朋友,每天早上来幼儿园总是拽着奶奶的衣服不肯松手,并且嘴里喊着要奶奶早点来接。

教师:晓晓是个乖孩子,奶奶今天会早点来接你的。(安慰)

教师:晓晓,你最喜欢玩什么呀,老师陪你玩好不好?(亲切)

教师:晓晓真能干,我们叫上其他小朋友一起玩好不好?(鼓励)

上例中,通过老师亲切和蔼的话语,晓晓的哭声很快便停住了。通过一起玩游戏,孩子转移了注意力,并交上了朋友,很快适应了幼儿园生活。

另外,幼儿教育工作中,常常需要变换音色,模拟各种年龄、性别、性格的人或其他动物的腔调,表现热情、快乐、紧张、悲伤等语气和模仿其他声响,激发幼儿的学习兴趣和积极性。

---

### 【技能训练】

**一、请按儿童化口语的要求改写下面一段话**

小公鸡和小鸭子一块儿出去玩儿。他们走到草堆旁,小公鸡的嘴尖尖的,在草堆里找到许多虫子,吃得很欢。小鸭子的嘴扁扁的,找不到虫子,急得直叫。

改写参考:

小公鸡和小鸭子是一对好朋友。有一天哪,他们一块儿出去玩儿,走到草堆边儿,小公鸡的小嘴儿尖尖的,在草堆里找到了许多小虫子,他一边吃一边唱:"唧唧、唧唧,真好吃,真好吃!"。小鸭子呢?他的嘴呀!又扁又平,在草堆里找了半天,才找到一条虫子,用嘴一啄,没吃到虫子。反倒把草哇、土哇弄到嘴里,小鸭子吃不到虫子急得"嘎——嘎——嘎"直叫唤。

**二、请按儿童化口语的要求改写下面一段话并试着讲述**

冬去春来,冰雪消融。青蛙苏醒产卵了,水中出现点点蝌蚪;枯枝嫩芽初绽,柳树披上丝绦。春燕纷飞,蜂蝶飞舞,春风吹拂,春雨飘洒,农家已经开始春耕、播种。好一派美丽春光!

改写参考:

小朋友们,寒冷的冬天过去了,天气渐渐暖和起来了,一年中的第一个季节——春天到来了。

春天来了,池塘里的冰雪融化了,青蛙妈妈慢慢活动起来了,它产下的卵变成了一条条大脑袋、长尾巴的小蝌蚪;春天来了,小草从泥土里探出绿色的小脑袋,光秃秃的树枝冒出了嫩绿的芽芽,柳树梳起了绿绿的、长长的小辫儿。燕子在天空中飞翔,蜜蜂、蝴蝶在花丛中跳舞,连冬眠的动物也醒来了,要看一看美丽的春天。春天来了,春风轻轻地吹着,春雨沙沙地下着,农民伯伯开始忙着春耕、播种了。春天来了,迎春花、桃花都开了,他们好像张开了小嘴,告诉大家:"春天来了!"

春天的景色真美,我们一起去春游好吗?

## 【技能巩固】

1.模拟幼儿教师处理以下问题,要求符合口语儿童化的要求。

(1)在绘画活动课上,小朋友们正在认真地画小船,并给小船涂上自己喜欢的颜色。只见张磊用红色笔给船上颜色,眼看一艘美丽的船就要画好了,我正想表扬他,却见他又拿起了黑色的画笔,把画好的船横一道竖一道地涂得面目全非。我顿时傻了眼:刚才漂亮的画面,全给弄坏了。只见他嘴里还小声喊着"哈哈!"旁边的小朋友也围了过来,觉得有趣,也用黑笔对自己画好的画进行毁灭性的破坏。

(2)一次游戏活动中,玲玲在认真地搭建积木,她搭得非常投入。我走过去欣赏她的作品,她自豪地对我说:"老师,看我搭的高楼,这些是高楼下的树木还有小花。"我认真欣赏并赞扬了她:"你真棒!"可是过了不多久,就有几位小朋友来报告说:"玲玲她哭了。"我询问原因:"怎么了?""她搭的房子被洋洋弄坏了。"来告状的小朋友着急地说。我走过去一看,玲玲面前的积木都撒在了桌面上,地上也有,搭建的高楼已不见踪影。

2.讨论:下面两种说法各有什么特点?哪一则幼儿更容易接受?为什么?

龙龙喜欢在墙上、地面上画画,经常在活动室的墙上和地面上留下他的作品。老师对龙龙说:

(1)(指着龙龙的画说)看,墙上和地面上被你涂得不伦不类,不堪入目!好孩子都知道应该自觉保护环境的清洁卫生,你愿意做一个好孩子吗?

(2)(领着龙龙一边欣赏他的杰作,一边说)你的画画得真不错!要是能画在纸上就更好了。你看。你在墙上、地面上画画,把他们的脸弄脏了,他们会不高兴的!想一想,你愿意让别人弄脏自己的脸吗?

# 第三节　儿童化口语辅助表达训练

【技能准备】

　　一个孩子在花园里折了一朵花拿到教室里,老师看见了,没有简单地批评,而是把全班小朋友带到花园赏花,(用手指)"你们看这榆叶梅多好看啊,(赞赏的表情,喜爱的目光)红红的花苞像小姑娘的小嘴一样可爱,引来许多蜜蜂采蜜。(用手指)花园里还有月季花、美人蕉、串串红。你们说,这些花是长在花园里好呢? (疑问表情)还是折下来让它枯死好呢?"

　　说说幼儿老师的话用了哪些修辞手法,哪些态势语。

【理论与方法】

　　儿童化口语,除了要注重有声语言的表达,还应注重无声语言的表达,注意表情、动作,以及道具的巧妙运用。自然的仪态,丰富并稍带夸张的表情,幅度适宜的手势,才能使语言有声有色,具有吸引人的魅力。恰当的态势语产生的动态的直观形象,能补充、强化口语信息,还能打破单调沉闷的气氛,激发幼儿活力。

**一、目光语**

　　教师真诚、柔和的目光是师幼交流的第一重要法宝,通过目光,我们可以让幼儿读懂教师的赞赏、好奇、鼓励、同情、难过等情绪。如《我们种的小豆子》:

　　幼:老师,你看我种的小豆子发芽了!

　　师:真的吗? 让老师看看。哇,真的,小豆子发芽了! 你真能干,把小豆子照顾得非常好! (赞赏)

　　幼:老师,老师,我的小豆子怎么不发芽? 是不是死了?

　　师:哦? 让老师看看,哎呀,是水浇得太多了,小豆子被淹死了。(惊奇、惋惜)

　　幼:老师,我错了,是我昨天水浇得太多了,把小豆子害死了。

　　师:没关系,你也是个很有心的宝宝,都怪老师昨天没说清楚,咱们吸取教训,再种两颗小豆子,一起把它照顾好,好不好? (亲切、鼓励)

　　幼:好! 我一定会把它照顾好的!

　　点评:教师在进行口语表达时,恰当地运用了目光语,对认真种豆子的幼儿进行了表扬,对淹死的豆芽表达了惋惜之情,对自责的幼儿进行了鼓励,使幼儿积极与教师交流,认真参与到活动中,并学有所获。

### 二、表情语

#### (一)微笑

微笑具有神奇的魔力,可以将教师的积极情绪以及正能量传递给学生,有效呵护幼儿幼小的心灵,使幼儿的求知欲得到启发。幼儿看到教师微笑的时候自己也会觉得特别开心,从而营造一种良好的师生关系,使教师与幼儿的交际更和谐、更融洽、更顺畅。微笑要做到真诚、自然,要发自内心,眼睛要透出笑意。

#### (二)面部表情

除了微笑,教师还可以通过面部肌肉的放松、紧缩、颤抖等变化,表达说话者沉着、喜悦、愤怒、悲哀、振奋、忧郁等丰富的思想感情。幼儿常常通过观察教师的面部表情,来感知教师的喜怒之情。

教师在幼儿的心目中是神圣的,教师的一言一行、一颦一笑,对他们都有着深刻的感染力。嘴角微微上扬,眼睛充满盈盈笑意,无须开口,就已传达出真诚和友善。

比如,幼儿教师引导幼儿玩积木时,幼儿用创意性的思维摆出各种各样不同的图形,教师可以露出微笑给予幼儿赞赏,同时教师也可以露出期待的表情鼓励幼儿摆出更有创意的图形。如果幼儿玩积木时出现情绪化现象,如乱扔积木、争抢玩具等,教师就可以用生气的表情来告诉幼儿现在这种行为是错误的。如果幼儿情绪化现象过盛,把积木扔到其他幼儿身上或者把积木撒得满地都是,幼儿教师可以针对这种严重的错误摆出极愤怒的表情,告诉幼儿这种行为是绝对不被允许的。幼儿从教师的面部表情了解到什么事能做,什么事不能做,就会本能地控制自己的行为。教师可以在让幼儿了解了自己的行为是对是错以后,再慢慢对幼儿讲道理。

### 三、手势语

手势语是指通过手的动作表现出来的一种体态语,是典型的动作语。例如,在幼儿园的保教活动中,幼儿遇到了思维上的难点时,教师就可以运用象形性手势语,更加形象地展示讲述内容,帮助幼儿理解和记忆。

(一)表扬性手势语:用"大拇指"动作表达夸奖的意思。

例如:阳阳,今天你帮老师擦桌子,擦得很干净,非常棒!

(二)指示性手势语:用手指表示数目,或用手势表示方向,虚拟性模拟。

例如:一只青蛙一张嘴,两只眼睛四条腿,扑通扑通跳下水。

(三)象形性手势语:用手势模拟事物的形状或轮廓。

例如:在森林里,有一座大大的房子,房子的形状很特别,就像一个心形的大蛋糕。

### 四、身姿语

身姿语是通过人身体的各种姿态传神、传情、传递信息的一种体态语。在与幼儿交际交往中,教师常采用蹲姿与幼儿平等对话,通过摸摸头,轻拍肩膀等动作与幼儿进行肢体接触来增进彼此之间的感情。如《我变勇敢了》:

"婷婷,今天在幼儿园打预防针哭了吗?"

"没有! 我很勇敢,一点没哭!"

"是吗？你不害怕打针啦？"

"不害怕！打针的时候陈老师一直拉着我的手，我就变得很勇敢了！"

### 五、服饰语

与幼儿交流时，整齐的衣着、得体的服饰，往往会给儿童留下美好的"第一印象"，让幼儿乐于亲近，从而使教师与幼儿的沟通获得较好的效果。

口语交际中，服饰语作为一种无声语言，对口语交际效果有着重要的影响，着装时应注意以下几个问题：

（1）着装应便于蹲坐或做游戏。

（2）着装应整洁、美观、和谐，能给人以愉悦感。

（3）着装颜色应鲜亮或柔和，给人以亲近感。

在与幼儿沟通时，教师还可以通过使用图片、玩具等道具，融洽师幼关系，激发孩子交流的兴趣，巧妙地表达内心活动及情感变化。在幼儿园的教育教学活动中，教师常常用小红花、小红旗作奖励，激励幼儿，道具在这里成为体现教师对幼儿认可表扬等情感的符号；在讲故事时，通过图片、木偶等道具，可以更吸引人。因此，道具是儿童化语言表达的重要辅助手段。

---

## 【技能训练】

### 一、运用态势语朗读幼儿诗歌《山谷回音真好听》

#### 山谷回音真好听
王茂艳

小鸡大叫："叽——叽——叽"

山谷回音："咦——咦——咦"

小牛大叫："哞——哞——哞"

山谷回音："噢——噢——噢"

青蛙大叫："呱——呱——呱"

山谷回音："哇——哇——哇"

小鸭大叫："嘎——嘎——嘎"

山谷回音："哈——哈——哈"

小朋友们大声喊：

"你好啊！你好啊！"

山谷真是有礼貌，

高声回答："你好啊！"

　　**训练提示**:这是小动物、小朋友们与大山之间的一场有趣的游戏。应答声中,韵脚巧妙变化,既灵活多变,又欢快热烈。在朗读动物声音时需要稍加模仿。朗读时辅助以必要的态势语,使儿童化口语表达更生动有趣,例如分别模仿小鸡、小牛、青蛙、小鸭的形态和运用丰富的表情进行朗读。

　　**二、运用态势语朗读幼儿散文《熊宝宝的小芽芽》**

### 熊宝宝的小芽芽

　　天是蓝蓝的,云是白白的,草是绿绿的,花是红红的。熊宝宝种下一粒种子,长出了小芽芽。熊宝宝呀,每天都来看看它。

　　长啊长,长大了! 会不会长出苹果呀? 长啊长,长大了! 会不会长出梨子呀? 长啊长,长大了! 会不会长出西瓜呀? 长啊长,长大了! 没有果来没有瓜。

　　摘下叶子咬一口,真是难吃呀! 熊宝宝生气拔起它,快快扔了吧。

　　嘿哟哟,嘿哟哟,怎么拔不动了呀?

　　嘿哟哟,嘿哟哟,原来是个萝卜呀?

　　啊呜、啊呜,熊宝宝高兴地吃了它!

　　啊呜、啊呜,熊宝宝高兴地吃了它!

　　**训练提示**:这篇幼儿散文节奏鲜明,充满童趣,用儿童化音色朗读对幼儿更有吸引力,辅以恰当的态势语更能表现出作品的童真童趣。朗读"天是蓝蓝的,云是白白的,草是绿绿的,花是红红的"时可以配以指示手势和专注的目光语以及喜悦的表情;朗读"会不会长出……"这三句时,可以用偏头、疑惑的眼神和表情语来辅助表达;朗读"没有果来没有瓜"时可配以略显失望的表情,语调下降;朗读"嘿哟哟"可以配模仿"拔"的身姿语;朗读"怎么拔不动了呀?"可以配疑惑的表情;"原来是个萝卜呀?"可以辅以惊喜的、夸张的表情。

【技能巩固】

　　1.朗读下面的对话,注意儿童化口语的运用。

### 树妈妈的孩子

　　师:小朋友们看,老师手上拿的是什么?

　　幼:树叶。

　　师:嫩绿的小树叶是树妈妈的小宝宝,要是我们把树妈妈身上的小宝宝都摘光了,树妈妈该多难过呀!

　　幼:老师,我再也不摘小树的树叶玩了。

　　2.演一演,评一评。

### 小水滴哭了

中班午休期间,有两个孩子起来如厕后没有立刻回寝室。

老师故作神秘,把耳朵贴近水池边:"你们听谁在哭呀?"

孩子互相看看,不说话。

老师:"噢,是小水滴在哭,她边哭还边对老师说了些话,你们想知道小水滴对老师说了什么吗?"

"小水滴对老师说她是一个非常爱清洁又乐于助人的好宝宝,可是现在小朋友开着水管玩水,他就不能帮助别人,还要流到一个又脏又臭的下水道里变成脏水,所以她才难过地哭了起来。"

一个小朋友去拧水龙头,并说:"老师,我以后一定不让小水滴再流眼泪了!"

另一个也说:"老师,我以后再也不玩水了,这样小水滴就不会难过了!"

# 幼儿文学作品朗读训练

## 第一节　儿歌朗读训练

**【技能准备】**

1.重音的表达方法有几种？
2.怎样才能做到口语的儿童化？

**【理论与方法】**

### 一、儿歌概述

一位儿童文学家曾说过："儿歌是知识的百宝袋,蕴藏着人类语言的珍珠。"儿歌是适合幼儿欣赏诵唱的歌谣,是人一生中最早接触的,也是最容易接受的一种文学形式。儿歌为幼儿营造了饱浸着爱、溢满着真情的美好乐园。儿歌生动的内容、易懂的语言、动听的韵律,可以陶冶幼儿的性情,增添幼儿的生活乐趣,开启幼儿的心智,还能培养幼儿的语言能力。儿歌教学不仅需要引导幼儿学习儿歌,更重要的是让幼儿通过学习儿歌发展语言能力、认知能力以及积极的情感、态度等。

### 二、儿歌的特点和分类

儿歌的特点:①篇幅短小,内容单纯;②语言通俗易懂;③天真活泼,富有情趣;④节奏鲜明,富有音乐性。

儿歌的分类:①摇篮曲;②数数歌;③问答歌;④绕口令;⑤连锁调;⑥颠倒歌;⑦谜语歌;⑧字头歌;⑨游戏歌。

### 三、儿歌朗读的方法和要求

儿歌的节奏感强,韵律和谐,是活在孩子们口头的文学。儿歌精致的韵律、明快的节奏、优美的旋律使其更适合诵唱。儿歌朗读是指有节奏地念,可以让幼儿恰当地运用态势语,生动形象地朗读儿歌。

1.朗读儿歌要弄清儿歌节奏鲜明、音韵和谐的语言特点。朗读儿歌时要把握好儿歌的节奏,可以在朗读之前,理解儿歌的内容,画好音步,注出韵脚。

2.朗读儿歌要注意儿歌的节奏变化,主要体现在节奏的快慢、停连上。同时还要注意儿歌韵律的表现,主要体现为韵脚的归音、轻重的变化、虚实的穿插,等等。朗读儿歌时只有恰当地运用重音、停连等基本表达方法,才能把儿歌朗读得生动、自然。

3.朗读儿歌要依据儿歌动作感强的特点,可配以动作,增强儿歌的表现力。设计儿歌态势语时,应注意动作、手势等的连贯、协调。

## 【技能训练】

### 一、儿歌朗读《雁雁排成队》

#### 雁雁排成队

| | |
|---|---|
| 雁——雁, | 破折号处自然停顿,念"雁"字时拖长,做音断意连处理 |
| 排成队, | |
| 后头跟个雁妹妹, | 节奏为"后头/跟个/雁妹妹",重音"雁妹妹" |
| 雁哥哥,慢点儿飞, | 用对比的语气朗读这两句儿歌,突出"慢点儿""快点儿" |
| 雁妹妹,快点儿追, | |
| 一起往南飞, | 这两句体现儿歌的主题,重音为"一起""谁也" |
| 谁也不掉队。 | |

**训练提示:**训练时应注重从儿歌的内容入手,安排节奏、重音,特别是起句的停连运用,可以形成独特的节奏美。结尾处紧扣儿歌的主题,以重音表达对"友爱团结"精神的理解。同时,在朗读儿歌的过程中配以动作,把儿歌朗读得更具动感、节奏感。

### 二、朗读儿歌《我学猫儿》

#### 我学猫儿

##### 赵家瑶

| | |
|---|---|
| 夜里老鼠吱吱叫, | 双手拢尖于胸前模仿老鼠的样子,"叽叽叽" |
| 我学猫儿"妙唔妙——" | 做猫叫的动作。"喵……喵……"声音延长 |
| 老鼠吓得不敢动, | 双手抱肩,做害怕的表情。重音为"不敢动" |
| 我在床上偷偷笑。 | 捂嘴,偷笑,"嘻嘻嘻……" |

**训练提示:**先探讨朗读技巧的处理,如停连、重音、语速、语调等,才能更好表现出内容"幼儿学猫叫、吓老鼠的天真活泼"以及幼儿的"稚"与"拙",展现儿童的纯真心灵。

### 三、朗读儿歌《蝴蝶蝴蝶你找谁》

蝴蝶蝴蝶你找谁

金波

| | |
|---|---|
| 花蝴蝶, | 双手从胸向下指自己 |
| 多美丽, | 重音"多",双手放在胸前,向上 |
| 张开翅膀飞呀飞; | 重音"飞",轻读"呀",双手在侧面做飞的动作 |
| 这里找, | 重音"这",双手做飞的动作,身子转向左 |
| 那里找, | 重音"那",双手做飞的动作,身子转向右 |
| 蝴蝶,蝴蝶你找谁? | 升调,偏头,双手摊开 |
| | |
| 黄花开, | 重音"黄",左侧身,双手胸前上举,做花开动作 |
| 白花开, | 重音"白",右侧身,双手胸前上举,做花开动作 |
| 一朵更比一朵美; | 重音"更",左右食指先后放于胸前,偏头,点头 |
| 这里找, | 双手做飞的动作,身子向左 |
| 那里找, | 双手做飞的动作,身子向右 |
| 我丢了一朵红玫瑰。 | 偏头,双手摊开,失望的表情 |
| | |
| 你看那, | 提高音量,抬眼,向前 |
| 小妹妹, | 手前指 |
| 是她摘了红玫瑰; | 强调"她",再短停顿,右手做摘玫瑰的动作 |
| 这样做, | 斜眼,偏头 |
| 可不对, | 摆右食指或摆右手 |
| 戴在头上也不美。 | 强调"不美",手指头上,摇头,摆手 |

**训练提示:**朗读前先理解儿歌,内容由三个段落组成,"蝴蝶飞—找丢了的红玫瑰—批评小妹妹摘红玫瑰的行为"。第一段突出"找",第二段突出"丢",第三段突出"不对、不美"。根据态势语提示朗读。

【技能巩固】

1.画出儿歌《会叫的鞋子》的节奏,理解儿歌的内容,朗读儿歌时注意停连和重音;特别注意"叽叽叫"和"喵喵喵"的节奏处理。

**会叫的鞋子**

圣野

我的鞋子真好笑,
走起路来叽叽叫,
小猫把我当老鼠,
跟在后面喵喵喵。

2.画出儿歌《七个妞妞来摘果》的节奏,朗读出儿歌的韵律美。

### 七个妞妞来摘果

一二三四五六七,
七六五四三二一。
七个妞妞来摘果,
七个花篮手中提,
七个果子摆七样,
苹果、桃儿、石榴、柿子、李子、栗子、梨。

3.试读儿歌《比尾巴》,标出重音以及升调和降调,再根据态势语提示表演朗读。

### 比尾巴

| | |
|---|---|
| 谁的尾巴长? | 回头,右手在身后向后划动,表示尾巴长,同时眼睛往后看 |
| 谁的尾巴短? | 右手在身后,拇指和食指比画尾巴短 |
| 谁的尾巴好像一把伞? | 双手做伞形,偏头 |
| 猴子的尾巴长。 | 右手在身后,往后划动,表示尾巴长,同时眼睛往后看 |
| 兔子的尾巴短。 | 右手在身后,拇指和食指比画尾巴短 |
| 松鼠的尾巴好像一把伞。 | 双手做伞形,偏头 |
| 谁的尾巴弯? | 右手食指画弧形 |
| 谁的尾巴扁? | 左拇指在下和平放的其余四指组成扁尾巴形 |
| 谁的尾巴最好看? | 竖起拇指 |
| 公鸡的尾巴弯。 | 右手食指画弧形 |
| 鸭子的尾巴扁。 | 左拇指在下和平放的其余四指组成扁尾巴形 |
| 孔雀的尾巴最好看。 | 竖起拇指 |

4.边朗读儿歌《坐火车》边做游戏,注意节奏。在朗读"轰隆隆隆,轰隆隆隆"时,念出弹性和跳跃感;在念"呜!呜!"时可拖长音。

### 坐火车
柯岩

小板凳,摆一排,
小朋友们坐上来,
这列火车跑得快,
我当司机把车开。
(轰隆隆隆,轰隆隆隆,呜!呜!)
抱小娃娃的前边坐,
牵小狗熊的往后挪,
皮球积木都摆好,
大家坐稳就开车。
(轰隆隆隆,轰隆隆隆,呜!呜!)

穿大山,过大河,
火车跑遍全中国,
大站小站我都停,
注意,到站下车别下错。
(轰隆隆隆,轰隆隆隆,呜!呜!)
唉呀呀,怎么啦?
你们到站都不下?
收票啦,下去吧,
让别人上车坐会儿吧!
(轰隆隆隆,轰隆隆隆,呜!呜!)

# 第二节　幼儿诗朗读训练

**【技能准备】**

1.朗读的语气有哪些?
2.说说怎样才能做到声情并茂地朗读。
3.先选好一首诗歌,再在班上朗诵,请老师点评一下。

**【理论与方法】**

### 一、幼儿诗概述

幼儿诗是幼儿文学中文学性最强的种类之一。它是指为幼儿创作的、适合他们的心理特点、适合他们阅读欣赏的一种诗歌形式。幼儿诗符合幼儿的心理和审美特点,表现幼儿的情感、性灵和体验,幼儿诗无不透露着幼儿活泼的天性,丰富的想象,成长中的各种情绪。

### 二、幼儿诗的特点及分类

(一)幼儿诗的特点

幼儿诗不受句式、押韵、长短的限制,适合年龄稍大的孩子欣赏诵读,有如下特点:①抒发幼儿自然率真的情感;②鲜明动感的形象性;③天真烂漫的奇妙想象;④富有情趣的巧妙构思;⑤优美的语言和流畅的音韵。

(二)幼儿诗的分类

从表现手法分,有幼儿抒情诗和幼儿叙事诗。

### 三、幼儿诗朗读的方法和要求

朗读幼儿诗时,要做到声情并茂。

第一,朗读幼儿抒情诗时,要将自己的情感与作者所要表达的情感融为一体,并注意通过富有节奏感的诗的语言展现童心之纯、生活之真、自然之美。

第二,朗读幼儿叙事诗则要准确把握人物性格,掌握叙事的层次,通过不同的语调、节奏等朗读技巧,塑造不同的人物形象,表现情节中的童趣。

在朗读幼儿诗时,既要展开丰富的想象,又要善于揣摩幼儿诗的语言,才能准确表达幼儿诗中的情感,营造幼儿诗中的意境。

【技能训练】

一、朗读幼儿诗《如果我是一片雪花》

### 如果我是一片雪花

金波

| | |
|---|---|
| 如果我是一片雪花，<br>你猜，我会飘落到<br>什么地方去呢？ | 语调轻快地表达孩子天真的想象<br>一个"猜"字表现孩子式的调皮、得意 |
| 我不愿飘到小河里，<br>变成一滴水，<br>和小鱼小虾游戏。 | 以下两节中的"不愿"制造了悬念，让人不禁会好<br>奇：有那么好玩的游戏为何都不能让"我"飘落呢？<br>这两节要形成一个完整的语势，从而为最后一节做<br>好铺垫 |
| 我不愿飘到广场上，<br>堆个胖雪人，<br>望着你笑眯眯。 | |
| 我愿飘落在妈妈的脸上，<br>亲亲她，亲亲她，<br>然后就快乐地融化。 | 最后给出了一个纯真感人的答案，语调轻柔，"妈妈<br>的脸上""亲亲她""融化"等语言，表达无限美好的<br>爱意 |

**训练提示：**朗读这首幼儿诗时，以孩子的心灵去感受那爱妈妈的童稚想法，在整体的轻快节奏上把握情感的变化，即"猜—不愿—愿"的过程，最后将爱的情感自然而美好地流露出来。

二、朗读幼儿诗《绿色的孩子》

### 绿色的孩子

胡木仁

| | |
|---|---|
| 树儿，<br>绿色的扫帚， | 语气甜美，节奏轻快 |
| 把天空， | 指向天空 |
| 扫得湛蓝湛蓝。 | 语调深沉，表达对自然的深情 |
| 树儿，<br>绿色的掸子， | 语气甜美，节奏更轻快 |
| 把云朵，<br>掸得洁白洁白。 | 深情而明朗 |

| | |
|---|---|
| 树儿, | 轻快 |
| 绿色的抹布, | |
| 把星星, | 更为深情 |
| 擦得闪亮闪亮…… | |
| | |
| 树儿, | 情绪渐进高潮 |
| 绿色的孩子, | |
| 把地球, | 赞美的情感 |
| 打扮得多漂亮! | |

**训练提示**:《绿色的孩子》这首意境优美的幼儿抒情诗,由四个小节组成,运用精当的比喻,把树分别比喻成绿色的扫帚、绿色的掸子、绿色的抹布、绿色的孩子,在美丽的画面中渗透着对树儿的赞美、感激之情。诵读时,注意四个小节情感的细微变化,通过重音、节奏的变化将作品诵读得情真、景美,从而激发幼儿热爱地球母亲的美好情感。

**三、根据提示朗读幼儿诗《绿色的和灰色的》**

绿色的和灰色的
张秋生

绿色的森林里,
有块绿色的草地,
绿色的草地上,
有条绿色的小溪。

有只灰色的狐狸,
躲进草丛,
等候着小兔经过这里。
一只绿色的翠鸟,
向小兔子们报告了这个秘密。

绿色的森林里,
有块绿色的草地,
绿色的草地上,
有条绿色的小溪。

一群小白兔,
轻手轻脚经过这里。
它们的头上顶着
一张张绿色的棕榈,
穿过了森林。
穿过了草地,

穿过了哗哗的小溪。

灰色的狐狸等啊,等啊,
它只看见
绿色的森林、
绿色的草地
和绿色的小溪。

你听,风儿送来了
狐狸的叹息。

**训练提示:**先分析理解再朗读诗歌。这首诗由短句构成,用了反复、连锁调等写作手法。整首诗充满了动感,画面感很强,特别是与小动物动作有关的词语(躲进、等候、报告、轻手轻脚、经过、顶着、穿过、叹气等)使诗歌充满了结构感和情节的动态感。全诗有两处用了感叹号,朗读时联系上下文,体会感叹号所表达的语气。

**【技能巩固】**

1.标注出《小弟和小猫》这首诗的朗读重音和停顿,读出"我"的心理、"小花猫"的情趣以及弟弟想改正缺点的迫切心情。

### 小弟和小猫
柯岩

我家有个小弟弟,
聪明又淘气,
每天爬高又爬低,
满头满脸都是泥。

妈妈叫他来洗澡,
装没听见他就跑。
爸拿镜子把他照,
他闭上眼睛咯咯地笑。

姐姐抱来个小花猫,
拍拍爪子舔舔毛。
两眼一眯:"妙,妙,妙,
谁跟我玩?谁把我抱?"

弟弟伸出小黑手,
小猫连忙往后跳。
胡子一撅头一摇;

"不妙,不妙,太脏太脏我不要!"

姐姐听见哈哈笑,
爸爸妈妈皱眉毛。
小弟听了真害臊:
"妈!妈!快快给我洗个澡。"

2.标注出《你别问,这是为什么》这首诗的朗读重音和停顿;读出四个"你别问,这是为什么"的区别,诗中"我"开心、神秘地做了些让人猜不透的事情,诵读出作者对卖火柴的小姐姐的无限同情和强烈的爱。

### 你别问,这是为什么
#### 刘倩倩

早晨,妈妈给我两块蛋糕,
我悄悄地留下一个。
你别问,这是为什么?

中午,爸爸给我穿上棉衣,
我一定不把它弄破。
你别问,这是为什么?

下午,哥哥给我一盒歌片,
我选出最美丽的一页。
你别问,这是为什么?

晚上,我把它们放到枕头边,
让梦儿赶快飞出我的被窝。
你别问,这是为什么?

我要把蛋糕送给她吃,
把棉衣给她去挡风雪,
在一块唱那美丽的歌。
你想知道她是谁吗?
请去问一问安徒生爷爷——
她就是卖火柴的那位小姐姐。

3.说一说指导幼儿诵读《雨是云的娃娃》这首诗的方法和要点,并声情并茂地诵读这首诗。

### 雨是云的娃娃
#### 黎焕颐

雨,是云的娃娃,

蹦蹦跳跳自天而下。
走到大海，
大海笑起浪花。

走到沙漠，
沙漠张开嘴巴。

走到森林，
森林沙沙。

走到屋檐，
屋檐哗哗哗。

听，雨在讲话：
"我来啦！我来啦！"
于是，大地牵上
小树、小草、小花，
还有小苗苗，小豆荚，
满山遍野出来迎接它。

# 第三节　幼儿散文朗读训练

## 【技能准备】

1.课前网上搜索并试听朱自清散文《春》的朗读录音，谈谈朗读技巧方面的感受。

2.找两个朗读时需要声音轻柔、语速舒缓的句子并在班上交流试读。

## 【理论与方法】

### 一、幼儿散文的概述

幼儿散文是为幼儿创作，适合他们欣赏的篇幅短小、知识性强、写法自由、文情并茂的一类文章。

## 二、幼儿散文的特点及分类

（一）幼儿散文的特点

幼儿散文以优美的语言感染幼儿，以温馨、真诚的情感打动幼儿，给幼儿带来愉悦和美感。幼儿散文的语言既生活化、口语化，又有不少生动形象、规范优美的书面语，可以给幼儿更多的语言熏陶。幼儿散文的特点主要有：童心童趣、美。

（二）幼儿散文的分类

幼儿散文可分为：①幼儿叙事散文；②幼儿抒情散文；③幼儿写景散文；④幼儿知识散文。

## 三、幼儿散文朗读的方法和要求

幼儿散文的欣赏对象主要是大班的幼儿。为了让幼儿更好地欣赏幼儿散文，幼儿教师就必须朗读好幼儿散文，只有这样才能将幼儿散文的丰富多彩和神奇魅力传递给幼儿。

第一，朗读幼儿散文时要进入童心童趣的意境，特别注意用幼儿的心灵去感受，使情感流露真切、自然。

第二，朗读幼儿散文时，既要读出那富于声响和色彩变化的语言，更要字字含情，让幼儿在欣赏中获得美感，从而扩大幼儿的视野，丰富幼儿的想象。

第三，为了更好地创设欣赏的情境，在朗读幼儿散文时，可以借助画面、配乐等方式，让幼儿先入境，继而动情，收获美感。

幼儿散文教学在幼儿园的语言教学中是难点，而听在幼儿散文教学活动中尤为重要，幼儿教师对幼儿散文的朗读至关重要。

---

## 【技能训练】

### 一、朗读幼儿散文《春雨的色彩》

**春雨的色彩**

楼飞甫

春雨，像春姑娘纺出的线，轻轻地落到地上，沙沙沙，沙沙沙……

一群小鸟在屋檐下躲雨，正在争论一个有趣的问题：春雨到底是什么颜色的？

小白鸽说："春雨是无色的。你们伸手接几滴瞧瞧吧。"

小燕子说："不对，春雨是绿色的。你们瞧！春雨落到草地上，草地就绿了。春雨淋在柳树上，柳枝儿绿了……"

麻雀说："不不！春雨是红色的。你们瞧！春雨洒在桃树上，桃花红了！春雨滴在杏树上，杏花儿红了……"

小黄莺说："不对，不对，春雨是黄色的。不是吗？它落在油菜地里，油菜花黄了；它落在蒲公英上，蒲公英的花儿也黄了……"

春雨听了大家的争论，下得更欢了，沙沙沙，沙沙沙……它好像在说：亲爱的小鸟们，你们的话都对，但都没说全面。我本身是无色的，但能给春天的大地带来万紫千红……

**训练提示：**"春雨到底是什么颜色的？"围绕这个有趣的话题，一群小鸟展开了争论。朗读时要注意区别人物的对话，宜用轻松、活泼的语气。

第一段，"没完没了"要拖长字音，突出春雨绵绵的特点。"沙沙沙，沙沙沙……"要读得轻快，有节奏感。

中间几段，小鸟们的对话，要读出情趣。小白鸽的话，语速中等，语气平和。小燕子的话中，"不对"要加重语气，"你们瞧"语调上扬，两个"绿"字读成重音。读麻雀的话时要语速快、声音尖细，表现出它的特点。"红色"两字重读，"你们瞧"延长字音，"洒、滴"两字，要读出动态感，两个"红了"加重语气。小黄莺听了它们的话，非常着急，争着发表自己的见解。"不对，不对"，语调下降，第二个比第一个读得重。"黄色"加重语气，显示小黄莺自以为正确。"落""黄""也"都读重音。

结尾一段，拟声词"沙沙沙"要读得欢快、喜悦，与前面略有区别。读"万紫千红"时提高音量，拖长字音，展现出春雨滋润大地、百花盛开、生机勃勃的美好景象。

## 二、朗读幼儿散文《萤火虫和星星》

### 萤火虫和星星
冰波

| | |
|---|---|
| 太阳下山了，月亮升起来了。天空是一块深蓝色的玻璃。月光是一条温柔的河。 | 语速渐缓。"竟然"一词突出萤火虫由开心到茫然的心情变化 |
| 萤火虫开始飞舞，小草和野花也开始舞蹈。它们摇晃着枝叶，给草丛扇出一阵阵清凉的风。 | |
| 萤火虫飞舞得更开心了，飞着飞着，它们竟然在天空迷路了。 | 语气渐轻快 |
| 它们一直往上飞着，飞着，最后和星星们待在一起。 | 突出"别的"和"淡淡""又会" |
| 当萤火虫停住不飞的时候，它们就变成了星星。 | |
| 萤火虫的星星和别的星星一样，忽闪着淡淡的光。要是它不小心掉下来，掉到草丛里，它们又会变成萤火虫。 | 两个"有一些"读出童趣和对比 |
| 有一些星星是萤火虫变的，有一些萤火虫是星星变的。 | 轻柔，舒缓，充满想象<br>轻快而欢愉 |

**训练提示：**朗读《萤火虫和星星》这篇充满想象、童趣浓郁的幼儿散文时，注意声音轻柔，语速舒缓，透着童真童趣，表现美妙的星虫世界。

### 三、朗读幼儿散文《一朵会说会笑的山菊花》

#### 一朵会说会笑的山菊花

滕毓旭

| | |
|---|---|
| 孩子和妈妈在树林里捉迷藏。 | 天真、欢快 |
| 两只粉红色的蝴蝶从妈妈身边飞走,追着扑棱棱的小辫儿,飘进花丛里不见了。 | 突出"故意"一词。通过拟声词带出轻松的氛围 |
| "妈妈,你找呀,看我藏在哪?" | 天真童稚。做喊话的手势 |
| 妈妈故意不往花丛那边看,却向一棵大树走去。树儿轻轻摇,发出哗啦啦啦、哗啦啦啦的响声,一簇簇小蘑菇,擎着伞儿站树下。 | 突出"故意"一词,语调轻快 |
| "妈妈,别在大树后面找,那里有小鸟,别吓飞了它!" | 语速加快,表达着急的心情 |
| 妈妈停住了,还是不往花丛那边望,却故意用手拨开草丛。一只大肚蝈蝈被惊动了,一个蹦高儿到草尖上,悠悠打起了秋千。 | 语速由慢渐快 做踮脚尖动作 |
| "妈妈,别到草丛里找,那里有小兔,别吓跑了它!" | 天真,惊讶 |
| 这时,妈妈踮起脚尖儿,一步步向花丛走去。孩子闭着眼,咯咯笑着。突然,妈妈一下把孩子抱住了。 | 语调轻柔,充满爱意 |
| 孩子仰着脸儿,不明白地问:"妈妈,你怎么知道我藏在花里呀?" | 平直调, 情绪欢快 |
| 妈妈甜甜地说:"我的小妞妞,是朵会说会笑的山菊花!" | 目光随着动作移动 |

**训练提示:**《一朵会说会笑的山菊花》描绘了一幅母女捉迷藏的动人画面,温馨而充满爱意。朗读时要表现出小妞妞的天真可爱与妈妈的童心未泯相映成趣,作品中孩子对小动物的关爱透着孩子纯真美好的情思,妈妈对小妞妞的比拟,透露着妈妈的爱与欣慰。

### 【技能巩固】

1.说说幼儿散文诵读的方法和要求。

2.发挥想象,声情并茂地朗读《小月亮,笑眯眯》,体味作品运用比喻、拟人、排比等手法,绘声绘色地描述顽皮的"我"与小月亮捉迷藏的有趣情景,并思考以下问题:散文的基调是什么? 整体的节奏如何? 在语调、重音、语速等方面如何表现"我"的顽皮、小月亮的调皮? 第二段的排比句该如何读出层次和节奏? 结尾处该怎么处理才能表现幼儿美好的想象?

#### 小月亮,笑眯眯

屠再华

小月亮,真美丽! 她捂着脸,笑呀笑眯眯。

我走到树荫下,她在树杈里;走到池塘边,她在池塘里;走到家里面,她在院场里;走到房间里,她在镜子里。

我"沙啦"一下,拉拢窗帘儿,小月亮一晃不见了。咦!是不是把她吓跑了?

我呼噜呼噜睡着了,小月亮悄悄地找到我梦里来;她带我到天上去玩儿。天上有一条大银河,我坐她的金船摇起来。

# 第四节　幼儿童话朗读训练

## 【技能准备】

想象训练:我就是一粒很小,却蕴涵着无限生命力的种子。用自己的身体造型,采用蹲姿,把头埋在膝中,意念是"以肚脐为中心,缩小,缩小,缩得像肚脐那么小……"悠扬慢速的音乐响起,身体随音乐自由摆动。伴随着适宜的阳光雨露,"种子"破土而出,怀着新奇的心情,感觉新世界,第一次闻到大地的芳香,第一次感受太阳的温暖,第一次体验春风的温柔,第一次听到小鸟的歌声,第一次看到蓝天的广阔……

## 【理论与方法】

### 一、幼儿童话的概述

幼儿童话是童话的重要组成部分,是童话中语言浅显、篇幅简短、内容和情节更为简单,适合幼儿欣赏的作品,是幼儿文学中深受幼儿喜欢的一种文学样式,在童话家庭甚至幼儿文学的诸多体裁中都占有重要而特殊的席位。

### 二、幼儿童话的特点及分类

(一)幼儿童话的特点

1.融进符合幼儿心理特点的艺术幻想。幻想自然是幼儿童话的基本特征。幼儿童话幻想内容的特殊形态在于它与现实生活中幼儿特殊的心理、特殊的情感和思维方式是一致和相互协调的。

2.切合幼儿审美情趣的表现手法。童话的艺术幻想主要通过夸张、拟人和象征等表现手法来实现。以拟人为主体的童话形象,是幼儿童话中使用最多的表现手法,拟人形象也是幼儿童话中最常见的艺术形象。

3.类型化的人物性格。类型化人物实际上就是脸谱化人物,就像京剧中的各种脸谱,让人一看就知是"好人"还是"坏人",恰恰适应与满足幼儿的认识水平与理解能力。

4.单纯明快的叙事方式。幼儿童话的叙事方式,一般都十分简洁、明快和富有趣味,故事中涉及的人物、情节和背景,都是较为单纯的,多采用三段式、对照式和循环式等方式。

（二）幼儿童话的分类

童话的样式很多,根据作品来源不同,分为民间童话和文学童话;根据人物形象类型不同,分为超人体童话、拟人体童话和常人体童话;根据体裁不同分为童话故事、童话诗和童话剧。

### 三、幼儿童话朗读的方法和要求

（一）理解童心,充满童趣

童话是用儿童的眼光来看待世界,用儿童的口吻来记录故事,童话中的生活异于我们的日常生活。童话对社会和自然生活的表现方式与儿童的心理状态相适应,符合儿童的兴趣和接受习惯。童话中的形象具有象征性,代表一定的现实意义,也就是说,孩子们通过欣赏童话了解他们所生活的环境和环境中的其他关系。朗读时,我们要从儿童的接受和理解心理出发,用儿童的眼光来看待童话中发生的一切,相信童话中发生的一切都是真实可信的。

（二）运用声音造型夸张形象个性

分角色朗读是处理人物语言时常用的一种方法。朗读时根据人物形象的个性特征和思想感情,通过不同的音色、语气、语调、语速进行声音造型,使孩子们通过声音直接而形象地感知和把握童话中的具体形象。声音造型以表现人物性格和思想为目的,要采用适度的夸张。夸张不求形似,不能因夸张过度而使朗读变成戏剧表演,做作虚假的声音造型将使童话失去其真实的色彩。

（三）鲜明表达感情立场

童话作品赞颂真、善、美,鞭挞假、丑、恶,它的情感倾向比较鲜明,而且表达也比较直露,在朗读时,我们要对这种情感进行准确传神的表达。

【技能训练】

### 一、朗读幼儿童话《萝卜回来了》

#### 萝卜回来了

方轶群

雪这么大,天气这么冷,地里、山上都盖满了雪。小白兔没有东西吃了,饿得很。他跑出门去找。

小白兔一面找一面想:"雪这么大,天气这么冷,小猴在家里,一定也很饿。我找到了东西,去和他一起吃"。

小白兔扒开雪,嘿,雪底下有两个萝卜。他多高兴呀!

小白兔抱着萝卜,跑到小猴家,敲敲门,没人答应。小白兔把门推开,屋里一个人没有。原来小猴不在家,也去找东西吃了。

小白兔就吃掉了小萝卜,把大萝卜放在桌子上。

这时候,小猴在雪地里找呀找,他一面找一面想:"雪这么大,天气这么冷,小鹿在家里,一定也很饿。我找到了东西,去和他一起吃。"

小猴扒开雪,嘿,雪底下有几颗花生。他多高兴呀!

小猴带着花生,向小鹿家跑去,跑过自己的家,看见门开着。他想:"谁来过啦?"

他走进屋子,看见萝卜,很奇怪,说:"这是哪来的?"他想了想,知道是好朋友送来的,就说:"把萝卜也带去,和小鹿一起吃!"

小猴跑到小鹿家,门关得紧紧的。他跳上窗台一看,屋子里一个人也没有。原来小鹿不在家,也去找东西吃了。

小猴就把萝卜放在窗台上。

这时候,小鹿在雪地里找呀找,他一面找一面想:"雪这么大,天气这么冷,小熊在家里,一定也很饿。我找到了东西,去和他一起吃。"

小鹿扒开雪,嘿,雪底下有一棵青菜。他多高兴呀!

小鹿提着青菜,向小熊家跑去;跑过自己的家,看见雪地上有许多脚印,他想:"谁来过啦?"

他走近屋子,看见窗台上有个萝卜,很奇怪,说:"这是从哪来的?"他想了想,知道是好朋友送来给他吃的,就说:"把萝卜也带去,和小熊一起吃!"

小鹿跑到小熊家,在门外叫:"开门!开门!"屋子里没有人答应。原来小熊不在家,也去找东西吃了。

小鹿就把萝卜放在门口。

这时候,小熊在雪地里找呀找,他一面找一面想:"雪这么大,天气这么冷,小白兔在家里,一定也很饿。我找到了东西,去和他一起吃。"

小熊扒开雪,嘿,雪底下有一只白薯。他多高兴呀!

小熊拿着白薯,向小白兔家跑去;跑过自己的家,看见门口有个萝卜,他很奇怪,说:"这是从哪来的?"他想了想,知道是好朋友送来给他吃的,就说:"把萝卜也带去,和小白兔一起吃!"

小熊跑到小白兔家,轻轻推开门。这时候,小白兔吃饱了,睡得正甜哩。小熊不愿吵醒他,把萝卜轻轻放在小白兔的床边。

小白兔醒来,睁开眼睛一看:"咦!萝卜回来了!"他想了想,说:"我知道了,是好朋友送来给我吃的。"

**训练提示:**《萝卜回来了》是一篇讲述小动物们相互关心的童话故事,采用循环式结构形式,作品中小兔子送出的萝卜,在好朋友小猴、小鹿、小熊那里转了一圈,最后又回到了自己这里,好朋友们自己舍不得吃,都想着小伙伴。朗读出好朋友之间深厚的友谊,只有为别人着想,才能收获真正的友谊。故事情节不复杂,但充满了童趣,让孩子们透过童话本身体验了在帮助别人的同时可以找到自己的快乐。

二、尝试变化音色，模拟各个角色的声音和语气，朗读幼儿童话《春天的电话》

### 春天的电话

野军

"轰隆隆!"打雷了……

睡了一个冬天的小黑熊被惊醒了，揉揉眼睛，打开窗户，往外一看："啊，原来是春天来了!"他连忙拿起电话，得儿得儿拨电话号码——1,2,3,4,5,"喂，小松鼠吗? 春天来了，树上的雪融化了，快出来玩玩吧!"

小松鼠听了电话，也得儿得儿拨电话号码——2,3,4,5,1,"喂，小白兔吗? 春天来了，山坡上的草绿了，快出来吃草吧!"

小白兔听了电话，也得儿得儿拨电话号码——3,4,5,1,2,"喂，小花蛇吗? 春天来了，河里的冰融化了，快出来游泳吧!"

小花蛇听了电话，也得儿得儿拨电话号码——4,5,1,2,3,"喂，小狐狸吗? 春天来了，地上的虫子出来了，快出来捉虫子吧!"

小狐狸听了电话，也得儿得儿拨电话号码——5,1,2,3,4,"喂，小黑熊吗? 春天来了，山上的花开了，快出来采花吧!"

小黑熊听了电话，高高兴兴地来到外边，看见大伙全出来了。他碰见了小狐狸，说"谢谢你给我打电话，告诉我春天来了。"小狐狸指指小花蛇，小花蛇指指小白兔，小白兔指指小松鼠，都说："是它先打电话给我的，应该谢谢它。"小松鼠指着小黑熊说："我们应该谢谢小黑熊，是他第一个打电话给我的!"

小黑熊听了，连忙用两只大手捂住脸，连声说："不用谢，不用谢!"

【技能巩固】

1.幼儿童话朗读的方法和要求有哪些?

2.朗读《拔萝卜》，体味这篇幼儿童话采用的夸张和反复的修辞手法，思考如何朗读才能塑造出童话中老公公、老婆婆、小姑娘、小花狗、小花猫、小老鼠的人物形象，启发幼儿去幻想。

### 拔萝卜

托尔斯泰

老公公种了个萝卜，他对萝卜说："长吧，长吧，萝卜啊，长得甜甜的! 长吧，长吧，萝卜啊，长得大大的!"萝卜越长越大，大得不得了。

老公公就去拔萝卜。他拉住萝卜的叶子，"嗨哟，嗨哟"拔呀拔，拔不动。老公公喊："老婆婆，老婆婆，快来帮忙拔萝卜!""唉! 来了，来了。"

老婆婆拉着老公公，老公公拉着萝卜叶子，一起拔萝卜。"嗨哟，嗨哟"拔呀拔，还是拔不动。老婆婆喊："小姑娘，小姑娘，快来帮忙拔萝卜!""唉! 来了，来了。"

小姑娘拉着老婆婆，老婆婆拉着老公公，老公公拉着萝卜叶子，一起拔萝卜。"嗨哟，嗨哟"拔呀拔，还是拔不动。小姑娘喊："小花狗，小花狗，快来帮忙拔萝卜!""汪汪汪!

来了,来了。"

小花狗拉着小姑娘,小姑娘拉老婆婆,老婆婆拉着老公公,老公公拉着萝卜叶子,一起拔萝卜。"嗨哟,嗨哟"拔呀拔,还是拔不动。小花狗喊:"小花猫,小花猫,快来帮忙拔萝卜!""喵喵喵!来了,来了。"

小花猫拉着小花狗,小花狗拉着小姑娘,小姑娘拉着老婆婆,老婆婆拉着老公公,老公公拉着萝卜叶子,一起拔萝卜。"嗨哟,嗨哟"拔呀拔,还是拔不动。小花猫喊:"小老鼠,小老鼠,快来帮忙拔萝卜!""吱吱吱!来了,来了。"

小老鼠拉着小花猫,小花猫拉着小花狗,小花狗拉着小姑娘,小姑娘拉着老婆婆,老婆婆拉着老公公,老公公拉着萝卜叶子,一起拔萝卜。"嗨哟,嗨哟"拔呀拔,大萝卜有点动了,再用力地拔呀拔,大萝卜拔出来啦!他们高高兴兴地把大萝卜抬回家去了。

# 第九章
# 幼儿故事讲述训练

## 第一节　幼儿故事讲述概述

【理论与方法】

### 一、幼儿故事讲述的概述

幼儿故事讲述就是将幼儿故事通过言语技巧和态势语技巧调动幼儿的听觉和视觉,驱动幼儿的形象思维,使幼儿如闻其声、如见其形、如临其境,从而受到感染和教育。

幼儿天生喜欢听故事,故事能带给幼儿丰富多彩的精神世界,在熏陶和感染中获得各方面的发展;有"故事爷爷"之称的儿童教育家孙敬修曾说:"一个生动故事的教育作用,要比单纯的要求、命令、说教效果好得多。"

故事是幼儿教育的重要内容,也是幼儿园教育活动中最基本的教育手段。幼儿教师一定要学会选择适合幼儿的优秀故事,学会讲故事的基本技巧。因此,会讲故事是幼儿教师必须掌握的一项基本技能,也是幼儿教育职业的基本要求。

### 二、幼儿故事讲述的特点

(一)教育性

讲故事,是一种有效的宣传教育形式。它可以寓教于乐,潜移默化地使听者轻松愉快地受到启发教育。同时,它又能使人开阔眼界,活跃思维,学到很多有益的知识。

(二)趣味性

讲故事在材料选择和语言表达上,都非常讲究趣味性。注重情节曲折、形象鲜明、语言生动,讲述波澜起伏、引人入胜。

（三）表演性

讲故事，要求声情并茂，语言要有一定的夸张性和艺术表演性。语音有抑扬起伏，张弛有度，并辅以恰当的面部表情和身姿手势，使故事形象栩栩如生，活灵活现，达到良好的艺术效果。

（四）再创性

讲故事一般不限于对书面材料一字不漏地机械背诵。讲述者在理解熟记故事情节的基础上，要融入自己的再创造。为了使讲述更吸引人、感动人，可以对材料进行增减改动，"添枝加叶"，使之更优美动听。

**三、幼儿故事讲述的方法和要求**

（一）精心选材

1.幼儿故事必须是"幼儿的"。

2.幼儿故事必须是"文学的"。

3.幼儿故事必须是"童趣的"。

（二）加工再创作

1.幼儿故事内容的加工：修枝剪叶，使其清晰完整；添枝加叶，使其生动有趣。

2.语言的加工：将书面语言转化为口头语言；将静态化语言转化为动态化语言。

3.处理好开头和结尾。

（三）注重"讲"的技巧

1.叙述语言与角色语言要有明显区分，不同角色的语言也要注意区分；叙述语言的语气、语调要客观，节奏比较稳定，而角色对话可以表现得夸张、生动、有趣一些，语调变化较多。

2.讲究语言技巧：停连得当、轻重适宜、语气富于变化、语调升降得体、语速快慢适度，起到抑扬顿挫、绘声绘色的效果。（见"朗读技能训练"一章）

（四）注重"演"的技巧

1.通过语音造型进行"演"。①根据角色不同的年龄、性别、身份和性格特点以及情感变化，要用不同的音色、语气、语调塑造出不同的声音造型。②模拟动物叫声或自然声响。

2.通过态势语进行"演"，就是恰当地运用动作、表情、身姿等生动形象的态势语展现故事情景，增强感染性和生动性。（详细见本章第三、四、五节）

---

**【技能训练】**

**一、读童话故事《老虎拔牙》，再参考态势语和朗读技巧提示试讲故事**

**老虎拔牙**

冰子

在美丽的森林里，住着许许多多（双手摊开滑动）的小动物。→有一天，（表情凝重）来了一只大老虎↗（举起双手五指，展开，吼叫），尖尖的牙齿（张大口，手指一下），锋利的爪子（爪子，划动），小动物们都非常地害怕。↘（双手抱肩）

　　(跳一跳,双手食指中指在头上)小兔子说:"大老虎嚼起铁杆来,就跟吃面条一样,吱溜吱溜的,可吓人了。"↘

　　可小狐狸却说:(食指和小指翘起,一摇一摇的,眼睛转动)"你们丨都怕大老虎的牙齿,我丨就不怕! 我还要把它的牙齿全拔掉呢!"↗(自夸表情)

　　"哈哈哈,吹牛! 吹牛! 小狐狸竟吹牛。"(跳一跳,双手食指中指在头上)

　　"不信,你们就走着瞧吧!"。↗(拍胸口)

　　嗬,狐狸真的去找大老虎了,还带了一大包礼物:"啊,尊敬的大王,听说丨您吃肉吃腻了,瞧瞧! ↗今儿个,我给你带来了世界上最好吃的东西——喏,是糖。"↘(恭敬地双手呈上)

　　糖是什么? ↗老虎从来没尝过,他吃了(放嘴里)一粒奶油糖,(嚼,吞)"嗯,哎呀!(陶醉)太好吃了,真是太好吃了"。

　　从此,老虎叫狐狸每天都要给它送来一包糖,第二天,第三天,第四天……这样,老虎吃了好多好多糖,连睡觉的时候,糖还含在嘴里呢,而且还从不刷牙,高兴起来还唱上了:"我是一只大老虎,咿呀咿呀哟,我吃糖从不刷牙,咿呀咿呀哟! 噢,噢,我的牙齿不怕糖,不怕糖。"(得意地唱)

　　终于有一天,老虎捂着嘴巴叫了起来:"哎哟,哎哟哟,我的牙疼啊,谁来帮帮我,哎哟,哎哟哟!"小动物们都围了上来,大家都不知该咋办? 老虎的牙疼得更厉害了,"哎哟,哎哟哟谁把我的痛牙拔掉,我就让它做……做大王!"↗(捂腮帮,痛苦的表情)

　　这时,狐狸过来,一看老虎的牙齿,就叫了起来:"哎哟哟,不好了不好了,你的牙齿全都变黑了,全都坏了,得全丨拔掉!"(假装同情,病情严重)

　　"啊!"↗老虎歪着嘴,一边哼哼,一边说:"唉,只要不痛,拔……就拔吧……全拔掉吧!"(无可奈何的表情)

　　于是狐狸把老虎的牙齿全拔掉了。

　　哈哈……没有了牙齿的大老虎成了瘪嘴老虎啦! ↗他还用漏风的声音对狐狸说:"诶,还是你最好,又送我糖吃,又替我拔牙,诶,谢谢,谢——谢!"(瘪嘴说话)

　　老虎没有了牙齿,小动物们也再也不害怕了,它们在美丽的森林里快乐地生活着。→

(有改动)

　　**训练提示**:《老虎拔牙》这篇幼儿童话,充满想象、童趣浓郁。故事中,老虎吃糖和拔牙是幻想的情节,但切合了有的孩子爱吃糖又不喜欢刷牙的真实现象,寓意是让孩子们在欢笑声中养成良好的卫生习惯。安徒生说:"最奇异的童话是从真实生活中产生出来的。"要朗读出这真真假假、假假真真的奇妙的童话境界。另外,故事的主人公小狐狸足智多谋,而不是惯常的娇媚狡猾,所以,塑造时,变音色的程度不要太大,但又不能一点不变化,要变成有点古怪的声音,凸显小狐狸的个性,这样既能给幼儿留下鲜明的印象,又能获得经常听有关狐狸故事的幼儿的认可,并给他们新鲜的印象。老虎由得意忘形到被算计后被迫拔牙,再到谢谢狐狸,弱者战胜了"坏人",这是一件让小朋友们感到高兴的事,满足了幼儿的认识水平与理解能力。

二、根据提示练习下列故事,谈谈都用了哪些朗读和态势语技巧

## 送给蛤蟆的礼物

王芸美

(1)再过几天就是蛤蟆的生日了,青蛙想做一件衣服｜作为生日礼物送给他。

这天下午,青蛙一看见蛤蟆,就忍不住地说了出来:"我要送给你一件衣服,不是买的,是我自己做的。"↗(2)蛤蟆听了非常高兴。

晚上,青蛙准备好剪刀、针和线,开始做衣服。(3)可是青蛙还从来没有做过衣服呢!刚剪了几下,青蛙就叫了起来:"哎呀!(4)坏了,坏了,剪坏了!唉,看来衣服是做不成了,只能做一件背心儿了。"↘(5)

第二天,青蛙碰到蛤蟆的时候有点不好意思,说:"嗯,做衣服太慢了,我想还是做件背心送给你吧!"(6)"呀,太好了!"↗蛤蟆高兴地叫了起来。

晚饭后,青蛙就做起了背心。(7)这次,青蛙就小心多了。可是,不知怎么的,又剪坏了。(8)现在背心也做不成了,只能做一顶帽子了。青蛙真生自己的气了。"唉,算了,明天再做吧!"↘(9)青蛙气呼呼地上床睡觉去了。→(10)

第二天,青蛙又碰见了蛤蟆,说:"嗯,我觉得那块布更适合做一顶帽子!我就做顶帽子送给你吧。"(11)"听起来真不错,我喜欢帽子!"蛤蟆高兴地说。(12)

这天晚上,青蛙在动手做帽子以前,对自己说:"这次,你要是再剪坏了,你就是一个大笨蛋!"(13)唉,看来青蛙的运气真是糟透了,(14)因为他又剪坏了,这下连帽子也做不成了。"唉,我是世界上头号大笨蛋!"(15)青蛙自言自语地说。

第二天是蛤蟆的生日,当青蛙把一块手绢送给蛤蟆的时候,他难过得差点儿掉下眼泪。(16)"哇,真漂亮!这是我收到的最好的、最特别的生日礼物了。谢谢你!"(17)看到蛤蟆这么高兴,青蛙一点儿｜也不觉得难过了。(18)

(1)平调,语速适中。目光与幼儿交流,手拉一下衣服示意。

(2)先摆手,再十分肯定地用手轻抚胸口,语气充满自信。

(3)伸出食指和中指,做剪刀状,两指一上一下,做剪衣服状。

(4)先吃惊,后沮丧。语速稍快。"坏了,坏了"连读、快读。

(5)两手一摊,掌心向上,无奈的表情。

(6)语速慢。表情带有歉疚。

(7)同(3)。

(8)右手指背击左掌心。

(9)叹气,摇头,似在懊恼。

(10)两掌相对,放在脸的一侧。

(11)同(6)。

(12)愉快的表情和语气。

(13)警告的语气,用一食指指点自己的脑袋。

(14)轻轻叹气,摇头。同(5),同情的语调。

(15)语速快,音量大,表情自责。一手拍头。

(16)低头,以显示其懊恼。

(17)惊喜的表情和语气,两手掌心向上,似捧着手圈,两眼目光惊喜而又专注。

(18)表情愉悦,语气欢快,欣慰。

## 【技能巩固】

1.幼儿故事有很多,适宜的故事素材是故事讲述成功的基础。请说说幼儿故事的选择有什么要求。

2.故事确定后,是直接照着文本讲述吗,还需要怎样修改稿子呢?

3.试一试,对下列故事进行修改并讲述。

**奇怪的药方**

牧人

小狗吃了睡,睡了吃,时间一长,它吃什么都不香了。

小狗心想:"我一定是生病了。"

可它吃了些药后,仍然不想吃东西。最后,它只好去找著名的啄木鸟医生看病。

啄木鸟医生给小狗开了个药方,嘱咐道:"到熊爷爷家里去抓药,路上不准看……"真奇怪!

到熊爷爷家的路很远很远,需要翻过几座山。小狗不想去,可又没办法,只好上路了。

小狗翻过一座山,又翻过一座山。它又累又饿,好不容易才来到熊爷爷家。

小狗把药方交给熊爷爷,熊爷爷看过后,笑眯眯地端出四个白馒头给小狗吃。

小狗早就饿了,一见白馒头,便抓起来大口大口地吃。啊,真香,真甜! 小狗很久没吃过这么好吃的东西了。

不一会儿,四个馒头就被小狗吃得精光。它对熊爷爷说:"谢谢您,我要回家了,请给我抓药吧!"

"抓药?"熊爷爷说,"刚才不是抓给你了吗?"

小狗不信,熊爷爷把药方拿给它看。小狗一看,药方上写着:四个馒头。

这时,小狗一下子全明白了。

从此以后,小狗早起早睡,勤锻炼,勤劳动,身体棒棒的,吃什么都香。

其实,奇怪的药方并不奇怪。小朋友,你们知道是怎么回事吗?

# 第二节　故事角色声音模拟训练

**【技能准备】**

1.说说你喜欢的几种动物,试试模拟它们的叫声。

2.通过改变发音器官的松紧、前后位置、开合度以及调整音量音高、改变音色等发尖细、粗哑、低沉、高亢等不同的声音。

**【理论与方法】**

**一、角色声音模拟的概念**

在给幼儿讲述故事时,常常需要对角色的声音进行模拟,就是需要根据不同角色以及不同角色的年龄、性别、身份和性格特点,改变讲述者口腔的松紧、开合,舌位的前后、高低等,用不同的音色、语气、语调模拟出角色固有的发音腔调进行讲述,主要包括模拟角色叫声和模拟角色说话两种类型。角色声音模拟常常需要夸张变形,但只需要神似即可,不必追求逼真。

**二、角色声音模拟的作用**

讲述幼儿故事时,通过角色声音模拟能在幼儿大脑中形成角色的声音形象,激发幼儿的想象力,揭示角色的心理活动,突出角色特点,塑造鲜活的故事角色形象,增强故事的生动性和感染力。

**三、角色声音模拟的方法和要求**

(一)模拟角色叫声的方法和要求

模拟角色叫声一般是指模拟动物角色特有的、较固定的叫声。例如:羊的叫声"咩",发音时,两边嘴角缓慢展开,发"miē"音,声音尖细的颤音。模拟动物角色叫声不能完全按照文本的普通话注音读法,而是应该按照动物实际叫声进行模仿。当然,如果是叙述语言中的动物角色叫声的拟声词,一般应该按照文本普通话的读法来读,如小羊咩咩地叫着。

(二)模拟角色说话的方法和要求

模拟角色说话主要是指模拟动物角色说话,也包括人物角色说话。模拟动物角色说话时,需要根据动物发出叫声时的身姿形态、发声嘴型、发声方式等动物角色特性,同时融入具体说话内容进行模拟说话,即动物角色说话有点像它的叫声。要注意,毕竟讲述者是人,是教师,模拟动物说话要让幼儿能听清楚说话的内容,不能为了追求像动物,而使角色语言过于含混。例如,讲述《小蝌蚪找妈妈》中"青蛙妈妈低头一看,笑着说:'好孩子,你们已经长成青蛙了,快跳上来吧!'"一句,模拟青蛙妈妈说这句话时,头稍昂,颈微收,嘴稍扁,舌位抬高、靠前,每个字的发音的尾音都有点像加了一个扁的"a"音,这听起来青蛙妈妈的角色感就很强。当然,还可以在模拟青蛙说话之前"呱呱"地叫两声,让幼儿更直观地知道现在出场的角色是谁,方便理解故事内容,塑造声音形象更鲜明。

如果故事角色不是动物而是人物,讲述时,主要根据角色的性别、年龄、性格、身份等特征,运用不同的声音来把人物区分开。比如,男性的声音较粗,女性的声音较细;孩子的音高较高,成人的音高较低;优雅的人语速比急躁的人要慢些;人们高兴时的语调明显高于悲伤的时候。

---

**【技能训练】**

**一、模拟动物角色叫声的训练**

1.牛:哞。口张开,舌后部抬起贴住软腭,软腭同时下垂,堵住口腔通道,让气流从鼻腔泻出,声带振动,似发后鼻音 ng。发声时,头上扬。其特点是鼻音浓重,叫声低沉浑厚而且悠长。

2.羊:咩。发音时,声带拉紧,两边嘴角缓慢展开,同时发尖细的"miê"音。气息忽强忽弱,似颤音。

3.猪:哼哼。口张开,猛吸短气,舌根抬高,气流经过舌根时,舌根振动,断断续续发"heng"音,声音粗重、含糊。

4.狗:汪汪。发音时,气流突然冲出,似"wang"音,叫声尖锐,有股狠劲。

5.公鸡:喔喔喔。发音时,头昂起,连发三个"o"音,高亢嘹亮且由小到大,最后再延长,降低。

6.母鸡:咯咯嗒。发音时,"gege"的音连续发,"da"音显得拖泥带水,延长尾音 a 且音调上扬,有点儿像"咯咯嗒——"。

7.小鸡:叽叽。口稍开,发"ji ji"声,气息量小。

8.鸭子:呷呷呷、嘎嘎。鸭子叫声小的时候连续发"xiaxiaxia"的音,最后尾音 a 口型不能大了;鸭子叫声大的时候断续发"ga-,ga-"气息强,延长尾音 a。

9.青蛙:呱呱。头稍昂,颈微收,嘴稍扁,舌位抬高、靠前,跳字,每个字的发音的尾音都有点像加了一个扁的"a"音。

10.猫:喵。嘴唇逐渐展开张大再收圆发 miao 音,延长尾音 ao,声音轻柔可爱、缓慢。

11.老鼠:吱吱。喉咙紧张,口腔扁平,声带收紧变窄挤出"zhizhi"或"ji ji"声。

12.老虎:嗷呜。瞪大眼睛,张开大口,气息冲出,再将口收小,发"ao",保持气息。

13.小鸟:啾啾。舌面发音似"qiu"和"qu"音。

14.乌鸦:哇哇。口腔稍扁,蓄气,口突然张开,气流冲出,同时发"wa"音,保持张开口型。

**二、根据提示要求,设计下列故事角色的声音,模拟角色说话,讲述下面幼儿故事**

### 鸭妈妈找蛋

鸭妈妈生鸭蛋,那鸭蛋像姑娘的脸蛋。谁见了都说:"啊,多么可爱的鸭蛋!"鸭妈妈听了,乐得"嘎,嘎,嘎"地叫:"嗯,这是我生的蛋啊!"

可是,鸭妈妈有个毛病:不在窝里生蛋,她走到哪里,要生蛋了,就生在哪里,所以她常常找不到自己生的蛋。

有一天傍晚,鸭妈妈又忘了在哪儿生的蛋了,她在院子里跑来跑去,怎么也找不到,就问母鸡:"鸡大姐,您看见我的蛋了吗? 您拾过我的蛋吗?"母鸡说:"我没看见呀!"

鸭妈妈赶紧跑出院子去,正碰上老山羊带着小山羊回来了。鸭妈妈忙问老山羊:"羊大叔,您看见我的蛋了吗? 您拾过我的蛋吗?"老山羊说:"我没拾过你的蛋呀! 你到池塘边去找找看。"

鸭妈妈奔到池塘边,找了好一阵子,还是没找着,只好回到院子里。她看见黄牛回来了,就问:"牛大伯,您看见我的蛋了吗? 您拾过我的蛋吗?"黄牛说:"我可没见过你的蛋,也没拾过你的蛋。你老是丢三落四的,这可不好啊!"

鸭妈妈叹了一口气说:"唉! 我忙得很哪,要游水,要捉小鱼小虾,还要下蛋……一忙,就记不清蛋生在哪儿了。"

黄牛说:"你说你忙,我呢? 耕地,拉车,磨面,可不像你那样丢三落四的。"

母鸡说:"我也生蛋呀,我都生在窝里,可不像你天天要找蛋。"

山羊说:"你呀,做事不用脑子!"

鸭妈妈拍了拍脑袋,说:"啊,啊,不是我不用脑子,一定是我的脑子有毛病!"

山羊、黄牛和母鸡一起劝鸭妈妈:"你别着急,好好儿想一想:你今天到过哪些地方? 到底在哪里生了蛋?"

鸭妈妈低下头,从大清早出窝想起——池塘边吗? 没生过蛋;草地上吗? 也没生过蛋;小树林里吗? 根本没去玩过。

"啊,啊!"鸭妈妈想起来了,她很难为情地说:"今天,今天,我还没生过蛋呢!"

(阮云石)

**训练提示**:这篇童话,塑造了鸭妈妈、母鸡、老山羊、黄牛的形象。在设计角色叫声和模拟角色说话时,应把握角色的生理特征、年龄特征、性格特征,以及在故事中情绪心理的变化。模拟这些动物角色说话时,要与该种角色的叫声相近。通过这样的声音设计,赋予角色以活力,使故事栩栩如生,富有感染力。

鸭妈妈说话的声音设计,根据其生理特征,可用鼻音加沙哑的特征来表现;根据其粗心大意、丢三落四,同时爱高声谈论的形象,声音应该高而扁,有一些"嗲",在处理几个重复的对话时,要根据情节仔细体会她在不同阶段的内心活动,通过音色、语气、语调、音量、速度等的明显变化,表现出鸭妈妈的心理状态。母鸡的声音柔和细腻,平和真诚;老山羊的声音颤抖,直率坦诚,语速较快,可以加上咳嗽声;黄牛的声音要粗拙低沉,缓慢有力,鼻音浓重。

## 【技能巩固】

1.根据提示,模拟叫声和模拟角色说话,讲绘本故事《挤呀挤》。

提示:讲述时一方面要模拟小老鼠、小鸭子、小公鸡、小母鸡、小黄狗、小猫咪、小山羊、小马驹、小胖猪、大奶牛等动物角色的叫声,另外还要模拟他们说话。模拟这些动物角色说话时,要与该种角色的叫声相近。这样,幼儿很容易就知道是哪个角色说的话,角色形象就也很鲜明。

**挤呀挤**

宝宝一个人睡觉,真害怕呀! 他"哇哇"哭着去找妈妈。

"吱吱吱",来了一只小老鼠,他钻进被窝里,高兴地说:"真暖和呀!"

"呷呷呷",小鸭子来了,"好舒服的床,让我也睡一睡吧!"

"叽叽,叽叽",小公鸡和小母鸡来了,"好舒服的床,让我们也睡一睡吧!"

"汪汪,汪汪",小黄狗来了,"好舒服的床,让我也睡一睡吧!"

"喵呜——",小猫咪来了,"好舒服的床,让我也睡一睡吧!"

"咩——"小山羊来了,"好舒服的床,让我也睡一睡吧!"

"咴咴——"小马驹来了,"好舒服的床,让我也睡一睡吧!"

"哼哼——"小胖猪来了,"我也要睡一睡!"

大家一起睡吧,挤呀挤,挤在一起真暖和啊!

忽然……咚,咚,咚……"哞——"会是谁来了呢?

(选自"妈妈网"有改动)

2.同样是猴,怎样区分四只猴的声音?请根据提示,处理好《猴吃西瓜》中四只猴说话的声音,并练习试讲故事。

提示:故事主要形象有——猴王,年轻力壮、聪明机智、有一定的威望,但是,好胜好强;小毛猴心直口快,天真可爱;短尾巴猴,憨厚、认真,敢于发表意见,但思考方式呆板;老猴,年老体衰、要面子,不懂装懂。给这些形象定位后就可以设定声音了——猴王声音洪亮,语调沉稳,语气坚定,发声利用胸腔共鸣,表现出果断和自信;小毛猴声音清亮,语言流畅,语速稍快;短尾巴猴的声音比小毛猴略低,语速稍慢,气息急促,吐字靠前,语气稚嫩;老猴则语气缓慢,声音低沉,发音时,束紧喉头,挤压成声。

### 猴吃西瓜

一天,猴王找到了一个大西瓜,可是,怎么吃呢?这个猴啊,是从来也没有吃过西瓜。忽然,他想出了一条妙计,于是,把所有的猴都召集来了。

他清了清嗓子:"今天,我找到了一个大西瓜。至于这西瓜的吃法嘛,我当然……当然是知道的。不过,我要考验一下大伙的智慧,看看谁能说出这西瓜的吃法。如果说对了,我可以多赏他一块。如果说错了,我可要惩罚他!"

大伙你看看我,我看看你,可是谁也没有吃过西瓜。

小毛猴眨巴眨巴眼睛,挠了挠腮说:"我知道,吃西瓜是吃瓤!"

"不对! 小毛猴说得不对!"短尾巴猴跳了起来:"我小的时候跟我妈去姥姥家,吃过甜瓜,吃甜瓜就是吃皮。我想,这甜瓜也是瓜,西瓜也是瓜,吃西瓜嘛,当然也是吃皮啦。"

这时候,大伙争执起来,有的说:"吃西瓜吃皮!"有的说:"吃西瓜吃瓤!"可争了半天,也没争出个结果,于是都不由地把目光集中到一个老猴的身上……

这老猴认为出头露面的机会来了,他将了将胡子,清了清嗓子说:"这吃西瓜嘛,当然……当然是吃皮啦。我从小就爱吃西瓜,而且……而且一直都是吃皮的。我想,我之所以老而不死,就是因为吃了这西瓜皮的缘故……"

大伙都欢呼起来:"对! 吃西瓜吃皮!""吃西瓜吃皮!"……

猴王认为找到了正确答案,他站起身来,上前一步,开言道:"对! 大伙说得对! 吃西瓜是吃皮。哼! 就小毛猴崽子说吃西瓜吃瓤,那就让他自己吃吧! 咱们大伙,都吃西瓜皮!"

西瓜一刀两半,小毛猴吃瓤,大伙共分西瓜皮……

有个猴吃了两口,就捅了捅旁边的说:"哎,我说这可不是滋味啊!""咳,老弟,我常吃西瓜,西瓜嘛,就是这味儿……"

3.模拟文中角色的叫声并说话,讲述下列故事。

### 迷路的小鸭子

谁给高高的山顶披上了红纱巾?

噢! 是太阳落山了,留下一片红艳艳的彩霞。

田野静悄悄,河边静悄悄,风儿凉了,树林里暗了,黑夜要来了。

"呜呜呜,我要回家……"小鸭子迷路了,哭得好伤心。

"不哭,不哭,小鸭子,我送你回家。"小白兔跑过来,亲热地抱住小鸭子。

小鸭子笑了:"呷呷呷……"

"告诉我,你的家住在哪儿?"

"有水的地方,我的家就在那儿。"

小白兔领小鸭子来到小河边。河水潺潺流,鱼儿水中游。可这里没有小鸭子的家。

"呜呜呜,我要回家……"

"不哭,不哭,小鸭子,我来帮助你。"小青蛙跳过来,眼睛睁得溜溜儿圆。

"告诉我,你妈妈叫什么名字呀?"

"叫妈妈。"

小青蛙发愁了,到哪儿去找呢?

"小鸭子,我送你回家。"小鹅摇摇摆摆走来。

"告诉我,你爸爸叫什么名字?"

"叫爸爸。"

小鹅没主意了,这可怎么找呢?

"小鸭子,我送你回家。"小松鼠从树上跳下来。

"告诉我,你叫什么名字呀?"

"叫妈妈的宝贝。"

小松鼠叹口气,不知道该怎么办。

"呜呜呜,我要回家……"小鸭子又哭起来。

小鸟儿飞来,给小鸭子擦眼泪:"别急,别急,小鸭子,我能找到你的家。"

小鸟儿飞呀飞,飞到西,飞到东,一路上不停地打听:"谁知道? 谁知道? 哪位鸭妈妈丢了小宝宝? 红嘴巴红脚,一身黄绒毛……"

老牛听了哞哞叫:"谁家丢了鸭宝宝?"

山羊听了咩咩叫:"谁家丢了鸭宝宝?"

白马听了咴咴叫:"谁家丢了鸭宝宝?"

黄狗听了汪汪叫:"谁家丢了鸭宝宝?"

花猫听了喵喵叫:"谁家丢了鸭宝宝?"

哞哞哞,咩咩咩,咴咴咴,汪汪汪,喵喵喵,一声低,一声高,东呼西唤好热闹。

鸭妈妈急急忙忙跑来了:"啊呀呀,我的鸭宝宝不见了……"

小鸭子见了妈妈呷呷叫,带着眼泪拍手笑,跑起来,摇啊摇,跑得急,摔一跤,滚到妈妈身边又撒娇:"妈妈,我从很远很远的地方回来,你可知道……"

"孩子,跑出去那么远,你找到了什么呀?"

"我找到了许多好朋友!"

小鸭子仰着头,跺着脚,快活地呷呷叫。

（葛翠琳）

【技能拓展】

模拟自然声响：

呼呼——风声　咚咚——敲鼓或敲门　滴答滴答——小雨

哗哗——大雨　轰隆隆——雷声　嘀嘀——汽笛声

呜——火车鸣笛声　嗖嗖嗖——枪弹在空中很快飞过　哧哧——笑声

啪啪——拍掌　咕咚——重东西落下或大口喝水

砰砰砰——心跳声　咔嚓——照相　沙沙——踩着沙子、风吹草木

哗啦——建筑物倒塌　咕噜——水流动或东西滚动　咕嘟——沸水声、喝水声

呼啦——旗帜飘动　哧——擦火燃柴　扑通——重物落地或落水

## 第三节　故事角色表情模拟训练

【技能准备】

对着小镜子练习表情操：①瞪大眼睛；②翻动眼睛；③转动眼珠；④咧唇提脸颊，似微笑；⑤扬眉；⑥面部收缩，以鼻子为中心，面部所有肌肉向内缩小，保持5秒；⑦面部扩张，以鼻子为中心，面部所有肌肉向外扩张，眼睛、嘴巴最大程度扩张，保持5秒。

【理论与方法】

### 一、故事角色表情模拟的概念

人的面部表情是非常丰富的，有两万多种，它在传递情感的过程中起着十分重要的作用。表情是心灵的屏幕，表情语正是通过面部表情的不同变化反映说话者不同的内心活动。

幼儿故事讲述中的故事角色表情模拟，就是故事讲述者运用自己的眉、眼、鼻、嘴、脸等面部肌肉和器官的变化对故事中角色的情感体验、情绪变化的状态进行模仿。

### 二、故事角色表情模拟的方法和要求

幼儿故事中常常出现不同的角色形象，而不同的角色也往往表现出不同的情绪和情感，如喜爱、高兴、悲伤、惧怕、生气、怀疑、忧愁、轻蔑等，这些丰富的情感和情绪需要幼儿教师用恰当的表情，准确、生动地模拟并传递给幼儿，同时塑造出生动的故事角色形象。

(一)故事角色典型表情模拟的方法和要求

世界上有 6 种共通情绪——愉悦、愤怒、悲伤、厌恶、惊讶、恐惧,每一种情绪都具备特定的表情形态特征,幼儿故事中角色的典型情绪和情感呈现出的典型表情也主要有这 6 种,如图 9-1—图 9-6 所示。

图 9-1　愉悦

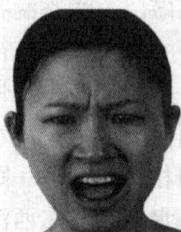
图 9-2　愤怒

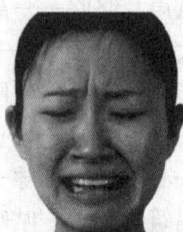
图 9-3　悲伤

图 9-4　厌恶

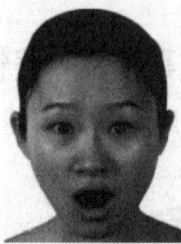
图 9-5　惊讶

图 9-6　恐惧

这些典型表情都是由面部肌肉和器官的不同组合与取势而形成的面部形态特征,每一种情绪都具备特定的表情形态特征,具体分别如下:

愉悦:嘴角微翘,双眼微眯,下眼睑绷紧,脸颊隆起,提升,面露微笑。

愤怒:眉紧皱,瞪眼,眼大睁,怒视,眼神有力,鼻孔喷气,口张大吼叫。

悲伤:眉毛整体下压,眉头上扬,上眼睑轻微褶皱,嘴后咧,脸颊隆起,嘴角下垂。

厌恶:眉毛下压,皱眉,眼睑紧张,上唇提升,耸鼻,鼻翼两侧形成鼻唇沟,单侧嘴角上翘。

惊讶:眉毛上扬,上眼睑提升,睁大眼,眼睛警觉,嘴微微张开,有吸气趋势。

恐惧:眉毛皱起并抬高,眉毛在内侧形成扭曲,上眼睑提升,露出虹膜,嘴角向两侧拉开,露出上下齿。

(二)故事角色非典型表情模拟的方法和要求(图 9-7—图 9-13)

轻蔑(冷笑、讥笑):皱眉肌收缩,形成轻微皱眉纹,眼睑紧张,轻微闭合,双眉轻微下压,上唇向下提升,鼻翼被间接向上提升并向两侧拉伸,在鼻翼两侧形成浅沟纹,鼻吭气(可配合翻白眼)。

惊喜:双眉提升,上眼睑上提,虹膜上缘充分露出,上唇提升,露出上齿,脸颊隆起,下眼睑下方有笑时特有的沟。

严肃:眉毛微皱,脸颊下拉,双唇较紧抿在一起,眼睛略微张大,眼神有力,略有愤怒。

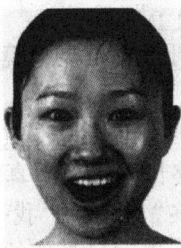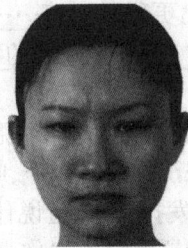

图9-7 轻蔑　　　　　图9-8 惊喜　　　　　图9-9 严肃

害怕:眉头上扬,眉形整体在内侧 1/3 处扭曲向上,上眼睑向上提升,露出更多的虹膜上缘,上唇提起,略微露出上齿,嘴角向两侧拉开。

不服气:轻微皱眉,上眼睑垂落更低,视线转向左下方,上唇上提,鼻唇沟明显,表示厌恶,嘴唇紧闭,表示内心的不屑。

得意(骄傲):头抬高,眉毛轻微提升,视线偏移,不正视刺激源,上唇提升,鼻唇沟明显,嘴角向两侧拉扯,上下嘴唇变长,自信的笑容中出现嘴部的抑制行为。

惭愧:对自己造成的负面结果感到自责或后悔,低头,皱眉,眉梢降低,不敢看人。

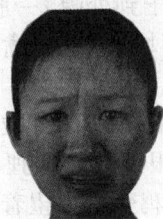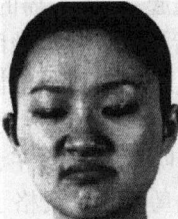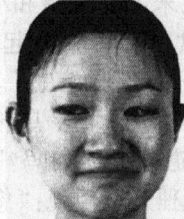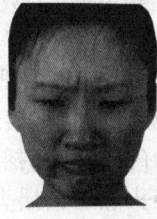

图9-10 害怕　　　图9-11 不服气　　　图9-12 得意　　　图9-13 惭愧

（注:本节图片选自姜振宇《微表情》）

【技能训练】

**一、典型表情片段训练**

1.青蛙妈妈说:"哈哈哈,傻孩子,我就是你们的妈妈呀! 呱呱。"(愉悦)

2.小老虎听了,气坏了,便对小猪说:"哼,狮子,好,带我去看看!"(愤怒)

3.公鸡伤心地问:"老牛伯伯,为什么我跟他们比美,他们都不理我呢?"(悲伤)

4.小猴说:"嘿,小猪,早上好哇,今天又没洗脸吧,脸上……嗯……脏兮兮的,啧啧……"(厌恶)

5.老奶奶说:"天哪,我看到了什么? 我要的只是一只小猫。天哪,你——都做了什么?"(惊讶)

6.你猜,他看到了什么:"天哪! 麦格先生……"(恐惧)

**二、非典型表情片段训练**

1."哼,你们,都怕大老虎的牙齿;我就不怕,我还要把他的牙齿全拔掉呢!"(轻蔑)

狐狸的嘴巴更甜了："哼……哼……"(冷笑)

2.小鱼说："哇,好大好大的镜子呀! 要是能把镜子搬到家里,让大家都照照,那该多好呀!"(惊喜)

3.熊大哥拍着狐狸的肩膀说："狐狸呀,光说不做,可不好喔!"(严肃)

4.前方传来沉重的脚步声,咚! 咚! 咚! 咚! 真的是大象来了! 在大象庞大的身躯面前,小兔子直发抖,不知道说什么好:"对不起! 我……我没有名片……"(害怕)

5.猎人开始骂猎狗了："你真没用,连一只受伤的兔子都追不到!"猎狗听了很不服气地回道："我尽力了呀!"(不服气)

6.公鸡来到一棵大树下,看见一只啄木鸟说："长嘴巴的啄木鸟,咱们俩来比比,谁美!"(骄傲)

7.狐狸说："嗯……其实我什么也没种。"(惭愧)

**三、案例训练:根据表情等态势语提示,讲述故事《乌鸦和狐狸》**

### 乌鸦和狐狸

(手臂直,耸肩,拍翅膀,跳,叫)哇哇……在大森林里,一只乌鸦找到了一片肉,连忙叼起来,飞到(拍翅膀)大树上,打算留给窝里(手指怀里)的两个孩子吃。这时候,树下,(食指指下面)一只狐狸走来了,(食指和小指翘起,一摇一摇的)(鼻子到处嗅)一股香味立刻使她停住了,"嗯,(食指和小指翘起,食指)那是肉!"她瞧瞧那块肉,舔舔嘴,很想吃。(眼睛转)狐狸眼睛一转,"嗯,有了"。(斜头,思考,食指指头)

狐狸满脸堆笑地对乌鸦说:"哟! 乌鸦先生啊,听说最近要选鸟王(大拇指)啦,像您这样好的条件,(摇肩)难道不去参加吗?"乌鸦听说要选鸟王,睁大眼睛看着狐狸(跳一跳,伸头、点头、摇头)。狐狸又连忙说:"您当选鸟王最有资格了。"乌鸦歪着头望着狐狸,一脸怀疑的神情。(跳一跳,歪头)

狐狸一本正经地扳着手指头。"嗯,这第一么,你长得英俊潇洒。"(挺胸摇头)

"这第二嘛,您飞得又高又快,勇猛无敌呀。"乌鸦高兴得直头点,目不转睛地看着狐狸。(连续偏头)

狐狸嘴巴更甜了。"嘿嘿,第三嘛,是嗓音圆润,简直就是天使的声音。哇哇……听了您唱的歌呀,什么画眉呀,黄莺啊,他们的嗓子根本就(摆手)没法听。"乌鸦高兴坏了,左看看,右看看,然后上下打量打量自己,不住地点头。

可是狐狸又接着说:"这前两条嘛大家都是公认的,可最后一条呢。嗯,还有人不太(摇头)相信。"乌鸦听着正高兴,一听,居然有人怀疑它的嗓子不好听,心里着急了(连续跳跳,吹嘴皮,歪头)。它决定,要马上唱一唱,来证明它嗓音的美妙,它就"哇哇……"地唱起来。乌鸦刚一张嘴,那块肉就掉(手往下指)了下去。狐狸,唰地跳起来,张嘴接住那块肉,跑了。

### 【技能巩固】

1.除了本节"理论与方法"中提到的表情类型外,请尝试先写出5种以上的表情,再模拟练习。

2.同桌之间配合练习:做表情说名称,说名称做表情。

3.小组内练习表情传递游戏。

4.根据表情提示,试讲故事。

### 奇怪的镜子

美丽的池塘里有一条小鱼,它发现有一样东西一闪一闪的,她睁大眼睛一看,*(欣喜)**(微笑)*"哇,好大好亮的镜子啊,*(期待)*要是能把镜子搬到家里,让大家都照一照,那该多好啊!"说完,小鱼轻轻地游到镜子边,还没碰着,镜子就碎了,*(难过)*小鱼心里难过极了,但是,不一会儿,*(惊喜)*那镜子又圆了起来。

于是,小鱼急急忙忙找来了正在河边唱歌的青蛙,*(着急)*"青蛙哥哥,我找到了一面好大好大的镜子,请你帮我抬回家好吗?"小青蛙一口答应了,他用大大的嘴巴刚想衔住镜子,只见镜子又碎了,*(失望)*小鱼和小青蛙都很难过*(难过)*,但是,不一会儿,*(疑惑)*那镜子又圆了起来。

后来,小鱼又找来了螃蟹,"螃蟹姐姐,我找到了一面好大好大的镜子,请你帮我抬回家好吗?"螃蟹也一口答应了,它用两只大大的鳌,刚想轻轻地钳住镜子*(专注)*,可是镜子又碎了。大家都很难过,可是又感到很奇怪,这到底是怎么回事呢?

这时。只听见一阵哈哈的笑声,虾公公拖着长长的胡子来了:*(大笑)*"傻孩子,这哪儿是镜子啊,这是天上的月亮倒映在水面上啦!"

小鱼、小青蛙、螃蟹都抬起了头,先看看天,又看看水面,大家都哈哈地笑了起来,*(大笑)*哈哈哈,连池塘里的月亮也笑了。

# 第四节　故事角色形态模拟训练

**【技能准备】**

1.模拟狐狸

狐狸的特征:吻部尖而突出,眼睛狭长,且斜眼看人,走路有弧度,步态飘、柔。表面很温顺,实则娇媚而狡猾。

动作设计:身体弯成弓状,耸肩,走路轻快,并用大步走出弧度。双眸左右来回溜、瞟,就像时刻都在打坏主意似的。

2.模拟猴子

猴子的特征:双眼圆睁,炯炯有神,抓耳挠腮,你追我打,跳过来荡过去,手脚不停,活泼灵动。

动作设计:耸肩缩头,双臂弯曲,十指并拢置于胸前,不停地抓耳、挠腮、眨眼,时常单腿独立并将右手放在额前遮光,四处观望,走路时,连蹦带跳,给人的印象是敏捷、机灵。

【理论与方法】

### 一、故事角色形态模拟的概念

故事角色形态模拟主要指模拟动物角色的形态,就是讲述者根据故事中动物角色的性格(动物人格化的性格)、习性以及外形等特征,用自己的身体、手、头等部位来模拟动物角色的习惯性动作、惯有的表情、特有的身姿等外观形态。如果配合眼神、姿势、动作、表情等态势语和动物角色特有的声音模拟,会使角色情状更逼真,故事的表现力会更强。但这些模拟要贴切自然,面部表情要明确,可略夸张,手势和身姿幅度要小,不要生硬、做作。

### 二、故事角色形态模拟的作用和要求

讲述幼儿故事,形象地模拟动物角色的形态,是提升故事精彩程度的手段,能为故事增添光彩,使故事显得丰富有趣。形态模拟与内容有效配合并协调一致,不能僵硬造作。注意模拟的时机要恰当,一般是动物角色开始发出叫声、笑声或说话的时候模拟出相应角色的形态,而不是叙述的时候。

故事讲述除了模拟动物角色形态外还应注意移动和站位。一个故事下来,双脚纹丝不动,就显得呆板,但是也不可能盲目移动,要根据故事的需要适当移动,但不宜过大,比如用左侧45°或右侧45°来交替表现角色之间的对话,同时,也可以照顾两边的幼儿,避免一直只朝前的站姿。例如,《小蛋壳的故事》中小蛋壳去找一个小宝宝,做小宝宝的家,遇见蜜蜂,蜜蜂是高高飞在天上的,小蛋壳则是矮矮的,因此,小蛋壳面对蜜蜂时,要仰着头,踮起脚尖说话;而小蜜蜂对小蛋壳说话则是低下头俯下身。小蛋壳又往前走,遇见蚂蚁,小蚂蚁比小蛋壳小,所以,小蛋壳对小蚂蚁则是低头俯身,小蚂蚁对小蛋壳说话,就要仰头踮脚了。

如果故事角色不是动物而是人物,讲述时,主要根据性别、年龄、性格、身份等特征,运用不同的形态、身姿或神情来把人物区分开。如,老爷爷的形态:弯腰,仰头,走路吃力,步伐沉重,声音低沉,沙哑,捋胡子,咳咳咳……;老奶奶:弯腰,仰头,走路时吃力地点头,步伐沉重,一手放背上,嘴唇内裹,说话含糊,唉……

【技能训练】

模拟动物角色形态训练

1.牛:双手拇指和小指翘起放头上,似牛角,猫腰再起腰,头从左到右移动。(图9-14)

2.熊:两手臂稍抬起,前臂下垂,两腿弯曲站立,脖颈僵硬直立,嘴前撮,下巴稍扬,头微微上下点动说话。(图9-15)

图 9-14　动物角色牛的
形态示意图

图 9-15　动物角色熊的
形态示意图

3.小鸭:半蹲,双手掌放身体两侧翘起表示鸭的脚掌,走路时摇摆,说话时拇指和四指做鸭扁嘴形(或两手叠放在嘴前),一张一合。(图9-16)

4.大象:身体略弯曲,双手握紧,左右甩动。或者右手伸到身前,左手从右手上臂的下边穿过,捏住鼻子,长鼻子一甩,"嗷——"。(图9-17)

图 9-16　动物角色小鸭的
形态示意图

图 9-17　动物角色大象的
形态示意图

5.小白鹅:右手举到头的前方,弯手腕,拇指和四指做鹅嘴形,并配合 éé é 叫声,说话时一张一合。(图9-18)

6.母鸡:上身前倾,双手放后腰,手肘弯曲,作翅膀扇动状,发"咯咯嘎"或"咯咯嗒"的声音。(图9-19)

7.狐狸:拇指和中指指尖合拢,其余三指翘起,放下巴下,右手配合,扭腰,翘尾,偏头,扬眉,翻眼,狡猾地笑:"嗯——"。(图9-20)

8.小老鼠:双手放胸前似短前脚,后缩,指尖并拢,缩颈耸肩,摇头。(图9-21)

图 9-18  动物角色小白鹅的
形态示意图

图 9-19  动物角色母鸡的
形态示意图

图 9-20  动物角色狐狸的
形态示意图

图 9-21  动物角色小老鼠的
形态示意图

9.小猪:嘴唇上翻,撅起,双手掌放头上作耳朵,并扇动,吸气,"哼哼""哄哄"。(图9-22)

10.山羊:双手的食指伸直放头上,或双手弯曲放头上。(图9-23)

11.小猴:双手指尖并拢,手腕弯曲,右手不停地挠左手背和腮帮,抓耳朵,右手放在额前遮左额的光线,四处观望,"哦,哦——"。(图9-24)

12.小狗:双手五指分别并拢,手腕弯曲,放胸前,仰头点头,"汪汪汪——"。(图9-25)

13.大公鸡:单手掌放头上,当冠子,或双手放嘴前,当喇叭,"喔喔喔——"。(图9-26)

14.青蛙:半蹲,双腿分开,举起双手掌打开,跳一跳,嘴咧开,"呱呱呱——"。(图9-27)

图 9-22 动物角色小猪的
形态示意图

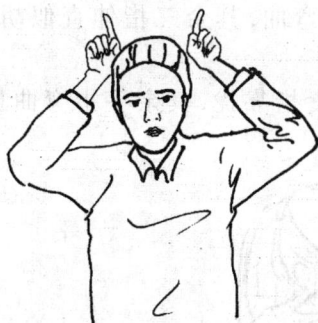

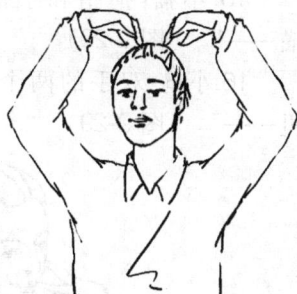

图 9-23 动物角色山羊的
形态示意图

图 9-24 动物角色小猴的
形态示意图

图 9-25 动物角色小狗的
形态示意图

图 9-26 动物角色大公鸡的
形态示意图

图 9-27 动物角色青蛙的
形态示意图

15.小猫:拇指和小指弯曲,其余三指伸直似胡须,放嘴两边当胡须,叫"喵喵喵——"。(图9-28)

16.小鸡:双手的两个食指靠拢,其余手指弯曲握紧,放嘴前,做成尖状,"叽叽叽——"。(图9-29)

图 9-28  动物角色小猫的
形态示意图

图 9-29  动物角色小鸡的
形态示意图

17.小鱼:右手在胸前,掌心向左,左手放身后,掌心向右,同时摇动,说话时嘴拢圆。(图9-30)

18.小兔:双手食指和中指竖起放头上,跳一跳。(图9-31)

图 9-30  动物角色小鱼的
形态示意图

图 9-31  动物角色小兔的
形态示意图

19.老虎:半蹲,瞪大眼睛,张开大口,脸凶恶,双手五指有力弯曲成爪状。(图9-32)

20.乌鸦:上身前倾,双手伸直放在身体后侧,口腔稍扁,蓄气,口突然张开,气流冲出,同时发"wa"音,保持张开口型。(图9-33)

图9-32 动物角色老虎的
形态示意图

图9-33 动物角色乌鸦的
形态示意图

**【技能巩固】**

1.请根据动物角色特征创编模拟乌龟、小马、啄木鸟等三种以上角色形态。

2.上网搜索动物模仿操,看看你还能模仿哪些动物的形态。

3.找出故事中的角色进行模拟并讲述故事,同时注意各角色的声音模拟。

倒 影

下雨了,下雨了,母鸡、公鸡回家了。淅沥淅沥,小土坑里积水了。

雨停了,雨停了,太阳公公露出了笑脸,小动物们都来到草地上,母鸡走到土坑边,往里面一瞧,看见里面有一只母鸡。"哎呀,不好了! 一只母鸡掉到土坑去了,咕咕嗒,咕咕嗒……"母鸡赶快跑去告诉公鸡,叫公鸡来救土坑里的母鸡。

公鸡走来一瞧,土坑里哪有母鸡呀? 只看见一只公鸡。"哎呀,不好了! 一只公鸡掉到土坑里去了。喔喔喔……"公鸡赶快跑去告诉小山羊,叫小山羊来救土坑里的公鸡。

小山羊走来一瞧,土坑里哪有公鸡呀,只看见一只小山羊。"哎呀,不好了! 一只小山羊掉到土坑里去了。咩咩咩……"小山羊赶快跑去告诉大肥猪,叫大肥猪来搭救土坑里的小山羊。

大肥猪走来一瞧,土坑里哪有小山羊呀,只看见一头大肥猪。"哎呀,不好了! 一头大肥猪掉到土坑里去了,哼哼哼,哼哼哼……"大肥猪赶快跑去告诉老黄牛,叫老黄牛来搭救土坑里的大肥猪。

老黄牛走来一瞧,土坑里哪有大肥猪呀,只看见一头老黄牛。"哎呀,不好了! 一头老黄牛掉到土坑里去了。大家快来救救它,哞哞哞……"

大伙都来了,往土坑里一瞧,不得了,土坑里有一头老黄牛,一头大肥猪,一只小山羊,一只公鸡,还有一只母鸡。那么多动物一起掉到土坑里去了。大家真着急,东奔西跑,去找朋友们来救它们。

后来,水渐渐渗进泥沙里,又渐渐被太阳晒干了。老黄牛、小山羊、大肥猪、公鸡和母鸡把它们的朋友们都请来了。它们往土坑里一瞧,什么也没有呀! 母鸡说:"一定是它们自己从土坑里爬出来了!"

小朋友,你们说,母鸡说得对吗?

# 第五节　故事讲述手势语训练

**【技能准备】**

复习手势语。

| ○的断想 | 手势语 |
|---|---|
| ○是谦虚者的起点，<br>是骄傲者的终点。 | 扬小臂,单手掌心向上微伸<br>翻转掌心,向下 |
| ○的负担最轻,<br>但任务最重。 | 指背至肩下<br>握拳,拳心向内 |
| ○是一面镜子,<br>让我重新认识自己。 | 松拳,掌心向内<br>指胸口,挺胸 |
| ○是一只救生圈,<br>让弱者随波逐流。 | 右食指画圈<br>左手腹前移动 |
| ○是一面敲响的战鼓,<br>叫强者奋勇前进。 | 右手带小臂指向前<br>右手再向前抬高,平肩 |

**【理论与方法】**

**一、故事讲述中手势语的概念及其作用**

手势语即手势动作,运用臂、掌、肘、腕、指的动作传递信息,也是态势语的重要组成部分,它在态势语中动作最明显,表现最自由。在故事讲述时手势可以传达丰富的故事信息,增强故事的表现力。手势在故事讲述中可以表意,例如故事中的高低、长短、大小、好坏、来去等可以用手势来辅助表达。手势在故事讲述中可以传情,例如故事中表示高兴可以热烈鼓掌,表示愤怒可以拍桌子,表示为难可以连连搓手,表示急躁可以抓耳挠腮,表示沉思可以以手托腮,表示坚定可以握紧拳头,表示赞赏可以竖起大拇指等。

## 二、故事讲述中手势语的分类

故事讲述中手势语从形式上看有三种:一是拳式动作,往往强调动机和决心;二是掌式动作,往往是动机和效果同时兼顾;三是指式动作,往往用来指明对象、方位、数量。

故事讲述中手势语从表意作用上看,又可分为四种类型:一是情意手势,主要用于表达说话者的情意;二是指示手势,用以指明话语涉及的对象、方位等;三是象形手势,用来描摹人或事物的形貌特征;四是象征手势,用以表达含义抽象模糊的概念,将抽象变具体,引发人的联想。

## 三、故事讲述中手势语的使用方法和要求

故事讲述中手势语的设计要根据故事内容和情感表达的需要,它必须和眼神、面部表情、身姿等有机配合,要自然,可以稍有夸张,不宜单调重复,也不宜太多。如在讲述《小熊请客》时,小熊的朋友来给小熊送礼物,这时可以根据故事内容来合理安排手势语:小动物们敲门的动作,小熊开门请他们进来的动作都可以适当表达。

故事讲述中手势使用的动作范围,一般可以分为三个区域:肩部以上为一个区域,大多表现欢呼、振奋、肯定、鼓舞等正面的、积极的故事内容;肩部到腰部为一个区域,往往表现坦诚、平静、中肯、和气等沉稳的、叙述性的故事内容;腰部以下,为一个区域,一般表示憎恶、鄙视、反对、压抑等负面情绪的故事内容。

## 【技能训练】

### 一、故事讲述中手势语常见表现意图的练习

1.表示召唤:手臂前伸,五指微弯。

小白兔叫道:"小熊快起来,森林着火了,快跟着我跑。"

2.表示强烈和坚持意见:手臂靠近胸前,微曲,握拳。

仓鼠暗下决心,我一定要帮助河马逃出动物园!

3.表示强烈感情:上举拳头,稍作振动。

王后气得浑身都哆嗦起来了,她无法忍受这样的回答,狂叫道:"白雪公主一定要死,即使以我的生命为代价也在所不惜!"

4.表示请求,商讨:手心向上,两臂稍微前伸。

小兔子对猴子说:"猴姐姐,你把尾巴借我用一天好吗?"

5.表示拒绝,为难:两臂前伸微曲,手掌向前。

猴子气得大声说:"不成!不成!半天也不成!我靠这尾巴挂在树上,才能荡秋千,怎么能借给你?"

6.表示提醒、控制:手心向下,两臂微曲前伸。

后来,还是那只小嗓门青蛙说:"嘘——别吵,小声点。我们还是各人吃各人的吧!"

7.表示威胁:伸直食指,握紧四指,并摆动食指。

铁罐说:"我们走着瞧吧,总有一天,你要变成碎片的!"

## 二、故事讲述手势语分类练习

(一)情意手势

1.小马刚准备蹚过去,突然一只小松鼠拦住他大叫:"小马,小马,别(双手着急地摆手)过河,河水会淹死你的。"

2."啊,亲爱的狼先生,那是不会(着急地摆手)有的事,去年我还没有生下来啦!"

(二)指示手势

1.老牛说:"水很浅,刚没过小腿,(用手指小腿)能过去。"

2.妈妈说:"孩子,光听别人(用手向外指)说,自己(用手向内指胸口)不动脑筋,不去试试是不行的。"

(三)象形手势

1.一天,猴王找到一个大西瓜(双手画一个圆)。

2.小猴拿了个"〇"(手指画一个圈)卖给了小猫,小猫照了照,满意地走了。

(四)象征手势

1.公鸡听了惭愧极了(低头,双手放胸前),从那以后再也不去跟谁比美了。

2.兔妈妈的手臂更长,她说:"我爱你有那么多!"(双手伸出,由中间往两边尽量展开)

## 三、根据手势语提示练习故事《谁勇敢》

### 谁勇敢

杨福庆

枣树上有个马蜂窝。①

小松指着马蜂窝说:"谁敢把它捅下来,②就算谁勇敢!"③

他问小勇:"你敢吗?"④

小勇摇摇头:"别捅,⑤马蜂蜇人可疼啦!"

小松指着小勇的鼻子说:"得啦,⑥胆小鬼!瞧我的。"⑦

小松找来一根长竹竿,⑧使劲一捅。⑨"啪,"马蜂窝掉⑩下来,马蜂一下子炸了窝!⑪

小松丢下⑫竹竿,捂着⑬脑瓜就逃。大家也吓得跑开了。⑭钢钢年纪小,跑得最慢,眼看马蜂扑过来,他"哇"的一声吓哭了。

①双手比画,画一个圆。

②双手似捏一根竹竿由下往上用力捅。③竖起右手拇指。

④用手指小勇。

⑤摆手。

⑥右手食指前伸轻轻旋转一下。⑦手拍拍胸口。

⑧双手往两边展开。⑨单手半握拳向上突然用力。⑩手从上往下指。⑪双手腹前由下向上、由小到大突然移动,似爆炸。

⑫单手半握拳向身后突然用力。⑬双手抱头。⑭双手腹前由近到远迅速移动。

小勇回头一看,急忙跑回去,⑮把钢钢拉⑯到身后,抢起⑰手中的小褂,拼命抽马蜂。⑱

马蜂赶跑了。小勇让马蜂蜇了一下,半边脸肿得老高,⑲疼得他直掉眼泪。

小勇哭了,可是,大家都说他勇敢⑳。

小松敢捅马蜂窝,谁也没说他勇敢。

⑮手由远处向树下指。⑯单手呈爪状,在身侧由前向后移动。⑰单手半握拳于右前方以肘为中心由下向上。⑱动作同⑰,手向下拍打。⑲单手捂脸。⑳竖起右手拇指。

**训练提示:**讲述故事时,要让幼儿抓住小勇和小松的动作和语言,表现出两个孩子的不同性格,同时要理解为什么小勇哭了,大家却夸他勇敢,小松敢捅马蜂窝,却没有谁表扬他勇敢。

### 【技能巩固】

1.根据提示为下列故事中画线的词句设计手势语,并说说设计的含义。

提示:这个故事讲述了一只大白鹅骄傲不懂礼貌的故事。设计态势语时应把握大白鹅的骄傲个性,动作可适度夸张,昂首挺胸,下巴上扬,眼神傲慢。讲这个故事时面部和眼神最为重要。在讲述时注意动作、表情、语调融为一体。

#### 鹅大哥出门

鹅大哥一摇一摆出门去。他走到池塘边,看见自己的倒影,乐滋滋地说:"瞧!我多漂亮啊!红红的帽子,雪白的羽毛,谁也比不上!"

鹅大哥真神气,大步大步往前走。看见一群小鸡,它大声嚷嚷:"让开,让开!你们这些小东西。"看见一群小鸭,它又大声嚷嚷:"走开,走开,你们这些小不点儿。"

鹅大哥越来越神气,它把胸脯挺得高高的,脑袋抬得高高的,眼睛望着天,连前面有个大泥坑也没看见,忽然"扑通"一声,掉到泥坑里。

大白鹅变成大黑鹅啦!这下,大白鹅再也不神气了!

2.为下列故事设计恰当的手势语,并试讲故事。

#### 森林里的谜

早上,小白兔睡醒了,打开房门一看,森林里白茫茫的一片,连对门小熊的家也看不清楚了。小白兔害怕了,它想:"这么多的烟,一定是森林着火了,快逃吧!"

小白兔摸到小熊的家门口,砰砰敲着门:

"小熊快起来,森林着火啦!"

小熊揉了揉还没有睡醒的眼睛,急忙来开门。一看,唔!全是白烟,他跟着小白兔就逃。

它们一边跑一边喊:"森林着火了,快逃呀!"

小松鼠听见了,急忙从大松树上跳下来,跟着他们一起逃。

小猴听见了,也慌慌张张地跟在它们后面跑。

跑啊,跑啊,跑得累极了,可是到处还是白茫茫的一片。

小松鼠说:"怎么只见烟,不见火啊!"

小猴转动着眼珠,搔了搔后脑勺说:"烟怎么不呛人呢?"

小熊忙说:"不是烟! 不是烟!"

小白兔低头一看:"呀,我的毛全湿了。"

小松鼠惊叫起来:"不得了,那一定是天上的云掉下来了。"

"云掉下来会把我们全压死的。"小动物们又拼命地跑了起来。

跑啊,跑啊,小松鼠撞在大象叔叔身上了。

大象叔叔问:"你们到哪里去,跑得那么急?"

小白兔说:"大象叔叔,你的个子高,看看是不是天上的云掉下来了。"

大象伸了伸它的长鼻子,瞧了瞧天上,又看了看四周,笑着说:"哈哈,不对……"

小朋友,你知道吗,这白茫茫的究竟是什么呢?

# 第六节　故事开头和结尾的处理技巧训练

**【技能准备】**

首尾呼应是写作的常用方法,谈谈在故事讲述中怎样借鉴这种方法。

**【理论与方法】**

为使故事讲述更富于幼儿情趣,更口语化,有时可以在故事之前加个巧妙的楔子,或开门见山突出矛盾,或提出问题发人深思,激起幼儿听的欲望;有时在讲述的过程中,边讲边问,帮助幼儿理解内容、丰富词汇;讲到临近结束时,暂停一会儿,让幼儿自己猜想故事的结果,允许幼儿猜出多种不同的结果,这样可以使幼儿的想象力得到发展;故事结束时,要引导幼儿对故事进行概括提炼,使幼儿明辨是非,并鼓励幼儿把听过的故事再讲给别人听。好的开头和好的结尾能够增强故事讲述的教育效果。

**一、故事开头的设计**

讲幼儿故事,开头一定要有吸引力,能够引起幼儿倾听的欲望。所以,给故事设计一个好的开头,是讲好故事的重要技巧之一。当然,设计开头应根据故事的内容来进行。故事的开头有以下几种设计方式。

**(一)提问式开头**

提问式开头是给幼儿讲故事时采用得最多的方式,这样可以吸引幼儿的注意力,听讲的效果自然更好。具体方法是先提一个使幼儿感兴趣的问题,引起幼儿的思考。提问时,语调上扬,停顿时间稍长。如:小朋友,你们知道孙悟空吗? 孙悟空手里使用的兵器叫金箍棒。你们知道他的金箍棒是从哪儿来的吗? 现在我就给你们讲个《孙悟空大闹水晶宫》的故事,大家想听吗?

**(二)讨论式开头**

为达到教育目的,通过引起学生的讨论来简单地阐述一个道理。这样既能引起幼儿兴趣,又便于更好地发挥讲故事的作用。如:大家都知道西瓜是吃瓤,不是吃皮儿。可是猴子是不是也知道呢?(学生争论)下面,我就给大家讲一个《猴吃西瓜》的故事。

**(三)介绍式开头**

这种方法适合节选的故事,或者根据某一个故事续编的故事,即先介绍故事的起因,然后把前后连贯起来,使幼儿有一个完整的印象。例如,格林童话节选故事《小红帽》的开头:小朋友,昨天我们讲过狼假装祖母,骗小红帽上当,吃了小红帽。就在这时候,猎人正好经过祖母的房前,猎人心想:"老奶奶怎么这样打鼾,我得进去看看……"大家猜猜会发生什么。

**(四)悬念式开头**

悬念式开头法,就是在文章的开头设置扣人心弦的悬念,充分激发幼儿的兴趣,令其怀寻幽探胜之情愉快听完全文的一种开头方法。如故事《老虎拔牙》的开头:老虎的牙齿疼得更厉害了,"哎哟,哎哟哟,谁把我的痛牙拔掉,我就让它做……做大王"咦,老虎要拔牙! 这是怎么回事呢?

**二、故事结尾的方式**

对于幼儿来说,故事的结尾必须能够让他们有所思索,富有意味,同时故事的结束不能太突兀,所以必须根据故事的内容对原结尾进行加工处理,以便取得更好的效果。

故事结尾的方法,可视故事长短而定,长故事一次讲不完,可用突然刹车的方式,在关键的地方停下来,给幼儿留下悬念,也可以采用提问式结尾、总结性结尾、尾声式结尾等。短故事收尾,主要有以下几种方式:

**(一)高潮处结尾**

讲到故事的高潮处突然收尾,意犹未尽,让幼儿思考,猜测故事结局。如故事《猴吃西瓜》的结尾:有个猴吃了两口,就捅了捅旁边的说:"哎,我说这可不是滋味啊!""咳,老弟,我常吃西瓜,西瓜嘛,就是这味儿……"这样结尾让人感到既好笑又耐人寻味。

**(二)提问式结尾**

在故事的结尾处提出问题,启发幼儿思考故事中的思想意义。如故事《小土坑》的结尾:"小朋友,你们说,母鸡的话对吗?"又如故事《白头翁的故事》的结尾:"小朋友,你们知道那只鸟的教训到底是什么呢?"

**(三)总结性结尾**

在故事讲完后,总结故事的意义,直接告诉幼儿故事的教育作用。如故事《乌鸦和狐狸》的总结性结尾:"不动脑筋的乌鸦上当了。"又如故事《狼和小羊》的总结性收尾:"强者要想欺负弱者,总是能找到借口的。"

**(四)尾声式结尾**

在故事结尾时,对原故事的情节和结局做适当的扩展,以满足幼儿的心理要求。如故事《等猪八戒换脑袋》的结尾:"等猪八戒醒来,他已经变成一个非常聪明的新猪八戒啦!"

---

**【技能训练】**

根据训练提示,练习故事《萤火虫找朋友》两种以上开头和结尾的处理技巧,并试讲完整故事。

### 萤火虫找朋友

孙幼军

夏天的晚上,萤火虫提着蓝色的小灯笼,在草丛里飞来飞去。

他在干吗呀?

他在找朋友。

是呀,大家都有朋友,有好多朋友。可是,萤火虫连一个朋友都没有。跟好多朋友在一起玩儿,多快活呀! 萤火虫也想要朋友。他就提着小灯笼,到处找。

萤火虫飞呀飞,听到草里有响声。他用小灯笼一照,看见一只小蚂蚱(màzha)。小蚂蚱急急忙忙,一直往前跳。萤火虫就叫:"小蚂蚱,小蚂蚱!"

小蚂蚱问:"干吗呀?"

萤火虫说:"你愿意做我的好朋友吗?"

小蚂蚱说:"我愿意。"

萤火虫高兴地说:"那你就跟我一起玩儿吧!"

小蚂蚱说:"好的,一会儿我就跟你玩儿。现在,我要去找小弟弟。小弟弟真淘气,不知跳到哪儿去了,天黑了还不回家。妈妈很着急,让我去找他。你来得正好,帮我照照路吧!"

萤火虫说:"我不能给你照路,我要去找朋友!"

萤火虫就提着小灯笼,飞走了。

萤火虫飞呀飞,听到草里有响声。他用小灯笼一照,看见一只小蚂蚁。小蚂蚁背着一个大口袋,一直往前跑。萤火虫就叫:"小蚂蚁,小蚂蚁!"

小蚂蚁问:"干吗呀?"

萤火虫说:"你愿意做我的好朋友吗?"

小蚂蚁说:"我愿意。"

萤火虫高兴地说:"那你就跟我一起玩儿吧!"

小蚂蚁说:"好的,一会儿我就跟你玩儿。现在,我要把东西送回家去。我迷路了,你来得正好,帮我照照路吧!"

萤火虫说:"我不能给你照路,我要去找朋友!"

萤火虫就提着小灯笼,飞走了。

夏天的晚上,萤火虫提着蓝色的小灯笼,在草丛里飞来飞去。

他在干吗?

他在找朋友。

还没有找到吗?

还没有找到。

聪明的小朋友,你们都知道怎样才能找到朋友,你们快教给萤火虫吧! 要不,他老是提着灯笼飞来飞去,多累呀!

**训练提示:**这篇故事通过萤火虫找朋友的经历,告诉幼儿一个道理:与人相处不要只考虑自己,也要为他人着想,特别是当对方遇到困难时,要热情地去帮助,这样才能找到真正的朋友。基于这样的目的,开头就可以直截了当地提问:"小朋友们,你们有朋友吗? 当你的朋友遇到困难时,你是怎么做的? 我们一起来看看萤火虫是怎样找朋友的? 找到了没有?"而结尾可以用这样的问题引起幼儿的思索:"萤火虫为什么没有找到朋友呢? 如果换了你该怎样去做呢?""谁能告诉我们萤火虫怎样才能找到朋友呢?"

## 【技能巩固】

1.故事讲述开头的主要方式有哪些? 并说说各种方式分别适用于哪类幼儿故事,好处是什么。

2.故事讲述结尾的主要方式有哪些? 并说说各种方式分别适用于哪类幼儿故事,好处是什么。

3.请为下列故事设计开头和结尾,并试讲故事。

### 大皮鞋船
#### 胡木仁

吱吱! 吱吱! 几只小老鼠在河边玩耍。一只小老鼠说:"要是有只小船,我坐着划划,多好玩呀!"小老鼠一听,都说主意不错,大家围在一起,商量起来。

"啊,有了! 我们去偷只大皮鞋。"一只小老鼠说。"太妙了!"小老鼠悄悄地溜进一间屋子。嗨哟! 嗨哟! 他们抬来了一只大皮鞋。

大皮鞋放进小河里,小老鼠你挤我,我挤你,把大皮鞋挤得满满的。大皮鞋像一只小船,随着河水,向前漂去。小老鼠高兴得大喊大叫:"真好玩! 真好玩!"大皮鞋漂呀漂呀,漂了很远很远。

小老鼠很久没有吃东西了,肚子饿得咕咕直叫。有只小老鼠忍不住了,偷偷地啃了一口皮鞋:"好吃! 好吃!"小老鼠一听,全都乐了,想不到大皮鞋又好玩又好吃。你啃一口,他啃一口……一下子,皮鞋被啃了一个大洞! 哗! 哗!

大皮鞋进水了! 白花花的水直往里涌。小老鼠慌了,东窜西窜。大皮鞋翻了,底儿朝天。小老鼠被大皮鞋扣在水里。咕隆隆! 咕隆隆! 水面上,冒出一个个水泡泡……

### 小小猪救狐狸

"救命呀,救命呀!"一只狐狸在求救。小小猪正在喝果汁,听到狐狸的声音,想去救狐狸。

一只乌鸦飞过来:"别去,别去,狐狸上个月骗走了我的汉堡包。"

"救命呀,救命呀!"狐狸的求救声又响起来了,小小猪坐不住了,想去救狐狸。

一只兔子蹦过来:"别去,别去,狐狸上周骗走了我的小花帽。"

"救命呀,救命呀!"狐狸的求救声又传来了,小小猪坐不住了,想去救狐狸。

一只小鸭走过来:"别去,别去!狐狸前天抢走了我的小水枪。"

"救命呀,救命呀!"狐狸的求救声又飘来了,小小猪坐不住了,想去救狐狸。

一条小蛇爬过来:"别去,别去!狐狸昨天骗走了我的棒棒糖。"

"救命呀,救命呀!"狐狸的声音越来越小了,小小猪坐不住了,端着果汁冲过去。

"狐狸,狐狸,赶紧喝口果汁润润嗓子,让我看看你怎么啦!"

"我发现小石洞里有闪光的东西,伸手去拿,不小心被卡住了。"

狐狸一边喝着果汁,一边说,"你赶快拿铁锹来帮帮我。"

小小猪急匆匆地拿来铁锹,帮狐狸把手从石洞里掏出来。

"这个,送给你!"狐狸把他刚刚在石洞里发现的那枚闪亮的小奖章,轻轻地挂在了小小猪的胸前。

# 第七节　故事叙述语言和角色语言的处理技巧训练

**【技能准备】**

试读下面这段话,谈谈故事讲述中应当怎样讲好叙述语言。

母雁找来啦,它站在奄奄一息的小雁身边,用她那细细的脖子缠着小雁的脖子,好像要把他扶起来。小雁挣扎着,艰难地抬起脑袋,和母雁头贴着头,扁嘴不停地吸动着,仿佛说:"妈妈,我不行了,你快走吧。"母雁不肯离开一步,紧紧地挨着小雁,俯下身,不停地用嘴梳理他的羽毛。

**【理论与方法】**

幼儿故事讲述必须讲究语言技巧。语言技巧最基本的要求是要用标准规范的普通话,生母、韵母、声调发音清晰准确,音变规范,声音洪亮,吐字清晰,充满感情,把普通话抑扬顿挫的音韵美充分地展示给幼儿,以教师自身准确的语感,为幼儿学习普通话提供声音示范。语言技巧还讲究重音和停连得当,语气富于变化、语调升降得体、语速快慢适度(见"朗读技能训练"一章),这样抑扬顿挫,绘声绘色,生动形象地把故事内容呈现出来。此外还应注意叙述语言与角色语言要有明显区分,不同角色的语言也要注意区分。

## 一、叙述语言的处理技巧

叙述语言指角色语言之外的叙述性语言,主要交代故事的基本要素。讲述时,既要保持讲故事者作为旁观者的客观性,声音自然平稳,又要根据故事的不同内容、风格、情节发展以及感情变化,在音量、停顿、快慢、语气等方面富于变化。在故事讲述中常见感情的口语表现方式如下表。

| 感情色彩 | 声音形式 | 语速 | 语调 |
|---|---|---|---|
| 喜悦、激动、欢快 | 高而亮(气满身高) | 稍快 | 前高后低 |
| 失望、难过、冷淡、悲痛 | 低而暗(气缓声沉) | 稍慢 | 平直 |
| 紧张、焦急、慌乱、恐怖 | 或高或低(气提声促) | 或快或慢 | 或扬或抑 |
| 不好意思、难为情 | 略低略虚(气虚声低) | 稍慢、断续 | 稍降 |
| 平静、庄严、庄重 | 中等平实(气平声实) | 平稳自然 | 平直 |
| 赞美、陶醉 | 亮而舒缓(气缓声柔) | 中或稍慢 | 或抑或扬 |
| 憎恨、厌恶、狠毒 | 高而暗(气粗声重) | 中等略快 | 降抑 |
| 讽刺、反语、厌恶 | 虚实交错(气浮声跳) | 略慢 | 先升后降或先降后升 |
| 谄媚、讨好 | 高而略尖(气虚声假) | 缓慢 | 曲折 |
| 惊异、疑问 | 略高(气急声高) | 略快 | 前低后高 |

高兴的时候,声音略高,烘托热烈兴奋的气氛;悲哀的时候,声音稍低沉些,显出压抑的气氛;紧张时,要压低声音,制造紧张氛围。值得注意的是在讲述叙述语言时是在“说”而不是在背诵,对象是幼儿,语言不能失去对象感。

## 二、角色语言的处理技巧

角色语言,指故事中人物及拟人化人物的语言。故事中的角色,有不同年龄、性别、不同身份和不同性格特点,如果角色语言只用一种声音,幼儿很难区分不同角色的特点,如果能用不同音色将他们的特点展现出来,角色就显得十分鲜活。故事中角色语言还应具备角色感,抓住角色言行和心理活动的来龙去脉,着力表现角色性格特点和思想感情的细微变化,使人“声如其人,如见其人”。比如性格刚毅的人说话铿锵有力,性格懦弱的人说话吞吞吐吐而软弱无力,骄傲的人说话自负而盛气凌人,谦虚的人说话自信真诚而平静,自尊自爱的人说话不卑不亢,阿谀奉迎的人说话低三下四等。

角色的语言还可以通过不同语气、不同节奏来塑造不同的角色。故事讲述中要着力运用言语技巧和态势语技巧去区分不同的角色,比如音色区别、语速区别、语调区别、方位区别、表情动作区别等。

此外,角色语言的声音塑造还需运用恰当的音色、语气、语调等进行模仿,在运用模拟手段时,声音可以适当地夸张。(见“故事角色声音模拟训练”一节)

总之，叙述语言的语气、语调要客观，节奏比较稳定，而角色对话应夸张、生动、有趣，语调变化较多。

## 【技能训练】

试读下列故事。

### 一头学问渊博的猪

黄瑞云

一头绝顶聪明的猪，住在一个非常出名的图书馆的院子里。它深信自己由于多年图书馆的生涯，已经成了渊博的学者。

有一天，一只八哥来访问。这头猪立即按照惯例，对客人进行自我介绍。

"朋友，相信我吧！"它说，"我在这个图书馆里待的时间很长了，我对这儿的沟渠、粪坑、垃圾堆，都有着深刻的了解，甚至屋后山坡上的墓穴都拱翻了好几个。谁要是想在这个图书馆得到知识而不找我，那他是白跑了一趟。"

八哥说："你所说的都是图书馆外面的事，那里面的东西也了解吗？"

"里面？"这头学问渊博的猪说，"那我最清楚不过了。里面无非是一些木架子，上面堆满了各色各样的书。"

"你对那些书也了解吗？"八哥问。

"怎么不了解呢？"这位渊博的学者说，"那是最没意思的了。它们既没有什么香气，也没有什么臭气，我咀嚼过好几本，也谈不上有什么味道，干巴巴的，连一点儿水分也没有。"

"可是人们老在里面待着，据说他们在里面探求知识的宝藏呢！"八哥又说。

"人们？你说他们干什么！"这位猪学者说，"他们确实是那样想的，想在书里找点什么东西。我常常看到许多人把那些书翻来翻去，结果什么也没有得到，仍然把书丢在架子上又走了。我保证他们在里面连糠渣、菜叶都没有得到一点，还谈什么宝藏！我从不做那种蠢事。与其花时间去啃书本，还不如到垃圾堆翻几个烂萝卜啃啃。"

"算了吧，我的学者！"八哥说，"一个从垃圾堆里啃烂萝卜的嘴巴，来谈论书本上的事，是不大相宜的。还是去啃你的烂萝卜吧！"

**训练提示：**猪和八哥的角色语言要有生动传神的"角色感"。角色猪在故事里，好吃懒做，愚昧无知。模仿猪的声音时，适当放缓语速，以表现其反应迟钝，噘嘴说话，把发声的位置后移到舌根，让声音粗重含糊，达到近似于猪的惯有的叫声的效果。角色八哥，在故事里善于质疑、有主见。发音位置靠前，口腔稍扁，音调高平，声音尖细、清脆、灵活、轻快，语速快且稳重。

叙述部分的语言需要平实自然，根据相应内容调整语气语调，避免从上一个角色里退不出来，有跟风现象，转换要自然。

猪、八哥、叙述者这三者在相互转换时要"进得去，出得来"，不能"拖泥带水"，更不能相互混淆。

【技能巩固】

　　1.故事讲述中角色语言的处理技巧有哪些？

　　2.根据提示分析,设计下列故事中叙述语言和两种角色语言,并试讲。

　　《会打喷嚏的帽子》是一个会逗得孩子们哈哈大笑的童话故事,一群馋嘴的小耗子想偷会变出各种好吃东西的神奇帽子,结果被老爷爷的一个喷嚏吓得四处逃窜,语言风趣幽默,又含有讽刺意味,令人发笑。在处理叙述语言时,基本语调是风趣幽默。声音既要自然平稳,又要表现讲故事者的感情态度;故事中的角色滑稽可爱,大耗子地位较高并且狡猾奸诈,角色语言应该是:表面威严,装腔作势,蛮横奸诈,语音较粗,语速稍快。小耗子天真可爱,设计角色语言时,注意把握其天真稚嫩,声音尖细的特点,叙述语言和角色语言转换要自然。

### 会打喷嚏的帽子
#### 蔺力

　　魔术团里,有一位老爷爷。老爷爷有一顶奇怪的帽子。他朝帽子吹一口气,里面就会变出许多好吃的东西来,有糖果、蛋糕,还有苹果……"嗨!把这顶奇怪的帽子偷来,该有多好!"这话谁说的?嗯,是几只耗子说的。晚上,它们就悄悄地溜到老爷爷家里去了。老爷爷正睡着呢,那顶奇怪的帽子,没放在柜子里,也没放在箱子里。在哪儿呢?就盖在老爷爷的脸上。

　　"好啦,我看还是小耗子偷最合适。他个子小,脚步又轻。"大耗子挤挤小眼睛说。"吱……"小耗子害怕地尖叫起来,"我不去!我怕'呼噜'!你们没听见,奇怪的帽子里藏着一个呼噜,他叫起来,地板窗户都会动的,吓人!"

　　可不是,老爷爷在打呼噜,呼噜呼噜,像打雷似的。大号子叫黑耗子去偷,黑耗子不敢,叫灰耗子偷,灰耗子也不敢。反正叫谁去偷,谁都说不敢。

　　大耗子生气了,摸摸长胡子说:"好啦!好啦!都是胆小鬼,你们不去,我去。等会儿,我偷来了帽子变出许多好吃的东西来,你们可别流口水。"

　　话是这么说,其实,大耗子心里也挺害怕,它一步一抬头,防着帽子里的那个呼噜突然钻出来咬他。也真巧,它刚走到老爷爷床跟前的时候,呼噜不响了。这下,大耗子可得意啦,原来呼噜是怕我呀!它轻轻一跳,跳上了床,爬到老爷爷的枕头旁边,用尖鼻子闻了闻那顶帽子,喷喷,好香哟,有糖果的味儿,蛋糕的味儿……快!快!它把尾巴伸到帽子底下去,想用尾巴把帽子顶起来……咦,这是怎么啦?尾巴伸到一个小窟窿里去了……哎呀,什么小窟窿,是老爷爷的鼻孔啊!

　　"阿嚏——"老爷爷觉得鼻孔痒痒的,打了个大大的喷嚏,吓得大耗子连滚带爬,一口气跑到门口,对他的伙伴儿说:"快跑,快跑!"

　　耗子们闹不清是怎么回事儿,跟着它跑啊,跑出好远,才停下来。他们问大耗子:"这是怎么回事啦?你偷来的帽子呢?"

　　大耗子说:"帽子里藏着一个阿嚏,这个阿嚏比呼噜厉害多了。你们一碰它,它就轰你一炮,要不是我跑得快,差点儿就给炸死啦。"

# 第八节　故事口语化改造训练

1.什么是书面语？什么是口语？各有什么特点？

2.读下列词语,分辨哪些是口语,哪些是书面语:

吓唬—恐吓、小气—吝啬、可以—准予、脑袋—头部、荡漾—晃动、笑靥—酒窝

## 【理论与方法】

一般来说,讲述故事所选择的大都是书面故事材料,而不少书面故事特别适合阅读,而不一定适合讲述。讲故事时,必须对书面故事进行适当的口语化改造。把故事中的书面语言变成讲起来上口,幼儿一听就明白,易于记忆的口语。口语化的语言会让故事充满灵性和生气。

### 一、什么是故事口语化

故事口语化就是故事要具备适合口语表达的要素,一般来说,要用简短的句子来叙述故事,不要使用生僻字词和书面用语,语言要简单明白,少用成语和典故。

### 二、故事口语化改造的技巧

#### (一)语言儿童化

幼儿的思维能力有限,讲述故事时使用的语言应符合幼儿形象思维的特点,即使用"儿童化"的语言。

1.词语运用儿童化。多用些表现具体概念,表现色彩、形态、动作的词,多用叠词、感叹词、语气词、拟声词等。例如,故事提到一锅腊八粥,"红红的枣、黄黄的豆、白白的米、胖胖的花生",这样表述更生动。再比如,"这纯属无稽之谈",小朋友一听,奇怪了,乌鸡是什么鸡？黑色的鸡吗？能吐痰吗？不如改成"胡说八道""说得没有一点儿道理"。

2.句式运用儿童化。句子要短小简单,减少附加成分,变长句为短句,可以适当重复。例如《爱唱歌的小鸟》:"小鸟往下飞,看见小猴子问:'小猴子,是你不要我唱歌的吗?'小猴子说:'不是不是,是下面的朋友不要你唱。'小鸟又往下飞,看见小蝴蝶问:'小蝴蝶,是你不要我唱歌的吗?'小蝴蝶说:'是的。是我叫你不要唱的。'"故事中不断重复的句子不仅加深幼儿的印象,还具有回环跌宕的韵律感,正是典型的儿童化的句子。

3.音色富于变化。变换音色模拟各种年龄、性别、性格的人或其他动物的腔调,表现

热情、快乐、紧张、悲伤等语气或模仿其他声响。通过音色的变换,可以达到拟声的效果,使幼儿听起来有身临其境的感觉,会激发他们的学习兴趣和积极性。例如:"吱吱吱",来了一只小老鼠,他钻进被窝里,高兴地说:"真暖和呀!""呷呷呷",小鸭子来了,"好舒服的床,让我也睡一睡吧!"

（二）改单音节词语为双音节词语

单音节词语声音短促,稍纵即逝,幼儿不容易听清楚听明白,有时也不好理解,甚至会产生歧义;而双音节词语声音存留时间相对较长,说起来响亮上口,留给幼儿的印象就会较深。因此,在熟悉故事、修改故事的过程中,要尽可能地将单音节词语改成双音节词语,这才符合故事口语化的要求。如把"虽"改成"虽然","并"改成"并且"等。又如"喜鹊又取些短枝,放在泥饼的周围"其中的"取""些"这样的单音节词语可以换成双音节词语"取来""一些"等。

（三）改长句为短句

要想使故事口语化,就应该把修饰成分和连带成分多的长句转化成言简意赅的短句,讲起来清楚明白,听起来也不费解。例如,故事《蜘蛛的腰》中有一句话:"人们正在炖煮着甘薯和土豆以及带着花生香味的酱汁鸡肉。"这个句子较长,若讲述时停顿不恰当,幼儿就不容易理解,如果把它换成短句,"大家正在忙着煮甘薯、煮土豆,还有带花生香味的酱汁鸡肉",这样简单的短句较口语化,符合幼儿的语言接受能力和思维特点,幼儿就很容易听懂,自然也容易记住。

（四）调整语序,更换词语

有的书面故事的语言只适合阅读,阅读文字易于理解,但讲起来不符合日常口语习惯,讲起来拗口,听起来也别扭。如果更换一下词语或者调整一下顺序,讲起来就顺当、流畅,幼儿也容易听明白。例如:"'啊,有了! 我们去偷只大皮鞋,'一只小老鼠说。"这不符合人们日常口语的表达习惯,应把语序倒过来,改为:"一只小老鼠说:'啊,有了! 我们去偷一只大皮鞋。'"这样就符合我们日常口语习惯的语序了。(有时角色对话较多时,可以去掉"某某说",通过变换站位直接模拟角色说话,幼儿就知道是谁在说话,同时故事显得更简洁。如果"某某说"太多,故事讲述显得断断续续,特别是在紧急、急迫的情节中。)又如"那是一个大清早,他闻到了一股异常令人愉快的气味"。可以把"一股令人愉快的气味"改为"特别好闻的香味儿",既鲜活生动又口语化,更符合幼儿的认知特点和思维习惯。

（五）改书面语为口语

有的故事内容很好,但可能有些词句过于书面化,讲述时如果照本宣科,幼儿不易理解。这时就需要教师对故事中的书面语言进行适当的修改和替换。例如:

1.有只猫生活在城里,他熟悉城里的一切。

改为:有只猫住在城里,城里的什么事儿他都知道。

2."那是什么呀?"乡下的猫指着一座高耸入云的铁架子问。

改为:"那是什么呀?"乡下的猫指着一座很高很高的铁架子问。

**【技能训练】**

**一、句子口语化改造训练**

（一）儿童化改造

1.第二天是蛤蟆的生日,当青蛙把一块手绢送给蛤蟆的时候,他难过得差点儿掉下眼泪。

2.小猪走着走着,看见前面有一只长耳朵、短尾巴、红眼睛的小白兔,就高兴地喊道……

（二）单音节词语改为双音节词语

1.小朋友们团坐着,在干什么呀?

2.古时候,吴国的孙权送曹操一头大象。

（三）长句改为短句

1.森林里住着一只长着一双铜铃般眼睛的大老虎。

2.时间一天天过去了,经过不懈地努力,坚固而又漂亮的房子终于在一个风和日丽的早晨盖好了!

（四）调整语序或更换词语

1."这蘑菇很漂亮。"狐狸说,"大概没毒吧!"

"怎么能说大概呢?"胖熊说:"小刺猬,我帮你请小兔看看,他最熟悉蘑菇。"

2.国王大叫:"我给你最后一次机会,去把你的王冠从金鱼池里捞上来。""我才不要!"伊拉贝莎喊道,"我更愿意在猪圈里帮忙!"

（五）将书面语改为口语

1.大公鸡在树枝上,趾高气扬地唱着歌,突然一不小心从树上落到了树下的小河里。

2.早晨,湖边寂静无声。三只小兔快活地扑蝴蝶。

**二、故事片段口语化改造训练**

1.当一群青蛙在树林里穿行的时候,其中的两只掉进了一个很深的坑里。所有的青蛙都聚集在坑边,当他们看见这个坑有多深时,他们就告诉这两只青蛙不要白费力气了。

2.那天晚上,王后梦见了五色鹿,她要国王一定要抓住五色鹿。于是国王就贴出布告悬赏巨金捉拿五色鹿。那个被五色鹿救起的人财迷心窍,说出了五色鹿的住址。

**三、比较故事口语化改造,看看修改了哪些,好在哪里,并试讲故事**

乌龟与兔

乌龟与兔为他们俩谁跑得快而争论不休。于是,他们定好了比赛的时间和地点。比赛一开始,兔觉得自己是天生的飞毛腿,跑得快,对比赛掉以轻心,躺在路旁睡着了。乌龟深知自己走得慢,毫不气馁,不停地朝前奔跑。结果,乌龟超过了睡熟了的兔子,夺得了胜利的奖品。

## 龟兔赛跑

兔子长了四条腿,一蹦一跳,跑得可快啦。乌龟也长了四条腿,爬呀,爬呀,爬得真慢。有一天,兔子碰见乌龟,笑眯眯地说:"乌龟,乌龟,咱们来赛跑,好吗?"乌龟知道兔子在开他玩笑,瞪着一双小眼睛,不理也不睬。兔子知道乌龟不敢跟他赛跑,乐得摆着耳朵直蹦跳,还编了一支山歌笑话他:

乌龟,乌龟,爬爬,

一早出门采花;

乌龟,乌龟,走走,

傍晚还在门口。

乌龟生气了,说:"兔子,兔子,你别神气活现的,咱们就来赛跑。"

"什么,什么? 乌龟,你说什么?"

"咱们这就来赛跑。"

兔子一听,差点笑破了肚子:"乌龟,你真敢跟我赛跑? 那好,咱们从这儿跑起,看谁先跑到那边山脚下的大树下。预备! 一,二,三,——"

兔子撒开腿就跑,跑得真快,一会儿就跑得很远了。他回头一看,乌龟才爬了一小段路呢,心想:乌龟敢跟兔子赛跑,真是天大的笑话! 我呀,在这儿睡上一大觉,让他爬到这儿,不,让他爬到前面去吧,我三蹦二跳的就追上他了。"啦啦啦,啦啦啦,胜利准是我的嘛!"兔子把身子往地上一歪,合上眼皮,真的睡着了。

再说乌龟,爬得也真慢,可是他一个劲儿地爬,爬呀,爬呀,爬,等他爬到兔子身边,已经累坏了。兔子还在睡觉,乌龟也想休息一会儿,可他知道兔子跑得比他快,只有坚持爬下去才有可能赢。于是,他不停地往前爬、爬、爬。离大树越来越近了,只差几十步了,十几步了,几步了……终于到了。

兔子呢? 他还在睡觉呢! 兔子醒来后往后一看,咦,乌龟怎么不见了? 再往前一看,哎呀,不得了了! 乌龟已经爬到大树底下了。兔子一看可急了,急忙赶上去可已经晚了,乌龟已经赢了,乌龟胜利了。

兔子跑得快,乌龟跑得慢,为什么这次比赛乌龟反而赢了呢?

**训练提示:**《龟兔赛跑》是我们熟知的寓言故事。原文只有梗概,没有具体的情节,人物形象未施笔墨,因此也谈不上生动。改编后,增加了很多情节,增加了人物的心理描写、动作描写和对话描写等,尤其是口语化改造——儿童化、长句改为短句、书面语改为口语等使故事的情节生动起来,使人物变得栩栩如生。在称呼人物时,模拟小动物的口吻。采用连呼两声的方式:"乌龟,乌龟,爬爬,一早出门采花;乌龟,乌龟,走走,傍晚还在门口。"节奏感强,便于儿童理解和模仿。在讲述这个故事时,把双方的对话和心理活动运用恰当的语气、语调加以表现,同时运用态势语辅佐,把故事讲述得逼真传神。

【技能巩固】

1.搜集幼儿故事,查找其中需要口语化改造的句子,分别列一句在下面。

(1)需要进行儿童化改造的。

如:

(2)需要将单音节词语改为双音节词语的。

如:

(3)需要将长句改为短句的。

如:

(4)需要将调整语序或更换词语的。

如:

(5)需要将书面语改为口语的。

如:

2.对下列故事进行口语化改造并讲述。

新王后以为白雪公主已经死了,有一天她又问魔镜说:"魔镜、魔镜,谁是世界上最美丽的人呢?"魔镜回答王后说:"王后,你很美丽,可是白雪公主比你更美丽,她现在在森林中和七个小矮人过着快乐幸福的生活。"

王后听了这个回答之后,才知道白雪公主并没有死,她感到很愤怒。

"真是可恶极了,一定要让白雪公主从世界上消失!"

坏心肠的王后想到了一个办法,她在鲜红的苹果外面,涂上了她调配的毒药,准备去毒死白雪公主。

"嘿!嘿!白雪公主只要吃一口这个有毒的苹果,就一定会死去。到那个时候,我就是世界上最美丽的女人了。"

然后,王后就打扮成老太婆的模样,提着一篮苹果到森林里去了。坏王后提着一篮苹果来到了小矮人的小木屋前。

"可爱的小姑娘,你要不要买一个又红又香的苹果呀!我送一个给你吃吧,相信你一定会喜欢的。"

本来就很喜欢吃苹果的白雪公主,看到又红又大的苹果,便高兴地说:"哇!这红红的苹果多么地可爱呀!一定很好吃的。"于是白雪公主就伸手接过那个苹果。

结果,白雪公主才咬了一口,就马上倒在地上,昏死过去了。

坏心的王后看到她倒在地上,大笑着说:"哈!哈!白雪公主从此以后就从这个世界上消失了。"

# 第十章

# 绘本讲述训练

## 第一节　绘本概述

【技能准备】

1.谈谈你对绘本的理解。

2.请列举几本你读过的绘本。

【理论与方法】

### 一、绘本的由来

"绘本"起源于西方,诞生于 19 世纪后半叶的欧美。1658 年,捷克教育家扬·阿姆斯·夸美纽斯出版的《世界图解》,被公认为是欧洲最早的带插图的儿童书。欧美的凯迪克、格林纳威、波特都是绘本早期的杰出代表。伦道夫·凯迪克被后人称为"现代图画书之父"。在亚洲,日本的绘本从 20 世纪 50 年代开始起步,至 70 年代崛起,目前已成为绘本的泱泱大国。我国台湾地区的绘本大致从 20 世纪 60 年代后期开始起步,至 80 年代后渐入佳境。国内的绘本目前仅为起始阶段,对于绘本并没有一个特别严格与统一的理论概念。

### 二、绘本的定义

"绘本"一词,在英文中被称为"picture book",也有译作"图画书"的,是一种以图画为主要表现内容的读物,一般情况下以出版物的形式与读者见面。"绘本"这两个汉字组成的词则是源自日语。在台湾,图画书与绘本亦常常被混用。一般来说,"绘本"用于意义较为严格的图画故事书,意为"透过一系列的图画,结合较少的文字或没有文字,以传达信息或说故事"。而"图画书"的界定有时更为广泛,涵盖文学类、科学类,还包括概念书、字母书、立体书、玩具书等特殊品种。

### 三、绘本的组成结构

不同专业背景的图画书研究者已达成的共识包括:图画书是"图画"和"文字"结合而成的"复合"文本,通常是由"图像"和"语言"两个符号系统共同呈现,并在作者与读者交互作用中完成其艺术空间的最终构建。对于绘本,读中有赏,赏中有读,从画面中能读出故事,从文字中能欣赏意境,文字与画面互为补充,这是绘本阅读的最大特点。

一般来说,绘本的完整结构包括:封面、环衬、扉页、正文和封底。

#### (一)封面

封面是一本绘本的外观,上面注有书名、作者和出版社等信息。绘本的封面通常是一幅和内容相关的图画,但是也有的绘本封面和封底共同构成了一幅图画,需要把二者联系起来看。佩里·诺德曼和梅维丝·雷默在《儿童文学的乐趣》中开门见山地说过:"在开始阅读一本书之前,封面是影响读者期待的最重要的因素。封面或护封上的图画通常涵盖了故事中最关键的要素。"

#### (二)环衬

翻开封面之后,有一张紧连着封面和内文的衬纸,内文之后还有一半和封底相连,这就是前后环衬(书前的衬纸称为前环衬,书后的衬纸称为后环衬)。由于环衬通常一半粘在封面的背后,一半是活动的,而且以两页相连的形式被使用,犹如蝴蝶的一对翅膀,所以环衬又被称为"蝴蝶页"。通常情况下,环衬是最容易被漏看的一页。但其实环衬都是经过精心设计的,它们的颜色往往与讲述的故事十分吻合,内容与正文故事息息相关。前后环衬遥相呼应,有时还会提升主题,甚至说出故事之外的另一个结尾。环衬有时还会起到"幕布"的作用,有时则为故事营造氛围,提供暗示。

#### (三)扉页

扉页又叫主书名页,通常在环衬之后、书芯之前,简单写着这本书的书名、著作责任者(作者和译者等)、出版社名称等信息。除了文字信息之外,扉页上还会有图画,这些图画有时会告诉读者这本绘本的主人公,有时会设置一些悬念,要读完绘本才能明白作者的良苦用心。

#### (四)正文

扉页之后就进入正文了。正文即绘本的主体,不光包括文字,也包括图画,篇幅不大。

#### (五)封底

合上一本绘本时,绘本的故事就已经讲完了吗? 有时是这样,有时却不是这样。有些绘本把故事的结尾延续到了封底。

【技能训练】

尝试讲述小班绘本《小蛇散步》(或者其他绘本)。

**小蛇散步**

[日]伊东宽 文/图 田霞/译

下了很长时间的雨,终于停了。小蛇要出去散步了。

可是,爬着爬着……路中间出现了一个大水坑。

"这点小事,难不倒我,只要这样……"

"哎哟!""然后,把尾巴缩回来就行了。"

"请等一下!"

"能从你的背上爬过去吗?""可以,可以!"

一个接一个

一个接一个

一个接一个(小蚂蚁、小蜥蜴、小老鼠)

"真的是太谢谢了!"

"小事一桩,有困难就找我吧。"

那么,还有没有人想过去呢?

"那就让我们也过去吧!"

"可以,可以!"

嗒嗒嗒 嗒嗒嗒(狼)

咣咣咣 咣咣咣(狮子)

咚咚 咚咚 咚咚(大象)

呼——

"好,再努力一下!"

"了不起,了不起!"

"已经没有人要过去了吧?"

"那就走吧。"

……

……

……

"嗓子干得冒烟了。"

"咕咚,咕咚,咕咚……"

小蛇喝光了水坑里的水,一滴都不剩。

圆滚滚,摇摇摆摆,

小蛇继续去散步了。

**训练提示:**教师先示范讲述绘本,让学生对绘本讲述有初步的感性认识。讲述时要模拟幼儿园课堂场景,以幼儿为对象,教师坐着或站着讲述。针对小班幼儿的年龄特点,讲述时语速稍慢。一般认为,讲述绘本以朗读为主,忠实原著,不宜增减文字,不能改变原意,不能用教师的解读代替幼儿的阅读,不能影响幼儿对图画和文字的理解。讲述语气语调的变化要符合内容和情感表达的需要,语言有亲和力。小蛇等动物角色的语言表达可以参考"故事讲述训练"一章。

讲述时要有意引导幼儿看图,如讲到"路中间出现了一个大水坑",突出重音"大",同时引导幼儿看图上的大水坑。"这点小事,难不倒我,只要这样……""哎哟!""然后,把尾巴缩回来就行了。"小蛇自言自语的同时也在尝试怎样过小水坑,因此讲述时语气应该加粗,显得吃力的样子。

【技能巩固】

1.绘本的结构包括哪些?

2.试讲小班绘本《爸爸,我要月亮》(或自选一本小班绘本)。

小茉莉正要去睡觉,往窗外一看,看到了月亮。月亮看起来好近。小茉莉心里想:能跟月亮玩一玩该多好!就伸手去抓月亮。

但是不管她把胳膊伸得多长,就是抓不到月亮。小茉莉对爸爸说:"爸爸,请你把月亮拿下来给我。"

爸爸找来一架好长好长的梯子。

他把好长好长的梯子,抬到好高好高的高山前面。

爸爸又把好长好长的梯子,架在好高好高的高山顶上。

最后,爸爸爬上了月亮,对月亮说:"我女儿小茉莉想跟你玩,可是你太大了。"月亮说:"我每天晚上都会变小一点,等我变得合你的心意,你就可以把我带走了。"

月亮真的越变越小,越变越小,越变越小……

月亮变得大小正合适的时候,爸爸就把他带走了。爸爸不停地往下爬,往下爬。

爸爸对小茉莉说:"拿着,我帮你把月亮拿下来了。"小茉莉拿着月亮,一蹦一蹦地跳起舞来。她搂着月亮,又把月亮扔向空中。可是月亮不停地在变小,越变越小,越变越小,后来,就整个儿不见了。

有一天晚上,小茉莉又看到了薄薄的一小片月亮。

每天晚上,月亮就变大一点。

他越变越大,越变越大……

每当小茉莉睡着的时候,月亮都在一点一点地变大……

# 第二节 绘本解读

**【技能准备】**

1.准备一本你喜欢的图画文字并重的绘本。

2.进行讲读前的阅读,思考:主要解读绘本的什么内容。

**【理论与方法】**

有文字的绘本用图文共同讲述故事,儿童读者阅读绘本,感知故事,也是经过图文两种路径。成人在与儿童共读前,须熟悉整个绘本,读其图与文字,意会其讲述的主体,把握绘本情感。

**一、读图**

绘本的图,不仅是形式,也是内容,图必然要读,而且是绘本讲读的主体,是其不可缺少的组成部分。

绘本以图叙事，有的是描绘，有的是间接暗示，大多数时候两者是不可分割的一体，很多画面既是直观的具象呈现，同时也隐含抽象层面的意义表示。

### （一）读封面和封底

大部分绘本都是从封面和封底开始讲故事。封面是绘本的脸。好的封面，是一本绘本的灵魂，一眼就能吸引人们的注意，让人产生一种想把它拿在手里，好好看一看的冲动。除了吸引我们的好奇心，帮助我们推测故事，封面还可以把这本书的创作者和出版者介绍给我们。看完封面，接着看封底。封面看一遍、两遍都行，但是封底至少要看两遍。看故事之前，先看一遍。看完故事之后，再看一遍。因为有极个别调皮的作者，会把故事的结尾画在封底上。

### （二）读环衬

精装绘本一般都有环衬，如果环衬有颜色，请你至少花上 10 秒钟，看看它是什么颜色。作者选择的颜色，一定最贴近故事的主题和氛围。要是环衬上有图案，那就要耐着性子好好看一看了，它们一定与书中的故事有某种联系。打开一本绘本，不要着急往后翻，后面的故事是逃不掉的。请先看前环衬，读完故事，再看后环衬，看看它们都告诉了我们什么。有时，前环衬和后环衬遥相呼应，一个作为故事的开头，一个作为故事的结尾，要是漏看一个，就可能会得出完全相反的结局。

### （三）读图里的故事

若说封面、封底和环衬的图画让我们窥到绘本的一角，那正文部分的图画则是整个绘本故事的主体。若成人在给儿童讲读前，对绘本主体的图画完全陌生，那讲读一定无法吸引孩子，再精彩的故事也会苍白。因此，讲读前理清图里的故事逻辑，将每一页沟通、串联尤为重要。

## 二、读文字

从总体看，绘本还是以图文两个符号系统协同叙事的复合文本。对于兼有图画与文字的绘本，文字的地位是需要认真考虑的问题。在绝大多数绘本中，文字与图画对作品总体的支撑作用是同等的，至少达到了相当程度的平衡，即使是少量的文字与大量的图画，这种平衡也可能通过文字的质量和品格实现。对多数绘本来说，在图画占据至少一半空间的条件下，文字必然需要精简压缩，因此，绘本的文字是非常精炼的。

不同作品的文字，不同表现内容和形式的文字，处理的方法亦有所不同。读的声调、语速、情感与情绪表达等，都要经过思考、设计。文字量偏大，文字直接叙述故事且相对完整的绘本作品，比较合适全文朗读的讲读方式。讲读时可突出作品文字的特点和韵味，预留出儿童想象和体悟的空间，并充分配合对画面的欣赏。例如，《活了100万次的猫》中，猫对他依附过的所有主人都很讨厌，"国王""水手""小偷""老太太""小女孩"前都有一个"什么"，"猫讨厌什么国王""猫讨厌什么小女孩"，这个"什么"的含义就值得注意。精心创编的绘本文字，每个字词和标点符号都经过仔细推敲，翻译成中文时，于同义词或近义词中选择特定的哪一个，怎样配合语境或文法，传达字面之外的引申意义，译者大都下过一番功夫，讲读者应给予足够的重视。

对作者采用象征、隐喻手法暗示的言外之意，讲读时可以适当进行提示，引导儿童读者揣摩和体味,对特定语境中语意的双关与多重指向,讲读者可以根据图画适度引导儿童读者进行领会与把握,以达到对文意的基本理解。

讲读者需要注意对绘本中的一些关键句的解读,比如点出作品主旨的句段,全书的结句,或者在叙事上有提示性、有转折性、埋下伏笔和前后呼应的文句,它们通常会影响读者对故事的理解。在拥有比较丰富的绘本鉴赏经验的前提下,还应注意那些与图形成某种特殊关系的文字——无论是相互印证、互为补充,还是各自表述、悖反或矛盾,都应引导儿童体会其中特有的意味和趣味。

## 【技能训练】

讲述绘本《猜猜我有多爱你》。

**猜猜我有多爱你**

山姆·麦克布雷尼

小栗色兔子要上床睡觉了,可是他紧紧抓着大栗色兔子的长耳朵不放。他要大兔子好好听他说。"猜猜我有多爱你。"他说。

大兔子说:"喔,我大概猜不出来。""这么多。"小兔子说,他把手臂张开,开得不能再开。

大兔子的手臂要长得多,他说:"我爱你有这么多。"

嗯,这真的是很多,小兔子想。"我的手举得有多高我就有多爱你。"小兔子说。

"我的手举得有多高我就有多爱你。"大兔子说。

这可真高,小兔子想。我要是有那么长的手臂就好了。

小兔子又有了一个好主意。他倒立起来,把脚撑在树干上。"我爱你一直到我的脚趾头。"他说。

大兔子把小兔子抱起来,甩过自己的头顶:"我爱你,一直到你的脚趾头。"

"我跳得有多高就有多爱你!"小兔子笑着跳上跳下。

"我跳得有多高就有多爱你。"大兔子也笑着跳起来,他跳得这么高,耳朵都碰到树枝了。

这真是跳得太棒了,小兔子想,我要是能跳这么高就好了。

"我爱你,像这条小路伸到小河那么远。"小兔子喊起来。

"我爱你,远到跨过小河,再翻过山丘。"大兔子说。这可真远,小兔子想。他太困了,他想不出更多的东西来了。他望着灌木丛那边的夜空,没有什么比黑沉沉的天空更远了。"我爱你,一直到月亮那里。"说完,小兔子闭上了眼睛。

"哦!这真是很远,"大兔子说,"非常非常远。"

大兔子把小兔子放到用叶子铺成的床上,他低下头来,亲了亲小兔子,对他说晚安。然后他躺在小兔子的旁边,微笑着轻声地说:"我爱你一直到月亮那里,再从月亮上回到这里来。"

**训练提示:**在讲述过程中,穿插提问,对幼儿提出3~5个问题,启发幼儿思考和想象。对于学生的回答,教师宜多鼓励多元答案和正面积极评价,不宜局限于看似合理、正确的标准答案。绘本讲述要完整,包括封面、环衬、扉页、正文和封底,图、文作者和出版社信息也要说明。讲述时针对年龄不同的幼儿,调整语速。另外,绘本讲述语言要生动形象,有感染力、亲和力,表情要丰富,辅以恰当的态势语。尤其要以语言表达技巧为基础,如停连、重音、语气、语调、语速、节奏等,详细参考第四章"朗读"部分。

《猜猜我有多爱你》的讲述,总体上说,叙述语言部分的语速应该稍慢。角色语言上,大兔子的语速宜慢,才能更好地体现他长者的慈祥和爱意;小兔子的语速稍快,表现出他天真、活泼、调皮的个性。语调方面,应该根据大兔子和小兔子的不同心理,采用相应的升降调,例如小兔子的"猜猜我有多爱你"一句应该用升调,而大兔子的"喔,我大概猜不出来"一句应该用降调。语气方面,小兔子急迫和不服输的语气在多处都有明显体现,讲述时要生动地展现出来。另外,大兔子和小兔子强调的多处地方,要用重音突出。讲述时应该采用适当的态势语辅助讲述。

讲述《猜猜我有多爱你》时,开头可以这样设计:(左手拿书,右手指书封面)小朋友,今天我们要讲的是什么故事呢?(《猜猜我有多爱你》)(教师介绍作者和出版社)大家瞧瞧封面上还有什么?(一只大兔子和一只小兔子)小兔子拉着大兔子的耳朵,向他说什么呢?现在我们就来看这个故事,(打开翠绿的环衬,让孩子们感到无边无际的爱)(翻开第一个扉页)你看,上面除了书名外,还有两只兔子。他们俩都同时把头都扭了过来,一双黑点似的眼睛望着你,想跟你说什么呢?(翻看第二个扉页)我们跟着小兔跳、跳、跳进故事里吧!

### 【技能巩固】

1.谈谈绘本讲述怎样才能做到生动形象。

2.练习讲述绘本《大棕熊的秘密》(或自选一本中班绘本)。

## 大棕熊的秘密

一个冬日的黄昏,大棕熊匆匆地钻出了森林。

"我有一个秘密!"她一边说,一边微笑起来,"这个秘密非常了不起,非常不可思议,它会让你大声叫,它会让你快活地转圈跳!"

"那是什么呀?"狐狸问,"是什么秘密这么棒? 是不是好吃的东西?"

"不! 不是!"大棕熊急匆匆地说,"你不会想要吃掉它的,你只会想要好好地抱住它,用鼻子蹭蹭它;你还会想要伸出舌头,从上到下,好好地舔一舔它!"

"哇,"浣熊在一棵大树后面咂起了嘴巴,"那是不是一个大冰棍呀?"

"大冰棍?"大棕熊回答,"谁会抱着冰棍用鼻子蹭? 我的秘密可不是冷冰冰的。不过,你会想要包裹着它,让它感觉到你的温暖;还会想要一直守护着它,就像守护着你最大的宝藏。"

"那会是什么东西呢?"松鼠问,"告诉我们吧,好棕熊,那会不会是……一大堆的硬壳果?"

"硬壳果!"大棕熊一边叫,一边乐得打了转儿,"要是你以为我的秘密是硬壳果,那你可真是个开心果! 我的秘密啊,不是你可以大咬大嚼的东西。"

大棕熊说着,表情严肃起来:"不过,你会想要把它好好地藏起来,不让那些坏家伙发现它。你瞧着吧!"她说着,瞥了一眼狐狸。

"呀呀呀,"猫头鹰叫着,"请问,你的秘密会飞吗?"

"不,不会!"大棕熊说,"我的秘密不会飞。可是我会把它高高地抛向天空,在它往下掉的时候,我会用结实的胳膊接住它,不让它离开我。"

"那个秘密,是不是很小很小的?"小老鼠问,"小得可以藏在你的怀里?"

"哦,我当然会把它藏在我的怀里。"大棕熊说,"也许你担心我会把它捂坏了,不过我每天都要好好地看着它,一直看着,看着……不然我真不敢相信,我能这样幸运地拥有它。"

"你的秘密还真是了不起!"小鹿摇晃着脑袋说。

"它不只是了不起,"大棕熊说,"它是绝无仅有的,它是妙不可言的,它是一种魔法……"

"它是一个奇迹!"

夜幕渐渐降临,动物们也渐渐感到倦了,不想再去猜大棕熊的那个秘密是什么了。

"大棕熊只是在吹牛罢了。"狐狸哼了一声,"我就不信她有什么了不起的秘密。"

"我同意,"猫头鹰说,"我就对那个秘密不感兴趣,又不能吃,还要去舔……又不能飞,还要去抛……还要把它藏在怀里,这种秘密听上去就不是那么妙。"

其他的动物们也赞同。当他们回头去找大棕熊的时候,却发现,她已经消失在了冬夜的雾气里。

日子一天天过去,冰雪封住了大地。大棕熊在山洞里缩成一团,有时候,很冷,有时候,很饿。

她经历了很多危险的关头,可只要想到那个秘密,大棕熊就会变得坚强起来。

她耐心地等啊等,一直等到整个冬天悄悄过去。

大棕熊的秘密，终于，在一个春天来临的日子里，降生了。他很小，很柔软，就像一个毛茸茸的小球。大棕熊温柔地搂着他，不让他离开自己，与此同时，他发出了快乐的叫喊声，这声音穿过了草原，在整个山谷中回荡。

狐狸、松鼠、浣熊、猫头鹰、小鹿、小老鼠，听到声音，都赶紧来看看发生了什么事……

到了这时，他们都不得不承认，大棕熊的秘密，确实非常非常了不起。

# 第三节　绘本讲述训练

## 【技能准备】

1.选择你喜欢的一本绘本，并梳理好其图、文以及图文联系。

2.配合讲述的速度进行绘本翻页训练。

## 【理论与方法】

绘本讲述的技巧要以语言表达技巧为基础，如停连、重音、语气、语调、语速、节奏等，还要注意语言要生动形象，有感染力，亲和力，表情丰富，辅以恰当的态势语。此外，讲述时要注意渲染气氛，把握好节奏，适当提问。

### 一、渲染气氛

把握故事的基本格调与情绪氛围也是讲述的先期工作，包括对作者及作品创作背景的详尽了解，当然，处理上并不是将所有信息直接引入，而是适当地化入讲述。

例如，《在森林里》创作于作者玛丽·荷·艾斯护理病重丈夫的特殊时期，是其慰藉平复自己内心情感的心灵之作，了解其创作背景更便于我们把握作品单纯朴素的黑白色调中温暖而深厚的情感蕴含，从而完成贴近文本又发自内心的故事讲述。

### 二、把握节奏

绘本的讲述还应关注故事类型和叙述风格，我们可能要因此选择不同的讲述方式、语气语调与其配合呼应。

故事的讲述最好有能够适应和配合绘本文本结构的节奏。绘本翻页带来的自然停顿，配合讲述者的有意停顿，会形成故事讲述的基本节律，讲述者还需要依据作品故事的间架、起伏、高潮进行节奏把控。例如，故事性强的绘本作品讲述，悬念的保持和拉抻、情绪的抑扬、谜底及结局的保留、尾声和余韵的唤起等，都可以且需要在节奏上有所体现。在故事情节的转折点、高潮和结局到来之前，在集中体现作品主旨的核心段落，在读完一个对页的文字后，最好多一些停顿。

以《爱心树》的开头一段为例：

从前有一棵大树，它喜欢上一个男孩儿。男孩儿每天会跑到树下，拿树叶给自己做王冠，想象自己就是森林之王。他也常常爬上树干，在树枝上荡秋千，吃树上结的苹果，同大树捉迷藏。累了的时候，就在树荫里睡觉。（停顿）

小男孩儿爱这棵树，非常非常爱它，大树很快乐。（拉伸）

但是时光流逝，孩子逐渐长大，大树常常感到孤寂。（尾音、余韵）

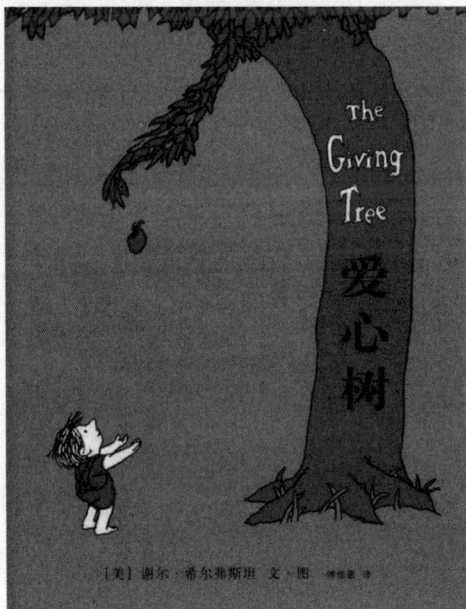

### 三、适当提问

在绘本的讲述中，不应该让教师的分析代替幼儿的自主思考和主动阅读。所以，在绘本的讲述中要把提问应用其中，这样就可以有效地避免幼儿被动地了解故事。例如：

《爷爷一定有办法》："小背心又小又旧了，爷爷拿去有什么办法呢？剪刀'咔嚓咔嚓'之后能变成什么呢？领带变得又破又旧，爷爷又拿去有什么办法呢？剪刀'咔嚓咔嚓'之后又能变成什么呢?"

《逃家小兔》:"假如你是小兔子,你能想什么办法逃出家门? 如果你是兔妈妈,你又有什么办法让小兔子不再逃走,乖乖地回家呢?"

**【技能训练】**

一、提问训练,并试讲绘本《好饿的小蛇》

**好饿的小蛇**

[日]宫西达也

好饿的小蛇扭来扭去在散步……它发现了一个圆圆的苹果。

你猜猜,好饿的小蛇会怎么样?

啊呜——咕嘟! 啊——真好吃。

第二天,好饿的小蛇扭来扭去在散步……它发现了一根黄色的香蕉。

你猜猜,好饿的小蛇会怎么样?

啊呜——咕嘟! 啊——真好吃。

第三天,好饿的小蛇扭来扭去在散步……它发现了一个三角形的饭团。你猜猜,好饿的小蛇会怎么样?

啊呜——咕嘟! 啊——真好吃。

第四天,好饿的小蛇扭来扭去在散步……它发现了一串紫色的葡萄。你猜猜,好饿的小蛇会怎么样?

啊呜——咕嘟! 啊——真好吃。

第五天,好饿的小蛇扭来扭去在散步……它发现了一个带刺的菠萝。你猜猜,好饿的小蛇会怎么样?

啊呜——咕嘟! 啊——真好吃。

第六天,好饿的小蛇扭来扭去又在散步……这回,它发现了一棵结满红苹果的树。你猜猜,好饿的小蛇会怎么样?

扭来扭去爬上树,然后,

张开大嘴……啊——

还是咕嘟!

啊——真好吃。

呼——呼——呼——

**训练提示:**由于本书中已经有六个问题了,所以几乎不需要另外设计问题了。可以考虑在讲述封面时提一个问题——"好饿的小蛇,想吃什么呢?"作为故事的引入。但是,在讲述"一个带刺的菠萝,你猜猜,好饿的小蛇会怎样?"的时候,停顿的时间应稍长,留给幼儿足够的思考和猜测时间。因为"菠萝带刺",小蛇会吃吗? 这是值得怀疑的,结果可能会出乎意料。同样,在讲述"它发现了一棵结满红苹果的树。你猜猜,好饿的小蛇会怎么样?"的时候,停顿的时间也要稍长,留给幼儿足够的思考和猜测时间。因为绘本的开头就讲到"它发现了一个圆圆的苹果。你猜猜,好饿的小蛇会怎么样? 啊呜——咕嘟! 啊——真好吃。"在惯性思维下,可能会想到小蛇爬到树上吃苹果,但绘本的结果同样出乎意料:好饿的小蛇吃下了整棵苹果树。

**二、绘本讲述训练:《三个强盗》**

## 三个强盗
### 汤米·温格尔（法国）

从前从前有三个很凶的强盗。他们穿着宽宽的黑斗篷,戴着高高的黑帽子,出门都是躲躲闪闪的。

第一个强盗有一支喇叭枪。第二个强盗有一个撒胡椒粉的喷壶。第三个强盗有一把巨大的红斧头。

晚上天黑了,他们就到路上去找倒霉的人。

每个人见了他们都好害怕。勇敢的男人跑了,女人晕倒了,狗也逃了。

这三个强盗每一次去拦劫马车,都是先把胡椒粉喷到马的眼睛里,再用斧头把马车的轮子砍碎,然后用喇叭枪把乘客赶下车,抢走他们的财物。

这三个强盗藏身在一个很高的山洞里。他们把抢来的东西都运到那儿去。洞里到处都是一箱一箱的钱、手表、戒指、黄金和宝石。

在一个寒冷的黑夜里,这三个强盗又拦到了一辆马车。可是车上只有一个叫作芬妮的孤儿。她正要去投靠姑妈,因为姑妈是个坏心肠的人,所以她很高兴碰到了这三个强盗。

车上没有财宝,只有芬妮,所以三个强盗就用暖和的斗篷把她包起来,带走了。

他们在山洞里,给芬妮铺了一张柔软的床。她一躺下去,就睡着了。

第二天早上,芬妮醒过来,发现四周都是闪闪发亮的财宝。"这些是做什么用的?"她问。三个强盗结结巴巴地说不出话来,他们从来没有想到要用他们的财宝。

于是,为了要用这些财宝,他们就把所有走丢了的小孩、不快乐的小孩和没人要的小孩,统统都找了来。

他们还买了一座美丽的城堡,让这些孩子都有地方住。孩子们戴上红帽子,穿上红斗篷,住进了他们的新家。

很快地，城堡的故事传开了，每天都有人把小孩带到这三个强盗家门口来。

孩子们渐渐长大了，结了婚。他们也在城堡四周盖起了自己的房子。

房子越盖越多，成了一个小村子，村子里的人全是戴红帽子、穿红斗篷的。

为了纪念好心的养父，他们给三个强盗每人建了一座高塔，一共建造了三座高高的塔。

**训练提示:**故事文字和内容都很简洁，但却以画面成功地营造气氛，以强烈的颜色来表现神秘、恐怖、冷漠或正义与热情等，让孩子体会一个有点儿吓人，但又幽默而温馨的故事。讲述时芬妮语气天真可爱，她面对不知是用来干什么的财宝时所表现出的惊奇，令强盗回答不上来，结结巴巴。前段讲述要表现出神秘感，气息偏虚声，音量压低，音色偏暗淡。强盗转变过程的讲述要表现出语气的疑惑、语流的断续，语调稍扬。讲述强盗为无依靠的小孩安家的部分时，语调上升，气息较实，语气明快，语速稍快。

## 【技能巩固】

1.请为绘本《我妈妈》的讲述设计三个问题。

2.请阅读绘本《我是霸王龙》，分析讲述节奏，并试讲。

**我是霸王龙**

宫西达也

以前，以前，很久以前，在一个悬崖顶上住着翼龙爸爸和翼龙妈妈。有一天，翼龙妈妈下了一个蛋。一天晚上，那个蛋骨碌骨碌地转了起来……劈啪——可爱的翼龙宝宝出生了。

爸爸和妈妈高兴得不得了。他们很用心地抚养着宝宝。爸爸给宝宝喂了好多好多吃的东西："多吃点吧，你要成为一只强壮的恐龙!"妈妈抱着宝宝哄他睡觉："你要成为一只善良的恐龙啊!"

爸爸教他怎么飞行："你好好听着，拼命地张开翅膀，用力地踢打地面，乘着风就行啦! 只要你飞得高，就算遇到粗暴的可怕的霸王龙，也用不着害怕。"寒冷的下雨天里，妈妈用自己的翅膀护着宝宝："不管谁遇到困难，你都要帮助他啊!"然后……翼龙宝宝扑棱扑棱地一天天长大了，终于长得和爸爸一样大了。一天晚上，爸爸看着睡着的儿子说："这孩子长这么大了，快要和我们分开了。""他一个人能行吗?""不要紧，这孩子已经长大了。""可是,他还不太会飞呢。""那就要靠他自己了。"听到爸爸这么说,妈妈忍不住扑簌簌流下了眼泪。然后,他俩一起飞上天空。这是一个安安静静的夜晚。

早晨,小翼龙醒过来,"哎呀,爸爸妈妈不见了!他们到哪儿去了呢?是不是去找吃的东西了……"可是,等呀等呀……爸爸妈妈还是没有回来。小翼龙大声地喊叫:"爸爸——妈妈——"他不断地叫啊叫啊……小翼龙哭着哭着就睡着了。这个时候,从悬崖底下……

"嘿嘿嘿嘿嘿……"一头霸王龙瞪着眼睛爬了上来。快够着小翼龙啦!这个时候……

轰隆!火山喷火了!大地咚咚咚地摇晃起来……霸王龙从悬崖顶上骨碌骨碌骨碌……咣当——霸王龙摔到了地上。小翼龙走过去的时候,霸王龙正疼得嗷嗷嗷嗷地叫呢。"啊……"小翼龙想:"怎么办呢?"爸爸曾经说过:"霸王龙是个粗暴可怕的家伙呀!"

过了一会儿,霸王龙一动不动了。这个时候,小翼龙又想起妈妈曾经说过:"不管谁遇到困难,你都要帮助他啊。""好吧!"小翼龙把岩石一块一块地搬开。他把岩石全部都搬开了,但霸王龙还是一动不动。哎呀,他伤得好厉害啊!"要不要紧啊?"小翼龙轻轻地说。这个时候……

"哎呀呀……身、身体动不了啦!眼、眼睛也睁不开啦!怎么了,怎么了?我什么都看不见啦!"霸王龙很伤心。

"原来,他连眼睛都受伤了。"小翼龙正想着,霸王龙突然用很可怕的声音问:"谁、谁在那儿?"小翼龙吓了一大跳,不由得说:"我、我是霸王龙。""啊,和我一样的霸王龙?那你的声音怎么那么细?""那、那、那不是因为大声说话对你的伤口不好吗?"小翼龙使出浑身力气,扯着嗓子吼叫着。

小翼龙觉得受了伤的霸王龙好可怜,决定照顾他。下雨天,小翼龙用叶子盖住霸王龙,像妈妈曾经为他做的那样,温柔地,轻轻地。

小翼龙还喂霸王龙红果子。"好吃吗?""嗯……好吃。""其实,鱼更好吃,但我还不会飞到海边呢……不,不,我是说,还不会跳到海边呢。"

霸王龙一声不响地听着。从这以后,小翼龙不断把红果子衔回来喂霸王龙,就像爸爸曾经为他做的那样,喂好多好多。

过了好几天……一天晚上,当小翼龙抱着红果子回来时,看见霸王龙正瞪着眼睛,嘴里叼着鱼呢。啊,他站起来啦!眼睛也看得见啦!小翼龙吓了一大跳,红果子劈里啪啦掉了下来。听到声音——霸王龙回过头,叼着鱼蹦蹦跳跳地走了过来。这个时候,小翼龙想起爸爸曾经说过……"你好好听着,拼命地张开翅膀,用力地踢打地面,乘着风就行啦!你飞得高,就算遇到粗暴可怕的霸王龙,也用不着害怕。"小翼龙拼命地张开翅膀,"啊——"

"乘着风就行啦!"小翼龙觉得风正托起自己的翅膀。"爸爸说得对,我在飞呢,飞得很高,我会飞啦!"乘着南风,小翼龙扑棱扑棱地越飞越高。"嗷——"霸王龙吼叫着。

望着越来越远、越来越小的霸王龙,小翼龙想:霸王龙的伤好了,眼睛也能看得见了,太好啦!如果我真的是头霸王龙,也可能和他成为朋友吧?再见,霸王龙!

霸王龙不再追赶小翼龙了。他朝着星空小声地说："我早就知道你是翼龙……我特地捉来了你最喜欢吃的鱼，想和你一起吃……然后，看着你的脸说声'谢谢'。真的，谢谢你啊！"

霸王龙一直一直望着小翼龙消失的地方……

## 第十一章

# 教育口语训练

## 第一节　教育口语概述

一天,孩子们正在吃早餐,萌萌喝着牛奶,结果牛奶没拿稳,手一松,整包牛奶掉在地上,他害怕地缩到墙角,担心会挨训。这时老师听到响声过来了。猜猜老师会说些什么呢。

【理论与方法】

教育口语是指幼儿教师对幼儿进行思想品德教育、行为规范教育过程中所使用的具有说服力、感染力的日常工作用语。幼儿正处于接受启蒙教育的时期,教师正确地运用教育口语,对他们初步确立道德观念,培养良好的道德情感,养成良好的行为习惯,健康地成长具有极为重要的意义。

**一、教育口语的特点**

《幼儿园教育指导纲要试行》中指出:"社会领域的教育具有潜移默化的特点。幼儿社会态度和社会情感的培养尤应渗透多种活动和一日生活的各个环节,要创设一个能使幼儿感受到接纳、关爱和支持的良好环境、避免单一呆板的言语说教。"这就要求幼儿教师要努力抓住日常生活的教育契机,激发幼儿积极的情感,对幼儿开展有益的教育。幼儿教师的教育口语概括起来,主要具有以下三个特点:

(一)童趣性

三到六岁幼儿体现出"泛灵"的特点。万物对他们来说都是有生命的、拟人化的。这就需要教师使用童趣性的语言开展教育活动。童趣性即儿童的兴趣、情趣。童趣性建立在幼儿的自主自立的意识倾向中,只要他们感到有兴趣、有意思,就会立刻全身心投入。

在实际工作中,教师需要根据幼儿身心特点和语言学习的特点,使用富有童趣的"儿童化语言",对幼儿进行教育。比如用巧妙的比喻、拟人的手法、生动的例子、形象的对

比,让幼儿在笑声中领会其中的道理,拉近和幼儿之间的距离,潜移默化地启迪他们理解和领悟。例如:

科学课上,实习老师想给幼儿介绍树各部分的名称,他说:"小朋友请看,这是树冠,这是树干,这是树根。"孩子们对此丝毫不感兴趣。经过老师指导,他改变了表达方法:"小朋友,大树爷爷的头在这儿,那么他的身体在哪儿? 脚在哪儿?"孩子们一听都抢着说:"在这儿,在这儿。"

点评:幼儿教师在使用教育口语时,要充分了解幼儿的心理特点,使用儿童化的语言,才能吸引幼儿的注意力,获得良好的教育效果。

### (二)教育性

教育口语的教育性不仅体现在言语内容饱含着积极和健康的思想感情,而且还体现在言语本身的教育作用上。如巧妙地运用诱导语与鼓励语,批评语与表扬语等,能促使学生按照既定的道德方向发展。最好不要用"反语"或"话中有话",让幼儿猜测教师的用意。

### (三)浅显性

幼儿的思维方式以具体形象思维为主,更容易理解和接受直观、生动、具体的教育影响。而且幼儿的知识经验较少,理解能力有限,语汇不够丰富。所以,教师的教育口语要考虑幼儿的接受水平,可以使用简短的语句、浅显的词汇,有时配合适当的动作帮助幼儿理解。或者采用直观、形象、具体的客观事实,如通过形状、色彩、声音以及动态的感受等进行说明,将深奥的道理转化为幼儿能理解的语句,唤起幼儿对具体事物的真切感知,让幼儿理解和接受。比如,通过竞赛性游戏教育幼儿团结、合作,远比教师讲道理有效得多。

## 二、教育口语的原则

### (一)民主性原则

幼儿的发展过程是一个自然、循序渐进的过程,有其内在的规律。教师要尊重幼儿成长发展的自然规律。在教育活动中,教师要尊重幼儿,与幼儿处于平等的地位,平等关注每一个幼儿,学会倾听幼儿的心声,让每个幼儿富有个性地发展。

同时,每个幼儿是独立的、积极主动的个体,有自主活动、独立活动的能力,教师在教育活动中应充分调动幼儿认知主体的能动性,从幼儿兴趣出发、尊重幼儿的需要,重视教与学的互助和互动,形成合作探究式的师生互动,教师成为幼儿学习与发展的"支持者、合作者、引导者"。

### (二)积极情感性原则

积极情感性原则指教师在与幼儿交往的活动中,积极地建立双向接纳和爱的情感联系,并在教育过程中有意识地以积极的情感感染、激发幼儿各种良好的情感品质。情感性原则既把调动、感化、激发幼儿的情感作为手段,同时又把培养各种情感,特别是高级社会情感作为教育的目标。

积极情感性原则的核心内容主要有两方面:一是教师对幼儿要持有温暖、关爱、支持、接受和尊重的基本情感与态度,努力与幼儿建立起相互接纳、爱和关心的情感联系;

二是教师在教育过程中要有意识地以自身积极情感投入和情感激发,影响、带动幼儿,教育幼儿。

（三）针对性原则

著名教育家第斯多惠曾说:"教育应当考虑儿童天性的差异,并且促进独特的发展。不能也不应该使一切人都成为一模一样的人,并教以一模一样的东西。"每个幼儿都有各自的个性,教师只有尊重幼儿独特的想法,才能充分激发幼儿的潜能和特长。

在贯彻针对性原则时,教师需要全面了解幼儿,了解幼儿不同的年龄特点、不同的气质类型,了解幼儿的爱好、兴趣、经验等,做到因材施教。比如,小班幼儿的经验少、语言表达能力欠缺,教师要尽量用简单易懂、语气夸张、拟人化的语言,多重复等方法进行教育。外向的幼儿对各种活动充满热情,但是情绪不稳定,容易激动,好争执。对这类幼儿进行教育,教师要控制好自己的情绪,尽量采用和风细雨般的语言,千万不能因幼儿的激动而使自己的情绪失控;内向型的幼儿比较沉着、安静,情绪不易兴奋、感情不外露。对待这类幼儿要尽量用鼓舞性、激励性的语言帮助他们分析问题,指明行动的方向。对这类幼儿不宜当着全班幼儿的面进行批评教育,可以采用说悄悄话的形式进行教育,如果在全体幼儿或者教师面前批评他们,很容易伤害他们的自尊心,使其失去自信,变得更内向,更不愿与人交流。

## 【技能训练】

**一、说说下列案例中教师教育语言的特点**

一次小班开放半日活动,家长正在观看幼儿进餐。一个孩子掉下许多饭粒,家长对他说:"你看掉了多少饭粒,妈妈怎么跟你说的? 锄禾日当午,汗滴禾下土。谁知盘中餐,粒粒皆辛苦。"孩子愣了一会儿,不知该说什么。又一个孩子掉了饭粒。老师说:"饭粒掉在地上会招来许多小蚂蚁的。"孩子说:"老师,小蚂蚁是怎么知道的?"老师说:"可能他闻到了饭菜的香味吧。"孩子说:"那我快点儿吃。"紧接着,老师教给孩子不掉饭粒的方法,情况果然大有好转。

**二、说说下列案例中教育口语主要遵循的什么原则**

下午,我带小班幼儿玩音乐游戏"小朋友散步"。孩子们都高兴地跟随钢琴旋律的变化,用动作表现睡觉、起床、散步等情景。按照游戏规则,当音乐结束时,钢琴会弹奏低音表示"打雷了",大家听到后要马上抱头蹲下,躲避"雷电"。可是今天豆豆一脸"坏笑"。直立着身体就是不蹲下去。我看了他一眼,他无动于衷。我又特意弹奏出很响的"雷声"。可豆豆仍然不蹲下去。我皱皱眉说:"豆豆,你再不蹲下,要被雷电打倒了!"没想到豆豆摆出一个很酷的造型,冲着我笑道:"我是铁甲战士,我不怕雷电。"豆豆的举动使原本乖乖蹲下躲避"雷电"的几个男孩子也兴奋起来了:"我也不怕雷电!"……游戏不得已停了下来。我好奇地问豆豆:"铁甲战士为什么不怕雷电呀?"没等豆豆开口,其他孩子都抢着说:"因为他有防雷的装备。"我又问:"他怎么防雷呢?"孩子们都激动起来,他们边说边摆造型："喏,是这样的! 老师,你看!""那好,如果你们都带了防雷的装备,那么听到雷声就要做出避雷的动作,说出避雷的方法,好吗?""好!"几乎所有孩子都兴奋地叫起来。游戏又有序地进行下去了。

### 三、实例训练

星期一早上。幼儿入园时,瑶瑶拉着妈妈的手不松开:"妈妈不走,我不想一个人在幼儿园……"如果你是当班老师,该如何处理?

### 【技能巩固】

1.一位老师与幼儿谈话,只是告诉幼儿应当做什么,而不是指出他不应当做什么。比如说:"轻轻地搬椅子",而不说"别把椅子碰得叮咚响";说"请把积木放在筐子里",而不说"别把积木放在地上"。分析这位老师的教育口语体现了哪种原则,为什么?

2.有些幼儿老师对那些调皮、不听话或犯错误的幼儿,不进行正面耐心的教育,而是施以恐吓,使孩子缺乏安全感,由此产生强烈的不安。"再不听话,我们游戏时就不带你去。""你又打人了,走,到隔壁班去。""再哭,就把你关进卫生间。""再打人,叫警察叔叔来抓你。"吓得孩子们一个个瞪大眼睛望着,大气儿也不敢出,害怕"灾难"落到自己头上。分析以上教育口语违反了哪些原则?

# 第二节　表扬语训练

### 【技能准备】

你在幼儿园见习或实习的时候,表扬过幼儿吗? 是怎样表扬的?

### 【理论与方法】

#### 一、表扬语的含义及作用

表扬是对幼儿良好的思想行为予以肯定和鼓励的教育形式,目的是调动其自身的积极因素,发扬优点,激励上进,使之健康成长。同时用公开的形式对幼儿的某些方面予以肯定评价,这本身又是一种教育导向,是用榜样的力量影响集体中其他幼儿的有效教育手段。表扬语是教师经常对幼儿使用的恰当的赞扬、鼓励、肯定、安慰的话语。经常使用表扬语,会使幼儿感到被尊重和关爱,被理解和接纳,产生被重视感和安全感。如果在获得语言表扬的同时还得到了教师的微笑、点头、注视以及抚摸、拍头等亲密的身体接触,幼儿更会感受到极大的温暖、关爱和信任。

## 二、表扬语的要求

### (一)善于发现幼儿的"闪光点"

所谓"闪光点"是指孩子身上容易被忽视的可贵之处。发现"闪光点",教师要及时予以表扬。这时,话要说得具体,让孩子们看到自己可贵在什么地方,并知道为什么值得表扬、值得鼓励。

### (二)要准确恰当

言过其实的表扬只会使被表扬的孩子不能正确地看待自己,助长其骄傲的情绪,对幼儿的成长不利。

### (三)形式要多样

教师既可以采用正面评价,也可以组织调动孩子们参与表扬的教育活动,使被表扬的幼儿的优点、进步得到广泛认可,从而促进其他幼儿的进步。

### (四)态度要真诚,语调要热情

教师要发自内心地赞扬幼儿、鼓励幼儿,有助于强化幼儿积极进取的愿望。

## 三、表扬语的类型

### (一)当众表扬

当众表扬是指在公开的场合当着所有人的面对个别幼儿进行的表扬。当众表扬既能树立被表扬者的自信心,同时也能为其他幼儿树立学习的榜样,激励作用得到了充分发挥。

### (二)个别表扬

在与幼儿个别交流沟通时,教师给予幼儿表扬,往往会激励这名幼儿做得更好。

### (三)随时夸奖

在与幼儿接触时,教师要随时发现幼儿身上的"闪光点"而进行适度的表扬,目的是巩固好的行为,培养幼儿养成良好的习惯。

## 【技能训练】

### 一、表扬语训练:依据案例设计表扬语

乐乐爱武术,常常在地上打滚,可是做操却不认真,听课也打不起精神。有一次老师让孩子们练习骑马的动作,乐乐节拍准,姿势也优美,老师当场表扬了他。请根据此案例设计一段表扬语,并在班上模拟情景练习你设计的这段表扬语。

### 二、阅读案例,说说表扬语的使用要求

朋友给我讲过这样一个故事。

他到北欧某国做访问学者,周末到当地教授家做客。进屋看到教授五岁的小女儿,满头金发,漂亮的眼睛如同清澈纯蓝的一潭湖水,简直惊为天人。收下朋友带去的中国礼物,小女孩儿奶声奶气地微笑道谢,朋友禁不住夸奖说,你长得这么漂亮,真是可爱

极了。

教授当时并没有说什么，但是女儿走了之后，她的脸色严肃起来了："你伤害了我的女儿，你要向她道歉。"朋友大惊："我一番好意夸奖她，伤害二字从何谈起？"教授摇摇头："你是因为她的漂亮而夸奖她，而漂亮这件事，不是她的功劳，这取决于我和她父亲的遗传基因，与她个人基本上没关系。但孩子还很小，不会分辨。你的夸奖会让她认为这是她的本领。而且她一旦认为天生的漂亮是值得骄傲的资本，就会看不起长相平平甚至丑陋的孩子。这就会给孩子造成误区。"

"其实，你可以夸奖她的微笑和有礼貌，这是她自己努力的结果，"教授耸耸肩，"所以，请你为你刚才的夸奖道歉。"

"后来呢？"我禁不住问朋友。

"后来我就很正式地向教授的小女儿道了歉。同时，表扬她的微笑和有礼貌。"朋友说。而且从那以后，每当我看到漂亮的孩子，我就会对自己说，忍住你对她们容貌的夸赞。从他们成长的角度来说，这种事要处之淡然。孩子不是一件可供欣赏的瓷器或是一片可供抚摸的羽毛。他们的心灵像很软的透明皂，每一次不当的夸奖都会留下划痕。

——节选自毕淑敏《话说孩子》

【技能巩固】

1.你在幼儿园见习时，老师常用哪些表扬语？

2.试一试。淘淘上课经常自己在一边玩。假如你是老师，请设计一段表扬语，帮助他改掉不注意听讲的毛病。

3.设计一段表扬语，在大班表扬认真听讲的小朋友。

# 第三节 激励语训练

【技能准备】

小男孩儿喜欢拉提琴，却因为缺少天赋和教师指导，所以拉得极为难听。妹妹说他拉提琴就像在"锯床腿"。他的爸爸妈妈也劝他不要再"制造噪声"了。

没办法，小男孩儿只好跑到小树林里去拉提琴。在这里，他碰到了一位耳聋的老妇人。老妇人一直看他拉提琴，又说："相信你一定拉得很美，虽然我听不到，但是我能感受到。"没想到在这样的话语激励下，小男孩儿的技艺飞速长进。那位"耳聋"的老妇人，居然是一个知名乐团的首席小提琴师。

说说以上案例给了你什么启发。

【理论与方法】

### 一、激励语的概念

激励语是教师对幼儿表达的带有强烈肯定或热情希望的话语。激励语有一定的鼓舞性和煽动性,一般简短精练,态度肯定,指向明确。

### 二、激励语的作用

#### (一)激发幼儿积极向上的情绪

激励语是一支使幼儿情绪高昂的"兴奋剂",可以在短时间内给幼儿带来巨大的向上的力量。当教师使用语言和行为对幼儿给予积极的肯定时,幼儿都会表现得很振奋,变得更加自信,更有动力。

#### (二)促使幼儿自觉地调整自己的行为

激励语能使幼儿主动地放弃一些错误行为,从心理上主动接近老师,愿意做一些老师认同的事情,如愿意遵守规则和秩序,愿意服从老师的管理,同时还能够监督其他同伴的言行,班集体中的很多问题就能够迎刃而解。

### 三、激励语的使用技巧

激励语并非对每一个幼儿都适用,这就需要教师平时在工作中多观察、多了解、多交流,对每个幼儿的性格和个性特征有准确的把握。在一些特定情况下,恰当地使用激励语,做到有的放矢。

激励语一定要结合一些具体的事情或事件使用,注意说话的语气和语态,及时观察幼儿的反应,把握激励的时机,否则,容易激励失败。教师要掌握激励语的使用技巧,讲究激励语的使用策略。

使用激励语时,教师一定要分清对象、场合和分寸,由于幼儿对激励语的理解和接受能力的不同,所以教师不能随意激励,要注意激励语的使用方法。分清对象就是要分清幼儿不同的性格和个性特征,因为不同的个体对教师激励语的反应会有不同。教师要准确把握幼儿的个性特征,采用不同的激励语,才能取得好的效果。例如:

家长开放日,孩子们都想在家长面前表现自己,有些兴奋过度,有几个孩子大声喊叫,不听老师的提醒和劝阻,无法进行下一个活动。老师问:"孩子们,爸爸妈妈来和你们一起玩儿,高兴吗?""当然",孩子们给老师以肯定的回答。老师又问:"爸爸妈妈来都想看些什么呢?"孩子们七嘴八舌地说起来。老师现场问了几位家长,有的家长说:"想看孩子们在幼儿园都学了些什么?"有的说:"想看孩子吃饭怎么样,是不是有进步?"老师说:"孩子们,爸爸妈妈说想看你们在幼儿园学到了哪些本领,想看到你们进步的地方。我们来找找谁是课堂上最爱动脑筋,最爱发言的小朋友!"孩子们顿时安静下来,顺利地进行了下一个活动。

点评:因势利导,巧妙地转移幼儿的兴奋点,把孩子的注意力引导到课堂上。有经验的老师适时的激励有效地调控了幼儿的情绪,保证了课堂教学的顺利进行。

## 【技能训练】

### 一、激励语训练：设计激励语

今天，课间活动的内容是学习跳绳，可是甜甜不会跳，不敢跳，还有点儿害怕、自卑的样子。假如你是老师，请你设计一段恰当的激励语，并试着在班上模拟练习。

### 二、模拟练习激励语

先分析下列案例，说说这位教师是怎样根据幼儿的性格特点恰当使用激励语的，请你试着模拟案例中的老师试试。

4岁的顺顺性格有点儿内向。一天，教师组织幼儿把自己喜欢的玩具带到幼儿园和小朋友分享。其他幼儿都飞快地和旁边的小朋友玩起了各种玩具，只剩顺顺站在教室中央，左右看看，不知该如何是好。

教师走过去，问道："顺顺，你想和谁玩儿？喜欢在哪儿玩儿，喜欢哪个玩具？"顺顺支支吾吾。教师又说道："没关系，你的电动飞机很好玩儿，一定有小朋友喜欢你的飞机的。"顺顺走到文文面前，看着文文的玩具，没有说话。教师拉着顺顺的手说道："我喜欢文文的玩具，你能帮我问问她可以借给我玩儿吗？"顺顺点点头，小声说："我的飞机是电动的，我们换着玩儿吧。"顺顺和文文高兴地玩起了玩具。

## 【技能巩固】

1.你知道哪些常用的激励语？

2.激励语的使用技巧有哪些？

3.欣赏下列激励语教育案例并具体分析其成功之处。

户外活动时，孩子们都在操场上拍皮球，只有兰兰一个人紧紧抱着一个皮球，躲在教室的门后。兰兰是个做事认真、谨慎的孩子。在平时的学习过程中，经常因为怕出错而退缩，不愿尝试。在学习拍皮球时，她总是紧紧地抱着皮球，似乎一松手，皮球就会跑掉似的。这种紧张心理导致她一个多月过去了，还是没有学会拍皮球。眼看大部分孩子都学会了，兰兰更焦虑了，更加害怕拍皮球了。因此，我决定想办法让她放松下来，帮助她减轻心理压力。于是我拉着她的手说："兰兰，我们两个一起玩儿吧。"她一边向后躲一边说："我不想拍皮球。""我们不拍皮球，我陪你一起玩儿，好吗？"听我这么说，她才接受了我的邀请。首先，我们两人面对面站好，我用双手将皮球拍到地上，让她把球接住，然后请她再把球拍给我，让我接。玩了一会儿，兰兰渐渐消除了紧张的心理，并且能够拍、接皮球了。接着，我将游戏改为一个人拍接皮球，另一个人帮助数数。每当兰兰没接住皮球时，我总是笑着对她说"快去抓住它"，以此来放松她的心情。过了十几分钟，兰兰就能轻松地拍、接皮球了，而且心情明显放松了，拍皮球的力度也掌控得较好。在此基础上，我自然地演示了拍皮球的方法。让她帮我数数。我故意在拍了五六下之后让皮球跑掉，这样便自然地换成了她拍皮球。我一边帮她数数，一边不住地赞叹："哟！你太厉害啦，比老师还棒呢!"这时兰兰更有信心了。又过了十几分钟,兰兰竟然能连续拍六七下皮球了。

# 第四节　批评语训练

【技能准备】

你听到过幼儿教师对幼儿说,"你想想这个星期犯了几次错误,第一次……""班里数你最淘气,最讨厌,我看你是改不了了!""笨死了,将来肯定没出息……"等类似的话吗? 遇到学生出现这样的错误,你觉得该怎样批评呢?

## 【理论与方法】

### 一、批评语的含义及其作用

幼儿是具有主观能动性的自然的人,因此,教师应该尊重幼儿的人格意志和个性特征,以表扬、激励的方法为主教育幼儿。同时,幼儿又是需要接受教育的未成熟的社会的人,容易形成不符合社会要求的行为、认识和态度,教师要帮助幼儿改正错误的行为、认识和态度。批评语就是对幼儿某种不良言行作出否定评价的语言。批评是一种教育手段,为的是引起幼儿警觉,帮助其自觉纠正缺点或错误。对集体来说,批评是为了分清是非,提高幼儿的道德评价能力。

### 二、批评语的要求

1.控制情绪,用语客观。实施批评必须保持良好的情绪,防止把批评和斥责等同起来,言辞要恳切,不说过头话、不做尖刻的指责。

2.一事一评,不能算总账,或作结论式批评。"算总账"式的批评是对幼儿作全盘否定的评价,这会在幼儿心中形成自我否定的心理定式,造成幼儿的自卑心理,而增加教育的难度。更重要的是,千万不要给幼儿打上某种结论性的印记。例如:

"你想想你这个星期犯了几次错误,第一次……"

"班里数你最淘气,最讨厌,我看你是改不了了!"

"笨死了,将来肯定没出息……"

这样"算总账"式的批评会使孩子远离教师,产生抵抗情绪,也会使幼儿认为自己真的什么都不行而自暴自弃,所以消极的结论往往会变成预言。

3.少做剖析,重说危害。少作理性的剖析,重在简单明了地指出其危害性,指出错误可能会造成的后果。

### 三、批评语的使用技巧

#### (一)尽量弱化语势

在教育幼儿时要根据教育对象的心理承受能力,适度地减轻用词分量,淡化贬抑的感情色彩,使严厉的批评变成一种可接受的解说,用较缓慢的语速和较平稳的语调、语态说话。

#### (二)巧用暗示

对幼儿说话,有时不必把话挑明,而要根据其认知水平作积极的暗示,这样同样可以表达教育意图、达到教育效果。例如,有的幼儿很聪明,平时参加各种活动很积极,自尊心极强,但就是自制能力差,与其他幼儿的关系不好,经常和小朋友吵嘴打架,在班上比较孤独。对这样的幼儿,若采取面对面的直接批评方式,容易挫伤他们的自尊心,时间长了容易产生逆反心理,而采取语言暗示所收的效果就大不一样了。既肯定其聪明;保护其自尊心,又要使他们认识到自己所存在的不足,把问题的危害性、重要性化解为轻松活泼的语言,用与之相关的故事、笑话和逸闻对他们进行暗示,要比直截了当地点出他们的不足效果更好。

暗示法有话语暗示和故事暗示两种。

(1)话语暗示实际上是言此意彼,或者用语意宽泛的模糊语言进行暗示。

(2)故事暗示就是教师针对幼儿行为上存在的问题,通过讲故事的形式来暗示幼儿某些行为对或不对,引发幼儿对自身行为的思考,从而达到教育的目的。如有的老师看到因幼儿的愿望没有被满足,又哭又闹,用手打妈妈,就声情并茂地给他们讲杜鹃鸟的故事,暗示幼儿应该用行动爱自己的妈妈,从而达到教育的目的。

#### (三)学会宽容

苏霍姆林斯基曾说过:"有时宽容所引起的道德震动比惩罚更强烈。"在对孩子进行批评教育时,理解和原谅幼儿的缺点和错误,让孩子体会到教师的关切和期待,从而缓解幼儿因犯错误而产生的紧张、拘束,减少抵触心理,有利于幼儿克服缺点。切不可用入木三分的挖苦、训斥之语去"批评"孩子,更不要让孩子带着"流血的伤口"离开你。这不仅是教育口语运用的大忌,更是教育的失误。

【技能训练】

**一、批评语训练:根据情景设计适合的批评语**

1.三个大班的小朋友在踢足球,无意把小班的一个小朋友撞倒了,他们三个都急着跑到老师跟前推卸责任:"不是我,不是我,是他!"

2.游戏时,玩具少,幼儿多,分不过来,于是小朋友纷纷抢玩具并争吵起来。

3.某小朋友从家里带来一支新的小水枪,玩着玩着,他便向其他小朋友身上、脸上开起"火"来。

4.教师:你为什么打人?

幼儿:他打我,我就要打他。

二、读一读下面的教育实例,体会孙敬修爷爷是运用什么方法对小朋友进行批评教育的,这种方法的好处是什么?

有一天,老教育家孙敬修散步时,看到幼儿园的几个孩子在攀折刚刚栽活的小树苗。孙敬修悄悄凑过去,将耳朵贴在小树上,煞有介事地侧耳细听。

幼儿:(奇怪)老爷爷,你在听什么呀?

孙敬修:我听到小树苗在哭。

幼儿:小树苗她为什么要哭呀?

孙敬修:(又听)小树苗说,她正在慢慢长大,要长成又高又大的树,要让我们在树下面乘凉,要给我们做课桌椅。可是,有人把她的腿呀、胳膊呀都折断了,她很疼,她再也长不大了,所以小树苗伤心地哭了……

幼儿:(眼圈儿红了,低下了头)老爷爷,我们再也不折小树苗了。

【技能巩固】

1.说说下面教师的批评语是否得当。为什么?

教师:"拉椅子,声音怎么这么响?我听到小椅子喊疼。是哪几个小朋友把椅子的腿拉疼了呀?"

2.阅读下面的案例,讨论教师的批评教育是否得当。为什么?

一位小班的老师在给孩子们上课的时候,亮亮小朋友听了一会儿,就不专心了。他把小椅子转过来坐着。有两位小朋友看见了,就开始模仿他,也把小椅子转过来坐。老师说:"批评亮亮、批评明明、批评刚刚。"话刚说完,刚来的小玉小朋友笑着和老师说:"老师你也批评批评我吧。"

# 第十二章
# 教学口语训练

## 第一节　教学口语概述

**【技能准备】**

你能用多少种语气说"到这里来"？试试看！

**【理论与方法】**

### 一、幼儿教师教学口语的含义

幼儿教师教学口语是幼儿教师从事教学活动时所使用的工作用语。它是教师向幼儿传授知识、技能的主要手段。它是教师在课堂上根据一定的教学任务，针对特定的教学对象，根据规定的教材，按照一定的教学方法，在有限的时间内，为完成某种教学任务而使用的语言。

### 二、幼儿教师教学口语的作用

教学口语在教师组织幼儿教学活动中起着至关重要的作用，主要体现为以下几点。

（一）工具作用

教学口语是教师组织教学活动、实施教学过程、完成教学目标的工具，也是连接教学环节、激发幼儿思维、促进幼儿思考、引发幼儿互动的桥梁和纽带。教师通过语言在向幼儿传递信息和知识的基础上，对幼儿进行表达、判断、想象、观察等能力培养，进而提高幼儿的各种能力。

例如，教师在教学导入时，可以用语言直接引起幼儿对出示对象的注意，引导他们有针对性地观察所要认知的对象。"今天，老师请来了一位小客人，它长着红红的眼睛、长长的耳朵，你知道它是谁吗？""请小朋友们仔细看一看，这两幅画哪些地方不一样？"

（二）教育作用

教育是教育者对教育对象实施有目的、有计划、有组织的教育影响，教学是教师通过与幼儿互动的教学活动，对幼儿进行认知、态度、能力、情感培养的全过程。作为教学组织者的教师,承担着教育者的职责,因此,教师教学口语的教育作用非常重要,并且必须是显而易见的。在教学过程中,教师通过教学口语对幼儿进行全方位的教学组织,并通过各种组织策略,促进教育成效的最大化。

例如,教师在组织幼儿进行教学活动时,给幼儿布置任务。"黑板上一共有 7 支铅笔,想分给两个小朋友,想一想,有几种分法?""这个故事告诉我们,要做一个诚实的孩子。"

### (三)指导作用

所谓指导,是指示教导、指点引导之意。幼儿教师在组织教学活动时,通过对幼儿进行教学指导,告诉幼儿对与错、是与非,指出和纠正出现的问题,达到教学目的。

例如,教师为幼儿进行讲解的示范语。"先用浅色的蜡笔画出圆圆的身体,再在上面画上胖胖的小肚子、大大的眼睛。""请小朋友把圆形卡片送到圆形卡片下面的小篮子里,把三角形卡片也送到三角形卡片下面的小篮子里。"

### (四)提示作用

教师在教学或活动过程中,尤其在强调或者幼儿对知识模糊不清的时候,需要通过语言对幼儿进行相应的提醒和明示。

例如,教师在组织幼儿画画时,"小朋友们画画时,身体要坐直,眼睛要离纸远一点。"

### (五)组织作用

在教学过程中,教学口语的组织作用是其最为基本的一个功能。无论是教学过程还是教学环节,都需要教师用语言进行组织。

例如,教师在组织幼儿进行故事讲述时说:"今天,老师给小朋友们带来了几张有趣的图片,请大家仔细看看,图片上都发生了什么事情?"教师进行教学环节的过渡:"下面,我们一起来玩一个游戏,游戏的名字叫'猜猜我是谁?'"

### (六)示范作用

幼儿的年龄特点决定了幼儿具有好奇心强、喜欢模仿等特征。在组织教学和师生互动交流中,幼儿教师无疑成了幼儿的第一模仿对象。幼儿将日常对教师的认识迁移到生活和游戏中,教师的教学语言对幼儿无时无刻不起着潜移默化的影响,因此教师的教学口语对于处于语言发展期的幼儿来说具有示范作用。

例如,在语言活动中,经常可以看到教师为幼儿进行朗读示范。"老师朗读一遍,请小朋友认真听……"也有一些教师不注意教学语言,将一些方言、口头禅或者侮辱性语言带入教学过程中,不仅对孩子造成了心理伤害,也对孩子的语言发展产生了不良的影响。

### 三、幼儿教师教学口语的要求

幼儿教师的教学口语受教学内容和教学任务的约束,表达的随意性和灵活性减小,规范性增强。它以教师的教案和讲稿等文字材料为依托,吸取了书面语言准确、精练、严密的特点,同时包含知识信息。作为一种有声语言,教学口语往往用表情、手势、体态等进行辅助,把教材中潜藏的信息在领悟、揣摩的基础上根据对象的特点进行生动的表达。幼儿教师的教学口语与中小学教师的口语相比,更加通俗易懂、浅显生动。

（一）要富于童趣

童趣即儿童的情趣。幼儿的年龄和认知特点决定他们是天真烂漫、纯洁无邪、活泼可爱的,童趣是儿童最宝贵的财富。幼儿教师的课程教学语言要适应幼儿的特点,要用儿童独特的视角来观察问题,用儿童特有心理和思维进行分析,用儿童惯用的词汇和句法进行表达,使他们易于接受、乐于接受。

【示例一】

种植活动第一天,孩子们特别关心种子的发芽情况。

幼:老师,种子什么时候发芽? 它在泥土里干什么?

师:种子在泥土里睡觉呢。等它睡醒了,养足了精神,就会钻出泥土,发芽了。

【示例二】

小班美术活动:帮鸡妈妈找蛋。

教师出示图片以引起幼儿的兴趣。

师:(母鸡叫)听,谁来了? (母鸡出来)猜猜这只母鸡到草地上来干什么? 看看它在干什么? (母鸡下蛋,蛋都跑到草地上)。

师:母鸡生了很多蛋宝宝,可是蛋宝宝太调皮了,看,都跑出鸡窝了,鸡妈妈找不到宝宝很着急,我们一起帮它把蛋宝宝找回鸡窝好吗?

（二）要直观生动

捷克教育家夸美纽斯在他的著作《大教学论》中指出,应该尽可能地把事物本身或代替它的图像放在面前,让学生去看看、摸摸、听听、闻闻,等等。俄国教育家乌申斯基认为,儿童一般用形状、颜色、声音、感觉来思维,因此必须对儿童进行直观性的教学。这种教学不应建立在抽象的概念和语言的基础上,而应该建立在儿童所直接感知的具体形象的基础上。《学记》有云:"君子之教,喻也。"幼儿教师要根据幼儿的思维特点,借助实物、教具、多媒体电教等手段呈现事物的形象,并善于运用语言创造直觉形象,善用修饰语,适当运用比喻、比拟、夸张等修辞方法,把深奥的道理浅显化、抽象的概念形象化,以此打动幼儿的心灵,激发他们的学习兴趣,把他们引入无比瑰丽的知识世界。

【示例】

师:你们的宠物蛋(一种电子宠物)外壳形状相同,但颜色不同,还有里面养的宠物的长相也不一样,是不是?

幼:我的宠物蛋长得方方的,像方面包。

幼:我的宠物蛋长着两只长长的耳朵,像小白兔。

幼:我的宠物蛋嘴巴大大的,像只大河马。

幼:我的宠物蛋头圆圆的,有许多脚,像章鱼。

师:宠物蛋的长相真是很不一样,长得方方的像面包,耳朵长长的像小白兔,嘴巴大大的像河马,脚儿多多的像大章鱼。

（三）要浅显易懂

幼儿的认知特点决定了教师必须要用浅显易懂的语言进行教学。教师在解释概念、讲解技巧、提出操作要求时,要用口语化的词汇,不用晦涩艰深的词语,忌用有言外之意的表达。在讲述过程中,教师要运用"先""然后""最后"等提示性词语明确告诉幼儿先后顺序。注意运用重音和停顿将关键词和要点进行强调。

【示例】

师:小朋友,请你们来说一说自己喜欢吃的水果。

幼:我喜欢吃西瓜。

幼:我喜欢吃菠萝。

幼:我喜欢吃红红的苹果。

师:讲得真好,不仅说出了水果的名称,还说出了它的颜色。

幼:我喜欢吃黄黄的梨子。

幼:我喜欢吃弯弯的香蕉。

师:(跷起大拇指)太棒了,她把水果的形状都说清楚了。

幼:我喜欢吃圆圆的苹果/酸酸的葡萄/……

师:小朋友喜欢吃的水果真多,颜色不一样,形状不一样,味道也不一样。

(四)句式要短小

在教学活动时,为了把内容表达得易于幼儿理解,教师要多用短句,不用或少用关联词语,限制使用修饰性和限制性的词语。要强调的是,句式尽管短小,但是,应该是正确的、完整的,主语或谓语等重要成分不能残缺,否则幼儿不明白教师在说什么。

【示例】

在活动场地中设有平衡木搭成的小桥,半圆形的山洞,可乐瓶摆成的树林,在另一端散放着沙包(粮食),老师在向孩子们交代任务:

"小蚂蚁们,冬天快到了,我们要去运些粮食储存起来准备过冬。运粮的路很长,我们要先爬过小桥,再钻进黑黑的山洞,绕过前面的小树林,拿到粮食后再爬回来。小蚂蚁们都听清楚了吗?"孩子们一脸茫然地看着老师,老师只好再重复一遍,并宣布游戏开始。只见孩子们飞快地向前爬,拿到沙包后迅速往回爬,对教师精心设计的障碍物视而不见。老师急红了脸:"你们是不是没有听清楚蚂蚁妈妈刚才是怎么说的?"

上面是一则托班的教例。显然,教师在给孩子们布置任务时,句子过长,这样的表达超过了托班孩子的接受能力,尽管教师又重复了一遍,但孩子们还是没能理解。教师在讲授任务时,必须要强调只有经过小桥、山洞和树林才能拿到粮食,而且还要通过自己和幼儿的示范让孩子们明白怎么做才能顺利完成任务。

(五)语调要亲切

语调亲切是对幼儿教师口语表达时声音表现力方面的要求。幼儿教师在讲课时,要讲究呼吸发声的技巧,深吸缓出,使语音柔和;语调生动,抑扬顿挫,富于变化。为了增加口语化的表达效果,使表达亲切可感,可以适当用一些儿化词、语气词帮助表达。

【示例】

师:看到那么多的客人老师,你的心情怎么样?

幼1:有客人来,我很高兴。

幼2:我很紧张。

师:为什么会紧张?

幼2:我怕万一表现不好,大家会批评我。

师:哦,放心,老师相信你一定会非常出色!

幼3:我的心情很舒畅。

师:什么原因使你的心情很舒畅?

生3:今天有那么多客人老师,我会给他们留下好印象,心情当然很舒畅。

师:很好,你很自信!

**【技能训练】**

说说下列案例中哪些内容体现了幼儿教师教学口语的要求。

### 放飞童真(中班)

师:今天早上,老师从树下走过的时候,风一吹,叶子像蝴蝶一样从树上飘下来。小朋友们,我们出去看看,一片片的叶子像什么?

幼:这些叶子多像金鱼的尾巴呀。

幼:我觉得这片叶子像只蜻蜓。

幼:我捡到的叶子像圆圆的大苹果。

幼:你们快来看呀,这棵树上的叶子多像一把把美丽的扇子。

师:这么多美丽的叶子长得都不一样,我们把它们带回去吧!(小朋友把捡到的叶子带回班级)。

师:小朋友,动动脑筋,这些树叶可以做成什么呢?

幼:我想把它贴在瓷砖上,再添上眼睛、画上尾巴,就会变成小鱼了。

幼:我想把树叶拼成一只只的蝴蝶。

幼:我想用树叶做帽子。

幼:我想用树叶做衣服。

**【技能巩固】**

根据幼儿教师教学口语的要求,为下列大班数学活动设计教学口语,并分小组扮演教师和幼儿进行模拟教学。

### 1米有多长

教师教幼儿用卷尺丈量出1米长的绳子、1米长的一排积木,并比较1米长的绳子和1米长的积木是否一样长。

# 第二节　导入语训练

【技能准备】

请同学们回忆见习或实习时,幼儿园教师给你留下印象最深的课前的一段话,并与同学们进行分享。

## 【理论与方法】

### 一、导入语的含义

导入语是指教师在组织教学活动的开始,为了集中幼儿注意、引出教学主题而组织的语言。

### 二、导入语的要求

导入语的核心在一个"导"字,但"导"向哪里和如何来"导"是一个很重要的问题。"好的开始等于成功的一半。"一堂好课,精彩的导入是必不可少的,一个好的导入必能引发幼儿的兴趣,开启幼儿思维的闸门。导入语的设计贵在新颖、活泼、有趣,能激发学习的积极性,为完成新的学习任务做好心理上的准备。

具体说来,导入语有以下几方面的要求:

(一)目的鲜明

导入的目的是激发幼儿的学习兴趣,集中幼儿的注意力,激励幼儿的求知欲,为教学的开展打好基础。因此,导入语要从内容出发,做到语言精练,要与新授的知识、活动相关联,切入主题要准确。导入语不能夸夸其谈,篇幅过长,内容繁多,否则整个教学活动会因导入过长而出现"头重脚轻"的现象。

(二)直观生动

导入语要生动形象,可以借助教具直观地呈现活动内容,通过对幼儿多重感官的刺激激发他们的兴趣。避免用幼儿不熟悉的材料或高难度的知识导入新课,这样非但不能起到激发幼儿学习兴趣的作用,还会使幼儿对所学的内容产生畏难情绪。

(三)趣味盎然

导入语要讲求趣味性,追求艺术性,以调动幼儿探求知识的欲望。巧妙的开场白能引导幼儿主动进入新内容的学习。千篇一律、单调机械的导入对幼儿来说缺乏吸引力,不能激发他们积极的思考和主动的参与。

### 三、导入语的类型

导入语要根据不同的活动内容、对象和课堂氛围进行设计和处理。常见的导入语有如下几种类型：

（一）教具导入

教具导入是指活动开始时，教师运用图片、模型、标本、实物等教具，化抽象枯燥为生动形象，引导幼儿仔细观察，增加幼儿的直观印象，帮助幼儿理解。

【示例】

师：小朋友，你们看老师今天给你们带来了什么？（出示正方形和长方形教具）

师：（有些幼儿还在小声讨论）小眼睛仔细看。

师：小朋友们，图形宝宝要向你们问好呢！（师一手拿图形教具，一边学着图形宝宝说话）"小朋友们好，你们认识我吗？我是正方形宝宝，你们发现我身体的四边有什么相同的地方吗？"（请个别幼儿到前面来摸摸正方形）

幼：（幼儿讨论后，部分幼儿找出答案）正方形的四条边都是一样长的。

师：小朋友们真聪明，正方形的四条边都是相等的，以后你们看到它，认识它吗？

幼：（齐声回答）认识。

如果只凭老师讲解，说正方形的四条边相等，长方形的上下两条边相等，左右两条边相等，幼儿听了之后是不能理解的，采用直观形象的教具来引导幼儿亲手触摸、亲眼观察，会达到事半功倍的效果。

教具导入要紧扣教具进行，要重视引导幼儿仔细观察、动手参与，以增加他们的感性认识经验。

（二）游戏导入

游戏导入是指教师根据教学内容设计与之相关的活动或游戏，活跃课堂气氛，激发幼儿的学习兴趣，使幼儿在活动和游戏中不知不觉地进入学习的情境。

【示例】

师：今天老师为你们带来了五位好朋友，我们一起把它们请出来吧。嘿呦嘿呦——拉不动，谁来帮帮我？贝贝来，准备好了，嘿呦嘿呦！好像还是拉不动，晶晶来，冬冬也来，月月也来，抱紧了，嘿呦嘿呦！哎呀，请出来什么了？

幼：萝卜。

师：大家向萝卜问好。

幼：萝卜好！

师：（模拟萝卜口吻）小朋友们好！

为了使幼儿能较快地融入学习氛围，教师模仿童话故事"拔萝卜"的内容与幼儿展开游戏，由此引出本次活动的研究对象——萝卜。采用游戏法能寓教于乐，使幼儿在活动和游戏的过程中自然进入学习新知识的情境中。

游戏导入时要注意讲清游戏的规则，以便幼儿有秩序地进行游戏。

（三）故事导入

故事导入是指教师利用幼儿爱听故事的心理，通过讲述与活动内容有关的故事，激发幼儿兴趣，启迪幼儿思维，创造情境引出新课，使他们自觉进行新内容学习的一种导入方法。

**【示例】**

(1)《塑料袋对环境的污染究竟有多大》的教学导入语

小兔贝贝的家门口有一棵小树,长得非常茂盛,小兔把捡来的塑料袋埋在了树下,它以为这样做,能使环境变干净,而且还可以给小树增加营养。一年多过去了,小树的叶子却变得越来越黄,小兔去请教鸭哥哥,鸭哥哥叫小兔把地挖开,一看才知道埋下去很久的塑料袋一点都没有腐烂。

(2)小班绘画活动《越长越长的毛毛虫》的教学导入语

有一条可爱的毛毛虫,它长着圆圆的头、圆圆的眼睛,它的名字也叫圆圆(出现毛毛虫的局部),它喜欢吃各种各样的食物,所以身体长得特别快。毛毛虫圆圆吃一口食物,身体就长出一节(同时出现一节毛毛虫的身体)。毛毛虫看到那么多食物真高兴,就一口接一口地吃,身体也一节一节地越长越长(逐步出示各种食物,毛毛虫身体慢慢变长)。

上面两例中,教师采用故事导入的方法开展教学活动,采用故事导入法轻松活泼,能深深吸引幼儿的注意力,同时易于师生的思维产生共振,营造良好的课堂氛围。

(四)谈话导入

谈话导入是指教师采用与幼儿谈话的形式,和幼儿进行平等的交流和沟通,从而引入新的内容。谈话导入能沟通师幼之间的感情,缩短彼此间的距离,引导幼儿带着饱满的热情进入新内容的学习。

**【示例】**

师:小朋友在哪里见过蜘蛛? (草丛里、大树上、墙上……)

师:蜘蛛长什么样子? (蜘蛛有头,有好多条腿,还有眼睛呢……)

师:小朋友都特别聪明,说得很对,你们看我手里的这个蜘蛛标本,它是什么样子的啊? 你们知道蜘蛛的身体是由几个部分组成的吗? (不知道,有头,有肚子……)

师:嗯,小朋友说对了,让我们一起来看一看,蜘蛛的身体是由三部分组成的,有头、胸和腹部。

上例中,教师运用谈话法导入,使幼儿在亲切、自然的氛围中进入课堂教学活动,让幼儿的思维活动变得主动积极。

(五)猜谜导入

猜谜导入是幼儿园教学活动中常用的一种导入法。通过谜语概括事物的主要特征,幼儿在猜谜、揭晓谜底的过程中,理解新授内容,增强对活动内容的好奇心。

**【示例】**

《认识青蛙》的教学导入语:

今天,老师要请你们猜一样东西:"大眼睛,宽嘴巴,白肚皮,绿衣裳,地上跳,水里划,唱起歌来呱呱叫,专吃害虫保庄稼。"请小朋友动脑筋想一想,这是什么动物? 对了,今天我们就要一起来认识青蛙。

(六)表演导入

表演导入指通过小品、舞蹈、木偶戏等表演形式导入新的活动内容。采用这种导入,表演性强,语言生动、有趣,特别适合小班幼儿。

**【示例】**

故事《三只蝴蝶》的教学导入语：

教师找三个小朋友扮演蝴蝶，三个小朋友扮演三种花，一个小朋友扮演太阳公公，老师叙述故事情节。

师：小朋友，你们看我们班飞来了三只美丽的蝴蝶。（带着蝴蝶头饰的小朋友"飞"上来）（幼儿的眼睛盯着三只"飞"上来的蝴蝶）

师：小朋友，你们再看，在你们的红、黄、蓝三队里还有三朵美丽的小花呢！他们分别是红花姐姐、黄花姐姐、白花姐姐。（三个表演花的小朋友在介绍的时候点头示意）

（幼儿的小手不停地鼓掌）

师：（示意太阳公公自己上台介绍）下面就请他们为我们小朋友们表演《三只蝴蝶》的故事吧。

幼：（齐声说）好！

这是情景表演导入，上例中孩子的表演生动、有趣，一方面交代了故事的主要内容，另一方面激发起了幼儿学习新故事的强烈欲望。

**【示例】**

音乐活动课《王老先生》的教学导入语：

教师：（出示戴眼镜的老公公木偶）你们看，谁来了？我们就叫他王老先生，王老先生很喜欢养动物，你们猜一猜他养了些什么？我们今天就用歌声来表达刚才的内容。这首歌的名字叫《王老先生》。

这是木偶表演导入。这种表演与上面的情景表演导入一样，其主要作用是吸引幼儿的注意力，激发幼儿的学习兴趣，帮助幼儿理解、掌握歌词内容。

**【技能训练】**

为下面的活动设计导入语，然后同学之间相互评价，看谁的导入语设计得新颖有趣，富有吸引力。

1.小班科学活动"水果羹"。

活动目标：

(1)喜欢吃水果，了解水果的种类。

(2)愿意参与用剥、切等方法制作水果羹的活动。

2.小班健康活动"脸上的朋友"。

活动目标：

(1)认识脸上的五官，初步了解它们的用途。

(2)知道要保护好自己的五官。

3.中班社会活动"我和朋友拉拉钩"。

活动目标：

(1)尝试用采访的方式了解朋友，乐意结识更多的朋友。

(2)体验与朋友交往的快乐,喜欢交朋友。

4.大班美术活动。

活动目标:

学习折纸剪花,体验合作装饰墙面的快乐。

5.大班体育活动"我们大家来做操"。

活动目标:

(1)学做模仿操,掌握基本动作。

(2)激发做操的兴趣,发展上下肢动作的协调性。

## 【技能巩固】

1.请为小班社会活动"收拾玩具"设计导入语。

活动目标:知道玩完玩具之后要收拾整齐。

2.请为小班社会活动"我排在你后面"设计导入语。

活动目标:

(1)感知前后方位,初步获得前后方位的经验。

(2)知道在幼儿园和其他公共场合要遵守秩序。

3.请为大班科学活动"物体的滚动"设计导入语。

活动目标:

(1)观察、了解物体的滚动与其形状的关系。

(2)探索改变物体的形状,使不能滚动的物体滚动起来。

# 第三节 讲授语训练

## 【技能准备】

请同学们利用各类资源,找一至两个你非常喜欢的讲授语片段,与大家分享。

## 【理论与方法】

### 一、讲授语的含义

讲授语是教师讲述、阐释教学活动内容的一种教学用语。它是课堂教学中最基本的语言表达形式。讲授语往往运用于讲授新的内容和讲解活动规则,直接影响教学活动重难点的解决和活动目标的实现。

### 二、讲授语的要求

（一）重点突出

课堂讲授是教学活动的主要环节。教学活动效果的好坏，集中体现在课堂讲授上。讲授语要在对活动内容融会贯通的基础上，根据教学活动的目的，突出教学活动的重点，解决教学活动的难点。教师要向幼儿讲清楚"是什么""为什么""怎么做"等问题，语言要准确简洁，忌长而乏味、拖泥带水。

（二）生动形象

孔子说："知之者不如好之者，好之者不如乐之者。"由于幼儿的思维以具体形象思维为主，他们善于接受直观形象的教学内容和教学方式。教师要有目的地锤炼教学语言，尽量使讲授语生动形象，充满童真童趣。教师要善于运用修辞手法，将抽象的知识变得形象，枯燥的内容变得风趣，努力使语言轻松活泼，使课堂学习充满快乐。

（三）与示范相结合

教师的讲解语言本身就是对幼儿语言的一种示范。在讲授操作要求、游戏规则等的时候，教师还要用动作进行示范，可以边讲解边示范，让幼儿明确先做什么、后做什么以及怎样做才是正确的。

### 三、讲授语的类型

（一）简明式

简明式是指用简洁的语言讲清楚活动的内容和要求，条理清晰，用词浅显，往往用"第一、第二、第三"或"先、接着、最后"等提示语交代活动的先后顺序。介绍实验操作或游戏规则时常用这种讲授语。

【示例】

《教孩子洗手》的讲授语：

小朋友们，吃饭以前，我们要把手洗干净。大家先看看老师是怎么洗的。我把手放在水里浸一下，然后涂上肥皂。现在看我搓手：手心搓搓，手背搓搓，要用劲搓。现在可以用水冲了，要把肥皂沫冲得干干净净。洗好了，要五个指头朝下，让水滴在地上，再拿毛巾把手上的水擦干净，擦过以后，把毛巾挂在原来的地方。好，现在请小朋友们像老师这样洗手。先怎么样？……好，肥皂不要涂得太多，脏的地方要用劲搓几下……洗好了，五个指头要怎么样？对，要朝下，不要乱甩手，把水甩到别人的身上就不好了……好，我们都学会洗手了——都记住，吃饭以前要洗手！

上例中，教师用最简洁的语言讲述了洗手的动作要领和要求，边讲边示范，便于幼儿学习模仿。这是教学中较为常用的讲授方式。

【示例】

教师创设"打敌人"的游戏情境，引导幼儿想象和验证三种"武器"的滚动路线。

师：现在，我们要拿这些物品当武器玩"打敌人"的游戏。这边是营地，这条线是战壕，前方就是敌人，装武器的小盒子就是我们的弹药库。大家想一想：如果我们要滚动这三种武器去打击敌人,它们可能会走什么样的路线?

幼:圆柱形武器可能会走直线。

幼:圆台形和圆锥形武器可能会走弯线。

师:大家都说了自己的想法,这三种武器滚动起来到底会走什么样的路线呢? 我们可以轻轻地滚动它们来试一试,并把实验结果记录下来。

师:(出示记录表,引导幼儿认识三种形体符号及其在表上的位置,了解记录方法)这是一张记录表,上面有三种武器的符号。你们把武器的名字先写上,然后轻轻滚动武器,仔细观察每种武器的滚动路线,并把看到的路线画在符号旁边。

上例中,教师以简洁的语言讲述了游戏的规则,可谓言简意赅。接着,通过提问设疑,鼓励幼儿对几种"武器"的行走路线进行大胆的猜测,为接下来的实验探究打好了基础。最后教师告诉幼儿实验记录的方法,语言准确、简洁。

【示例】

师:(手指第一幅拨浪鼓图)请大家仔细看一看,这几个拨浪鼓一样吗?

幼:不一样。

幼:前面三个小鼓有两根鼓绳,后面的那个没有。

师:它们长得不一样,发出的声音也就不一样。一种发出"咚"的声音,一种发出"咚里个"的声音。你们想一想,到底哪种鼓会发出"咚里个"的声音呢?

幼:有两根小鼓绳的鼓发出的声音像"咚里个"。

幼:没有鼓绳的鼓发出的声音是"咚"。

师:为什么呢?

幼:有绳子的鼓摇起来时,绳子晃啊晃的,鼓声就像"咚里个"。

师:大家都同意他的说法吗?

幼:同意!

师:好,现在我们把第一幅图上小鼓的声音连起来读一遍。

上例中,教师没有采用单向信息传递的方式向幼儿讲授如何根据拨浪鼓图来念准节奏,而是通过提问点拨,与幼儿进行互动,让他们在教师的引导下自主学习如何用拨浪鼓表示节奏。这种讲授法启发了幼儿积极的思维,使教学活动过程变得主动、活泼。

(二)故事式

教师把要讲授的主要知识以故事的形式讲给孩子们听,这样的讲授生动有趣,浅显易懂,是幼儿非常喜爱的一种方法。

【示例】

今天孩子们午睡时,我发现午睡室的一个角落有声音,顺着声音发现两个孩子光着屁股,还互相比较"你这个和我怎么不一样啊"。我轻轻地帮他俩穿好裤子并把孩子隔离开来。

我想,这也许是许多孩子想知道的问题,这种对生理现象的关注和好奇无可厚非,我决定和孩子们交流这个话题。我以故事的形式教给孩子们男孩女孩的秘密:"爸爸送妈妈一个礼物——精子,妈妈也送爸爸一个礼物——卵子。精子和卵子成了好朋友,并合成了一体,在妈妈肚子里的小房子里慢慢长大,那就是还没有出生的你们。等过了10个月,妈妈在医生的帮助下,生下了一个小宝宝,那就是你们。妈妈送给爸爸的礼物是X,爸爸送给妈妈的礼物是Y,那么生的就是男孩;妈妈送给爸爸的礼物是X,爸爸送给妈妈的礼物也是X,生的就是女孩。男孩和女孩各有各的秘密,背心和裤头遮住的地方就是秘密的地方,不要随便让别人看和摸。"你们听懂了吗?"他们点点头,高声说:"听懂了,我们都有小秘密,不能让别人碰和摸。"

男孩和女孩的生理区别,这是一个令孩子们好奇、家长们棘手的话题,怎么样才能把如此神秘又深奥的知识讲得让孩子们都能接受呢?上例中的教师,采用故事法进行讲解,既满足了孩子的好奇心,也让孩子学习了怎样保护自己。

(三)比拟式

教师采用比拟的方式设计活动,运用语言使幼儿以他们熟知的动物、植物的身份参与到活动和游戏中来。这种讲授语适应了幼儿思维以直观形象为主的特点,与幼儿喜爱游戏的心理需求相吻合。

【示例】

小班音乐活动《小猫请客》的讲授语:

师:今天我来做猫妈妈,你们来当我的小猫宝宝。宝宝们,咱们家来了这么多小客人,我们要怎么招待它们啊?

师:咱们一起去前面的森林给小客人找吃的吧!我们听着音乐到森林里去。(播放慢板音乐)

师:看!我们到哪儿了?(草地上)我们可以怎么走过草地呀?听听音乐,我们应该怎么走啊?(快板)

师:前面有四座山!听听音乐,我们应该怎么走?

师:我们到哪儿了?你们发现了什么?(小河)河里有许多条小鱼,我们每只小猫抓一条鱼。快把抓到的小鱼放到桶里抬回家吧!(音乐慢—快—慢)

师:我们又遇见了小山和草地,快用我们刚才学过的方法走过去吧!

教师采用拟物的方法设计活动,把自己比作猫妈妈,把幼儿比作小猫宝宝,这样的设计颇有童趣。在活动过程中,教师突出了重点——跟着音乐节奏行走,对活动的要求如"每只小猫抓一条鱼""用我们刚才学过的方法走过去"等都交代得非常清楚。

【技能训练】

分小组练习:为下面的活动设计讲授语,要求讲清楚方法和步骤,组内同学互评。

1.小班科学活动"种萝卜"。

2.中班美术活动"做风车"。

3.大班体育活动"跳皮筋"。

【技能巩固】

1.请讲解玻璃制品或塑料制品。

2.请讲解元宵节的主要习俗或属相的由来。

3.设计一段讲授语,讲解清楚上下、左右、里外等概念。

【技能拓展】

幼儿的年龄小,理解能力较差,因此教师对幼儿说的话必须是清晰易懂的、准确的、连贯的和规范的。为了使幼儿掌握更多口语词汇,教师应开展丰富多彩的班会及课外活动,这样可以为幼儿提供"演讲的舞台",也可以锻炼幼儿的口语表达能力。此外,教师要对某些发音不准的幼儿及时加以纠正,要大力培养幼儿有关听讲的能力和习惯。另外,在幼儿语音上,语音不清和口吃是一些病理状态,应特别加以注意,适当给予关怀、处理。

# 第四节　提问语训练

【技能准备】

你觉得以下哪些提问语适合幼儿园的小朋友,为什么?

1.海鸥是什么样子的?

2.你能用一个词语形容海鸥飞翔的样子吗?

3.巨人把什么当成手表?

4.当你不高兴时,你会用什么方式来表示?

【理论与方法】

**一、提问语的含义**

提问语是指在课堂教学过程中,教师根据一定的教学目的和要求,根据活动内容和幼儿实际,设置一系列问题情境,提出问题引发幼儿思考,以促进幼儿积极思维的教学语言形式。

"引导之法,贵在提问",教育家陶行知先生曾说:"发明千千万,起点是一问。"提问语贯穿教学活动始终,是教学活动的核心,也是教学中的"常规武器"。教学导入语、结束语或讲授语都离不开教学提问语的支持。因此,掌握教学提问语是提高课堂教学效率,促进幼儿表达能力和思维能力发展的重要保障。

**二、提问语的要求**

**(一)提问要明确**

课堂提问要有明确的目的,语言要清晰准确,使幼儿听到问题后能轻松找到合情合理的思考方向。提问语应该是教师在备课过程中根据幼儿的特点经过认真设计而提出的,要围绕活动的目的、难点和重点来进行。不能下意识地问或习惯性地随便问,要避免经常性地问"是吗""对吗""明白吗"等,这样的问题对发展幼儿的思维能力和重难点的学习都没有帮助。

**(二)提问要有启发性**

教师提问时,既要考虑幼儿知识掌握程度、理解程度、思维敏捷程度,又要根据幼儿认知中的矛盾,通过提问激发起幼儿探究的兴趣和学习的积极性,激活他们的思维,启发他们的智慧,培养他们的创新思维能力。

**(三)提问难易要适度**

教师的提问语要难易适度、简繁适可、深浅适当。教师要根据教材的内容和学习要求,根据幼儿的知识水平、思维水平与解决问题的能力提出问题。教师的提问不能超过幼儿的认知范围,但是也不能落后于幼儿的实际水平。

**(四)提问要有层次**

设计提问语要从整个活动出发,有计划、有步骤地提出问题。问题的设计要由简到繁、由易到难,环环紧扣,层层递进,通过一系列的问题展现教学的整体思路,使提问语呈现递进的坡度,层层深入,逐步引导幼儿的思维向纵深发展。

**三、提问语的类型**

**(一)开放式提问语**

开放式提问语,指思路较为广阔,不是只有唯一答案的提问语。在课堂教学的重难点处,教师精心设计一两个开放式提问,对于激发幼儿学习、活动的兴趣,开发智力、培养能力,加深对知识的理解与掌握都很有帮助。

开放式提问往往用于与幼儿探讨问题,考查他们对学习内容和活动规则的理解,启发他们用创造性的思维解决问题。

【示例】

观看《西游记》中的《黄风岭》片段:

师:猪八戒把最后一瓶水让给师傅喝,我们都发现他很善良,那么,大家再仔细想想在刚才的影片里我们还发现猪八戒有其他优点吗?

(出现冷场)

师:(直接点题)你们看,黄风岭是个什么地方?(沙漠)在这个地方行走会有什么感觉?(很热,很累)但是猪八戒肩上还挑着什么?(一担水)为了大家能有水喝,安全地走出沙漠,他再热再累也不丢弃那么重的水。你们发现他的其他优点了吗?

幼:不怕辛苦。

幼:坚持到底。

幼:永不放弃。

幼:顽强。

师:尽管猪八戒有很多缺点,但是如果我们不带偏见,就会发现他也是有很多优点的。你们说,猪八戒最后为什么笑了?

幼:因为师父和师兄都表扬他。

幼:因为小朋友们找到了他的优点,表扬他了。

师:他现在可能在说些什么?

幼:谢谢师父,谢谢猴哥。

幼:谢谢小朋友,谢谢你们发现了我的优点,我愿意和你们成为朋友。

师:人是各不相同的,有的人的优点容易被人发现,就像孙悟空;有的人的优点不容易被发现,就像猪八戒。我们在与人相处的时候,不要只盯着别人的缺点。当你学会发现别人的优点时,不仅能给别人带来快乐,还能让自己拥有更多的朋友。(接着迁移到幼儿的生活事件中……)

在上例中,教师面对冷场现象,采用阶梯式的提问语层层深入,帮助幼儿分析故事情节和画面形象,化解难题,在与幼儿的互动中引导幼儿找到正确的答案,形成热烈的交流气氛。教师没有在遭遇冷场时用"老师告诉你们……"来代替幼儿回答,而是帮助幼儿聚焦问题的关键线索,用开放性的提问"你们发现他的其他优点了吗?"启发幼儿进一步思考,使幼儿的观察、思考、想象、理解等诸方面能力都得到了锻炼。

【示例】

区域活动时,孩子们在一只大扇贝外围摆起了一圈小扇贝,正兴致勃勃地数着大扇贝有几个扇贝宝宝。

幼1:不对,你数错了! 是21个贝壳宝宝。

幼2:是22个贝壳宝宝!

幼3:老师,你快来数数看,贝壳妈妈到底有几个贝壳宝宝?

师:你是从哪里开始数的,数到哪里结束? 你们仔细想一想,有什么办法可以数得又快又对。

幼4:是不是数了第一颗贝壳,等一下就不要再去数它了?

幼5:不对,你怎么知道它是第一颗呢?

幼4:你可以任意选一颗贝壳数起,然后用手指点住它,等一会儿数到这里不要重复数,这样就不会数错了。

师:你用手捏住这里表示什么意思? 为什么数到这里就不数下去了?

幼4:从哪里数起,就能决定数到哪里为止,这样不会重复数,也不漏数,就能数对。

师:其他小朋友是怎么记住自己从哪里数起的呢?

幼6:找一颗与其他贝壳不一样的贝壳作记号。

幼7:在第一颗贝壳上用蜡笔作个记号。

上例中,当孩子们对如何正确数出贝壳发生争议请教师作决断时,教师没有简单地告诉幼儿如何去数,而是先用提问进行点拨:"你是从哪里开始数,数到哪里结束的?"再用开放性提问"你们仔细想一想,有什么办法可以数得又快又对?"来启发幼儿找到正确的数数方法。

(二)封闭式提问语

封闭式提问语对幼儿的回答有限制性,答案唯一,往往是让幼儿在几个可选的答案中进行选择。这样的提问能够让幼儿按照指定的思路去回答问题,回答的难度较低。填空式、是非式、比较式、连环式等是这类提问语的常见类型,经常用于考察幼儿对教师所讲内容的理解、记忆情况。

【示例】

1.师:星星是谁吹出的泡泡?

幼:月亮。

师:雨点是谁吹出的泡泡?

幼:乌云。

师:苹果是谁吹出的泡泡?

幼:苹果树。

2.师:看看这幅画和前一幅有什么不同?

幼:有许多格子。

师:这些格子是由什么画成的?

幼:许多黑线,像棋盘一样。

师:对,黑色线条组成了格子。

3.师:每排一共有几个气球?用数字几表示?第一次你赢了几个气球?朋友赢了几个?用什么记录方法能让别人看懂?

上面三例分别采用了填空式、比较式和连环式提问语。这些提问语难度较低,用于检查幼儿对诗歌的熟悉程度、考察幼儿的观察能力和基本的计数能力等都是恰当的。适当采用封闭式提问语对于活跃课堂气氛、提高幼儿的参与度有一定的帮助,但是如果大量采用封闭式提问语,就会使教学活动流于简单的一问一答的形式,这对发展幼儿的思维能力是不利的。在幼儿园教学中,封闭式提问语要与开放式提问语结合起来运用,随着幼儿年龄的增大,要逐步减少封闭式提问语的数量。

【技能训练】

1.下面的提问语合适吗?请说一说原因。

(1)老师把小猫、小狗、小兔子、小刺猬的图片排成一列,然后问中班幼儿:小兔子排在第几个?

(2)欣赏完歌曲《幸福拍手歌》后,教师问大班幼儿:这首歌曲好不好听?小朋友们听了高不高兴?你们想学吗?

（3）教师请幼儿欣赏故事《拔萝卜》之后，问小班幼儿：这个故事告诉我们一个什么道理？

2.为大班语言活动"七色花"设计提问语。

活动目标：

（1）理解故事内容，知道哪一朵花瓣的愿望最有价值。

（2）能用较为连贯的语言表述：如果我有一朵七色花，我会……

## 【技能巩固】

1.情景训练。

有位小朋友搞不清楚昨天、今天和明天这三个概念，说"明天老师教我跳了一支舞，今天我回家，跳给爸爸妈妈看。"请你按照提问语的要求设计一些问题，帮他理清概念。

2.用下列问句设计一组教学提问语。

（1）为什么……？　……为什么？

（2）能……吗？　有……吗？

（3）什么是……？　……干什么（怎么样）？

（4）……是真的吗？　……这样做好吗？

# 第五节　过渡语训练

## 【技能准备】

在你们的学习生涯里，哪一位老师的教学过渡语给你留下了最深的印象，你能模仿他说一说吗？

## 【理论与方法】

### 一、过渡语的含义

过渡语又称衔接语、转换语，是教学过程中不同教学环节、不同知识点、不同教学内容间的连接转换用语，起着连接过渡的作用。

尽管过渡语在教学活动中的运用频率没有提问语、讲授语高，但是，如果不重视过渡语的运用，就会使课堂教学结构变得松散、不紧凑，教学环节的转换变得不够自然，缺少一种整体的美。

### 二、过渡语的要求

**(一)短小精悍**

过渡语可以是一个句子,也可以是简单的一个词。如果用大段的话语进行过渡,就会造成喧宾夺主、主次不分的印象。

**(二)自然贴切**

过渡贵在质朴贴切。无论采取何种形式进行过渡,过渡语的美不在于遣词造句的华丽、修辞手法的套用,而在于通过对前后内容的把握,采用最简洁的语言实现教学内容和环节的自然转换。

**【示例】**

大班绘画活动《瓦罐旅行记》的过渡语:

教师:快带上你的瓦罐去旅行吧! 你们去哪儿了? 瓦罐变成了什么? 请你把瓦罐旅行记画下来好吗?

该活动前面的内容是请幼儿观察各种各样的瓦罐,鼓励幼儿从多角度欣赏,并引导幼儿根据背景的变化进行联想。后面的内容是对瓦罐进行变形处理,让学生画一幅想象画。教师运用承上启下的过渡语,引导幼儿进入绘画创作阶段。

**【示例】**

师:刚才我们找出了自己的困难,这很好。现在你们再来跟着琴声唱一唱,看看困难解决后是不是唱得比刚才好些了。

幼儿唱歌。

师:下面,我们换一种方法来演唱,一半人唱主要歌词,一半人唱"啷里个啷"。注意唱出我们在春天里快乐高兴的心情。

**【点评】**

该活动前面是根据幼儿提出的问题,帮助他们逐句理解,进一步熟悉歌词,学会比较完整、正确地演唱歌曲;后面是让幼儿合作演唱歌曲,享受唱歌的乐趣。教师运用评论式和直入式的过渡语,采用多种形式的练唱吸引幼儿演唱的兴趣,使幼儿体会到成就感和自豪感,让幼儿在快乐的唱歌活动中得到身心全面健康的发展。

### 三、过渡语的类型

过渡语的类型很多,有直入式、承上启下式、归纳式、评论式等,但具体选用哪种类型的过渡语,还要依据活动内容的特点和教学目的灵活运用。

**【技能训练】**

1.教师讲完《春天在哪里》的故事,想让小朋友们一起出去找春天,请你设计一段过渡语。

2.在大班科学活动"浮与沉"中,活动的步骤是这样的:先做"沉"的实验,再讲"沉"的原理;接着做"浮"的实验,再讲"浮"的原理。请你设计一下这几个步骤之间的过渡语。

【技能巩固】

1.教师讲完《快乐火车》的故事,想活跃一下气氛,让幼儿模仿"快乐火车"的游戏,如何设计过渡语?

2.教师讲解科学领域《红黄蓝》,帮助小朋友认识三原色后,引导小朋友做染纸的游戏,如何过渡?

# 第六节　应变语训练

【技能准备】

想一想并说一说,你记忆中有没有哪位老师处理过经典的教学意外情况,他是怎样做的?

【理论与方法】

**一、应变语的含义**

应变语是教师在教学活动过程中,及时处理课堂上突发事件时所用的教学口语。

课堂教学活动是一个动态生成的过程,教师、幼儿之间的信息传递瞬息万变,有许多情况是教师无法预设的。它要求教师在教学过程中,敏锐地发现问题,适应多变的课堂环境,运用应变语灵活地驾驭课堂教学,机智、巧妙地调控教学活动。高质量的应变语要求教师有正确先进的教育理念、专注求实的教学态度、敏捷求异的思维品质、极强的情绪自控能力、机智幽默的表达风格,它是教师通过长期课堂教学实践而获得的较高层次的教学口语能力。

**二、应变语的要求**

(一)应变要及时

在教学过程中,面对突发事件,教师要当机立断,迅速而合理地作出决策,并用语言努力化解。这需要教师拥有敏捷的思维和良好的口才作保证。

(二)应变要得当

得当指应变语要围绕完成课堂教学目标这个中心对突发事件进行应变。应变要结合幼儿的实际,目标明确,有的放矢。同时,还要讲究一个"度"。应变语表达要到位,但又要点到即止。应变语不能过于夸张,不能喧宾夺主、大段插说,也不能过于平淡,因为这样根本不能起到应有的作用。

（三）应变要巧妙

巧妙是应变语最重要的特点,也是对教师教学口语表达能力的挑战。首先巧妙指应变语能自然地融入教学过程成为教学过程的有效语言而不游离,不突兀;其次指应变语要创造性地解决问题,给幼儿以愉悦感。这需要教师拥有丰富的学识、良好的思维品质、处乱不惊的自控能力等。

【示例】

小班正在开展"有趣的乌龟"主题活动。孩子们对乌龟产生了浓厚的兴趣,他们围着自然角中的乌龟观察着、讨论着。通过一段时间的观察、讨论,孩子们对乌龟的外形特征、生活习性已有所了解。

有一次,教师讲述故事《帮助乌龟爷爷》,乌龟爷爷不小心从山上滚下来,四脚朝天翻不了身。小动物们看见了急忙来帮乌龟爷爷翻身,可是小动物们力气不够大,这时大白兔说:"我们把乌龟爷爷推到水里,他就会翻身了。"听到这里,扬扬大声地提出异议:"老师,你说错了,乌龟会自己翻身,不用别人帮助。"

上例中,生活常识告诉我们扬扬的说法是对的,童话故事出现了常识性的问题。这时候教师需要稳定情绪,合理应对幼儿的质疑。教师可以说:"扬扬说得对,乌龟是会自己翻身的。但是,故事中的这个乌龟爷爷从山上滚下来受伤了,一下子翻不过身来。所以呀,小动物们要帮助他!"老师这样进行应变,一方面肯定了扬扬的说法,另一方面也给自己的说法找到了合理的根据。

【示例】

师:谁愿意来讲讲自己的优点?

幼:我没有优点,缺点很多。

师:(愣了愣)是吗? 那你愿意告诉大家你有什么缺点吗?

幼:别人说我的缺点是贪吃,所以很胖;妈妈总说我记不住她跟我说的话,记性不好;还有,我画画总是画不好,还会把衣服弄脏;不过我力气很大,在幼儿园每次都是我去搬桌子。

师:其实,我发现你是个有很多优点的孩子。

（幼儿茫然）

师:第一,你每次都能为大家搬桌子,说明你很爱劳动;第二,你能把缺点讲给大家听,说明你很诚实;第三,大家都听明白了你刚才讲的话,说明你的语言表达能力强。数数你有几个优点了?

幼:我有三个优点了,谢谢老师!

师:你很有礼貌啊,又多一个优点了。（幼儿欣慰地笑了）

上例中,教师不是提醒幼儿"听清楚老师的提问,我是请你讲优点,不是讲缺点"以扭转局面,而是尊重幼儿,在幼儿爆出"冷门"时,采用"那你愿意告诉大家你有什么缺点吗"来回应,再从幼儿的回答中寻找积极的教育因素,让幼儿感受到被尊重和肯定的快乐。

### 三、应变语的类型

（一）因势利导

顺着突发事件加以引导的方法，可使教师迅速由被动变为主动。

**【示例】**

教师正在教儿歌时一只大蜻蜓飞进了教室，孩子们顿时兴奋起来，都要抓住它。教师抓住蜻蜓后问："孩子们，蜻蜓是益虫还是害虫呢？"引导大家认识到蜻蜓是益虫，并得出结论应该把它放走，既教育了孩子保护益虫，又在放走蜻蜓后能够继续教儿歌，不让孩子们分心。

（二）将错就错

教师在教学中出现疏漏时，不要回避而要妙语补失，并引导幼儿得出正确的答案。

**【示例】**

教师教学时不小心把贴绒降落伞碰掉了，孩子们立刻发出"咦——"的声音，有的还大声喊："降落伞飞下来了！"教师灵机一动，对孩子们说："你们数一数，有几个降落伞落下来了？还有几个在黑板上贴着？一共有几个降落伞？"

（三）自然转移

在教学中幼儿提出一些教师不便或不能回答的问题时，教师可以转移话题。

**【示例】**

一个小朋友突然问未婚女老师："你的宝宝是男宝宝还是女宝宝呀？"老师说："你们都是我的宝宝，那就请宝宝们告诉我，你们谁是男孩谁是女孩呀？"

### 【技能训练】

为下面的情景设计应变语。

1.观察公鸡时，教师正在引导幼儿观察公鸡的头部，突然公鸡扇动起翅膀来，幼儿立刻情绪高涨，注意力都转移到公鸡的翅膀上。

2.教师带领幼儿认识"4"，请幼儿讲讲家里什么东西跟4有关。有的幼儿说："我家有4把椅子。"有的说："我家有4条毛巾。"有的说："我妈妈昨天买了4斤苹果。"有个幼儿举起小手说："老师，我家有4台电冰箱。"

### 【技能巩固】

1.假如在课堂上两个孩子吵架了，一个哇哇大哭，你该如何应变？

2.如果在你提问时，有孩子答非所问，你该如何应变？

3.你忘了关手机，正在讲课时，突然手机响了，你该如何应变？

【技能拓展】

　　教师要用心走进幼儿的世界,尊重幼儿,接纳幼儿独特的审美感受和表现形式,在组织教学活动时给予幼儿明确的任务,如果遇到突发事件,不要一味认为是幼儿在"捣乱",这样,我们就可以和孩子们一起徜徉在充满童心、童趣的海洋里,分享幼儿创造的快乐,而不会总是被"捣乱、失控"之类的问题所困扰。

# 第七节　结束语训练

【技能准备】

　　哪一位老师的课结束后,仍然让你意犹未尽、回味无穷,他是怎样做到的?

【理论与方法】

## 一、结束语的含义

　　结束语又叫结尾语,是教学的结束环节,教师通常会用简洁明了的语言概括总结本次教学活动的主题、幼儿的表现、探究的问题以及延伸活动等。

## 二、结束语的要求

### (一)简明扼要

　　结束语要简洁,忌啰唆、东拉西扯、画蛇添足。结束语一般用时只有一两分钟,不能面面俱到,要突出学习活动的重点和所学内容之间的联系。要针对幼儿课堂的学习活动情况,简明扼要地进行归纳和强化。

### (二)概括到位

　　一般来说,教师都十分重视对导入语进行研究,而忽视对结束语的设计,有时甚至不进行课堂小结,但是,成功的结束语对教学活动的归纳、提升作用是不容忽视的。结束语要抓住教学活动的核心问题,用寥寥数语强化、深化幼儿对知识、技能的理解和接受,不能三言两语,草草收场。

### (三)生动有趣

　　尽管教学活动的结束语因课而论,不拘一格,但是,结束语有一个共同的特点:忌平淡。生动有趣的结束语能给幼儿留下深刻的印象,更能激发他们主动学习和探究的兴趣。

### 三、结束语的类型

（一）归纳总结式

归纳总结式是教学中较为常用的结束语类型。即教师在结束教学前,把本次活动的内容和幼儿的学习情况等进行归纳总结,使幼儿加深理解,提高认识,加强记忆,起到巩固所学知识、技能的作用。

【示例】

健康教育《胖和瘦》的结束语:

师:今天,老师听了小朋友们激烈的辩论后,明白了一个道理:首先,营养要合理,过胖和过瘦的人都要学会调整饮食结构,蔬菜和荤菜搭配着吃,零食要少吃;其次,要养成良好的生活习惯,加强体育锻炼。小朋友们,你们记住了吗?

上例中,教师总结了辩论赛带来的启示,采用简洁而富有条理的语言进行归纳,加深了幼儿的理解,提高了幼儿的认识。

（二）拓展延伸式

拓展延伸式是教师在结束教学活动前,根据教学内容和幼儿的特点,激发他们的求知欲,拓宽知识面,引导幼儿由课内向课外延伸和拓展,有意识地培养他们的自主探究能力。

【示例】

社会活动《有用的电话号码》的结束语:

师:今天,我们认识了三个特殊的电话号码——(学生齐声答:110,119,120),我们知道他们分别是——(学生齐声答:报警、火警、急救电话)。那么,除了这三个电话号码外,你们还知道哪些特殊的电话号码? 它们分别有什么作用? 今天回去请小朋友和爸爸、妈妈、同学、朋友讨论讨论。

教师用结束语归纳了本次活动的主要内容,通过师生互答的形式强化了幼儿对三个特殊电话号码及其作用的记忆。同时,教师还把活动内容拓展到了课外,延伸到家庭,让幼儿回家以后再研究,激发了幼儿探索的兴趣,扩大了幼儿的知识面。

## 【技能训练】

为下面的活动设计结束语。

1.大班语言活动:我的一个新发现。

活动目标:

学习围绕一个中心讲述自己的想法或看到过的某一种现象,培养幼儿乐于观察、热爱科学、勇于探索的好品质。

2.中班数学活动:数数歌。

活动目标:

学习按顺序说出 1 到 10 的数字,并学习点数物品。

3.大班社会活动:做个有礼貌的孩子。

活动目标:

了解并讲述小朋友应该怎样讲礼貌,学会说"请""谢谢""对不起""没关系""你好""再见"等礼貌用语。

**【技能巩固】**

1.小班科学活动"白糖到哪里去了":指导幼儿把白糖放入水里,观察并品尝。经提问讨论后得出结果,请为本堂课进行小结。

2.中班科学活动"认识塑料":把塑料制品摔在地上,用塑料袋装水,用火烤塑料制品,摸塑料制品与玻璃制品。教师通过上述活动,使幼儿了解塑料特性,请为本堂课进行小结。

### 附录六：优秀教学活动用语赏析

活动课题:认识水(中班)

活动目的:

1.通过观察认识水的特征:无色、无味、透明、会流动。

2.知道水的用途。

3.丰富词汇:透明、流动。

4.激发幼儿对大自然的兴趣,教育他们不喝生水,不浪费水。

活动准备:

老师:清水、牛奶、白酒、肥皂水各一杯。玻璃盘、托盘、杯子各一个。热、凉水壶各一个。筷子、吹管各一根。抹布一块,带颜色的糖两块。幻灯片《水》。

幼儿:清水、白酒每人一杯,盘里有糖或盐。每人一根筷子、一小块肥皂、一瓶凉水、一根吹管、一块抹布。

活动过程

师:老师给小朋友说一个谜语,请小朋友猜:手抓不起,刀劈不开,洗手洗脸都叫它来。

[导入语:以谜语导入,形象生动,激起幼儿参与活动的热情。]

幼:水!

师:对了,是水!小朋友们都很聪明。

[评价语:对幼儿的正确回答做出反应,予以鼓励。]

(师做实验:玻璃杯下放托盘,托盘下放玻璃盘,教师边向杯里倒水,边问)

师:我在往杯里倒什么?

[提问语:提请注意和思考,引起幼儿回答的积极性。]

幼:倒水。

师:水怎么了?

幼:水满了,流下去了。

师:对。这说明水是流动的。大家跟着我齐声说一遍。

幼:水是流动的。

[小结语:经观察,幼儿已有感性认识,在此基础上提炼出一句结论性的话,把幼儿的认识提高了一步。语气肯定。重音落在流动上,概念准确、清楚,教学重点突出。]

(师出示一杯水)

师:水是什么颜色的?

幼:没有颜色。

师:对。(出示一杯牛奶)牛奶是什么颜色的?

幼:牛奶是白色的。

[提问语:有针对性,运用对比方法,幼儿有目的地观察和回答。]

师:刚才我们比较了水和牛奶的颜色,知道水是无色的。

(师把两块带色糖放进清水和牛奶中,比较)

师:放进糖后,这两个杯子里有什么不一样?

幼:水杯里有一块红色的糖,牛奶杯里看不清是什么。

师:说得好,你们观察得很细。

[评价语:及时肯定幼儿正确的观察结果。]

师:这说明水是透明的。

[小结语:提出"透明"这个概念。]

师:透明,就是能透过它,看见里面的东西。

[讲解语:解释词义,话语通俗,幼儿容易接受,容易记住。]

师:请你们闻闻自己桌上的杯里,有什么气味?还可以尝一尝。

幼:这杯里有酒味。有辣味。

师:(笑)有辣味的是酒,没味的是水,这说明水是无味的。现在你们说说水有哪些跟别的东西不一样的地方?

[提供的活动材料丰富多样,幼儿易操作、易理解,可以主动思考。]

师、幼齐说:水是会流动的,是透明的,无色、无味的。(伸右手食指、中指、无名指,表示第一、第二、第三)

[结束语:语速较慢、节奏明显。态势语增强语言的条理性。]

师:谁知道水有什么用途?

[提问语:"谁知道""谁能说说"这种问题可以激发幼儿的竞争欲望。]

(幼儿纷纷回答后,放映幻灯片。)

师:我把大家讨论的情况总结一下,看看全不全。水有三个用途:一个用途是可以喝,可以用来做饭,可以用来洗脸、洗衣、游泳、划船;另一个用途是可以发电,开火车、开汽车;还有一个用途是种庄稼,养花,种树,喂动物。水的用途可多了。

[小结语:在幼儿讨论的基础上把幼儿的回答进行归类。这个小结语用了"一个,另一个,还有一个。"把总结的内容分成三方面,条理清晰,语言简明。]

师:小朋友们都知道了水的用途,就该节约用水,不浪费水。有些小朋友打开水龙头就走,让水哗哗地往外流,多可惜呀。山区缺水,好多人拿着桶排队接水,多苦啊。你们应该怎么做呢?

[过渡语:过渡自然。以情感人、以事感人,激发幼儿情感,帮助幼儿树立节约用水的自觉意识。]

(幼儿纷纷说做法。)

师:好。大家说得都很好。现在我把你们说的写下来,作为倡议书,让广播电台念给全国小朋友听好不好?

幼:(情绪激昂,气氛活跃)好!

师:(念)全国小朋友,你们好!今天我们认识了水的特性,知道了水的许多用途。我们吃的是水,用的还是水,没有水,我们就不能活。可是,我们国家的水并不多,很多地方的人喝不上水,庄稼都干死了,我们很心疼。从今以后,我们要节约用水,不浪费一滴水,也希望全国小朋友都节约用水。让所有的人都喝上水,让庄稼喝饱水,快快长。用节约的水多开几个发电厂,为国家的建设贡献力量。

[结束语:把教学活动推向高潮。这个结束语明白晓畅,又简洁活泼,是孩子们想要说的心里话。教师在说这些话时语调铿锵,节奏明快。]

幼:好!(热烈鼓掌)

(师举起"倡议书",在《让我们荡起双桨》的歌曲声中结束)

(北京工运学院幼儿园中班 李丽华 有改动)

# 第十三章

# 幼儿教师交际口语训练

## 第一节 幼儿教师交际口语概述

【技能准备】

常用敬辞和谦辞
请人批评说指教　　求人原谅说包涵
求人帮忙说劳驾　　麻烦别人说打扰
求给方便说借光　　托人办事说拜托
看望别人说拜访　　请人勿送说留步
无暇陪客说失陪　　陪伴朋友说奉陪

【理论与方法】

**一、幼儿教师交际口语的内涵和特点**

交际口语是特定的人在特定的语境中,为了特定的目的,用来传递信息、交流思想和表达感情而使用的一种语言。幼儿教师交际口语就是指幼儿教师在直接性的教育教学活动之外,以教师身份参与其他工作使用的语言。确切地说,是幼儿教师同非教育对象,如同事、家长、上级以及社会各界人士之间进行工作交往时所使用的口语。

幼儿教师交际口语与一般的交际口语不同,具有以下几个特点:

(一)规范性

幼儿教师在工作语境的口语交际中用语要规范。所谓规范,首先指教师要使用标准的普通话,表达中语速流畅,节奏明快,语调自然;其次无论叙事状物还是说理抒情都要用词恰当、条理清楚、表达准确;最后要注意语言的纯洁性,文明用语、礼貌用语,杜绝污言秽语、口头禅。

【示例】

离园时,家长们都在忙着接孩子,老师忙着和各位家长交接孩子,一位家长想找老师详细了解孩子的情况。

家长:老师,我家小伟每次从幼儿园回到家都说有小朋友欺负他,我想详细了解一下他在幼儿园的情况。

师:小伟妈妈,您好。您看,我现在确实忙得顾不上您,真对不起。关于小伟的一些情况,我也想专门找时间和您好好谈一谈,您稍等我一会儿,或者,我们约定个时间,可以吗?

家长:那好吧,我在旁边等着您,您先忙。

师:谢谢您的理解,您稍等,忙完之后,我们再深入地谈一谈小伟的情况。

点评:教师对全体幼儿负责,不能因为一个孩子而忽略了其他。在拒绝家长当下的要求时,教师语言客气、得体,说明客观原因,并请家长稍候或另约时间。

(二)教育性

幼儿教师在工作语境的口语交际中要有教育性。教师的职责是育人,因此教师在其他工作场合的交际目的也应该与教育相关,交际口语的表达内容与形式受到教育目的的制约,语言信息都带有鲜明的教育性。

【示例】

佳佳生病了,几天没来幼儿园,老师到佳佳家里探望。看到佳佳,老师拉住他的手,开心地说:"佳佳,老师和小朋友可想你了,你有没有想我们呀?"然后关切地问他妈妈:"佳佳身体好点了吗?"他妈妈很感激老师的关心,把情况说了一下:"孩子几天没有去,有点变懒了,饭也吃得少了,不过打针倒没有哭,呵呵。"老师对佳佳说:"佳佳真勇敢,回幼儿园后老师一定要跟小朋友说,让大家都向你学习,好吗?你想早点上幼儿园吗?那饭菜要多吃,身体才会好,身体好了就可以上幼儿园了。"接着老师对他妈妈说:"佳佳是个勇敢的孩子,我要在班里好好表扬。胃口不好可能是生病的原因,做些清淡的,他爱吃的,回到幼儿园我们会特别关照他的饮食,这请您放心!"

点评:这位教师做了一次探视性家访,不仅仅是为了慰问,拉近家、园的感情,而且还通过表扬幼儿勇敢,鼓励他在其他方面也要努力,并且与家长交流帮助幼儿的心得,建议可以采取的积极措施,达到了良好的合作教育目的。

(三)科学性

幼儿教师在工作语境的口语交际中所表达的教育理念与内容必须要科学。幼儿教育的内容与方法的科学性,决定了教师交际口语的科学性,即使在其他工作场合交流也要做到概念准确,判断科学,推理合乎逻辑,分析客观。

【示例】

阳阳刚上了一个蒙氏园,通过摄像头,妈妈看到阳阳在教室里走来走去,老师偶尔过来了,带着阳阳到教具架子前说了些什么,正说着,阳阳就跑开了,继续在教室里走来走去。妈妈去幼儿园接阳阳时,和老师聊起这件事情。

妈妈:老师,阳阳在教室里总是走来走去,什么也学不了,怎么办?

师:阳阳妈妈,您别着急。阳阳刚到园里来,要熟悉幼儿园的环境。

妈妈:他在教室走来走去几天了,别人家的小朋友都在做工作,就他一个人,什么也不干。

师:他在教室里走来走去,一是在熟悉教室中的教具,另外更重要的是他在寻找他感兴趣的教具。

妈妈:这样呀。老师你不能给他安排一个教具呀?让他早点学点东西。

师:您急切的心情我很理解。我也尝试过介绍某个教具给他,可是他不感兴趣,走开了。

妈妈:他总不能这样一直在教室走来走去吧?什么也学不到。

师:您的担心我很理解。但孩子寻找自己感兴趣的教具也是一个学习过程,他在学习如何选择。

妈妈:可我还是有些焦虑。这什么时候是个头呀!

师:孩子找到他感兴趣的教具后,他才能专心地学习这一教具的使用方法,通过对喜爱的教具的学习与练习,他才能更好地培养专注力。所以,给孩子一些时间,让他去找自己喜欢的教具。

妈妈:专注力对孩子今后的学习可是很重要的。老师你这样说,我就明白些了。

点评:在这次沟通中,教师依靠科学理论及丰富的专业知识有效地说服了家长。

## 二、幼儿教师掌握交际口语的意义

首先,良好的交际口语可以让幼儿教师顺利开展自身工作。比如,家访时,教师既要能充分表达自己的意思,又要让家长充分表达他们的意见,同意积极配合教师的工作;与领导相处时,让领导对自己非常信任;接触同事时,有一种非常轻松的氛围;去社区联系工作时,能很快就双方合作事宜达成一致意见;主持座谈会、调研会、家长会时,能让参与者畅所欲言。

【示例】

电话家访

教师(拨通电话):您好!您是某某的爸爸吗?我是您儿子的幼儿园老师王某某,请问您现在有空吗?我能不能请教您几个问题?

家长:(如果有空)王老师,甭客气,您说吧!

教师:(简明扼要地说明预先想好的内容)……

家长:(如果没空)哎呀!王老师,真对不起,我正在开会。

教师:没关系,那我们再约个时间,您来定。

家长:那就今晚8点吧。

教师:行!晚上再给您打电话。再见!(晚上电话家访成功)

点评:教师在进行电话家访时,设想了多种可能性的解决方案,既充分表达了自己的意思,也尊重了家长各种实际情况,让家长能积极配合老师工作,促进家校共育。

其次,良好的交际口语可以让教师创造和谐的人际关系。同样的问题不同的人讲出来,效果完全不同,自然创造出来的人际交际氛围也完全不同。教师若能针对具体情景、具体对象说出得体的语言,就能建立一种和谐的人际关系。

【示例】

教师甲和教师乙是搭班的同事。一天,教师甲家里有急事,而环境布置还在进行中,教师甲拿起背包,说了声"我有事先走了",就急匆匆地离开了。教师乙看着她离去的背影,非常生气。

点评:教师甲尽管家里有急事,如果能用商量的语气征得教师乙同意,比如"某老师,今天我家里突然有急事。布置环境也很辛苦,要不你分一下工,把我的部分先给我留着,我回家把事情处理好就赶回来,行吗?"这样沟通后再离开,是可以得到他人理解的,人际关系也会更和谐。

再次,良好的交际口语能为教师自身发展创造良好的机会。现代人成功的因素有两方面,一方面是人的智商,主要涉及人的思维力、观察力、记忆力等方面的因素;另一方面是人的情商,主要涉及人的情感、态度、性格等方面的因素。现代许多研究资料都证明,情商是决定一个人能否成功的重要因素,甚至有人认为情商在一个人成功的过程中所起的作用比智商所起的作用更大。良好的口语交际能力是人的情商中很重要的一种能力。一位具备良好口语交际能力的教师这一部分情商的发展就比较好,这将为自身今后的发展创造良好的机会。

【示例】

某幼儿园负责组织参加全国分享阅读教学大赛的教师与园长的对话。

教师:×园长,您好! 您能挤出一点点时间审批一下这份报告吗?

(园长正准备将报告搁在一边,听了这话,又拿起报告)

园长:好吧,我看看。

(园长一边看,教师一边用手指点着用红线画出的重点,简单说明这次比赛的重要性和组织安排)

园长(面有难色):好是好,可现在园里正忙,而且园里经费也不宽裕啊。

教师:确实不巧! 可是这种全国性的大赛机会对咱们来说可是非常难得。分享阅读是咱们园的特色,到底怎么样,正需要这个机会来检验、证明呢。大家商量好了,参赛教师的选拔、培训工作我们在业余时间进行。园里暂时困难,参赛费可不可以先请老师垫上。×园长,您看这样行吗?

园长(面带微笑):这几个字我可真难签啊! (随即签署:同意参赛,参赛经费从教师培训经费支出)

点评:对话中的老师在申请参赛事宜时,首先准备很充分,其次让园长感受到教师参赛是为了幼儿园的发展,同时表明了对幼儿园经费困难的理解。教师谦逊、真诚的态度,为幼儿园发展的大局意识得到了园长的认可。所以报告不仅获得了批准,经费也得到了解决。

### 三、幼儿教师交际口语的原则

(一)角色性原则

角色性原则是指幼儿教师在与对方交流时,语言的运用首先要符合其教师的职业特点。教师的交际口语必须使用规范标准的普通话,语言表达要严谨,要体现出为人师表的风范;其次,教师要有角色意识。一个人在不同的环境里,分别担任着不同的角色,有着不同的身份,而角色、身份随时会发生变化。因此,教师要及时摆正自己的位置,认清自己的身份,使自己的言谈适应角色的变化。

【示例】

一位幼儿教师初访某孩子的家庭时,见到客厅里有两位年纪相仿的成年男子,她看到其中一位与幼儿的容貌相似,就对他说:"我是某某的班主任,如果没有猜错的活,您就是某某的父亲。"对方点头称是。另一个男子插话道:"这是我们的总经理。"这位教师微微一笑,答道:"这一点我早从幼儿登记表中知道了。不过,我这次来可是来找学生的父亲的。"接下来,她侃侃而谈,毫不拘谨,顺利地完成了家访,并博得了家长的敬意。

点评:这位教师在交际场合中始终意识到自己的教师身份,通过巧妙的回答,把自己置于同家长平等的地位上,语言得体,而且目的明确,把握住了家访的工作语境,体现了幼儿教师的职业内涵与文化修养。

(二)场合性原则

所谓"场合",是指一定的时间、地点和情况。当幼儿教师面对不同的交际场合时,同样的内容要根据实际情况用不同的语言表达出来。同一个意思,正式、严肃的场合要用正规的语言表达,轻松的场合则可以用通俗的、个性化的语言表达,这样既符合交际场合相应的风格和气氛,又能够取得良好的交际效果。

【示例】

有一天,小明在幼儿园尿尿了。下午放学时,小明妈妈来接他,老师没在意旁边还有其他家长和小朋友,就对小明妈妈说:"今天小明尿裤子了,你记得把他弄湿的裤子拿回家洗洗哟。"

旁边的家长听到了,说:"这么大孩子了,还尿尿呀?"

其他小朋友也听到了,说:"羞羞羞,小明尿尿了。"

小明妈妈只能讪讪一笑,赶紧拉着孩子就走。

点评:小朋友在幼儿园尿裤子是一件很平常的事,作为老师,向家长交流情况也是正确的。但老师没注意场合,伤了孩子和家长的自尊,使交际氛围变得尴尬。

(三)对象性原则

对象性原则是指幼儿教师交际的内容和形式要随着交际对象的不同而有所区别。教师在与幼儿的长期交往中,习惯了一种儿童化口语和教导性思维,如果教师不区分对象,用这种口吻同家长、同事、领导以及社区工作人员等非教育对象说话,就显得太不尊重对方了。这时,教师就要从实际出发,考虑不同对象的可接受性,有的放矢,区别对待。例如,与文化程度较低或非教育界的对象交谈时尽量少用专业术语,非用不可时则要给予通俗的解释;与教育界的对象交谈时则可以直接使用专业性语言;与家长交谈时,要尊重、平易而得体,谈话的重点应放在交流幼儿的信息,共同探讨教育的方法上;与同事交谈时要尊重对方,但又不必客套,以免拉远了双方的心理距离;与领导交谈时要恰当地使用敬语,运用请示性、征询性、愿望性语气,避免使用强硬的口气。

【示例】

一位幼儿教师与幼儿家长的对话。

家长:你们幼儿园怎么不教识字呢?

教师:我们不主张把识字作为幼儿园的教学内容,我们园的工作重点是"前学习能力"的培养。

家长(不解地自言自语):学习能力怎么还分前后?

点评:这位教师说话有明显的书面语特征,爱说一些专业术语,又不区分说话对象,让非幼儿教育专业的普通家长听不懂,无法进行有效的沟通。

(四)真诚性原则

在任何交际场合,真诚待人都是交际双方成功交际的重要保证,对教师更是如此。幼儿教师无论在什么场合,接触什么人,都应该以真诚的态度与人交谈,发自内心地表达自己对谈话对象的要求、评价,避免让对方感到自己华而不实、故弄玄虚。

【示例】

天天小朋友思维敏捷、善于观察,但又很顽皮,经常花样百出、危险不断。带班教师王老师经常与天天妈妈联系,但他妈妈总喜欢听孩子的解释,却对老师的话有看法,认为老师不喜欢孩子而故意找碴。有一次家访,天天妈妈还问老师是否特别不喜欢调皮的孩子……王老师意识到了问题所在,改变了方式,不再一味报告孩子的缺点,而是多讲孩子的优点及细微的进步,例如:"最近一段时间天天做手工时特别认真!""今天天天帮助老师收拾玩具,获得了表扬。"就这样,家长深深感觉到了老师对孩子的关心和喜欢!当然,孩子的缺点也不能隐瞒不说,王老师联系天天妈妈:"天天最近表现不错,上课注意力集中,还举手发了言。但今天犯了一个错误,我已经在幼儿园进行了处理,请天天回家自己和您说说事情的经过。看看他能否说得清楚。"家长心平气和地接受了。

点评:这位教师认真分析了问题所在,设身处地站在家长的立场上考虑问题,以真诚的态度获得了家长的认同,使家长相信老师提供的信息是真实可信的,积极地予以配合,孩子的教育问题就可以得到较好的解决。

【技能训练】

想一想,遇到以下情况,你该怎么办?

圆圆妈妈带着圆圆找到老师,生气地向老师告状,说有小朋友在幼儿园欺负圆圆,并掀开圆圆的袖子让老师看他的伤口。圆圆妈妈要求老师惩罚欺负圆圆的小朋友,为圆圆出气。作为一名幼儿园教师,你如何处理这件事,如何与家长沟通?

训练提示:在与家长沟通时,把握教育性特点和对象性原则。

【技能巩固】

1.你认为幼儿教师的交际口语有哪些特点和原则?

2.为自己设计一段到幼儿园工作时的自我介绍。

**【技能拓展】**

口语交际中要注意的"小事"

在交谈中,倘若能注意以下"小事",就可能产生增进人际关系的效果。这些"小事"是指:

让先。让别人先说,一方面可以表现你的谦虚,另一方面可以借此机会观察对方,给自己一个测度的时间和从容考虑的余地。

避讳。不论与什么人交谈,都应对对方有所了解,聪明地避开某些对方忌讳的话题,如个人的隐私、疾病及不愿提及的事情,否则会引起对方不快。要学会察言观色,一旦发现自己不小心触及了对方的忌讳,对方面有不快之色或尴尬时,应立即巧妙避开。

谦虚。社会心理学家发现,一般人总不喜欢嘴上老挂着"我"的人。因此,应避免过于显露自己的才学,开口便"我如何如何"。须知,谦虚的态度,总是易为人所接受的。在一般情况下,人们总是先接受一个人,而后才肯接受他的意见的。

诚恳。交谈的态度以诚恳为宜。如果一个人油腔滑调,纵然有很好的意见,也难以为人们所接受。

幽默。恰到好处的幽默,能使人在忍俊不禁之中,体会到深刻的哲理。幽默运用得适当,可为社交增添活跃愉快气氛。但妙趣横生的谈话,来源于一个人修养和才华的有机结合,不可强求。如果仅仅为了追求风趣的结果,而讲些格调不高的笑话,甚至不惜侮辱他人,则只能显出自己的轻薄与无聊。

口头禅。口头禅固然能体现个性,但多数是语言的累赘,即使说话内容相当吸引人,但如果加上若干个"这个""那个""嗯""啊"之类的口头禅,就如同在煮熟的白米饭中掺上一把沙子,令人难以下咽。所以,对作为语言累赘的口头禅,应当割除。

插话。要尽量让对方把话说完再插话,实在需要中途插话时,也应征得对方同意,用商量的口气说:"对不起,我提个问题可以吗?"或"我插句话好吗?"这样可避免对方产生误解。

平衡。如果几个人一起交谈,你要注意不要只把注意力集中到某一个人身上而冷落了其他人。除了你的对话者外,可用目光偶尔光顾一下其他的人。对于沉默者则应设法使他开口,如问他"你对这事有什么看法?"这样便可打破沉默,机智地引出他的话来。

# 第二节　与家长的交际口语训练

【技能准备】

　　态势语中的身姿语练习:①站姿:身体背靠墙壁,使后脑、肩、腰、臀部及足跟与墙壁靠紧;②坐姿:入座离座,动作轻缓,坐定之后,抬头挺胸,腰背挺直,两腿交叠;③走姿:抬头、挺胸、步履稳重轻盈、速度适中。

【理论与方法】

　　在幼儿园工作中,与家长的沟通、交流是幼儿教师的一项常规工作。家长是教师教育幼儿的主要合作者,与他们的交流在教师的交际口语中占有重要地位。通过沟通、交流,家长能够了解幼儿园的教育教学工作,了解自己孩子在幼儿园的情况,教师能够挖掘家长的教育资源,从而发挥家、园共育的最大功效。

**一、与家长沟通时口语交际的要求**

（一）分析谈话对象,寻求共同话题

　　教师与家长谈话,应该首先了解、分析谈话对象,针对不同年龄、性格、修养的家长,选择谈话的契机,确定共同话题,然后自然、巧妙地转入正题。

【示例】

　　教师:呀! 您家养了这么多好看的花! 我就像走进百花园似的。

　　家长(爷爷):老师您过奖了。

　　教师:养这些花不容易吧!

　　家长:是啊,要浇水、施肥、剪枝、松土……什么时候,什么花施什么肥都有讲究,侍弄不好就不开花。

　　教师:对,养花跟育人一样,您对养花这么有研究,对您的孙子是不是……

　　点评:这位做家访的老师,善于观察,以家长的爱好——养花着手,抓住谈话契机,由养花说到育人,自然而然地确定了共同话题。

（二）肯定幼儿长处,取得家长信任

　　家长对自己孩子的优点往往看得比较多。如果教师一开口就直截了当地批评、否定孩子,家长从心理上很难接受,甚至可能出现难堪的局面。这就要求教师向家长反映幼儿的情况时,先以表扬为主,肯定幼儿的优点,然后再冷静、客观地指出孩子存在的问题,这样,家长就比较容易接受教师的意见。

【示例】

豆豆是一个很调皮的男孩子，经常动手打人。这一天，他又挠了一个小朋友的脸。下午，老师见到他家长。

教师："今天，豆豆能独立吃完自己的一份饭菜，而且画画很认真。"

家长(高兴)：谢谢老师！

教师：不过，他经常有攻击性行为，不会和小朋友交往。这不，今天他又抓人了，咱们一起想想办法，帮他改掉这个坏毛病，这样豆豆就会有更多的朋友。

家长：嗯，我一定配合老师！

点评：这位教师首先肯定了幼儿在幼儿园的积极表现，让家长感受到老师对幼儿的关注，接着委婉地指出幼儿的问题，并以积极的态度，希望家长配合教育，解决幼儿的问题。

(三)争取主动，控制谈话过程

在与家长交谈时，教师要争取主动，启发家长说出教师想要了解的情况。当家长说话离题时，不要生硬地打断，也不要被动地让对方一味地滔滔不绝，而要善于捕捉合适的时机，巧妙地拉回话题。有些家长护短，不能客观、公允地评价自己的孩子，与教师的意见相左，这时教师要避免与家长争执，要以诚恳、耐心的态度，向家长表明在教育孩子的问题上，教师与家长的一致性很重要。坦率而有理有据地切中要害，说出自己的看法，让对方心悦诚服。每次谈话的落脚点都应该是共同商讨教育孩子的良策，要善于引导家长说出教师自己想说的话，而不是向家长下命令。

【示例】

有一天，幼儿要离园了。娜娜奶奶接到娜娜时，发现孩子的裤子是湿的，于是她很生气，心想："这老师真不负责任，得找她去说说。"

于是，她找到娜娜的老师，大声责备道："孩子的衣服都湿了，老师你也不给换，让孩子穿着湿衣服，多难受呀！"老师听到这话，赶紧关心地问："娜娜，你没事吧？"但奶奶还是不依不饶，继续说："你们老师还有没有责任心呀？"老师见到老人这么激动，感觉她一时也平静不下来，于是灵机一动，抱起娜娜和气地说："娜娜是个聪明的孩子，老师们都很喜欢你，是不是？"娜娜高兴地点着头。孩子高兴了，奶奶见状，也不再纠缠下去，平静了下来。老师抱着娜娜和奶奶一起来到办公室，给孩子换上干裤子，又给奶奶倒了一杯水，真诚地对奶奶说："真对不起，我没注意到娜娜的裤子湿了。我太粗心了。娜娜，你的裤子是什么时候湿的？"老师一边回忆一边说："中午起床时裤子没湿，我帮她拉拉链时注意过。下午游戏前我帮她整理衣服时，也没有湿。下午吃饭前，娜娜的裤子也没有湿，那一定是等待家长来接时……"娜娜低下头红着脸小声地说："是的。"奶奶这时倒不好意思起来，连声道歉说："对不起了，老师，刚才我误会您了。"

点评：面对家长的指责，教师灵活主动地运用孩子的影响力，让孩子亲口说出事情真相，从而在沟通中掌握了主动权。

(四)换位思考，耐心指导

俗话说：孩子都是父母的心头肉。孩子在集体活动中难免有磕磕碰碰，家长得知后十分激动、十分心痛是肯定的。而有的教师表现出若无其事的态度,认为家长大惊小怪,那么,一件小事立即会使家长觉得老师对自己孩子不够关心,对工作不够负责,进而影响家长与教师的关系,给家园沟通设置了障碍。如果教师以孩子父母的角色去心疼孩子,并且通过各种方式启发、引导家长,让他们了解孩子的身心特点,更新教育观念,掌握正确的育儿方法,达成教育共识,那么家园关系就会更和谐,教师开展工作也更顺利。

**【示例】**

陈陈小朋友是个调皮鬼,没有一刻能安静下来。今天午睡起床时,他格外兴奋,不停地说笑,老师一再提醒。刚一会儿,只听见"砰"的一声,他从床上摔了下来,额头着地,马上就起了个包,把当班的王老师吓傻了。王老师赶紧拿来毛巾,用冷水打湿敷在陈陈额头上,额头上的包没有继续扩大。然后打电话告知家长,和家长一起带孩子去医院。尽管医生检查后说,没多大事,都不用吃消炎药,但王老师考虑到床离地面有那么高,坚持要给孩子拍个片子,才放心。拍片子结果是脑部没损伤,王老师长长舒了口气。家长没一声怨言,抢着付拍片子的钱,直说孩子太调皮,老师辛苦了。

点评:王老师在事情发生后,立即采取了冷敷这样有效的控制措施,在第一时间通知家长,态度诚恳,积极救治的行为,化解了家长心中的怨气。

**二、与家长沟通时口语交际的基本类型**

教师与家长的口语交际,主要包括家访(含电话家访)、接待家长来访、在家长会上的谈话等,此外,来(离)时的接待、通过家园练习册与家长书面沟通、亲子活动、家长沙龙等也都是交流的好机会。

(一)家访谈话

家访是教师为了特定的目的到幼儿家里,或者打电话给幼儿家长,与幼儿家长就幼儿的教育问题进行单独交谈的一种家园联系方式。通过家访,教师与家长互通情况、交流信息,不仅能够增进教师、家长之间的感情,解决一些在幼儿园难以解决的问题,还能使幼儿家长了解并支持幼儿园的工作,在对幼儿的教育上与幼儿园保持一致,形成教育合力。

**【示例】**

对新生第一次家访,教师面带笑容进门,亲切地向笑笑小朋友问好,并与家庭成员礼貌性地打招呼。接着蹲下来自我介绍,并与小朋友交流:宝宝小名叫什么? 还有什么有趣名字呢? 你希望上幼儿园以后老师叫你哪个名字呢? 宝宝最喜欢干什么事情? 喜欢什么物品或玩具? 有没有去过幼儿园? 最喜欢幼儿园的什么大型玩具呢? 上幼儿园以后老师带你去玩好吗? 最后,教师表扬小朋友愿意回答老师的问题,贴上一朵小红花作为鼓励。

接下来的时间,教师与家长沟通了解如下问题:孩子上幼儿园后家里谁负责接送? 在家里谁和孩子相处的时间最多? 孩子上幼儿园以后有什么担心的问题? 孩子哪些方面比较突出? 有没有什么特殊的习惯和要求? 此外,教师还了解了孩子入园生活的准备情况,如孩子是否能独立吃饭? 孩子会自理大小便吗? 家庭中孩子对大小便的称呼是什么? 孩子会洗手吗? 孩子的午睡情况怎样? 孩子一般在几点午睡? 孩子平时睡觉时有特别的依恋物品吗？孩子会穿、脱鞋和衣裤吗？孩子知道自己要上幼儿园了吗？孩子对上幼儿园有怎样的反应？从不同侧面细致了解孩子的入园准备情况和个性特点、生活习惯等。最后介绍班级开学及平时要注意的问题，如开学前几天作息时间的安排，家长要配合准备的物品等。

点评：教师利用家访的机会，不仅了解到孩子及其家庭的基本情况，还把孩子上幼儿园之后可能出现的情况和需要家长配合的注意事项尽可能地说清楚，避免了开学后由于对幼儿生疏或不了解幼儿习性发生误会。

（二）接待家长来访时的谈话

家长来访包括家长主动来访和教师邀请家长来访两种。

家长主动来访，又包括一般性来访和质疑性来访。一般性来访，大多是家长询问孩子的情况或有问题希望获得指导，主要发生在家长来园接送幼儿时；质疑性来访，则是家长对学校、教师的工作有不满，或认为孩子受到不公正待遇时来访，大多数时候教师是毫无准备的。

教师邀请家长来访，又包括常规性邀请和突发性邀请。常规性邀请，是为了解情况或通报事务而发出邀请；突发性邀请，则多为遇有紧急事件，或要对孩子的不良行为提出批评或给予处分等。

在接待家长一般性来访或教师常规性邀请家长来访时，教师要对家长的到来表示感谢，接待要热情，言语礼貌，尽可能简洁地回答、叙述，不做无关事情而占用家长时间。而在接待家长质疑性来访或教师突发性邀请家长来访时，双方的关系容易紧张，如果教师处理不当，会发生矛盾甚至冲突，对工作造成不良影响。因此，教师务必要做到平静、诚恳而又不卑不亢，先让家长充分表达，教师要耐心、专心倾听，找到家长关注的核心问题，有针对性地调整交际策略，保证谈话在教师的主动控制下，在双方合作的气氛中顺利进行，以期最终解决问题。

【示例】

活动室里，教师正在指导小朋友画画，远远地就看见李岚小朋友的妈妈气冲冲地走来，这是上班时间，家长来幼儿园肯定有什么急事。于是，教师主动地迎了出去。

"老师，请问哪个是大宝和小宝（班级里一对双胞胎）？麻烦你把她们喊出来一下！"还没等教师开口，家长语气生硬地直入主题。

"您有什么事吗？"家长不友好的态度显示她很生气，教师决定先了解情况，再满足家长的要求。

"李岚回家老是说大宝小宝打她，我今天特意来看看，哪个是大宝小宝，我要告诉她们，下次再打李岚的话我就对她们不客气了。"

（考虑到家长这种气势会吓着孩子，再则即使大宝小宝确实打了李岚，也应该由班级的老师来处置，怎么能由家长来训斥呢？而且，孩子间发生了冲突，家长了解后，不知道引导孩子及时报告老师，而自己出面摆平，处理方法显然不对，于是教师镇定又果断地拒绝了家长）

"对不起，您这种状态我不能叫孩子过来，有什么事您直接跟我说好了。"

教师的拒绝让李岚妈妈有那么一丝难堪,她开始转述从自己孩子那里听到的委屈。(家长在向教师陈述时,眼睛居然红红的。能看得出这是一位爱子心切且很冲动的妈妈,在处理孩子间的矛盾时过于敏感和较真。)

于是,教师一边耐心地倾听家长述说,一边陈述自己对这件事情的处理态度和意见:"首先我不知道这件事情,一则孩子没报告,二来我也没有观察到,这点是我工作的失误,请您多谅解;其次,如果真有此事,我绝不会袒护哪一个孩子,孩子犯了错误应该接受批评和教育,等一下我会详细了解这件事情,然后再和您详细交流,您看可行不?"

听了教师这样的话,家长的情绪有所缓和,不再坚持要见打人的孩子了。教师继续开导:"孩子间发生的冲突要引导孩子自己解决比较好,在自己解决不了的情况下要学会求助老师,也许这一次你能帮她摆平,但你不可能永远都在她身边,重要的是要教会孩子处理问题的方法,这样才能从根本上解决这件事情。"

家长开始点头认同,教师进一步以关怀的语气说:"如果我刚才答应了你的要求,让你气势汹汹地训斥那两个小孩,有损你的形象,别的家长又会怎么看你呢?"

家长似乎有点不好意思了,教师见状笑着说:"我知道你的孩子肯定是受了委屈,所以你刚才才会那么冲动,平时,你们工作都很忙,很少看见你们接送孩子,李岚在幼儿园是一个表现不错的孩子……"教师借势向家长反馈了一下李岚的近期表现,并诚恳地提出一些教育建议,而且希望家长平时多抽点时间陪陪孩子,多和老师交流。

点评:面对家长的临时到访,教师首先是热情接待,面对家长不友好的态度,教师是礼貌、冷静,并耐心倾听,由此缓和了家长激动的情绪。教师在明白了家长的来意后,果断拒绝了家长的要求,阐明了自己对事情的处理态度,而且进一步分析道理给家长听,最终抚平了家长的情绪。

(三)在家长会上的谈话

家长会是由教师组织幼儿家长一起参加的集体会议,目的是促进家园共育。教师是会议的主持人,会前要做好相关准备工作,包括会议内容、每位幼儿及其家庭、家长的情况等,以便在家长会上能够应对自如。会上要把握住"一对多"的交际特点。

【示例】

一位新教师被分配到幼儿带大班,不久班级要召开家长会。新教师在会前做了充分的准备,还向家长印发了自己的简历(介绍了自己的基本情况,在班级里担任的工作)。会前她提前半小时到会场,与家长进行交流。会上,她面带笑容,镇定自若,以一句"今天,我们的教室因为各位家长的到来而显得格外温馨"开场,并对家长在百忙之中抽空来参加家长会表示感谢。随后,她先是简短地介绍自己,接着重点介绍了班级情况,并从不同的角度表扬了全班每位幼儿的优点,也把班级存在的问题不点名地归纳了一下,并提出了一些建议。家长们纷纷用满意、赞许的目光看着教师,会后有不少家长主动找到教师,说明自己孩子的情况,探讨共同教育的良方。

点评:这位教师在家长会的筹备中印发简历,方便家长对自己的了解,可以获得家长的好感,给人留下做事认真、责任心强的印象。提前到达会场,一是便于与家长进行非正式交流,以消除陌生感以及教师自己的紧张感;二是给人留下积极、主动、热心的印象。

欲抑先扬,点到即止,这样的分析、评价营造了宽松的交流气氛,既能够维护家长的自尊心,又能够争取家长的主动合作。

## 【技能训练】

根据提供的实例,重新设计教师与家长的谈话。

李老师:"为等您,我推迟了一个小时下班!"

张明妈妈:"我的孩子又……"

李老师:"您的孩子迟到了,正好让我们主任看见,给我扣了分!"

张明妈妈:"我当什么事呢,不就是迟到吗?"

李老师:"这事对你是小事,对我可是大事……"

张明妈妈:"不瞒您说,我天天上夜班,早上就是起不来。"

李老师:"那好,您的孩子要是天天迟到,别怨我不让他进班。"

训练提示:设想家长的工作情况,换位思考,从孩子教育出发,争取对方的理解,达成教育共识。

## 【技能巩固】

1.两人一组,模拟孩子遇到突发事件时教师和家长的谈话。

2.示例"李老师,我家宁宁被班上的冬冬抓伤了。你看看,破了那么大块皮!孩子昨晚洗澡时,疼得直哭!你们老师怎么不管管?还有冬冬家长是怎么教孩子的?"

如果你是李老师,你将怎样就这个问题与宁宁的家长沟通呢?

## 【技能拓展】

### 面向全体家长的推荐用语

1.您的孩子最近表现很好,如果在以下几个方面改进一下,孩子的进步会更大。

2.您有什么事情需要老师做吗?

3.您有特别需要我们帮助的事情吗?

4.这孩子太可爱了,老师和小朋友都很喜欢他,继续加油!

5.谢谢您的理解,这是我们应该做的。

6.您的孩子最近经常迟到,我担心他会错过许多好的活动,我们一起来帮他好吗?

7.您的孩子最近没有来园,老师和小朋友都很想他,真希望早点见到他。

8.请相信孩子的能力,他会做好的。

9.幼儿园的食谱是营养配餐,为了他的身体健康,我们一起来帮他改掉挑食的习惯,让他吃饱吃好。

10.近期我们要举行××活动,相信有您的参与支持,会使活动更精彩。

11.幼儿园网站内容丰富多彩,欢迎您经常浏览,及时沟通。

12.我们向您推荐的育儿知识读物,都是精心挑选的,您一定会有收获,孩子也会受益的。

**面向个体家长的推荐用语**

1.请家长不要着急,孩子偶尔犯错是难免的,我们一起来慢慢引导他。

2.谢谢您的提醒! 我查查看,了解清楚了再给您答复,好吗?

3.您有什么想法,我们可以坐下来谈谈,都是为了孩子好。

4.孩子之间的问题可以让他们自己来解决,放心吧,他们会成为好朋友的。

5.很抱歉,孩子受伤了,老师也很心疼,以后我会更关注他。

6.这件事是 xx 负责的,我可以帮您联系一下。

7.我们非常欣赏您这样直言不讳的家长,您的建议我们会考虑的。

8.您有这样的心情我很理解,等我们冷静下来再谈好吗?

# 第三节 与同事的交际口语训练

**【技能准备】**

### 与人相处的十大礼仪

1.尊重对方,用真诚的视线注视对方。

2.记住别人的名字,对别人真诚地感兴趣。

3.给人以友好、真心的微笑。

4.认真倾听别人说话,谈论别人感兴趣的东西。

5.尊重对方生活的秘密,保护他人的隐私权。

6.不在背后批评人,使他人保住面子。

7.从友善的态度出发,采用积极、明确的说话方式。

8.对别人的想法和希望表示理解或同情。

9.适当地称呼他人的名字,达到最佳心理强化效果。

10.从对方的视线、目光,判断对方的性格。

**【理论与方法】**

与同事相处时的交际口语主要包括与本班教师的谈话、与本班保育员的谈话,以及与单位领导的谈话和教学研讨中的讲话。

### 一、与本班教师的谈话

每个幼儿班一般配备 2~3 名教师,班内教师之间的关系是工作搭档的关系,每天都有频繁的接触,因此要彼此协调,处理好相互间的关系。另外,从幼儿的角度看,他们需要的是一致性、整体化的和谐教育,而不是相互矛盾、彼此割裂的教育。

为了做到教师之间的密切配合,必须从观念上走出自以为是、以自我为中心的怪圈,为此要做到两点。

#### (一)平等与尊重

每位教师在思想、业务、工作、家庭背景等方面情况不尽相同,各有优势。譬如,某位教师是班组长,负责班组的领导工作;某位教师刚从学校毕业,有些幼教改革的新信息、新思路;某位教师是艺术尖子,琴、舞、唱、画各方面技能较强。但不论哪种情况,地位都是平等的,在口语交际中言行就要特别注意礼貌,对同事做到人格上尊重,工作上支持合作,生活上关心同事。

【示例】

肖老师所在的小班年级组中,有一位与其年龄相仿的黄老师,渐渐地两人成了无话不谈的朋友。因为年级组集中的地点就在肖老师所在的小一班教室,于是在分享资料、发送文件等过程中,肖老师就把自己的 qq 密码、电子邮箱密码等告诉了黄老师。一日,在年级组的例行集会间隙,有老教师无意中询问起肖老师有没有男朋友,肖老师还没回答,一边的黄老师就哈哈大笑起来:"你们别操心了,人家早有男朋友了!他们俩聊天聊得可热乎了!还写了好多肉麻的信呢!"一旁的肖老师,脸红一阵白一阵……

点评:在这件事里,黄老师不仅偷看肖老师的隐私,还不尊重肖老师的隐私,让肖老师在众人面前显得十分尴尬,造成了同事关系紧张。

#### (二)真诚与客观

与本班教师商讨工作时,要排除个人好恶的主观因素,增强客观意识,实事求是、全面地看待问题。真诚友好地表达自己的意见,既要说出对方的优点,又能指出对方的不足,同时也要多听取对方的意见,力争在一个和谐、融洽的环境里寻求解决问题的最佳方法。

此外,还要注意表达方式。说话时音量不宜太大,避免给人"咄咄逼人"的感觉,用语要恰当,语调柔和亲切,让对方感受到诚恳和友善,可以多用一些商量的话语,如"你看怎么样?""这样行不行?"不要使用权威性的口吻,说武断、绝对性的话,如"我肯定……""绝对是…""没错"等。

【示例】

在开学初的环境布置工作中,同班的两位教师对主题墙的布置有不同的想法,教师乙注重环境的美观,而教师甲注重环境的功能和教育作用。下面是两位教师的谈话。

教师甲:你说我们为孩子创设怎样的主题墙好呢?这样吧,我们都把各自的设想说出来,看怎样创设主题墙更好。

教师乙:孩子们都很喜欢卡通形象,所以我找了很多可爱的卡通图案。你看看吧。

教师甲:真可爱!孩子们肯定很喜欢。可是怎么体现主题墙与孩子对话的功能呢,怎么让孩子也参与我们的环境呢？如果我们把那些可爱的卡通图案作为分隔或背景,再对主题墙做一个布局,我们的主题墙肯定很棒! 你说呢？

教师乙听了教师甲的话,觉得很有道理,于是两人开始详细地商量整合两条设计思路。

点评:在这次谈话中,教师甲以建设性的态度和商讨的口吻与教师乙一起研究工作,让教师乙感受到教师甲的真诚与尊重,从情感上愿意接受对方。而且,当两位教师有不同意见的时候,教师甲并不是一味指责对方的不足,坚持己见,而是赞赏并且善于采纳对方的优点。因此,两人很快就达成共识,合作设计方案。

### 二、与本班保育员的谈话

保育员是班上的重要教育成员,她们的工作与本班的教育质量关系巨大。因此,教师不但要组织好幼儿的一日生活,还要注意调动保育员的工作积极性,使她们处于最佳的工作状态,共同创造一个良好的教育环境。教师与本班保育员谈话要注意两点。

（一）尊重与支持

与保育员谈话时,一定要尊重他们,虚心听取意见,对他们的工作表示理解和支持。

【示例】

笑笑的班级在二楼,一天,在笑笑的要求下,笑笑奶奶同意让笑笑独自上楼进班,保育员看到后表扬了笑笑,笑笑很受鼓舞,此后就只让奶奶送到一楼。某日,主班老师进行晨间接待时了解到笑笑家长没有送孩子进班后非常生气,保育员解释道:"孩子能独自上楼进班也是件值得鼓励的事,说明她能独立完成这个任务了。"主班老师大声说道:"你懂什么呀,摔着了,碰着了,你负责呀!"保育员低头无语。

点评:在这件事中,主班老师不但没有尊重保育员,积极与保育员沟通,还大声斥责保育员,显示自己的权威,让保育员十分难堪,这样的交流自然不利于保教统一。

（二）主动指导

缺乏经验的保育员在配合教师工作时,往往不知道该干什么,这就需要教师主动地指导他们工作,帮助他们在实践中迅速成长。在指导工作时,教师的指令要清晰,态度要诚恳,语气要柔和,音量要适中,语句要简短。

【示例】

教师让保育员为一个尿裤子的幼儿换裤子的对话。

教师:刘老师,快来,快来。

保育员（跑来）:怎么了？

教师:小田田又尿裤子了。

保育员:我去拿条裤子来。

教师:请你再拿一双袜子。

保育员:好。

教师（拿来裤子、袜子后对保育员说）:来,请你给他换上。

点评:这位教师称保育员为"老师",在布置工作时又连用了两个"请",态度平等而礼貌,表现了对本班保育员的尊重。教师对紧急状况的处理果断,情况描述简洁——"小田田又尿裤子了",暗示了保育员应该采取措施,当看到保育员考虑不周时,适时而礼貌地做出指导——"请你再拿一双袜子",使双方配合默契。

### 三、与单位领导的谈话

教师与单位领导的工作性谈话包括请示、汇报、建议等内容。谈话的目的是争取单位领导的认可、理解、信任和支持。教师与单位领导的谈话要注意以下两点:

#### (一)把握谈话时机

与领导谈话的时机是否适宜,是谈话是否成功的关键因素。时机选择得恰当,便于实现谈话目的;时机不适宜,则会给谈话带来困难。

这个时机包括领导的思维方式、工作方法、工作习惯、性格爱好、素质的强项和弱项等,以及当时的具体语境。

【示例】

一位小班教师请园长批准她们班先于其他班开一次家长会。

教师:园长,我们班打算在这周五召开一次家长会。

园长:这学期的家长会全园各班都计划在期中召开。你们班不是也在计划里写着在期中开吗?怎么提前了?

教师:本来是打算在期中开,可是这次我们班测查之后,有不少问题需要几家长期密切配合解决,想早一点召开家长会,引起家长注意。

园长:解决幼儿教育中出现的问题,宜早不宜迟。

教师:那,园长您同意了?

园长:嗯,不过发通知和其他有关的事你们班自己解决。

教师:好吧。

点评:这位教师由于了解园长的工作作风,用充分的理由让园长同意了提前召开家长会的建议,达到了谈话的目的。

#### (二)注意谈话方法

无论是请示、汇报,还是建议、配合,都需准备好问题的解决方法,答案让领导来定夺,不要轻易把问题直接交给领导来解决。与领导交谈时,要做到口齿清晰,重点突出,条理清楚,用词准确,用好谦词敬词。对领导交办的事情或提出的问题发表评论时,态度诚恳,言简意赅,正面阐述,不绕弯子,不拖泥带水。

【示例】

王园长让钱老师制订幼儿园元旦活动方案。一星期后,钱老师到园长办公室对院长说:"咱们幼儿园元旦活动的方案,我已经制订出来了,根据各位老师的建议,我设计了两个方案:一是'妈咪宝贝'趣味运动会,二是'我是小歌王'卡拉OK表演。这是两套方案的文本,都已初步完成,请园长定夺。"园长听了连连点头,赞赏钱老师考虑周全。

点评:钱老师在汇报活动方案时,结合实际,设计了两种方案供领导选择,充分发挥了参谋助手的作用,获得了领导的认可。

### 四、教学研讨中的讲话

幼儿教师出于工作的需要经常参加一些教研活动,如座谈会、专题研讨、专题讲座、学术报告等。教学研讨中的讲话是一种较为庄重、严肃的学术性讲话。教师参加教研活动时的口语表达要注意以下几点。

（一）认真倾听，明确主题

参加教研活动，倾听很重要，只有听清发言者的主要意思，才能够把握住对方的话语主题及其与活动主题之间的关系。

（二）观点鲜明，言简意赅

教学研讨中的讲话，教师发言时要求观点鲜明，言之成理，言之有据；要有自己的见解，不人云亦云。而作为学术性的讲话，教师发言时还应该紧扣主题，开门见山，条理清晰，言简意赅。

（三）谦虚好学，巧妙表达

在与同事教研交流时，说话要谦虚，语气平和，多用征询语气，巧妙表达意见，让对方获得受尊重的感觉，不可傲慢专断，给人一种高高在上的姿态。此外，在表达自己的意见时，要先肯定对方讲话中有价值的意见，然后提出自己的观点。

【示例】

在一次教研活动中，大家以特殊儿童为主题展开讨论。当谈到关于班级中性格特殊儿童的教育时，一位青年教师专心地听其他的同事发言，听到有价值的内容时，低头做一些笔记。当这位教师发言时，她说：

"刚才各位老师提出几点建议，我很受启发，如其中的……其实在我们班，也有这么几种性格比较特殊的孩子：一种是经常有攻击性行为的孩子，一种是容易退缩的孩子，一种是过分好强的孩子。

首先，我个人认为对那些有攻击性行为的孩子，不能体罚他们，要用讲道理、讲故事、角色扮演等方法让孩子知道不良行为的后果。还可以用"冷处理"的方法，就是……

然后，我说说容易退缩的孩子……

最后，我有一个困惑，就是当我们用尽以上的教学手段仍然不能达到效果时，用什么办法好呢？"

点评：这位青年教师的发言显然是事先经过准备的，她明确这次教研活动的主题，寻找了相关的资料，并且结合自己班级的实际情况，整理了自己发言的内容，既有见解又坦诚地提出疑惑。她的发言非常有条理，用"首先、然后、最后"表示出说话的层次，让听话人容易抓住要点。

【技能训练】

青梅和你是幼儿园同事，并且关系一直不错。一天，青梅找到你，希望你能帮她们班的小朋友编一个舞蹈，参加文艺元旦演出。而你实在没空，也担心万一编得不好，反而帮倒忙。

请问，你该如何婉转拒绝青梅？

训练提示：真诚说出自己的难处，注意表达方式和语气。

【技能巩固】

　　1.你要申请经费组织儿童节活动,明知困难很大,你打算做哪些准备,选择什么时机,用怎样的言语策略去向园长请示、汇报? 如果他不同意,你又该怎么说?

　　2.设计一段到幼儿园报到见到园长时的自我介绍。

【技能拓展】

幼儿园教师职业道德准则(选)

　　1.热情对待每一位同事,调动每一位同事对自己工作的支持和配合。

　　2.虚心学习先进,正确看待同事的成绩。

　　3.尊重同事,虚心倾听同事的想法,不挫伤同事的感情、不训斥他人,善于宽容同事。

　　4.遇到困难用协商的语气和人沟通,他人有难主动帮助,别人有误悄悄提醒。

　　5.不以任何理由向同事索要财物。

　　6.正确地对待和开展竞争,要尊重老教师,帮助青年教师进步。

　　7.不背后议论同事,不揭短,不当众嘲笑他人。

# 第四节　与相关部门人员的交际口语训练

【技能准备】

　　握手礼仪:1.一定用右手握手;2.面对年长者、职务高者应根据对方的反应行事,最好不要立即主动伸手;3.握手时,对年长者、职务高者应稍稍欠身相握;4.握手时双目应注视对方,微笑致意或问好。

【理论与方法】

　　幼儿园作为专门进行教育的机构,除了与相关教育部门保持密切的联系外,还同社会上许多单位、部门,如幼儿园所在地的政府、居委会、医院、派出所等有着这样或那样的联系。在与这些部门相关人员交流时,要注意以下几点:

　　**一、用语礼貌,自信大方**

　　无论在哪种交际场合,教师都应该使用礼貌用语,让对方感觉到自己被人尊重,从而增加合作的意愿。在交际活动中,教师可以尽量多地使用"请""麻烦""打扰""谢谢"等礼貌用语。在初次见面自我介绍时,要自信大方,举止文雅,给对方留下良好印象。同时在介绍自己姓名、所在幼儿园、从事的具体工作时,要提前弄清楚对方的姓名、职务,这有利于谈话的顺利进行。

【示例】

您好,我叫李静,是实验幼儿园的老师。我今天到这儿来,是代表实验幼儿园调查一下我园学生在社区的表现情况,这是我的介绍信。这次活动可能会给您带来一定的麻烦,真的感到很抱歉。但我真的希望通过这次调查,能更深入了解我园幼儿,更进一步地帮助幼儿园制订出更好的措施,促进孩子的健康成长。

点评:这段自我介绍,内容简明扼要,语言简洁,语气真诚。首先对活动给社区带来的麻烦表示歉意,并说明活动对幼儿成长的好处,动之以情晓之以理,较好地完成了交际活动的目标。

**二、目的明确,表述准确**

教师与相关部门联系是有目的的,都是为了更好完成教育教学工作,因此教师要注意及时地将双方谈话的中心锁定到自己沟通的目标上,尽可能深入、详细地与社区人员交流双方的合作事宜,包括合作形式、程序、负责人员、资金投入、活动安排等,以便使双方的合作取得实质性进展。

同时,教师要注意表达准确,言简意赅,多用通俗化语言,尽量少用或不用专业术语,避免对方产生畏难情绪,或产生因不能理解某些术语内涵而引发误会的情况。

【示例】

为了对幼儿进行消防安全教育,幼儿园充分利用社区消防大队的有关人力、物力资源,制订了参观消防大队的方案。一位负责联系工作的幼儿教师是这样说的:

"您好,我叫××,是××幼儿园的老师。请问队长,您贵姓?"

"×队长,您好!我今天到这儿来,是代表幼儿园与咱们消防队联系参观事项的,请问你们什么时候有空?

"这是我的计划书。这次活动可能会给你们的工作带来一些麻烦和影响,真是很抱歉!不过我们十分希望通过这次活动,让幼儿学习基本的消防安全知识,提高自我保护的意识,以及应对突发事故的能力。"

"这次活动我们希望你们可以做一个关于消防知识的讲座,最好以图片形式为主,介绍一些简单的消防器材及其使用方法。如果能让孩子们穿上消防服,坐坐消防车,当一回消防员,那就更好了。另外,请问你们需要我们提供什么帮助呢?"

"真的很感谢你们,给我们提供了这么大的帮助,我们园里的每一位幼儿都会成为你们的义务消防宣传员的。"

点评:这位教师在与相关部门人员沟通时,态度诚恳,用语礼貌,准备充分,非常简洁地表达了自己的意图、要求,增强了沟通的效果,促进了双方合作的成功。

【技能训练】

假设园长安排你到社区医院,联系儿童保健医生到幼儿园开一次关于儿童保健知识的讲座,面向社区医院负责人,你将怎样沟通?

训练提示：用语礼貌，目的明确，表述准确。

## 【技能巩固】

以小组为单位，设想在社交场合遇到的尴尬事，并讨论处理办法。

## 【技能拓展】

### 社交场合的空间距离

当人们进行交际的时候，交际双方在空间所处位置的距离具有重要意义，它不仅告诉我们交际双方的关系、心理状态，而且也反映出民族和文化特点。心理学家发现，任何一个人都需要在周围有一个自己能够把握的自我空间，这个空间的大小会因不同的文化背景、环境、行业、个性等而不同。不同的民族在谈话时，对双方保持多大距离有不同的看法。根据霍尔博士（美国人类学家）的研究，有四种距离表示不同情况：

亲密接触（0~45 cm）：交谈双方关系密切，身体的距离从直接接触到相距约45厘米之间。这种距离适于双方关系最为密切的场合，比如说夫妻及情人之间。

私人距离（46~120 cm）：朋友、熟人或亲戚之间往来一般以这个距离为宜。

礼貌距离（121~360 cm）：用于处理非个人事务的场合中，如进行一般社区活动，或在办公、办理事情时。

一般距离（361~750 cm）：适用于非正式的聚会，如在公共场所观看演出等。

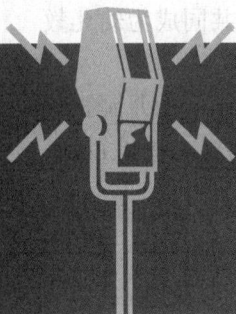

# 第十四章

# 幼儿教师资格证考试面试环节口语训练

## 第一节　幼儿教师资格证考试面试概述

【技能准备】

通过幼儿教师资格证考试的笔试之后,要进行面试。参考下面内容模拟面试过程,感受口语表达在幼儿教师资格证考试中的重要性。

1.结构化面试(5分钟)

例一:如何应对小班幼儿入园焦虑的问题?

例二:请分析幼儿不良饮食习惯形成的原因。

2.展示环节(10分钟)

例:请以"秋天的水果"为主题设计课堂展示图片并试讲。

3.非结构化面试(5分钟)

例一:你在活动设计中设置了三个目标,你是如何达成本次活动的目标的?

例二:你认为影响活动效果的因素有哪些?

幼儿教师资格证考试面试环节主要考查考生的职业认知、心理素质、仪表仪态、言语表达、思维品质等教师基本素养和活动设计、活动实施、活动评价等教学基本技能和基本素质。

【理论与方法】

根据教育部印发的《中小学教师资格考试暂行办法》的相关要求,国家教师资格证考试包括笔试和面试两部分,幼儿教师资格证考试同样如此。笔试的重点是从标准化的、客观的角度评价考生对教师必备知识的理解、掌握和运用,考查考生的保教知识与能力、综合素质,考核基础性和理论性的知识。面试注重考生和考官互动过程,这一部分内容的考查重点是看考生是否能够较为灵活地把教育教学的理论付诸实践,是否在实践上具备基本的教育教学能力。笔试和面试是有机整体,相辅相成,互为补充,共同成为幼儿教师准入资格的衡量标准。

2011年7月,教育部师范教育司、教育部考试中心联合发布了《中小学和幼儿园教师资格考试标准及大纲(试行)》,其中面试部分的考试大纲主要包括测试性质、测试目标、测试内容与要求及评分标准、测试方法和试题示例六部分。

### 一、测试性质

面试是中小学和幼儿园教师资格考试的有机组成部分,属于标准参照性考试。笔试合格者,可参加面试;笔试不合格者,无资格参加面试。

面试是标准参照性考试,即将考生的成绩与所选定的标准作比较,达到标准即为合格,与考生总人数多少无关。

### 二、测试目标

面试主要考查申请幼儿园教师资格人员应具备的基本素养、职业发展潜质和保教实践能力,主要包括以下三点:

(1)良好的职业道德、心理素质和思维品质。

(2)仪表仪态得体,有一定的表达、交流、沟通能力。

(3)有一定的技能技巧,能够恰当地达成保教目标。

以上三个方面的内容在笔试部分很难考查,在面试部分则相对容易体现。一般通过考官对考生回答问题的评价、形象仪态的印象、技能技巧的展示等方面来了解考生这三方面的表现。

### 三、测试内容、要求及评分标准

这是面试的主体部分,主要包括八个方面:职业认知、心理素质、仪表仪态、交流沟通、思维品质、了解幼儿、技能技巧、评价与反思,共100分。

| 序号 | 测试项目 | 权重 | 分值 | 评分标准 | 考查方式 |
|---|---|---|---|---|---|
| 一 | 职业认知 | 10 | 5 | 爱幼儿,尊重幼儿 | 主要在即兴答辩中体现,如"你为什么选择当幼儿教师?" |
| | | | 5 | 有热情、有责任心 | |
| 二 | 心理素质 | 10 | 5 | 能较好地调控情绪与情感 | 主要通过对考生回答问题以及试讲或说课时的表现进行考查 |
| | | | 5 | 开朗、乐观、善良 | |
| 三 | 仪表仪态 | 10 | 6 | 五官端正,行为举止自然大方,有礼貌 | 主要通过对考生着装、仪表及肢体语言进行考查 |
| | | | 4 | 服饰得体,符合幼儿教师职业特点 | |
| 四 | 交流沟通 | 15 | 8 | 有较好的言语表达能力。普通话标准,口齿清楚,表达流畅,语速适当,有感染力 | 主要在答辩中体现,是能否通过面试的重要决定因素 |
| | | | 7 | 善于倾听、交流,有亲和力 | |

续表

| 序号 | 测试项目 | 权重 | 分值 | 评分标准 | 考查方式 |
|---|---|---|---|---|---|
| 五 | 思维品质 | 15 | 8 | 能条理清晰地分析思考问题 | 主要通过综合考查考生对问题的思考、试讲或说课的表现等 |
| | | | 7 | 有一定的应变能力,在活动设计与实施、环境创设上表现出一定新意 | |
| 六 | 了解幼儿 | 10 | 5 | 有了解幼儿兴趣、需要、已有经验和个体差异的意识 | 了解幼儿是做好幼儿教育工作的前提,主要在提问、试讲或说课中体现出来 |
| | | | 5 | 能通过观察来了解幼儿 | |
| 七 | 技能技巧 | 20 | 10 | 熟悉一些幼儿喜欢的游戏和故事 | 主要考查考生在讲故事、音乐、美术等方面的教学基本技能和教学素质 |
| | | | 10 | 具有弹、唱、画、跳、讲故事、手工制作等基本技能 | |
| 八 | 评价与反思 | 10 | 5 | 能对教育活动和教育行为进行较客观的评价 | 主要通过考生对提问的设计、活动的设计、内容学习情况的反馈等进行考查 |
| | | | 5 | 能根据评价结果提出改进意见 | |

**四、测试方法**

采取结构化面试、非结构化面试(答辩)和展示相结合的方法,通过展示、回答问题、试讲等方式进行。

考生按照有关规定进行准备,时间 20 分钟,接受面试,时间 20 分钟。考官根据考生面试过程中的表现,进行综合性评分。

**五、试题示例**

例一:请你给小班幼儿讲一个故事。

(故事自选。如考生没有故事,可提供。)

例二:请用绘画为大班主题活动"动物的冬眠"设计一个主题展示墙。

【技能训练】

1.请你给大班的小朋友讲一个以"分享与合作"为主题的幼儿故事。

(故事自选。如考生没有故事,可提供。)

2.请谈一谈你对"幼小衔接"的看法。

3.请你对刚刚展示的试讲环节作自我评价。

训练提示:训练之前先分析每道题的类型,以上三题分别属于技能展示、结构化面试、非结构化面试(答辩)的题型,再根据每类题型的考查方式进行模拟训练。

【技能巩固】

以小组为单位,组内成员轮流扮演考官和考生,结合下面的模拟题进行面试训练。

(1)结构化面试(5分钟)

题一:谈一谈你对"捧着一颗心来,不带半根草去"这句话的理解。

题二:有的幼儿园老师偏爱漂亮、聪明的孩子,你怎么看?

(2)展示环节(10分钟)

题目:《春天来了》

内容和要求:①用绘画的方式配合开展"春天"的活动,要求富有童趣、有创意;②引导幼儿完成绘画作品;③请在10分钟内完成以上两项任务。

(3)答辩(5分钟)

①怎样根据这幅画引导孩子开展关于"春天"主题的活动?

②我们组织绘画活动时,让孩子自由发挥,有的自己玩彩泥,有的玩玩具,发表你的观点。

【技能拓展】

幼儿教师资格证考试面试流程介绍

面试时间20分钟:5分钟结构化面试+10分钟技能展示(一般以试讲呈现)+5分钟答辩。具体时间分配如下:考生持备课纸、试题清单进入备课室,撰写试讲活动设计,时间20分钟;面试开始,考官首先提问至少2道结构化面试试题,时间5分钟;展示环节,主要由考生根据题目要求进行试讲展示,时间10分钟;答辩环节,由考官随机提出至少一个问题,考生作答,时间5分钟。最后,考官根据考生面试过程中的表现,进行综合评分。

# 第二节　结构化面试口语表达技巧训练

【技能准备】

结合下面的面试模拟题,思考如何训练结构化面试口语表达技巧。

1.你如何看待幼儿教师这个职业?

2.你班将组织新学期第一次家长会,作为主班老师,你需要做哪些准备?

3.有人说"好孩子是夸出来的",谈谈你的看法。

【理论与方法】

所谓结构化面试,是指面试的内容、形式、程序、评分标准及结果的合成与分析等构成要素按统一制定的标准和要求进行的面试。不同的评价者使用相同的评价尺度,以保证判断的公平合理性。

从历年考试的情况看,幼儿教师资格证考试结构化面试的问题大体可分为三个部分:职业认知类、保教实践类、综合分析类。

(一)职业认知类(15%)

职业认知类的题目具体包括自我认知类、求职动机类和职业基本认识类。这一类型的题目主要考查考生对自己是否真正地了解、对幼儿教师职业的认识与思考等。

例题1:说一说对你影响最深刻的一次失败经历。(自我认知类)

分析:在回答这类问题时,应该本着真诚、实事求是的态度,既不能过分夸大自己,也不能将自己贬得一无是处、一事无成。

参考回答:我最深刻的一次失败经历是参加市级校园歌手大赛。我的嗓音条件很好,在校级歌手大赛中得了一等奖,但阶段性的胜利冲昏了我的头脑,认为到市级比赛得奖是轻而易举的事,所以没有好好准备。结果在市级比赛中没有展示出自己应有的实力,最后名落孙山。这次教训让我深刻认识到,骄傲是失败的根源,要想做好一件事情,就必须踏踏实实,一直保持努力的姿态。我感谢这次失败,正是这次失败给了我当头棒喝,我才从骄傲自大中清醒过来,找到了正确的方向。

例题2:你为什么报考幼儿教师资格证考试?(求职动机类)

分析:在回答这类问题时,要注意理清思路、结合自身情况,并表达出对幼儿教师这份职业真诚的热爱。

参考回答:教师是太阳底下最光辉的职业,幼儿教师更是如此,如果能够成为一名幼儿教师我将会感到非常光荣。我选择报考幼儿教师资格考试的原因有以下几点:首先,符合我的人生规划。我出生在一个教师之家,从小立志要做一名老师,所以大学时义无反顾地选择了师范院校;其次,为了实现我的梦想,在四年的大学生涯中,我积累了很多幼儿教育理论知识和专业技能技巧,这些都为我成为一名幼儿教师打下了坚实的基础;再次,我性格开朗,乐观向上,很喜欢和孩子们相处,这些也都符合幼儿教师的职业特点。我希望能早日实现我的教师梦,为祖国的幼教事业添砖加瓦。

例题3:谈一谈如何缓解幼儿教师的压力?(职业基本认识类)

分析:回答这类问题,要条理清晰地陈述自己的观点,并注意围绕积极乐观、正能量的方面来回答。

参考回答:幼儿教师是一份充满乐趣、充满创造性的职业,但幼儿教师也面临着来自各方面的压力。但从事任何工作都是有压力的,我认为可以从以下几个方面来减轻幼儿教师的压力:第一,调整心态,保持一颗"既来之、则安之"的平常之心,不以物喜、不以己悲,尽心尽力做好自己的本职工作;第二,通过不断学习来提高自身的工作技能,从容应对一天的工作,获得职业幸福感;第三,学会自我减压,通过多种方式如做做运动、看看书、听听音乐等多种方式放松自己。总之,正确面对压力、不断完善自己、善于自我调节,我相信一定能坦然轻松地迎接每天的工作！

（二）保教实践类（75%）

保教实践类在结构化面试中所占比重最大，出题频率最高。保教实践在考查中一般以"遇到……情况/问题该怎么办？"或者"以上教师的做法正确吗？请说理由"这样的方式呈现。

例题：小班幼儿刚上幼儿园出现大哭大闹、沉默不语、不愿意去幼儿园等现象，作为幼儿教师，你该怎么处理？

分析：面对这种问题，一般的答题思路是回答"是什么""为什么""怎么做"三个方面，其中"怎么做"即具体做法和措施应该重点阐述。

参考回答：

（1）题中出现的现象是小班幼儿的入园焦虑问题（是什么）。

（2）出现这一现象的原因可能是幼儿对陌生的环境缺乏安全感，不愿意离开熟悉的环境；也有可能由于幼儿性格内向、没有自信，在新环境中不愿与人交往；教师的教姿教态、幼儿与家长未形成良好的依恋关系等都可能是引起幼儿入园焦虑的原因（为什么）。

（3）针对幼儿的入园焦虑，我将从以下几个方面进行解决：首先，做好入园前的准备，记住每个幼儿的名字，让幼儿感到亲切；其次，创设轻松愉快的物质环境，精心布置教室和活动角，让幼儿被丰富多彩、新奇、整洁的环境所吸引，逐渐适应并喜欢上幼儿园；再次，营造宽松和谐的心理环境，教师和蔼的态度、亲切的语言、温暖的爱抚以及幼儿与同伴之间感情的建立，都能使幼儿产生安全感、信任感，从而促进幼儿依恋的转移；最后，要与家长共同合作，帮助幼儿适应幼儿园生活（怎么做）。

我相信，在和家长的共同努力下，一定能帮助幼儿克服入园焦虑（升华主题）。

（三）综合分析类（10%）

综合分析类的题目具体包括教育类、应急应变类、人际关系类和活动组织类等内容，虽然所占比重小，但是能很好地考查考生的思维品质、应急能力和综合表达能力。

例题：幼儿园为了保障幼儿安全，不让幼儿教师为幼儿设置大型游戏。对此，你怎么看？

分析：回答这类问题时，首先要表明自己的观点和立场，再次进行理论点结合和辩证分析，最后提出更好的建议。

参考回答：

（1）幼儿园把幼儿的安全放在第一位，防止幼儿受到意外伤害的初衷是无可厚非的，但因此而禁止为幼儿设置大型游戏，难免有因噎废食之嫌，此举不可取。（表明立场）

（2）游戏活动是幼儿认识客观世界、获得身心各方面发展的最基本手段，也是幼儿特有的一种学习方式。游戏能促进幼儿身体、语言、智力、情绪情感和社会性的发展，因此游戏对于幼儿的成长来说是不可或缺的。但不可否认，幼儿年龄小，自控力不强，在集体活动中确实容易存在安全隐患。（辩证分析）

（3）面对这种情况，幼儿园不应该一禁了之，应致力于消除安全隐患，为幼儿创造一个安全、健康的环境。一是教师要培养幼儿在游戏中的自我保护意识。除了安全教育以外,还需要让幼儿通过摸、闻、看、听等动作提升安全意识;二是教师应该制止幼儿在游戏中的不安全行为,及时对幼儿进行引导;三是教师对游戏材料、内容的选择要具有一定的安全性。比如应选择无毒、无味,对幼儿无伤害隐患的器具材料,让幼儿在安全的环境中享受游戏的欢乐。(提出建议)

结构化面试综合考查考生的教育思想、工作观念、人生态度、应变智慧、语言表达、知识积累、思维品质等多方面能力和技巧,是面试中非常重要的环节。结构化面试中口语表达技巧主要有以下几个方面:

1.审题准确。

结构化面试的考查形式是以抽题、答题的形式进行的,所以考生在看到问题时一定要认真审题,明确题目的要求,并紧扣题目,围绕题目作答。

例题:请说出废纸盒的三种玩法。你能用废纸盒制作什么样的玩具?请说出至少一种制作方法。

分析:这个问题包含了三个小问题,第一个问题回答出三种玩法即可,第二个问题应该至少回答出两种,第三个问题应该集中介绍一种自己最擅长的制作方法。前两个问题要简短作答,重点阐述最后一个问题。

2.观点正确。

在结构化面试环节中,观点是回答的基础和灵魂。如果观点不正确,后面的回答只能是"南辕北辙"。想要保证观点正确,就必须加强对教育路线、方针、政策和基本教育原理的学习,平时多积累。

例题:幼儿园刘老师为了让幼儿将来能够很好地适应小学学习,因此提早做准备,在幼儿刚入幼儿园便开始教授汉语拼音、算术等内容。对此,你怎么看?

分析:题中刘老师的做法是"幼儿园小学化"的表现,这严重违背了孩子的身心发展规律和认知特点,与教育部发布的《关于开展幼儿园"小学化"专项治理工作的通知》也背道而驰。如果回答"我认为刘老师的做法有未雨绸缪之意,提前学习小学内容有助于幼儿将来适应小学学习……",这种回答的基本观点是错误的,后面的回答再精彩也都徒劳无功了。

3.条理清晰。

所谓"语言是思维的表达工具",考生回答问题的质量则反映出其逻辑思维能力。因此在回答问题时要注意条理清晰、层次分明,通常可以使用首先、其次、最后,或者第一点、第二点、第三点等表述方式。另外,由于时间有限,语言要言简意赅,冗长啰唆的表述最易使评委和其他听众产生厌烦的情绪。

例题:某幼儿出现了争抢玩具、攻击同伴、喜欢说谎等不良习惯,作为老师该怎么办?

分析:这道题不能直接根据题中描述对幼儿进行相关处理。首先应仔细观察幼儿的行为,确定该行为的性质、行为诱发的情境等;其次是通过幼儿家长以及其他幼儿多方面了解原因,找出问题的根源;最后才是通过沟通交流以及相关教育策略来积极解决问题。

4.言之有理,言之有据。

在考场上难免会遇到一些比较生僻和刁钻的问题,既没有现成的规律和例子可以遵循,还可以从多个角度分析。面对这种情况,切忌模棱两可,一定要亮出自己的观点,更要充分调动自己的知识储备和生活积累,自圆其说、有理有据,让自己的观点站得住脚,则容易为考官接受。

例题:你如何看待当今盛行的"感恩教育"?

分析:这个问题可以有三种侧重的基本观点:支持、反对、辩证分析。考生可以根据自己的理论和经验积累选择自己的观点。

侧重支持的观点:感恩教育是德育的重要部分,随着人们价值观念的转变和独生子女比重的增大,很多孩子身上都存在自私、贪婪、冷漠的问题,全社会提倡感恩教育,实为迫切之举。

侧重反对的观点:现在社会上盛行一些"推销式"的感恩教育、"商业化"的感恩教育、"痛哭式"的感恩教育,这些方式不但不能真正达到教育的目的,还有可能引人反感,反而破坏了社会风气。

辩证的观点:综合阐述支持和反对的观点,最后表明既要十分重视感恩教育,但也要注意方式方法,避免形式化和商业化,真正达到教育的目的。

5.有良好的语言习惯。

虽然面试环节明确提出对语言有特别的标准和要求,但良好的语言习惯会给考官留下良好的印象,为考生的表现加分。良好的语言习惯指考生普通话标准,发音清晰,声音自然,音量合宜,语速适中,表达连贯流畅,没有口头语和语法错误,用词得当并且言之有物。

就拿语调来说,同样的句子,用不同的语调处理,可以表达不同的感情,达到不同的效果。例如,当你被问到是否能完成一件比较困难的工作时,用中等速度适当提高音量回答"我可以试试",与用慢速小声回答"我大概可以试试",给人的感觉就大不一样。前者充满自信,而后者会让人感到缺乏信心。

## 【技能训练】

1.班上部分幼儿在午睡时翻来覆去,或望着天花板,或喜欢和邻床的同伴说话,作为教师,你该怎么处理?

训练提示:首先,明确这是幼儿午睡中入睡慢、入睡难的问题(是什么);然后,从家长、幼儿园、幼儿自身等方面分析入睡慢、入睡难的原因(为什么);最后,从营造良好的睡眠环境、逐渐建立午睡常规、家园共育等方面提出解决的办法(怎么做)。

2. 苏霍姆林斯基有一句名言:"教育工作者的任务就在于让每个儿童看到人的心灵美,珍惜爱护这种美,并用自己的行动使这种美达到应有的高度。"你如何理解这句话?

训练提示:先结合相关理论(幼儿美育)谈谈自己对这句话的理解,再结合工作经验说一说这句话对实践工作的启示或指导意义。

3.请做一个自我介绍。

训练提示:根据自己的情况采取不同的思路。时间维度法:按照时间经历,从过去到现在到未来;按照成长经历,从生活到学习到工作(实习)。关键词法:采取具有创新性、符合自身特点的关键词来展示个人的特点。

## 【技能巩固】

1.现在的孩子大多都是独生子女,很多事情都是家长包办代替,如何提高孩子的独立性?

2.对于"不要让幼儿输在起跑线上"的口号,你怎么看?

3.对于幼儿教师这份职业,请你分析自己的优势和劣势。

## 【技能拓展】

幼儿教师资格证考试结构化面试要注意"三性":

1.真实性:考生在答题时要融入真实的保教情景,不能只用一些空洞、套路性的用语,而忽略了题目内容本身。也就是说,既要注重答题语言的凝练性,又要注重答题内容的针对性、深刻性和丰富性。

2.专业性:不少考生出现答题内容与自身角色不匹配,以及解决问题的策略不够专业等问题。这就要求考生在回答问题尤其是保教实践类的问题时,要将自己的专业知识和专业技能融入答题之中。

3.逻辑性:答题内容能否给考官留下良好的第一印象,考生的答题逻辑非常重要。考生应结合题目及自身语言的风格和特点,逻辑清晰地回答问题。通常可以借用一些"逻辑词"来实现,如首先、其次、最后;第一、第二、第三;一方面、另一方面、此外,等等。

# 第三节　试讲和答辩的口语表达技巧训练

## 【技能准备】

拆纸——小猫

要求:能够完整地折出小猫,要求教小朋友按步骤折出小猫,并要有添画环节。

1.请根据以上材料,20分钟备课,然后进行10分钟的试讲。

2.答辩。(5分钟)

(1)你认为小猫折纸的步骤中最难的是哪一步?如何防止幼儿出错?

(2)如果幼儿老是学不会,你会怎么做?

## 【理论与方法】

幼儿教师资格证考试面试环节的技能展示部分主要就是通过试讲来体现,试讲是面试中一个特别重要的环节,主要包括活动目标、活动准备、活动过程和活动延伸,活动延伸视情况而定。而答辩一般是根据前面的试讲部分来提问,综合考查考生对整个活动的掌握、逻辑思维能力和口语表达能力。

### 一、试讲环节口语表达技巧

#### (一)结合主题,有的放矢

针对不同领域、不同主题的活动设计,语言的侧重点也有所不同,因此在试讲时要根据活动本身的特点,有针对性地处理。例如,试讲手工活动的时候,应该重点强调手工的方法和步骤;在试讲体育活动的时候,重点在于讲解和示范动作要领;在试讲科学活动时,重点在于启发和概括。

#### (二)进入角色,有效互动

试讲时是没有幼儿参与的,但幼儿园的活动是一种师幼间的"对话",这就要求考生尽快进入角色、融入活动情境,设计互动性语言。还可以设计同伴分享、小组讨论、师幼交流等幼幼互动、师幼互动的模拟环节,既能把教师的预设体现得很充分,又能展示教师有较强的应变能力。

#### (三)合理安排,语言调整

一方面,由于试讲时间有限,考生要注意合理分配时间,突出重点和难点部分,避免不必要的废话套话。

另一方面,在试讲不同内容时,语言要根据情况调整,注意语气的抑扬顿挫。例如,讲故事中,要用不同的声音和语气语调去进行角色转换;对于幼儿已有的知识和生活经验,可以用交流、引导的语言;对于认识不清、容易混淆的内容,可以用启发、归类整理的语言加以引导;对于重点和难点内容,学会用重复性、强调的语言,同时用提高音量、声音的变化、身体动作等辅之进行强调。

#### (四)教态自然,语言流畅

教态自然,则要求考生自信大方、肢体舒展、仪表得体、身姿手势和谐。在试讲中主要依靠口语表达,因此要注意语言的流畅、清晰、准确。一方面,普通话要标准、发音准确、句法完整,没有口头语和语病,没有科学性错误;另一方面,尽量将书面语转化成口语,使用幼儿能理解的语言。

## 二、答辩环节口语表达技巧

答辩环节在试讲之后随即进行,一般是根据试讲的内容来提问,相对于其他环节来说,答辩环节更具灵活性和随机性。

### (一)自信大方,声情并茂

考生由于紧张或者自信心不足,容易在答辩时情绪紧张、思维迟钝、语言呆板、言之无味。因此,考生要充满自信、沉着应考,在答辩时做到声情并茂、以情带声,引起考官的共鸣。但是也要注意把握分寸,不可过"度",矫揉造作,必会适得其反。

### (二)逻辑清楚,思路清晰

听到问题后,可不必立即作答,待迅速提纲挈领、条分缕析后从容应答。答题的语言要条理清晰、有条不紊,切忌想到哪里答哪里,以致最后连自己都不明白要表达的是什么。一般可用一些逻辑顺序词如首先、其次、最后等连接回答内容。

### (三)紧扣主题,言之有物

在答辩中切忌答非所问、顾左右而言他,一定要紧扣考官提出的问题展开回答。为了避免出错,有时可将考官的问句转变为陈述句,并对该陈述句加以补充说明。例如,考官提问"你本次活动的重点是什么?"可回答"我本次活动的重点是……",并展开说明。

### (四)真诚务实,注意礼仪

在答辩时要注意情感真诚适度,回答的内容要求真务实,切忌假大空。答题时的语言礼仪也很重要,可以用一些语句如"谢谢考官的提醒""对于您的问题,我将从以下几个方面作答……""我的回答完毕"等表示对考官的尊重,也于细节之处体现考生的素养。

---

## 【技能训练】

游戏:小兔找窝

要求:

幼儿分成三组——黑小兔、白小兔、灰小兔。然后老师念儿歌:小兔子,跳出来,阳光下面晒一晒;练身体,在户外,做个游戏赛一赛。游戏开始,20秒后,老师再说:小兔子,听清楚,×小兔找窝最最快。扮演×小兔的幼儿说:×小兔找窝我最快,并以最快的速度找到窝。如此反复。

1.请根据以上材料,20分钟备课,然后进行10分钟的试讲。

训练提示:活动设计部分,根据游戏性质和难度,确定活动对象和领域,建议可设计成中班体育游戏《小兔找窝》,然后从活动目标、活动准备、活动重难点、活动过程和活动延伸几个方面展开设计。

试讲部分,重点将活动过程展示出来,从开始部分、基本部分、结束部分三大方面环环展开,尤其注意重点讲解示范游戏规则并加以强调,同时以富有童趣的语言感染、吸引幼儿参与游戏,设计互动性的语言使模拟活动生动、真实。

2.答辩。(5分钟)

问题一:你今天试讲的活动重点是什么?你是如何突破你本次活动的重点的?

训练提示:此问题中包含两个小问题,应逐一回答。此次活动的重点是在教师的讲解示范下,掌握"x兔找窝我最快"的意思并做出相应动作。为了突破重点,教师可首先通过语言讲解和动作示范让幼儿明白该动作怎么做,接着让幼儿观看和练习,熟练掌握游戏规则,最后通过游戏比赛来巩固本次游戏的动作。如此由简到难,多次重复,从而突破本次活动的重点。

问题二:请你自我评价一下自己今天的试讲表现。

训练提示:自我评价应该秉着客观、实事求是的态度,但总体要保持"功"大于"过",优点多于缺点的原则。例如,"今天整体来说我自己对试讲还比较满意,因为活动目标基本达成、活动重难点顺利突破,而且在试讲过程中,能够将自己与幼儿的互动表现出来,模拟的活动氛围非常好。但因为是模拟情境,我觉得我还缺乏对在真正情境中与幼儿互动时出现意外状况的预想和处理,但是这些却恰恰是实际活动中最需要的,因此我会在以后的真实活动中不断提高自己的能力。我的回答完毕。"

## 【技能巩固】

### 动物职业介绍所

大猩猩开了一家动物职业介绍所,他在电视上做了个广告:尊敬的各位动物,您有合适的工作吗? 你想充分发挥自己的特长吗? 请到大猩猩动物职业介绍所,它能让您如愿以偿!

广告登出不久,就有动物报名了。第一位是龙虾,龙虾急匆匆地说:"猩猩所长,我是粮仓管理员,可我一不小心,大钳子就戳破了米袋子,请您帮帮忙,帮助我找到一份合适的工作,好吗?"

大猩猩所长笑着说:"龙虾先生,别着急,我想办法帮助你。你的大钳子像把剪刀,裁衣服倒挺合适的,你可以当个好裁缝。"龙虾非常乐意地当了一名裁缝。

第二位报名的是青蛙,他说:"猩猩所长,我是歌唱演员,可观众们都说我的歌声太难听,请您帮帮忙,帮助我找一份合适的工作,好吗?"大猩猩所长笑着说:"小青蛙,别着急,我来帮助你,你的歌声不好听,可你是游泳的行家,你当游泳教练肯定行。"小青蛙想想:对呀,我游泳棒极了,我就当一名游泳教练吧。小青蛙非常高兴地当上了游泳教练。

一天天过去了,大猩猩所长真能干,帮助许多小动物找到合适的工作:袋鼠妈妈当上了邮递员,小狗当上了警察,小猴成了路灯管理员,大象开了浴室,蚯蚓是个合格的天气预报员,松鼠当上了粮食局长……

动物们都找到了自己合适的工作,他们忘不了大猩猩所长的帮助,买来了鲜花表示感谢。猩猩所长笑着说:"我们每个人都有自己的长处,找到自己的长处,就不愁找不到合适的工作啦!"

要求:完整地讲述这个故事;针对小班小朋友给出5种动物——袋鼠、猩猩、小狗、大象、蚂蚁;请在10分钟内完成这个故事活动。

1.请根据以上材料,20分钟备课,然后进行10分钟的试讲。

2.答辩。(5 分钟)

问题一:你觉得你这次活动的时间分配如何?

问题二:你想通过这个故事活动带给幼儿怎样的体验?

**【技能拓展】**

打造试讲亮点的"法宝":

1.导入有亮点,试讲赢一半。

根据活动的主题和特点,选择具有引导性、启发性、新颖的导入方式,激发幼儿的学习兴趣,切忌牵强附会、招式花哨、偏离主题。

2.问题有亮点,句句皆题眼。

提问是活动组织的核心和"常规武器",选择层层深入、步步推进的提问方式,问题由浅入深、由易到难,引导幼儿思考,实现活动目标。

3.互动有亮点,模拟也生动。

除了简单的你问我答的方式,还可以设计合作学习、探究学习等互动方式。即使没有幼儿参与,教师也能运用互动的语言展示生动的活动现场。

4.语言有亮点,优势很明显。

好的活动设计和想法是通过语言表达出来的,层次鲜明、表述清晰、富有感染力的语言在试讲中是重要的优势,是试讲成功最重要的因素之一。

# 参考文献

[1] 教育部师范教育司.教师口语训练手册[M].修订本.北京:首都师范大学出版社,2003.

[2] 袁增欣.幼师"讲故事"教学研究[D].石家庄:河北师范大学,2012.

[3] 人民教育出版社中学语文室.听话和说话第一册[M].北京:人民教育出版社,2005.

[4] 人民教育出版社中学语文室.听话和说话第二册[M].北京:人民教育出版社,2005.

[5] 闻闸.播音主持训练280法[M].北京:北京广播学院出版社,1999.

[6] 人民教育出版社中学语文室.现代汉语知识[M].北京:人民教育出版社,2004.

[7] 周晓波.普通话与说话训练[M].重庆:重庆大学出版社,2006.

[8] 张永梅,范煜璟.幼儿教师口语[M].北京:清华大学出版社,2016.

[9] 李祖平,谢增伦.普通话训练与职业口语[M].北京:北京师范大学出版社,2011.

[10] 买艳霞.幼儿教师故事讲述训练[M].上海:华东师范大学出版社,2016.

[11] 人民教育出版社中学语文室.现代汉语知识[M].北京:人民教育出版社,1999.

[12] 吴雪青.幼儿教师口语[M].上海:华东师范大学出版社,2012.

[13] 人民教育出版社中学语文室.幼儿文学作品选读[M].北京:人民教育出版社,2005.

[14] 姜振宇.微表情[M].武汉:长江文艺出版社,2016.

[15] 金晓达,刘广徽.汉语普通话语音图解课本[M].北京:北京语言大学出版社,2009.

[16] 隋雯,高昕.幼儿教师口语[M].2版.北京:高等教育出版社,2014.

[17] 张研丽,杨建梅,朱莉.幼儿教师口语[M].北京:中国人民大学出版社,2017.

[18] 崔元,孙明红.幼儿教师口语[M].北京:人民教育出版社,2016.

[19] 李莉.幼儿教师口语训练[M].上海:华东师范大学出版社,2014.

[20] 陈雪芸.幼儿教师口语训练教程[M].北京:北京师范大学出版社,2016.

[21] 张子泉.普通话教程[M].4版.北京:清华大学出版社,2017.

[22] 吴雪青.幼儿教师口语[M].2版.上海:华东师范大学出版社,2018.

[23] 徐增敏.幼儿教师口语训练[M].北京:教育科学出版社,2012.

[24] 许洁,苑望.教师口语(学前教育专业)[M].北京:高等教育出版社,2014.

[25] 陈晖.图画书的讲读艺术[M].南昌:二十一世纪出版社,2010.

[26] 国家语言文字工作委员会普通话测试培训中心.普通话水平测试实施纲要[M].北京:商务印书馆,2017.

[27] 王素珍.幼儿教师口语训练教程[M].2版.上海:复旦大学出版社,2013.

[28] 宋玮,李哲.幼儿教师口语[M].上海:华东师范大学出版社,2015.

[29] 李缵仁.普通话[M].3版.重庆:重庆大学出版社,2015.